A HISTORY OF THE CONCEPT OF GOD

저자 대니얼 A. 돔브로스키(Daniel A. Dombrowski, 1953~)

철학자. 시애틀대학교 명예교수. 미국 펜실베이니아주 필라델피아 출생. 가톨릭 예수회에서 설립한 세인트루이스대학교에서 철학을 공부한 후, 1988년부터 역시 예수회에서 설립한 시애틀대학교에서 철학을 가르쳤으며 영국 옥스퍼드대학교, 독일 뮌스터대학교에서 강연했다. 미국 형이상학회(The Metaphysical Society of America) 회장을 역임했고(2018~2019년), 존 B. 캅 주니어와 데이비드 레이 그리핀이 1973년 설립한 과정사상연구소(The Center for Process Studies)에서 캐서린 켈러, 메리 엘리자베스 무어 등과 함께 임원을 맡고 있다. 2009년부터는 과정 사상연구소에서 발간하는 학술지인 『과정 사상 연구』Process Studies의 편집자로 활동하면서 알프레드 노스 화이트헤드와 찰스 하츠혼의 사상을 연구하고 알리는 중이다. 서양철학, 신학, 고전, 문학을 넘나들며 20권이넘는 책을 집필했고, 200여 편에 달하는 논문을 발표했으며, 주로 신고전 유신론 혹은 과정 사상의관점에 기반한 철학사와 종교철학, 정치철학자 존 롤스, 그리스도교 윤리, 평화학에서 주목할 만하고 의미 있는 업적을 남겼다. 특히 찰스 하츠혼에 관한 연구를 깊고 다양하게 수행해 온바, 실제로 "오늘날 하츠혼 학자 가운데 가장 중요하고 많은 작품을 남긴 연구자"로 평가받는다. 돔브로스키는 철학자이자 그리스도 교도로서 자신의 연구와 신앙이 교차하는 지점에 서서 여러 사회 의제를 고민하고 자신의 철학을 구체적으로 실천해 오기도 했다. 1980년대부터는 동물권을 철학적으로 설명해 왔고 실제로 채식주의자로 살고 있으며, 임신 중지권과 가톨릭의 관계, 정치적 자유주의와 종교의 관계에 대해서도 꾸준히 연구해 왔다. 주요 저서로는 Contemporary Athletics and Ancient Greek Ideals(2009), Rethinking the Ontological Argument: A Neoclassical Theistic Response(2006) 등이 있고, 찰스 하츠혼에 대한 연구서 Divine Beauty: The Aesthetics of Charles Hartshorne(2004), Analytic Theism, Hartshorne, and the Concept of God(1996)과 가톨릭적 입장에서 임신 중지권을 옹호하는 A Brief, Liberal, Catholic Defense of Abortion(2000), 동물권, 채식주의와 관련한 Hartshorne and the Metaphysics of Animal Rights(1988), Vegetarianism: The Philosophy Behind the Ethical Diet(1984), The Philosophy of Vegetarianism(1984)이 있으며, 가장 최근의 저서로는 Process Mysticism(2023), Process Philosophy and Political Liberalism: Rawls, Whitehead, Hartshorne(2019)이 있다. 그 외 다수의 저서와 논문이 있다.

옮긴이 이민희

신학과 종교철학을 공부하고 있고, 그리스도교 사상과 종교철학 관련 글을 우리말로 옮기는 일을한다. 옮긴 책으로 『켈트 기도의 길: 다시 깨어나는 거룩한 상상력』, 『무엇이 좋은 도시를 만드는가: 공공신학과 도시 교회』, 『처치 걸: '성경적 여성'을 형성한 역사 속 결정적 장면들』, 『페미니스트 종교철학』, 공역으로 『우리가 예배하는 하나님: 전례 신학 탐구』, 『다시 읽는 아우구스티누스: 유한자의 조건과 무한자의 부르심』 등이 있다.

감수 김동규

서강대학교 생명문화연구소 연구교수로 일하고 있다. 주요 저작으로 『선물과 신비: 장-뤽 마리옹의 신-담론』, 『미술은 철학의 눈이다』(공저) 등이 있으며, 주요 논문으로 「『전체성과 무한』에서'나(들)'의 다원주의」, 「진리의 초과, 주어진 자기: 마리옹의 아우구스티누스 해석에 대한 비판적고찰」, 「상호성을 넘어서: 폴 리쾨르에게서 주어짐과 선물」 등이 있다. 옮긴 책으로는 장-뤽 마리옹의 『과잉에 관하여』, 레비나스의 『윤리와 무한: 필립 네모와의 대화』 등이 있다.

신 개념의 역사

과정적 접근 방법

A HISTORY OF THE CONCEPT OF GOD

대니얼 A. 돔브로스키 지음

이민희 옮김 · 김동규 감수

들어가는 말

문학 평론가는 철학자, 신학자, 종교학자에 비해 다른 사례를 허용하는 "장르" 혹은 특수한 문학 양식을 자주 접할 것이다. 그들 중 누구도 새로운 소설이 집필되거나 새로운 범죄 미스터리가 나오는 걸 꺼리지 않는다. 비교적 최근 종교철학, 조직신학 혹은 종교학 분야에도 새로운 사례를 다루는 풍성한 장르가 등장해 눈길을 끈다. 바로 신의 역사다.

이런 장르에 속하는 세 권의 책이 있다. 먼저 『뉴욕 타임스』 베스트셀러인 카렌 암스트롱Karen Armstrong의 『신의 역사: 유대교, 그리스도교, 이슬람의 4,000년 탐구』*A History of God: The 4,000 Year Quest of Judaism, Christianity, and Islam*(1993)[1]이다. 풍부한 삽화와 함께 다양한 범주를 다루는 존 보커John Bowker의 『신: 간단한 역사』*God: A Brief History*(2002)[2] 그리고 간결한 설명에 딱 맞는 부제목

---

1   카렌 암스트롱, 『신의 역사: 신의 탄생과 정신의 모험』, 배국원·유지황 옮김, 서울: 교양인, 2023.
2   존 보커, 『신』, 이재만 옮김, 파주: 교유서가, 2017.

이 달린 폴 카페츠Paul Capetz의 『신: 간단한 역사』*God: A Brief History*(2003)[3]도 있다. 나는 각기 다른 이유에서 이 세 권의 책을 좋아하며, 나아가 신 개념의 역사를 다루는 이야기가 더 많이 나와야 한다고 생각한다. 한편 『신의 진화』*The Evolution of God*[4]는 이런 장르로 보이지만 사실상 다른 종류의 책이다. 이 책은 신 개념의 역사를 살짝 언급하기만 할 뿐, 종교적 신념이 진화해 온 방식과 사람들이 신을 믿는 이유에 관심을 더 크게 기울인다.(Wright 2009 참고)

본 연구는 신고전 혹은 과정Neoclassic or Process 관점에서 신 개념을 들여다보고, 신 개념이라는 장르의 외연을 학문적으로 넓히고자 한다. 앞서 말한 책들은 알프레드 노스 화이트헤드Alfred North Whitehead, 찰스 하츠혼Charles Hartshorne, 피에르 테야르 드 샤르댕Pierre Teilhard de Chardin, 대니얼 데이 윌리엄스Daniel Day Williams, 존 캅John Cobb 같은 과정 사상가들을 소개하지만, 그들이 해석한 신 개념의 역사는 본격적으로 다루지 않는다. 책을 읽는 동안 막연하게 암스트롱, 보커, 카페츠가 신고전 혹은 과정 유신론을 높이 평가한다고 느낄 수 있으나 사실상 세 사람 모두 신고전 혹은 과정 유신론과 상반되는 방식으로 신 개념의 역사를 해석한다. 달리 말해 그들은 신 개념의 역사를 매우 탁월하게 추적해 놓고도, 끝내 고전 유신론의 전통에서 헤어 나오지 못했다. 이런 점에서 본 연구는 신고전 혹은 과정 관점으로 암스트롱, 보커, 카페츠가 수행한 작업을 보

---

3 폴 E. 카페츠, 『그리스도교의 신: 역사적 개관』, 김지호 옮김, 고양: 도서출판100, 2021.
4 로버트 라이트, 『신의 진화: 종교와 과학, 문명과 문명 간의 화해는 가능한가?』, 허수진 옮김, 파주: 동녘사이언스, 2010.

완해 보려는 시도이기도 하다.

이 책은 신의 현존existence보다 신 개념을 주로 논한다. 신 개념의 일부를 조명해야 할 때만 필요에 따라 신의 현존을 잠시 다룬다. 이 책의 주제와 내용이 유신론자, 불가지론자, 무신론자 할 것 없이 신 개념에 의문을 품은 모든 이에게 흥미롭게 가닿았으면 좋겠다.

독자들은 이 책 전반에서 일종의 위기감을 느낄 것이다. 실제로 철학적 유신론은 두 세력이 경쟁하는 틈바구니에 껴서 위기를 겪고 있다. 한쪽은 전통적 고전 유신론을 계속해서 변론하느라 실패할 수밖에 없는 입장이고(1부에서 자세하게 다룬다), 다른 한쪽은 무신론 혹은 불가지론같이 종교 회의주의를 변론하는, 역시 설득력 없는 입장이다. 신고전 혹은 과정 유신론자들은 이런 두 세력 사이를 비집고 들어가려 하기 때문에 양쪽에서 노여움을 사기 십상이다. 고전 유신론자들은 보수적 이해를 고수하면서 신 개념을 주장하고, 신고전 혹은 과정 사상의 혁신을 절대 신뢰하지 않는다. 반면 종교 회의주의자들은 신고전 혹은 과정 유신론을 옛 시대의 진부한 잔재 정도로 보는 경향이 있다. 이런 쟁점에 대해 하츠혼은 말한다. "유신론의 질문은 (…) 하나 더 추가된, 가장 중요한 질문 정도가 아니다. 근본적 수준에서 그리고 모든 함의를 헤아려 볼 때, 유일한 질문이다."(Hartshorne 1962, 131) 또한 "철학의 가장 중요한 역할은 (…) 종교에 던져야 할 질문을 명확하게 밝히는 것이다"라고도 한다.(Hartshorne 1965, 24) 이런 분석을 두고 종교 회의주의자들은 하츠혼이 과장한다고 말하겠지만, 나는 그가 지나치다고 생각하지 않는다. 나는 하츠혼이 강조하는 이런 철학의 책무를 끝까지 힘껏 수행해 볼 참이다.

이 책은 앞서 언급한 두 입장에 반문하고 철학적 유신론의 제3의 입장을 제안한다. 이를 위해 오늘날 우리가 처한 교착 상태가 역사적으로 어느 시점에 말미암는지 그 뿌리까지 거슬러 간다. 이 책의 논지를 간략하게 제시하면 이렇다. 철학적 유신론이 미래에도 지속되려면(지금껏 무신론의 인기를 염두에 두면, 유신론 자체의 미래를 떠올리기 어렵지만) 과거의 발자취를 되짚어 어디서부터 첫 단추가 잘못 끼워졌는지 확인해야 한다는 것이다. 이런 결정도 과장되게 들릴지 모르겠다. 그러나 수십 년 전, 화이트헤드 역시 동일한 판단을 내렸다는 사실은 중요하다. 그는 역사 내내 그리스도교(그리고 유대교와 이슬람)의 뒷배였던 고전 신 개념이 "인류의 막대한 재앙 중 하나"라고 생각했다.(Whitehead 2001, 171) 그의 생각은 지금도 여전히 큰 통찰을 준다.

예를 들어 아브라함 종교(유대교, 그리스도교, 이슬람)의 고전 유신론자들은 신의 **전**능을 옹호한다. 이런 경우, 한 아기가 신체에 고통을 겪는 장애를 갖고 태어났을 때, 산모는 신이 그 상황을 초래했다든가 적어도 허용했다는 말을 들어야 할지 모른다(솔직히 들을 수밖에 없다). 하지만 우리는 그 상황에 대해 산모에게 더 나은 말을 건넬 수 있다. 사유하는 사람은 고전 유신론이라는 임금이 알고 보니 벌거벗었다는 사실을 곧 알아차릴 것이기에, 철학적 유신론이 제 역할을 하려면 우리는 정말 똑바로 해야 한다.

이 책에서 신 개념의 역사를 보여 주기 위해 관련 있는 모든 것을 포괄적으로 톺을 작정은 아니다. 암스트롱, 보커, 카페츠와 같이 역사를 선택해서 다루겠지만, 원칙은 그들과 다르다. 이 책 전반의 긴장은 고전 유신론과 신고전 혹은 과정 유신론의 공통점과 차이점을 밝히는 작업에서 대체로 비롯된다. 앞서 세 저자는 고대 그리스가 철학적 유신론에 남긴 유산에 대해 동일하게 가정한다. 즉 변동성은 불완전한 조건에서 전이해야 하는 필요성을 가리키기 때문에 (정의상) 완전한 신은 변할 수 없다는 관념을 철학적 유신론이 고대 그리스로부터 그대로 전달받았다는 것이다.

물론 이런 가정에는 타당한 면도 있다. 하지만 앞서 세 저자는 고대 그리스가 철학적 유신론에 미친 영향을 너무 납작하게 평가하고 있다. 이런 점에서 이 책은 훨씬 복잡한 이야기를 건넨다. 화이트헤드는 "유럽 철학 전통의 가장 안전하고 일반적 특징이라면 플라톤에 대한 일련의 각주로 구성되어 있다는 것이다"(Whitehead [1929] 1978, 39)라는 재밌는 말을 남겼다. 그의 말은 무엇보다 신 개념의 영역을 가장 정확하게 보여 준다. 이 책은 세 가지 아브라함 종교 (유대교, 그리스도교, 이슬람교)의 고전 유신론과 신고전 혹은 과정 유신론의 대안을 살피고, 그들의 유신론에 의도치 않게 흔적을 남긴 플라톤의 역할을 발견하는 데 목적을 둔다. 따라서 이 책에서 보여 주는 신 개념의 역사는 아브라함 종교 전반을 아우른다.

1부는 "고전 유신론"이다. "고전 유신론"의 정확한 의미를 알기 위해 여러 시대에 활동한 아브라함 종교 출신의 철학자 아홉 명과 그들이 발전시킨 신 개념을 연대순으로 자세히 살펴본다. 2부는 "고대 그리스 철학"으로 그리스 철학자 플라톤Plato, 아리스토텔레스Aristotle, 플로티노스Plotinus를 살펴본다. 또한 1부에서 다룬 고전 유신론의 내용을 상기하고, 그 통찰과 오류가 어디에서 시작되었는지 확인한다. 3부는 "신고전 혹은 과정 유신론"이다. 근대부터 20세기 중반까지 아브라함 종교에서 활동한 신고전 혹은 과정 유신론자들을 연대순으로 조사한다. 이후 20세기 말부터 21세기 초까지 철학, 신학, 종교학에 대두된 동시대 사상은 이 책에서 다루지 않는다. 동시대 사상은 현재 여전히 진행 중이고, 이전 역사가 이런 사상에 미친 여파를 아직 가늠하기 어렵기 때문이다. 4부 "앙리 베르그송과 알프레드 노스 화이트헤드"에서는 하츠혼과 함께 가장 뛰어난 신고전 혹은 과정 유신론자 베르그송과 화이트헤드의 사상을 살펴본다.

3부와 4부의 사상가들이 제안하는 신 개념은 향후 종교철학과 신학에서 심화시켜도 될 만큼 매우 설득력 있다. 다시 말해 이 책은 암스트롱, 보커, 카페츠의 작업과 비슷하게 역사를 선택적으로 다루지만, 고전 유신론과 신고전 혹은 과정 유신론 사이의 논쟁에 집중한다.

앞으로 다루는 내용과 관련해, 반대로 이 책에서 크게 헤아리지 않는 네 영역을 먼저 밝혀야 할 것 같다. 첫째, 엄밀하게 시간의 제약을 받거나 엄밀하게 유한한 신 개념은 자세히 다루지 않는다. 윌리엄 제임스William James, 새뮤얼 알렉산더Samuel Alexander, 에드거 브라이트먼Edgar Brightman, 헨리 넬슨 위먼Henry Nelson Wieman 같은 사상가들이 발전시킨 신 개념은 분명 흥미로우나 이 책에서는 다루지 않는다. 둘째, 범신론pantheism과 스토아학파, 바뤼흐 스피노자Baruch Spinoza, 샹카라Sankara같이 저명한 범신론 사상가들에게는 지면을 할애하지 않는다. 신 개념의 발전에 크게 공헌했고 아브라함 종교에서 작동되는 신 개념에 흔적을 남긴 대다수 사상가는 고전 유신론과 신고전 혹은 과정 유신론 사이의 논쟁에 관여했다는 게 이 책의 가정이다. 셋째, 고전 유신론자같이 보이다가 어느 때는 과정 유신론자나 범신론자로 보이는 탓에 도무지 분류하기 어려운 유신론자들(예를 들어 헤겔G. W. F. Hegel)은 다루지 않는다.(Lucas 1986 참고) 넷째, 지면이 부족한 관계로 유한 신론, 범신론, 헤겔을 다루지 못한 것같이 힌두교의 남아시아 사상가들이나 동아시아 종교들에서 발전된 신 개념은 다루지 않는다. 달리 말해 고전 유신론과 신고전 혹은 과정 유신론 사이의 논쟁 그리고 그 논쟁의 배경을 제공한 고대 그리스 철학에 대한 이야기만으로 책 한 권을 충분하게 채우고 남을 만큼 다뤄야 할 내용이 많다. 남아시아와 동아시아 사상가들의 신 개념을 다루지 못하는 또 다른 이유는 내가 역량이 부족해서다. 연구 가치가 충분하다고 생각하지만 내 역량이 미처 거기까지 이르지 못했다. 남아시아와 동아시아의 고대 사상가들(예를 들어 라마누자Ramanuja)뿐 아니라 20세기 초중반 활동한 사상가들(예를 들어 라다크리슈난Radhakrishnan)까지 관심을 기울인다면, 신 개념의 역사를 분석하는 연구는 그 수준이 크게 향상할 것이다. 화이트헤드의 창조성, 하츠혼의 신의 필연적 현존 그리고 붓다의 순야다sunyatta[5] 혹은 태어나지 않았고 발생하지 않은 것의 비유가 상통하듯, 신 개념의 역사는 세계 도처에 있는 여러 종교 전통이 근본적으로 깊이 연결

---

5   舜若多. 공(空)의 상태로, 모든 존재는 인연으로 생겨난 것이므로 고정되고 불변하는 본체나 실체라고 할 만한 것이 무(없음)임을 나타내는 불교 사상의 핵심 개념.

되어 있다는 사실을 확인시켜 준다.

본 연구는 하츠혼에게 빚을 크게 지고 있다. 윌리엄 리스William Reese와 함께 편집한 그의 선집 『철학자들은 신을 말한다』*Philosophers Speak of God*(Hartshorne 2000; 초판은 1953년 University of Chicago Press에서 출간되었다)의 제목에서 알 수 있듯, 하츠혼은 은연중에 신 개념의 역사를 제시한다. 『철학자들은 신을 말한다』는 진정으로 걸출한 연구서다. 하츠혼이 신의 역사라는 현대 장르에 상당 부분 영향을 미쳤음에도 지금껏 그의 공헌은 도외시되었다. 이런 점에서 이 책은 그의 공헌을 되살리려는 『철학자들은 신을 말한다』의 갱신판이라고도 할 수 있다. 하츠혼과 비슷하게 나 역시 "신"neo과 "고전"classical 둘 다를 강조하는 "신고전 유신론"이 "과정 유신론"보다 알맞은 명칭이라고 생각한다. "과정 유신론"이 과정 유신론자들의 주장대로 신 개념의 혁신을 분명하게 지목하는 명칭이라면, "신고전 유신론"은 그 혁신의 근원이 고대와 중세까지 닿아 있다는 역설을 보여 준다. 이런 두 면모는 단어 "급진적"radical에서 가장 적절하게 드러난다. 이 단어는 과정 유신론의 전진하는 혁신적 성격과 더불어, 라틴어 어원 '라딕스'*radix*가 본래 "뿌리"를 의미한다는 점에서 신고전 유신론이 과거에 뿌리내린 모습까지 잘 담고 있다.

조사이어 로이스Josiah Royce의 설명은 이런 내 생각을 일목요연하게 대변한다. "내가 매우 신중하게 내 (…) 기준을 수정할 때마다 언제나 확인하는 것은 (…) 나는 기껏해야 오랜 전통 안에 잠재되어 있던 진정한 의미를 새로운 시선으로 바라보고 발견한다는 사실이다. (…) 수정은 파괴만을 의미하지 않는다. (…) 전통의 본체를 묻어 버리자는 말이 아니다. 우리가 바라는 것은 전통의 영광스러운 몸과 불멸하는 영혼이다."(Royce 1908, 11) 하지만 여기서 말하는 역사는 고대 설화의 파편들이 아니다. 나는 아브라함 종교로부터 계승되었고 역사 내내 퇴적되어 온 신 개념에 비추어 앞으로 나아간다. 즉 내가 옹호하는 신고전 유신론은 "고전"인 만큼이나 "신"(새롭다)이다.(Pundt 1989, 8 참고) 신 개념과 관련해 긴 시간 앞으로 나아갈, 의미 있는 길을 마련하려면, 무엇보다 뒤로 거슬러 가야 한다. 게다가 이 책은 현존하는 동시대 사상가는 아무도 검토하지 않는다. 역사적 인물과 동시대 인물을 구분하는 유용한 기준 중 하나는 인물의 생존 여부다. 이 책은 제목 그대로 20세기 중반까지 발전해 온 신 개념의 역사에 관심을 둔다. 20세기 중반 이후의 역사는 다른 책에서 확인하기를 바란다.

하츠혼의 『철학자들은 신을 말한다』에서 한 걸음 더 나아간 최근 작업으로, 지닌 딜러Jeanine Diller와 아사 카셔Asa Kasher가 편집한 선집 『신과 대안적인 궁극적 실재들의 모델』*Models of God and Alternative Ultimate Realities*(2013)이 있다. 이는 탁월한 논문집임에도, 세 가지 이유에서 하츠혼의 선집과 차이가 크다. ① 하츠혼의 책은 신고전 유신론을 옹호하는 한편, 딜러와 카셔의 선집에서는 전체를 아우를 만한 뚜렷한 관점을 찾기 어렵다. ② 하츠혼의 책이 주로 역사와 관련 있다면, 딜러와 카셔의 선집에서는 일부 소논문만 신 개념의 역사를 다룬다. ③ 딜러와 카셔의 선집은 대부분 아브라함 전통 바깥의 세계 종교를 다룬다. 여기서 신은 하느님 대신인 신들, 궁극적 실재들realities로서의 비신학적 신들이다. 그들의 선집도 나름의 특징이 있지만 그 목적은 하츠혼의 책과 다르다. 이 책에서는 긍정적이든 부정적이든, 필요에 따라 딜러와 카셔의 선집에 실린 저자들의 작업을 소개한다.

예를 들어 딜러와 카셔의 선집에 실린 도널드 바이니Donald Viney의 소논문은 매우 뛰어나다. 그는 만일 성찰하는 학자가 고전 유신론에 대처할 만한 유신론을 마주한다면 고전 유신론을 "상대화"하리라고 생각한다. 게다가 바이니가 주장하듯, 고전 유신론의 상대화는 불가지론과 무신론에도 영향을 미칠 것이다. "'신은 현존하는가?'라는 질문은 기껏해야 (만일 대안적 신관이 분명하지 않다면) **모호한** 질문, 최악의 경우 (만일 실제로 한 가지 신 개념이나 한 가지 방식의 신학적 담론을 추켜세울 뿐이라면) **함정으로 유도하는** 질문이다. 만일 유신론의 형태가 다양하다면, 유신론의 형태만큼이나 부인해야 하는 무신론의 형태도 많아질 것이다. (…) 따라서 찰스 하츠혼이 믿었던 신 못지않게 신학 역시 역동성dynamism을 보여줄 것이다."(Viney 2013b, 77) 아직 유보 중인 유신론과 무신론의 형태만큼 불가지론도 분명히 다양할 것이다. 바이니는 현재까지 제시된 신 개념의 역사에서 신중하게 헤아려야 할 많은 주제를 일깨운다. 이를테면 그는 신고전 혹은 과정 유신론을 다방면에서 살피지 못한 탓에 신고전 혹은 과정 신이 불완전하게 보이는 것이라고 지적한다. 또한 유신론과 초자연주의를 동일시하는 관점은 잘못되었고, "신은 현존하는가"라는 질문에 "신이 의미하는 바는 무엇인가"라는 질문이 전제되어 있다고 지적한다. 나아가 신 개념과 관련해 신고전 혹은 과정 유신론자들이 코페르니쿠스같이 시도하는 전환을 무

시하는 순간, 신 개념은 그 대가를 크게 치러야 할 것이라고 경고한다.(Viney 2013b)

짚고 넘어갈 부분이 하나 더 있다. 이 책은 신고전 혹은 과정 유신론을 옹호하는 작업일 뿐 아니라 완전한 존재의 신학perfect being theology 혹은 완전한 존재의 종교철학perfect being philosophy of religion의 실천이기도 하다. 나는 완전한 존재의 개념을 분명하고 또렷하게 밝히는 작업이 신에 관한 담론을 이끌어 가야 한다고 생각한다. 이런 사고방식을 실천한 작업 가운데 성 안셀무스St. Anselm의 존재론적 논증이 가장 유명하다는 사실은 누구나 인정할 것이다. 지난 1,000년의 철학사에서 그의 논증만큼 자주 거론되어 온 논증은 없을 것이다.(Dombrowski 2006 참고) 실제로 안셀무스는 완전한 존재의 신학 혹은 종교철학의 창시자라고도 할 수 있다. 나는 "완전한", "상상할 수 있는 가장 큰/위대한", "가능한 한 최고의", "최고로 경배해야 하는"의 의미가 서로 닮았다고 여기기 때문에 여기서 표현의 차이를 상세히 다루지는 않을 것이다. 요점은 신이 있다면 완전한 존재의 신학 혹은 종교철학에서 설명하는 완전한 존재가 곧 신성이라는 사실이다. 캐서린 로저스Katherin Rogers의 주장같이 "신이 가능한 한 최고의 존재 혹은 완전한 존재라고 믿는 이유는 신이 있다고 믿는 이유와 밀접하게 연결되어 있다".(Rogers 2000, 4)

하지만 다양한 입장이 "완전한 존재"의 의미를 두고 여전히 논쟁 중이다. 실제로 두 입장이 신 개념의 역사를 지배해 왔다. 한쪽은 안셀무스, 로저스 등이 주장하는 정적static 완전한 존재로 전통적 고전 유신론의 개념이고, 또 다른 편은 동적dynamic 완전한 존재로 신고전 혹은 과정 개념이다. 이 책은 신 개념의 역사를 형성하기 위해 이런 입장들 사이의 논쟁에 크게 기대고 있다. 하지만 지금껏 살펴본 것같이, 정통 교리orthodoxy("올바른" 교리)와 정통 실천ortho-praxy("올바른" 실천)에 몰두해 온 다른 신학 혹은 종교철학보다 완전한 존재의 신학 혹은 종교철학 덕분에 신 개념이 발전해 왔을 수 있다. 그러므로 이 책에서 혹여 전통적 고전 유신론자를 옹호하는 기색이 비친다면, 그는 분명 완전한 존재를 고찰한 사상가였을 것이다.

일러두기

1. 원서의 이탤릭체는 볼드로, 고유명사가 아닌데도 대문자로 시작되는 단어는 작은따옴표로 표시했다.
2. 저자는 영어식으로 표기했으나 인물의 이름은 가능한 한 태어난 지역의 언어로 음역하였다. (Philo → 필론)
3. 성서 구절이나 성서에 나오는 지명, 인명은 공동 번역 개정판을 참고하였다.
4. 영어 외 라틴어나 고대 그리스어 등의 경우(필요에 따라 영어도), 작은따옴표 안에 음역을 적고 옆에 원어를 병기했다. 이때 영어를 포함해 현대어가 아닌 고대어(라틴어, 고대 그리스어 등)는 이탤릭체로 표기했다. 인용문의 경우에도 일단 모두 음역을 기입했다.
4. 옮긴이 주는 모두 각주에 넣었다.

차례

1부
고전 유신론
Classical Theism

먼저 "고전 유신론"은 성서나 정경의 유신론이 아니라 철학과 신학에서의 신관을 의미한다. (성서는 신 개념의 최고 통찰을 보여 준다. 이 책은 전반에서 고전 유신론과 신고전 유신론 가운데 누가 이런 통찰을 더 잘 보존해 왔는지 질문하고 탐구한다.) 고전 유신론은 적어도 다음 다섯 특징을 갖는다.

1. 전능Omnipotence: 신은 절대무(絶對無)에서 세계를 창조했다는 주장과 관련한다.
2. 전지Omniscience: 신은 미래에 일어날 모든 일을 절대 확실하고 상세하게 알고 있다.
3. 전선Omnibenevolence
4. 영원성Eternity: 신은 시간 전체를 통틀어 현존하지 않고 시간 바깥에 존재한다.
5. 단극성Monopolarity: 이후 설명한다.

1부에서는 고전 유신론자 필론Philo에서 시작해 임마누엘 칸트Immanuel Kant까지 아홉 명의 주요 고전 유신론자들을 연대순으로 살펴본다. 그들의 신 개념은 앞서의 다섯 특징을 드러낸다. 이들 사상가의 신 개념과 고전 유신론에 대한 비판을 통해 고전 유신론의 신 개념이 갖고 있는 문제를 정확하게 파악할 수 있다. 다시 말해 이 책은 역사를 선택하여 제안한다. 고전 유신론자 모두를 조사하지 않을뿐더러 언급한 사상가들의 연구도 그 전체를 검토하지 않는다. 다만 주요 고전 유신론자들의 신 개념을 이해하고 보다 설득력 있는 철학적 유신론을 마련하기 위해 앞서의 다섯 특징을 근거로 살펴본다.

1. 필론

─── Philo, 기원전 30년~기원후 50년 ───

앞선 다섯 특징을 근거로 할 때, 최초의 고전 유신론자는 기원 전후에 걸쳐 이집트의 알렉산드리아에서 철학 작업을 한 유대인 필론이라고 할 수 있다. 필론은 신에 관해 철학한 최초 사상가가 분명하다는 점에서 주목할 필요가 있다. 이를테면 그는 '엑스 니힐로'*ex nihilo*, 즉 **무로부터** 창조에 동의하지 않았으나(May 1994 참고) 신적 전능에 대한 믿음을 포함해 앞서의 다섯 특징을 드러내는 신 개념에 이르렀고 **또한** 이런 신 개념이 성서에 나오는 하느님을 추상화한 개념이라고 (아마도 잘못) 가정했다.

필론은 신의 현존을 논할 때 설계 논증을 옹호하며 규칙적이고 질서 정연한 자연 세계야말로 신적 창조자의 현존을 증명한다고 생각한다. 비록 필론은 신에 관해 말할 수 없다는 부정apophatic(부정에 해당하는 그리스어 '아포파티코스'*apophatikos*에서 유래) 의식을 매우 강하게 지녔으나 다른 부정신학자들과 마찬가지로 신에 관해 기꺼이 긍정적으로도kataphatically(긍정에 해당하는 그리스어 '카타파티코스'*kataphatikos*에서 유래) 진술했다. 신은 불변하고, 시간 바깥에 있고, 시간을 창조했고, 창조되지 않았고, 지극히 단순하고, 통일되어 있고, 자기-충족적이고, 부동하고, 전지하고, 필연적으로 현존하고, 감수성이 없고 무감각하고, 공간을 차지하지 않고, 모든 것의 원인이고, 편재한다. 신을 알 수 없다고 주장하는 이들이 말하는 신의 모습과 같다! 그러니 신에 관해 말하지 않는다는 부정 사상가들의 겸손을 보이는 그대로 믿어서는 안 된다.(Hartshorne 2000, 77~81; 또한 Philo, "On the Unchangeableness of God" 및 기타, vol. 3 참고)

필론(과 다른 고전 유신론자들)은 단극성의 개념에서 신적 속성을 분류한다. 일단 신이 현존하는 순간을 가정해 보라. 신이 소유하는 속성은 무엇인가? 극명하게 대비되는 속성들을 두 편으로 나눠 상상해 보자.

일자	다자
존재(있음)	생성(됨)
활동성	수동성
영속성	변동성
필연성	우연성
자기-충족성	의존성
현실태	잠재태
절대성	상대성
추상성	구상성

필론의 고전 유신론은 지나치게 단순하다. "신은 약하지 않고

강하므로 모든 관계에서 신은 수동적이기보다 활동적이다"라고 비교적 쉽게 말할 수 있다. 필론 같은 고전 유신론자들은 대비 쌍에서 좋은 쪽(왼쪽)을 결정해 신의 속성으로 결정짓고, 반대쪽(오른쪽)의 면모는 일절 인정하지 않는다. 이런 결정은 하츠혼이 말하는 단극 편견으로 이어진다.(Hartshorne 2000, 1~25)

　중요한 것은 고전 유신론과 범신론 둘 다 단극성을 드러낸다는 것이다. 고전 유신론은 복수성, 잠재태, 생성의 실재를 신 "바깥"(오른쪽) 현존의 부차적 형식으로 인정하는 한편, 범신론은 실재와 신을 동일시한다는 차이가 있지만, 고전 유신론과 범신론 둘 다 앞서 나열된 대비 쌍에서 각각의 범주를 차별적으로 이해한다. 그 결과, 두 입장 모두 모순에 처한다. 이를테면 전체에서 단 한쪽 구성 요소만 신격deity이라고 오해하거나(고전 유신론), 아니면 대비 쌍마다 열등하다고 의심받는 극(오른쪽)은 환상에 불과하다는 착각(범신론)에 빠진다.

　하지만 이런 모순은 작위적으로 생산된 모순이다. 여기서 가정하는 탁월함은 두 극을 분리하여 한 극(왼쪽)을 정제하고 다른 극(오른쪽)을 폄훼해야만 찾을 수 있기 때문이다. 오른쪽에 나열된 속성 중 일부만 따져 봐도, 그렇게 할 수 없음을 알 수 있다. 고전 유신론자들이 확신하는 신적 영원성은 신이 모든 시간에 존속한다는 의미가 아니다. 오히려 고전 유신론의 관점에서 신은 아예 시간 바깥에 있고 실제로 변하는 시간을 수용하지도 못한다. 많은 고전 유신론자가 아리스토텔레스(고전 유신론의 가장 위대한 선구자)를 따라 신과 부동성을 동일시해 왔다. 그러나 활동성과 수동성 둘 다 좋을 수도 있고 혹은 나쁠 수도 있다. 좋은 수동성은 감수성, 반응성, 적응력, 공감 등으로 불린다. 결함이 있거나 부족한 수동성은 경직된 불변성, 고집 센 완고함, 부적응력, 무반응성 등으로 불린다. 수동성 자체는 어느 한 개체individual가 타자들의 활동성을 헤아리고 그에 맞춰 자신을 바꿔 가면서 활동하는 것을 가리킨다. 신의 수동성을 일절 인정하지 않는 것은 좋은 수동성이 지니는 탁월함까지 신에게서 제거하는 것이다. 달리 말해 신의 변동성을 전적으로 부인하면 그 신은 변덕스러운 성격은 없을지 모르지만, 그 대가로 타자의 고통에 사랑으로 반응하는 능력까지 잃어버린다.

　　왼쪽 면모 역시 좋을 수도 나쁠 수도 있다. 일자성, 하나 됨one-ness은 온전함을 나타내지만 단조로움이나 사소함을 의미하기도 한다. 현실태actuality는 한정성definiteness일 수 있지만 타자와의 비관계성일 수도 있다. 신을 순수 현실태pure actuality라고 주장할 때, 신적 사랑은 어떻게 되는가? 신은 세계를 사랑한다고 어떻게든 주장할 수 있다. 하지만 그 사랑은 본질적으로 세계와 관계 맺는 사랑이 아닐 것이다. 자기-충족은 때로 이기심일 수 있다.

　　우리는 양극으로 대비되는 각각의 쌍을 고전 유신론자들과 다르게 이해해야 한다. 다음은 고전 유신론자들이 신적 속성을 분류하는 방식이다.

　　(좋은) 영속성　　　　　　(나쁜) 변동성

　　대신 이렇게 생각해야 한다.

존재　　　　　　생성

(좋은)　　　　　(좋은)

(나쁜)　　　　　(나쁜)

　　신을 사유할 때 모든 탁월함(왼쪽과 오른쪽)을 신의 속성에 부여하고 열등함(오른쪽과 왼쪽)은 일절 부여하지 않아야 한다. 요컨대 탁월함-열등함, 지식-무지 혹은 선-악은 차별해야 하는 대비이며, 정의상 상상할 수 있는 가장 위대함인 신을 이런 차별적 대비 안에서 서술할 수는 없다. 반면 일자-다자, 존재-생성, 활동성-수동성, 영속성-변동성은 차별할 필요가 없는 대비다. 악은 범주가 아니므로 신의 속성에 부여될 수 없다. 악은 보편적이지 않기 때문에 범주가 아니다. 인간 이하의 실재는 악에 희생될 수 있어도 악을 범하지 못하기 때문에, 악은 보편적이지 않다. 동물과 신 둘 다 악을 매우 잘 느낄 수 있지만 신은 지고하게 선한 본성 때문에, 동물은 도덕적 원칙에 무지하기 때문에 둘 다 악을 범할 수 없다.

　　차별할 필요 없는 대비(예를 들어 영속성과 변동성)에서 각각의 극은 차별해야 하는, 해를 끼치는 요소(열등한 영속성 혹은 열등한 변동성)뿐 아니라 차별할 필요 없는 좋은 요소(탁월한 영속성 혹은 탁월한 변동성)까지 전부 지닌다. 신고전 유신론자들, 양극신론자들, 과정 유신론자들이 통일된 일자와 서로 다른 다자라는 두 신을 믿는다는 말이 아니다. 오히려 과정 유신론자들은 모순 관계로 생각되기 쉬운 범주들이 알고 보면 서로 의존하며 상관한다고 믿는다. 하츠혼은 말한다. "우리가 아는 한 선은 다양성 안의 통일성 혹은 통일성 안의 다양성이다. 만일 다양성이 균형을 잃는다면 혼돈이나 불화가 일어난다. 만일 통일성이 균형을 잃는다면 단조로워지거나 사소함이 생긴다."(Hartshorne 2000, 3)

최고 탁월함이 진정으로 최고 탁월함이려면, 세상에 있는 모든 복잡함을 하나의 전체 정신인 자신 안으로 반드시 통합할 수 있어야 한다. "반드시"는 필연적으로 현존하는 신의 본질과 함께 신적 필연성을 지시한다. "복잡함"은 신이 피조물의 결정에 의해 영향을 받는 성질, 우연성을 지시한다. 하지만 고전 유신론의 관점에서 신은 절대자의 꼼짝하지 않는 부동성과 동일시되며, 이것은 신이 세계와 관계 맺지 않음을 암시한다. 신의 추상적 본성, 신의 존재는 유동하는 시간을 어떻게든 벗어날 수 있을지 모르지만, 살아 있는 신은 생성의 세계와 관계를 맺는다. 즉 세계는 신과 내부적으로 관계를 맺기 때문에, 생성의 세계는 신적 생성까지 포함한다. 고전 유신론자들은 이런 관점에 맞서 신과 세계의 관계는 신성 외부에서 맺어진 관계라고 변론한다. 하지만 이런 식의 대처는 신의 사랑은 물론 신의 고귀함까지 위협한다. 개가 어느 특수한 바위 뒤에 있다고 해 보자. 거기 그렇게 있는 것은 그 개에게 특정 방식으로 영향을 미치기에 이런 관계는 그 개에게 내부적이다. 그러나 그 관계는 바위에 아무런 영향을 미치지 않으므로 바위의 본질에 있어 외부적이다. 여기서 개를 인식하지 못하는 바위의 현존보다 바위를 인식하는 개의 의식이 우월하지 않은가? 즉 순수 현실태, 영속성, 외부 관계, 부동성, 생성이 아닌 존재만, 즉 존재같이 바위와 비슷한 면모만 신에게 적용하는 게 괴이하지 않은가?

이런 결함이 있음에도 철학적 유신론자들이 고전 유신론을 선호해 온 이유가 궁금할 것이다. 적어도 네 가지 이유가 있다. 첫째, 단극성이 양극성보다 받아들이기 편리하다. 즉 각기 범주를 적절하게 적용하여 신적 본성을 설명하는 것보다 대비(혹은 더 나은, 상관관계인, 차별할 필요 없는) 범주들 가운데 한쪽을 수용하고 다른 쪽을 거절하는 편이 훨씬 간단하다. 신을 단순하게 "절대자"로 부르는 것역시 쉽지 않다. 만일 상대성이 신과 세계의 관계가 내부적임을 가리키고, 절대성은 이런 상대성을 배제한다는 의미로 사용될 때, 절대자라는 호칭은 고전 유신론의 문제를 다시 불러올 수 있다.

둘째, 단극성을 받아들이면 신이 가장 상대적이라고 식별하는 것보다 절대자와 동일시하는 게 훨씬 쉬워진다. 그러나 신이 절대자이더라도 신적 관계성은 배제되지 않는다. 신은 모두를 사랑하기에 모두에 상관하며, 이에 따라 모두에게 상대적이라는 것 역시 부인되지 않는다. 신은 다른 누구보다 가장 상대적일 수 있고 가장 절대적일 수 있다. 이런 의미에서 신은 탁월한 절대성과 탁월한 상대성을 갖는다. 물론 신은 신적 본성의 다양한 면모에 따라 절대적이며 상대적이다.

셋째, 신적 영속성은 감정적으로 위안을 주기 때문에 선호된다. 이런 경우는 삶의 위험과 불확정성을 벗어나려는 갈망에서 확인할 수 있다.(Plato, *Seventh Letter*, 325d~326b 참고) 하지만 이렇게 위안을 얻더라도, 다른 방식에서 얻는 감정적 위안까지 저지해서는 안 된다. 이를테면 신은 모두를 사랑하기에 피조물의 고통에 부동할리 없으며, 우리가 겪는 고통과 자유의지의 결과가 이런 신적 삶에 변화를 가져오리라는 얇은 위안이 된다.

　넷째, 겉보기에 단극성은 일신론과 양립할 수 있을 것 같다. 그러나 일신론의 시선에서 일자와 다자를 단순하게 대립시키는 것은 신을 그저 한 개체로 다루는 것에 불과하다. 이런 대립에서 신적 개체가 세계와 일절 무관하다는 교리는 정작 다뤄지지 않는다.

　요컨대 신적 존재는 생성한다. 혹은 신적 생성이 있다. 신의 존재와 생성은 하나의 실재를 형성하며, 두 극을 역설의 상태에 내버려둘 이유가 없다. 하츠혼은 말한다. "어느 한 개체의 다양한 면모를 설명하기 위해 대비되는 술어들을 그 개체에 부여할 수 있다. 이런 이해를 반박할 만한 논리 법칙은 없다."(Hartshorne 2000, 14~15) 존재를 숭배하는 "온톨러트리"ontolatry를 바로잡을 수 있는 대책은 정반대에서 생성을 숭배하는 "지그놀러트리"gignolatry가 아니다. "신은 생성에 대립하는 존재이거나 존재에 대립하는 생성이 아니다. 존재 범주에서 최고 존재의 요인과 함께 생성 범주의 최고 생성이 있다. 반대로 열등한 존재에 열등한 생성이 있다."(Hartshorne 2000, 24) 앞으로 확인할 테지만 신고전 혹은 과정 유신론에서 신적 생성은 신적 존재보다 포괄적이므로 훨씬 궁극적이다.

　이런 이유에서, 필론에서 시작된 고전 유신론에 대응하기 위해 내가 옹호하는 유신론은 다음 특징들을 갖는다.

1. **양극**신론이다. 앞서 언급한 대비 범주 전부, 양쪽 모두에서 탁월함을 찾을 수 있기 때문이다(즉 대비 범주들은 상관관계이지 차별해야 하는 관계가 아니다).

2. **신고전** 유신론이다. 고전 유신론자들(특히 곧 살펴볼 안셀무스)이 올바른 추론 경로를 거쳐 신을 최고 탁월하며 모두가 경배해야 하고 상상할 수 있는 가장 위대한 존재로 설명했으리라 생각한다. 하지만 그들은 완전함의 논리에 대해서는 충분하게 생각하지 않았다.

3. **과정** 유신론이다. 신은 언제나(즉 영속적으로) 다른 무엇보다 위대한 존재다. 이런 이해를 버릴 필요는 없지만, 이른바 신이 완전하다면 생성을 겪어야 한다.

4. **범재신론**pan-en-theism이라 불릴 수 있다. 문자 그대로 "만물이 신 **안에** 있다"는 의미에서 신적 전지를 말한다. 고전 유신론과 달리 신은 세계에서 완전히 제거되지(세계에 대해 부동하지) 않으며, 범신론("모든 것**은** 신**이다**"라는 믿음)의 주장과 달리 세계와 완전히 동일시되지도 않는다.

신은

1. 세계를 포괄한다. 세계 전체를 돌본다. 세계에서 일어나는 모든 감정, 특히 고통의 감정을 느낀다.
2. 초월적이다. 특히 신의 필연적 현존과 신의 탁월한 사랑 때문에, 신은 다른 모든 존재보다 위대하다.

우리는 움직이는 세계를 알지 못하는 부동의 동자(아리스토텔레스의 유신론), 움직이는 세계에 대한 지식이 일관적이지 않은 부동의 동자(고전 유신론), 궁극적으로 부동하며 비우연의 세계만 아는 부동의 동자(범신론)를 신으로 이해하려 해서는 안 된다.

필론 같은 고전 유신론자들은 두 가지 반론을 제기할 것이다. 하나는 만일 신이 변한다면 신은 완전하지 않다는 것이고, 만일 신이 완전하다면 변할 필요가 없다는 것이다. 이에 대한 대응은 다음과 같다. 최고 탁월한 신은 어느 특수한 시간이든 상상할 수 있는 가장 위대한 존재, 모두가 경배해야 하는 존재여야 한다. 과거 고통스럽지 않았던 피조물이 현재 고통의 상황에 놓였을 때 신은 신적인 최고 탁월함을 보여 줄 새로운 기회를 갖는다. 즉 신의 완전함은 신에게 변화를 그저 허용하는 게 아니라 신은 변해야 한다고 요구한다. 고통이 현존하기 이전 시점에 신은 불완전했으므로, 지금 신이 변해야 한다는 의미가 아니다.

또 다른 반론에 따르면 신은 일자나 다자가 아니고, 현실적이거나 잠재적이지도 않다. 인간의 개념은 문자 그대로 혹은 획일적으로 신에게 적용될 수 없으며, 기껏해야 유비로 사용될 수 있다. 필론 같은 고전 유신론자들은 신은 우리가 말하는 통일성보다 통일되며 현실태보다 현실적이라고, 딱 인간이 알 수 있는 만큼 말할지 모르겠다. 그러나 고전 유신론자들이 인간의 개념은 충분하지 않다고 인정하면서, 어떻게 개념의 대비 쌍에서 한쪽(왼쪽)을 선호하고 다른 쪽을 폄훼하는 것을 합당하다고 볼 수 있는지 궁금하다. 신이 일자보다 단순할 수 있다면 다양한 현실적 계기에 상관하는 신은 다자보다 복잡할 수도 있지 않을까? 유비와 부정신학은 단극 편견을 따르는 획일적 서술을 뒷받침하는 데 금세 소모되고 만다. "행위자agent이자 피동자patient일 때가 둘 중 하나일 때보다 비교할 수 없을 만큼 진정으로 더 낫다."(Hartshorne 1983, 54) 신은 특히 더 그렇다. 지성을 가진 인간 역시 비인간 동물에 비해 행위자이자 피동자일 때가 훨씬 더 낫다. 비인간 동물도 식물 혹은 특히 돌멩이에 비해 더 낫다. 돌멩이는 말을 못 하고 듣지도 못하며, 타인을 위해 결정하거나 타인의 결정에 감사할 줄 모른다.

필론을 포함한 고전 유신론자들은 아리스토텔레스의 자기-충족적 신격과 성서에 나오는 하느님의 섭리적 관심, 전선을 어떻게 조화시켰을까? 전자는 신과 세계의 관계성을 인정하지 않고, 후자는 그 관계성을 주장한다. 훌륭한 필론 연구자 해리 울프슨Harry Wolfson은 이런 논리적 모순이 필론에서 비롯되었음을 인정한다.(Wolfson 1948 참고) 고전 유신론자들은 신의 힘을 신의 사랑보다 강하게 인식한 탓에 이런 모순을 스스럼없이 수용했고, 이 때문에 신 개념을 발전시켜 전선의 자리를 확보해야 할 필요를 거의 느끼지 못했다. 또한 역사 내내 고전 유신론자들은 모든 영향에 일절 반응하지 않는 순수 활동성을 가장 높은 종류의 힘으로 여겼다.(Hartshorne 2000, 76~77)

변덕스러움은 이기적 완고함보다 나쁜 성질로 보인다는 점에서(무슨 이유로?) 필론은 인간과 신적 수준 둘 다에 단극성이 작용한다고 생각했다. 그러나 존재의 불확실성이 높을수록 타자에 대한 반응의 수준도 높다. 지식은 알려진 대상에 대한 피동성patiency을 어느 정도 요구한다. 그러므로 지식을 적게 가진 존재일수록 더 낮은 피동 상태를 가질 것이며, 거꾸로 상상할 수 있는 가장 위대한 존재는 모두에게 수용적일 것이다. 즉 타자에게 마구 이래라저래라 하기만 하는 모습은 그다지 공경할 만하지 않다. 유기체로서의 인간 기관 중 반응이 가장 뛰어난 신체 부위가 두뇌라고 할 때, 무감수성impassibility(無感受性)[1]을 특별하게 여기는 것이 얼마나 괴이한지 모른다. 신고전 혹은 과정 유신론자들의 양극 관점에서 보면, 신은 최고로 수동적이고 복잡할 뿐 아니라 최고로 활동적이고 통합적이다. 이런 의미에서 각각의 속성은 공경할 만하다.(Hartshorne 2000, 81)

여기서부터 고전 유신론의 전능에 대한 신고전 혹은 과정 유신론의 비판이 시작된다. 그 요점을 조금 낯설게 표현해 보면 다음과 같다. 탁월하게 뛰어난 힘은 둔감한 "독립된 무반응성"inde-sponsiveness이 아니라 탁월한 "반응성"re-sponsiveness을 따른다. 인정하건대 신적 통치는 전복될 리 없지만, 이것은 양극 신이 감수성이 없고 고통에 무감각해서가 아니다. **신은 언제나 변한다.** 여기서 두 단어 모두 중요하다. 필론은 경전을 형이상학적으로 남용하는 오래된 전통을 개시한 장본인이라는 점에서 최초의 고전 유신론자이다. 성서가 하느님이 한 분이라고 말하는 이유는 다신론에 동의하지 않는 입장을 드러내려는 것이지, 한 분 하느님에게 내부 복잡함(예를 들어 다수의 감각력 있는 존재에 대한 반응)이 있을 리 없다고 주장하려는 게 아니다. 적어도 성서에서 신의 무시간성을 뒷받침할 만한 근거를 찾기는 어렵다. 변화는 더 나쁜 상태에서 전이하는 것이라는

---

1   신 바깥 어떤 것으로부터도 아무런 영향을 받지 않는 신의 속성. 신은 외부 자극을 받아들이거나 느끼지 않기 때문에 피조물의 고통을 포함해 모든 것에 무감각하며 반응하지 않는다. '아파테이아'apatheia, 무정성(無情性), 무정념성, 무감각성이라고도 한다.

생각은 논리 면에서도 성서적으로도 전혀 설득적이지 않다. 신의 합당한 "변화 없음"은 신은 언제나 현존한다는 면에서, 실제로 신은 언제나 변한다는 면에서 그리고 신의 견고함steadfastness과 의존성이라는 면에서 더 잘 이해할 수 있다. 테트라그람마톤tetragrammaton(모세가 하느님의 이름을 물었을 때 들은 대답으로, 「출애굽기」 3:14에 나오는 널리 알려진 신비로운 네 글자: YHWH)[2]으로 모세에게 계시된 신은 언제나 있고, 언제나 살아 호흡한다.(Hartshorne 2000, 81~84; 또한 Bowker 2002, 178)

고전 유신론의 문제는 그리스로부터 막대한 영향을 받았기 때문에 벌어진 게 아니다(설령 고전 유신론자들이 그들 자신의 목적대로 그리스 문화를 전유했더라도). 예를 들어 필론은 철학적 유신론의 도움을 받아 다신론에서 벗어났다. 고대 히브리인들은 다신교도(여러 신을 믿는 신자들)로 시작해 단일신교(다른 모든 신 중 우월한 한 분 하느님에 대한 믿음)를 거쳐 점차 유일신교(한 분 하느님에 대한 믿음)로 이동했다. 그들은 다신론으로부터 계속해서 벗어나는 중이었다. 고대 히브리인들은 (신화시의 용어 대신) 범주적으로 신을 사유함으로써 더 빠르게 전환했다. 전문가들은 필론이 그리스어에 능통했던 것만큼 구술 전승된 히브리어를 제대로 이해했는지 의심하기도 한다. 그러나 내가 보기에 그의 신 개념이 처한 문제의 원인은 다른 데 있다. 앞으로 우리는 신적 역동성이 (비록 거의 도외시되었지만) 고대 그리스가 남긴 유산의 일부임을 고찰할 것이다. 필론 자신도

---

2 "나는 곧 나다"(공동 번역 개정) 혹은 "나는 스스로 있는 자이니라."(개역 개정)

신의 본질('우시아'*ousia*)을 신의 힘들('뒤나메이스'*dynameis*) 혹은 에너지들('에네르게이아이'*energeiai*)과 대비하면서, 이런 역동성에 관심을 드러낸다. 그럼에도 그는 단극 신론으로 분류되는 유신론을 강경하게 옹호하는 걸 멈추지 않는다.(Capetz 2003, 12; Armstrong 1993, 68~70, 115 참고)

필론은 최초의 고전 유신론자였으며 그가 미친 영향력이 엄청났다는(비록 크게 인정받진 못했더라도) 하츠혼의 견해는 울프슨의 연구에 크게 기대고 있다. 하츠혼은 울프슨을 가장 위대한 철학사학자 중 한 사람으로 평가한다. 필론에 대한 하츠혼과 울프슨의 평가가 과장되었다고 판단하는 이들도 있을 수 있다. 하지만 하츠혼과 울프슨의 도전적이고 대담한(포퍼Popper에 따르면) 논지를 반박하기는 어려울 것이다. 중세철학이나 개신교 개혁자들이 남긴 신 개념에 대한 설명 가운데 (성육신이나 삼위일체 같은 그리스도교의 고유 주제를 제외하면) 필론에게 가닿지 않는 내용을 거의 찾아내기 어렵다. 그렇다고 필론의 신 개념에 문제가 없다는 게 아니다. 필론의 신 개념은 불변하는 존재라는 그리스 개념과 성서와 종교적 체험이 증언하는 사랑하는 하느님을 강제로 엮는다. 사실상 신과 고정성의 원칙을 동일시하는 것은 성서의 하느님에게 불의를 저지르는 짓일뿐더러 플라톤의 철학을 변질시키는 일이다. 만일 플라톤에서 비롯된 신관과 신 개념이 단순화된 채 수용되지 않고, 플라톤의 대화들에 나오는 훨씬 복잡한(더 정확한) 관점으로 소개되었더라면, 지성사는 얼마나 지대하게 달라졌을지 궁금하다. 우리는 지적 탐구에 아무런 관심을 갖지 않는 신관을 주의해야 하는 동시에, 종교적 통찰과 체험을 일절 인정하지 않고 철학의 파편에만 의존하는 신관도 조심해야 한다. 후자가 바로 필론(과 토마스 아퀴나스 등)의 관점이다. 그는 신과 세계의 관계는 세계에 실재할 뿐 신에게 실재하지 않는다고 본다.(Hartshorne 1962, 122~123; 1965, 31, 145; 1967, 28; 1970, 38; 1972, 63; 1983, 7, 67; 1984a, 115; 1990, 31)

필론이 최초의 고전 유신론자이자 최초의 중세철학자라는 평가는 온당하다. 하츠혼과 울프슨이 구분한 학문적 시기에 따르면, 사상가들이 경전에 접근하지 못한 시기가 고대, 경전에 접근했으나 그 권위를 인정하지 않았던 시기가 근대 그리고 고대와 근대 사이가 중세다. 즉 중세철학자들은 경전에 접근할 수 있었고 그 권위를 인정했던 철학자들이다(이런 점에서 진정으로 위대한 최초의 근대 철학자는 데카르트라기보다 스피노자라고 할 수 있다). 이렇게 보면 필론과 아우구스티누스는 서로 다른 종교를 신봉했으나 그들의 사상은 생각보다 크게 다르지 않다.(Hartshorne 1983, 67) 두 철학자 모두 앞서 언급한 고전 유신론의 다섯 특징을 보여 주는 단극 신론자였다.

2. 성 아우구스티누스

— St. Augustine, 354~430년 —

고전 유신론은 종교가 아니다. 철학 혹은 신학에서 말하는 신 개념
이고, 아브라함 종교의 사상가들에게 주요한 영향을 미친 사상이
다. 4~5세기 북아프리카에서 활동한 아우구스티누스가 발전시킨
고전 유신론을 생각해 보라. 그의 『고백록』*Confessions* 가운데 유명
한 분책(1998, 10~11권)에서 견고한 하느님, 시간 바깥에 존재하고
모든 변화에 아무런 영향을 받지 않는 하느님은 신적 영원성이라
는 또렷한 용어로 해석된다. 아우구스티누스에 따르면, 사실상 하
느님이 시간과 변화를 창조했다. 필론과 마찬가지로 그리스 철학은
아우구스티누스에게 영향을 크게 미쳤고, 그는 히브리 경전의 신
빙성을 확신했으며, 이에 더해 그는 그리스도교의 신약까지 신뢰
했다. 그 역시 하느님의 불변성과 무시간성, 단극성을 전혀 의심하
지 않았다. 여기서 놀라운 점은 아우구스티누스가 시간을 다루면
서 물리적 의미뿐 아니라 심리적 의미까지 섬세하게 다뤘다는 점이
다.(Hartshorne 2000, 85; 또한 Kenney 2013a 참고)

　　아우구스티누스는 과거, 현재, 미래 전체를 한눈에 아우를 수

있는 존재를 상상했다. 그 이유는 이해할 만하다. 하지만 그런 존재가 진짜 있다면, 신이 미래 전체를 절대 확실하고 상세하게 알고 있다면, 고대 그리스 철학자 파르메니데스Parmenides와 그의 블록 우주론block universe이 궁극의 승리를 맛봤어야 한다. 초기 아우구스티누스는 『자유의지론』 *On the Free Choice of the Will* [*De Libero Arbitrio*] (2010)에서 인간의 자유의지를 옹호하는 입장을 보이지만, 점차 이런 입장을 벗어나 후기 저술들에서 그는 결정론determinism을 옹호한다. 아우구스티누스는 우리가 시간을 경험하는 방식(과거에 대한 기억, 현재에 대한 감사, 미래에 대한 기대)을 설명해 놓고도 안타깝게 신이 시간을 경험하는 방식의 단서로 삼지 못했다. 당연히 여기에는 신의 기억은 완전하고, 신은 편재함으로써 현재를 탁월하게 향유하며, 우리보다 훨씬 우월하게 미래 가능성을 인식한다는 조건이 붙는다. 즉 만일 아우구스티누스가 가능태 혹은 개연성을 가능태와 개연성으로서 아는 것이 신적 전지임을 깨우쳤다면, 신적 전지의 개념을 더 잘 이해할 수 있었을 것이다. 신이 미래 가능성을 이미 현실화된 것같이 알고 있다는 주장(고전 유신론의 전지 개념)은 미래를 잘못 이해한 결과다. 미래는 지금 이곳에서 절대 확실하고 상세하게 알려질 수 없다.(Hartshorne 2000, 91~92)

신고전 혹은 과정 유신론의 시선에서 시간은 비대칭적이다. 과거는 이미 현존했던 바를 가리키고, 미래는 아직 현존하지 않은 것을 가리킨다. 아우구스티누스의 이해대로 미래는 주로 기대, 희망 혹은 두려움을 통해 지금 현존한다. 우리는 과거를 기억하거나 잊어버리지만, 가장 위대한 아는 자knower는 실제로 일어났던 일을 잊어버리지 않을 것이다. 하지만 가장 위대한 아는 자가 지금 이곳에서 아직 알려지지 않은 미래의 일을 상세하게 알고 있다고 생각할 만한 타당한 이유는 없다. 달리 말해 미래가 조금이나마 열려 있다고 느끼는 것은 이미 예정된 것 혹은 현재 결정된 것을 모르기 때문이 아니다. 상상할 수 있는 가장 위대함과 우리 모두에게 실재는 과정에 있다. 기억과 기대라는 관념을 일반화하는 것 외에, (시간의 흐름을 따르는) 신과 (시간의 흐름을 따르는) 세계의 관계를 이해할 수 있는 타당한 대안은 없다.(Hartshorne 2000, 92~93)

아우구스티누스의 고전 유신론 관점과 달리, 실재는 과정에 있다. 말하자면 현재에 생생한 직접성immediacy의 손아귀에서 미래 결정 가능태가 매 순간 확정된다. 미래에 관한 예상은 아마도 (기껏해야) 일어날 일의 윤곽 정도를 대략 기대해 보는 정도에 그치며, 반드시 무규정성을 따른다. 엄밀하게 말해 미래 사건은 없다. 단지 그럴 만한 가능태 혹은 개연성이 있을 뿐이다. 하츠혼은 말한다. "미래가 현재가 될 때, 그때 미래는 한정된다."(Hartshorne 2000, 94) 우리는 분명 기억과 기대를 경험하지만, 과거에 있었고 현재에 있고 미래에 있을 무언가를 "일순간 한 번에" 포착하는 경험은 하지 못한다. 다시 말해 문자 그대로 현재 어떤 결정이 내려지면 일부 가능태는 차단되고 나머지만 남는다. 신의 완벽한 기억 덕분에 아무것도 상실되지 않지만, 시간은 비대칭적이기 때문에 매 순간 새로운 무언가가 창조된다. 불멸을 칭송하는 윌리엄 워즈워스William Wordsworth의 송시[3]대로 지금껏 일어난 일은 끊임없이 있어야 한다. 물론 죽음 때문에 특정한 일련의 사건이 중단되기도 하지만, 적어도 신은 발생해 온 일을 이상적으로 기억하므로 사건 자체는 파괴되지 않는다.(Hartshorne 2000, 95~96) 그러나 신의 이런 완벽한 기억은 아직 현실태로 도래하지 않은 것을 "보유"하는 것과 상당히 다르다.

　필론이 조성한 고전 유신론의 분위기는 이후 마이모니데스 Maimonides를 포함해 여러 유대 사상가에게 영향을 미쳤다. 아우구스티누스 역시 후대 가톨릭주의와 개혁주의에 고전 유신론을 남겼다. 특히 종교 개혁가 마르틴 루터Martin Luther는 아우구스티누스회 수도사이자 아우구스티누스의 사상을 뒤따르는 추종자였다. 이처럼 고전 유신론이 아브라함 종교에 편만하게 미친 영향은 아무리 강조해도 지나치지 않는다.(Armstrong 1993, 118~124; Bowker 2002, 258~261; Capetz 2003, 62~69 참고) 그러나 아우구스티누스 같은 고전 유신론자들이 그리스 철학의 최고 통찰과 고대 팔레스타인의 지혜를 융합하지 못했다는 점은 아쉽다. 신적 전지를 미래에 일어날 모든 것을 절대 확실하고 상세하게 아는 신을 의미하는 것으로 가정하면서, 아우구스티누스는 우리의 모든 "선택"이 이미 설정된 신적 청사진의 일부라는 생각을 은연중에 드러낸다. 그러나 신적 전지에 대한 그의 관점은 우리 개인이 경험하는 의지와 평형을 이루지 못한다. 다시 말해 공감하는 사랑으로서의 하느님이라는 사도 요한의

3　월리엄 워즈워스, 「송가 ― 어린 시절을 회상하고 얻은 불멸성의 암시」, 『워즈워스 시선』, 윤준 옮김, 서울: 지식을만드는지식, 2014.

시선[4]은 아우구스티누스의 신 개념에 거의 드러나지 않지만, 수사법이나 목회적 돌봄에 맞춰 신 개념을 너그럽게 서술해야 하는 때는 살며시 등장하기도 한다. 그러므로 그리스도교가 초래하는 철학적 문제는 그리스도교의 오래된 역사에도 불구하고 다시 주목해야 하는 새로운 문제다. 하느님은 사랑이라는 생각을 신 개념에 어떻게 담아낼 수 있을까? 신고전 유신론의 수정된 신 개념이 고전 유신론의 여러 진퇴양난을 피하게끔 도와줄 것이다. 피조물의 자유와 고전 유신론의 전지는 어떻게 양립할 수 있을까? 고전 유신론의 전능한 신이 통치하는 세계에 어떻게 악이 있을 수 있을까? 질문은 계속된다. 하지만 앞서 살펴본 것같이 신**고전** 유신론은 아우구스티누스의 반쪽짜리 진리 역시 중요하다는 주장과 양립할 수 있다.(Hartshorne 1953, 24; 1962, 19; 1983, 70, 149; 1984a, 11; 1991, 597)

---

4 "우리는 하느님께서 우리에게 베푸시는 사랑을 알고 또 믿습니다. 하느님은 사랑이십니다. 사랑 안에 있는 사람은 하느님 안에 있으며 하느님께서는 그 사람 안에 계십니다."(「요한의 첫째 편지」 4:16, 공동 번역 개정) 신약성서에서 요한의 복음서와 편지들은 전반적으로 하느님이 사랑이라고 강조한다.

3. 성 안셀무스

── St. Anselm, 1033~1109년 ──

11~12세기 캔터베리의 안셀무스를 살펴보자. 신의 현존과 관련한 그의 존재론적 논증이 유명한데, 그는 그 논증에서 고전 유신론의 신 개념을 드러낸다. 나는 다른 책에서 신의 현존에 대한 그의 존재론적 논증만 변론한 적이 있다.(Dombrowski 2006 참고) 안셀무스는 양상 논리modal logic에 매료된 나머지 『프로슬로기온』*Proslogion*의 3장에서 세 가지 명백한 현존 방식(X의 현존은 불가능하다, X의 현존은 우연적이다, X의 현존은 필연적이다) 가운데 하나는 신의 경우에 적용되지 않는다고 결론 내린다. 만일 "신"이 상상할 수 있는 가장 위대함으로 정의된다면(무신론자나 불가지론자도 동의할 수 있는 정의) 두 번째 존재 방식은 신의 경우에 해당하지 않는다는 것이다. 만일 어느 존재의 현존이 우연에 불과하다면, 예를 들어 그 현존을 방해할 수 있는 요인들이 있을지 모른다면, 그 존재는 상상할 수 있는 가장 위대함일 수 없기 때문이다. 다시 말해 만일 "신의" 현존이 우연에 불과하다면, 그 존재는 실제로 신일 수 없을 것이다.

　　안셀무스는 우연적 현존과 신격은 양립할 수 없다는 관념을 발견했고, 하츠혼은 이런 발견을 안셀무스의 위대한 업적이라고 평가한다. 하지만 이런 위대한 발견과 관계없이 신의 현존이 불가능한지 아니면 필연적인지 하는 질문은 해결되지 않은 채 우리에게 아직 남아 있다. 이 책은 신의 현존보다 신 개념에 중점을 둔다. 그러나 신고전 혹은 과정 관점을 존재론적 논증에 적용할 때 신 개념의 일부 중요한 특징이 드러난다. 하츠혼이 철학적 유신론에 남긴 가장 큰 공헌은 신적 현존과 신적 현실태 사이, 신은 필연적으로 있다는 주장과 어떻게 신이 시시각각 있는가 하는 주장 사이를 각각 구분한 것이다. 분명 안셀무스 자신은 단극성을 주장하는 고전 유신론자였다. 그는 존재론적 논증을 통해 신이 필연적으로 현존한다는 것뿐 아니라 신의 모든 면모가 필연적이라는 것을 보여 줄 수 있다고 생각했다. 즉 안셀무스는 1장에 나열된 대비 쌍들 가운데 왼쪽의 면모만 신적 속성으로 인정했을 것이다.

그러나 신고전 혹은 과정 관점에서 신의 현존은 필연적이고, 신은 피조물의 경험에 반응하기 때문에 신의 현실태 혹은 구상적 실재는 시시각각 우연적이다. 앞서 살펴본 것같이 살아 있는 신은 모든 면모에서 엄밀하게 필연적일 수 없고 불변할 수 없다. 게다가 신고전 관점에 따라 존재론적 논증을 전개하면, 존재론적 논증에 익숙하게 제기되는 비판을 면할 수 있다. 이를테면 존재론적 논증이 처한 문제 중 하나는 순전한 신 개념에서 신의 현실태로의 (합당하지 않은) 이동이다. 그러나 일단 현존과 현실태를 구분하고, 이어 안셀무스의 논증을 (신고전 관점에서) 수정하면, 신 개념에서 신이 필연적으로 현존한다는 결론까지 이동할 수 있다. 하지만 신의 추상성, 신이 있다는 것을 밝히는 논증만으로는 구상적 현실태, 어떻게 신은 시시각각 현존하는지 혹은 어떻게 신은 피조물의 고통을 경험하는지까지 상세히 알기 어렵다. 결국 수정된 논증도 개념에서 현실태까지 이동하지 못한다. 안셀무스의 논증을 수정한 결과, 신에 관한 무언가(신이 필연적으로 현존한다는 **것**)를 추상적으로 알 수 있지만 신의 구상적 현실태(**어떻게** 신이 느끼는가 혹은 신적 삶에서 신적 전선이 일어나는 구상적 방식)는 여전히 알기 어렵다.

존재론적 논증을 간략하게나마 다룬 까닭은 이런 논증을 변론하기 위해서가 아니다. 오히려 학자들이 가정하는 대로 이런 논증은 계속해서 추상성에 머물기만 할 뿐 구상성까지 크게 전진하지 못한다는 것을 보여 주기 위해서다. 하지만 하츠혼이 제안하듯 신적 현존과 신적 현실태를 일단 구분하면, 존재론적 논증에서의 양상은 신의 추상적 정의에 그치지 않고 신은 전선의 방식을 통해 필연적으로 현존한다는 추상적 결론까지 이동한다. 그러나 한 걸음 더 전진해 어떻게 신은 특수한 시간에 구상적으로 현존하는지까지는 미처 밝히지는 못한다. 이런 구상성은 미리 상세하게 예측할 수 없는 여러 우연성에 달려 있기 때문이다.

안셀무스는 전형적인 고전 유신론자이다. 그에게 신은 엄밀하게 영속적이고 활동적인 존재로, 타자에게 공감하거나 영향받지 않기 때문에 연민을 경험할 수 없다. 하지만 역설적이게도 그는 신은 전선하기에 현저하게 연민 어리다는 주장을 펼친다. 동정심으로 가득하고 공감할 줄 아는 신에게 단극성과 형이상학적 모습은 어울리지 않는다. 다시 말해 때로 고전 유신론자들도 신이 연민 어리다고 말하지만, 그들이 주로 주장하는 단극 신 개념과 어떻게 일관될 수 있는지 충분하게 설명하지 않는다. 그러면 반대로 상상해 보자. 그다지 선하지 않은 상태에서 그보다 선한 상태로 상승하는 과정, 연민 없는 존재에서 어느 정도 공감할 줄 아는 존재로, 이어 연민을 베푸는 너그러운 존재로 이동하는 과정을 떠올리면 신적 연민이란 무엇일지 어렴풋이 짐작할 수 있다. 물론 신적 연민을 완벽하게 이해했다고 확신하지 않기 위해 부정신학을 따라야 할 수도 있다. 그렇다고 안셀무스같이 연민 없는 신을 주장한다거나 그런 입장까지 수용할 필요는 없다. 즉 안셀무스는 어김없는 단극 고전 유신론자임에도, 『프로슬로기온』에서 때로 약간 망설이는 듯한 모습을 내비치기도 한다.(Hartshorne 2000, 98~103 참고)

안셀무스의 문제는 신이 완전하다고 생각했다는 데 있지 않다. 완전함은 이미 완성된 절대 최고치라고 인정한 그의 가정이 문제다. 최근 독일에서 출간된, 하츠혼을 다루는 책의 제목대로 "완전한 변화"가 가능하리라는 생각을 안셀무스는 신중하게 헤아리지 못한 것 같다.(Enxing and Muller 2012 참고) 이렇게 신의 역동성을 섬세하게 헤아리지 못하면, 신은 불행을 겪는 이들의 고통에 공감하지 않고 참여하지 않은 채 그들을 돕는다는 이상한 결론에 이르게 된다. 고전 유신론자들은 신에 관해 유비를 통해 생각하고 말한다고 주장하지만, 경험상 공감하지 않는 자비의 경우를 어떻게 유비할 수 있는지 이해하기 어렵다. 하츠혼은 질문한다. "고통, 실망, 성취되지 않은 욕망 혹은 소망의 그림자에 갇혀 본 적 없는 존재가 어떻게 그 비참함을 알 수 있을까?"(Hartshorne 2000, 104) 고통에 공감하고 참여할 때만 그 고통을 충분히, 구상적으로 이해할 수 있다.

고전 유신론의 문제는 20세기 과정 사상가들이 지적하기 훨씬 이전부터 발견되었다. 2~3세기 이집트의 알렉산드리아에서 활동한 오리게네스Origen는 몇몇 양극성을 예리하게 관찰했다. 이를테면 사랑 자체는 무엇보다 애착이다. 예수의 고통과 죽음에서 볼 수 있듯, 본질적 사랑은 (그리스도인뿐 아니라) 유신론을 추구하는 자들에게 신적 감수성의 모델을 제공해야 한다.(Origen 1929, 15~16 참고) 물론 신은 현존이 소멸한다는 의미에서 고통을 겪을 수 없으므로, 오리게네스와 다른 양극 신론자들은 "성부수난설"Patripassionism의 혐의를 비켜 갈 수 있으며, 이때 신("아버지")이 겪는 고통은 차별할 필요 없는 범주로서의 고통이다. 그러나 어떻게 신이 인간을 포함하는 타자의 고통에 반응하는지와 관련해, 오리게네스는 신은 신적 현실태에서 고통을 겪는다는 통찰력 있는 주장을 펼친다. 하츠혼이 확인하듯, 오리게네스는 이런 주장을 통해 고전 유신론에 과도하게 영향을 미친 로마 황제들의 독재와 폭정의 모습을 걷어 낼 수 있으리라 희망한다. 신이 독재자여야 할 필요는 없다. 신은 세계에 일어나는 일을 현실태에서 경험하므로, 신적 경험은 가변적이다. 신적 존재는 불후(不朽)의 시간 내내[5] 가변적 경험을 겪는다. 가변성과 불후성은 원리상 양립할 수 있다.(Hartshorne 2000, 96~98, 103~104 참고) 요컨대 신은 현존에서 감수성이 없고 무감각하지만, 현실태에서는

---

5 영원성은 신이 시간과 무관하게, 무시간적timeless으로 있는 속성을 지시하는 개념이라면, 불후성은 시작이나 끝이 없는 불후의 시간 내내 신이 있다는 개념이다.

감수성과 감각을 갖는다.

오리게네스는 양극 신론에 은근히 관심을 내비쳤지만, 아우구스티누스와 안셀무스는 오리게네스의 이런 통찰을 미처 따라잡지 못했다. 특히 안셀무스는 앞서 언급한 위대한 발견에도 불구하고, 양극에서 완전함을 헤아릴 수 있을 만큼 그의 관점을 전환하지 못했다. 평범한(비신적) 경우, 현존과 현실태 둘 다 우연적이다. 그래서인지 고전 유신론을 따르는 현대 안셀무스주의자들(Rogers 2000 참고)은 신의 경우는 현존과 현실태 둘 다(이런 구분을 인식할 수 있는 순간을 가정하면서) 필연적이라고 생각하는 것 같다. 그러나 완전한 변화의 논리에서 완전함의 논리를 다르게 생각해 볼 수 있다. "더 위대한 것을 상상할 수 없다"라는 말이 얼마나 모호한 표현인지 깨우친다면, 존재론적 논증의 배후에 깔린 단극 관점을 벗어나 양극 관점으로 금세 이동할 수 있다. "더 위대한 것을 상상할 수 없다"에 대해, 신고전 혹은 과정 유신론자들은 더 위대한 다른 개체를 상상할 수 없다고 해석한다. 그렇다면 (다른 개체가 아닌) 그 개체가 현재 현실 상태보다 더 위대한 상태에 있을 수 있는 가능성은 열려 있다(예를 들어 새로운 실재들이 생겨날 때, 가능한 한 최선의 방식으로 반응하면 된다). "그 자체가 아니면 능가할 수 없다"는 신고전 혹은 과정 해석과 달리, 고전 유신론자들은 이 문장을 "아무도 능가할 수 없다"는 정적 의미로 해석한다. 그러나 스스로를 능가할 수 없는 존재가 어떻게 절대 최고치일 수 있는지 궁금하다.(Hartshorne 2000, 104~106)

어떻게 안셀무스의 신 개념이 연민 어리면서도 연민 없는 모습을 동시에 포함할 수 있는지 이해하는 데 카페츠의 설명은 그다지 도움이 되지 않는다. 그는 연민 없는 신적 실재에 대한 고찰이 충분하지 않기 때문에, 사람들이 연민 어린 신을 믿는다고 생각하는 것 같다. 암스트롱의 설명 역시 별로 유용하지 않다. 암스트롱은 안셀무스의 합리주의를 지나치게 강조하며, 마치 그가 합리성을 근거로 무엇이든 증명해 내리라고 자부한 것같이 안셀무스를 평가한다. 하지만 신고전 혹은 과정 유신론의 관점에서, 신의 필연적 실존을 지지하는 추상적 논증은 신적 현실태가 피조물의 일에 시시각각 최선을 다해 반응한다는 정도만 일러 줄 뿐, 신의 구상적 현실태를 충분하게 설명하지 못한다. 게다가 암스트롱은 '니힐 마이우스 코기타리 포시트'*nihil maius cogitari possit*(더 위대한/큰 것을 상상할 수 없다)라는 안셀무스의 말을 해석하면서, 『프로슬로기온』 3장에 나오는 양상의 성격을 주의 깊게 살피지 못한다. 『프로슬로기온』 3장에서는 신적 현존 대 신적 비현존nonexistence(신적 비현존을 상상할 수 있다는 가정에서)이 대비되는 게 아니라 필연적 현존 대 우연적 현존의 대비같이 현존의 다른 양상들이 대비된다. 여기서 안셀무스는 고전 유신론과 신고전 혹은 과정 유신론 둘 다에서 허용될 만한 신 개념을 제시한다. 안셀무스에 따르면, 신은 우연히 현존하지 않으며, 필연적으로만 현존한다. 현존하지 않을 수 있다는 개념은 현존하지 않을 수 없다는 개념과는 상당히 다르다.(Armstrong 1993, 201~203; Capetz 2003, 73~78 참고)

신에 관한 담론은 거의 보편적으로 최고 혹은 탁월한 개체(혹은 초개체superindividual)를 다룬다. 무슨 의미인가? 여기 숨겨진 의미를 고전 유신론자들은 거의 알아내지 못한다. 신이 연민 없이 부동한다면, 우리가 신을 사랑하더라도 신에게 아무런 영향을 미치지 않는다. 궁극적으로 우리는 우리 자신의 유익만 바라는 사랑을 한다. 예배의 정신은 신자들의 의도와 달리 일종의 이기주의로 변질된다. 하지만 신고전 혹은 과정 유신론의 신적 연민과 안셀무스가 생각하는 연민은 크게 다르지 않다. 존재론적 논증에서 가장 중요한 과제는 신의 현존의 불가능태와 신의 필연적 현존 사이에서 선택하는 것이다. 완전함은 우연히 현존할 수 없다는 안셀무스의 원칙대로, 신의 현존의 우연성은 선택 사항에서 제외된다. 우연히 현존한다는 것은 변덕스럽게 현존한다는 것이기 때문에, 가변성 혹은 "불확실성"은 상상할 수 있는 가장 위대한 존재 또는 모두가 경배해야 하는 존재 또는 완전한 존재의 위신을 떨어뜨리는 속성이다. 이렇게 위신을 떨어뜨리는 가변성 때문에, 우연성은 비현존이라기보다 완전함에 결핍이 있다는 것을 명확하게 보여 주는 예다. 결코 현존한 적 없는 것은 가변성을 드러내지조차 않는다. 그러나 현존하는 사물이 우연적이라면, 이것은 결함이다. 일단 이 책의 목적은 신적 불가능태와 신적 필연성 사이에서 선택하는 것이 아니다. 그러나 신의 현존이 가능하다면, 그래서 존재론적 논증이 밝히듯 필연적이라면, 신적 현실태는 언제나 우연적이라는 것 역시 배제할 수 없다. 사실상 어느 현실태도 필연적일 수 없다.(Hartshorne 1941, 6; 1948, 54, 157; 1962, 51, 61; 1965, 102, 111, 166)

존재론적 논증의 성립 여부를 떠나 신 개념에 반드시 포함되어야 하는 관념이 있다. 비현존할 수 있음에도 현존하는 것은 비현존할 수 없이 현존하는 것보다 현존의 열등한 방식이라는 관념이다. 비현존 없는 현존만이 '능가할 수 없음'과 양립할 수 있다. 즉 존재론적 논증은 신의 현존에 대한 쟁점뿐 아니라 신 개념 자체의 쟁점까지 조명한다. 그러나 전부 그런 것은 아니다. 안셀무스와 하츠혼 둘 다 논증의 양상 논리를 옹호하지만, 하츠혼은 스스로를 능가할 수 없는 신은 순수하게 절대적이고, 상대적이지 않고, 철저하게 비수용적이거나 둔감한 존재라고 주장한다. 필연적 현존은 정의상 위대함을 내재하지만, 필연적 현실태는 그렇지 않다. 현존과 현실태를 구분해야 연민 어린 신을 일관되게 주장할 수 있다는 사실을 안셀무스는 깨닫지 못했다. "어떻게든 필연적으로 현실이 되는 것"과 "현실화의 우연적 방법"은 상당히 다르다. 앞서 설명했듯, 신의 필연적 면모는 각기 현실적 상태의 모습을 정확하게 가리키는 게 아니라 신적 삶에 현실 상태가 발생해야 할 것이라는 추상적 주장을 가리킨다. 세계는 과정에 있다. 그러므로 전지 혹은 전선 같은 추상적 성질은 현실적으로 현존하는 징후가 아니라 어떤 구상적 징후에서 실현되어야 한다. 이것이 신적 필연성이 시사하는 것이다.(Hartshorne 1965, 4, 10, 30, 32, 38~39, 48)

안셀무스는 고전 유신론과 신고전 혹은 과정 유신론 사이의 논쟁이 무엇인지 분명하게 보여 준다. 신고전 혹은 과정 유신론자들이 내세우는 주장에 따르면, 고전 유신론의 신은 미래 결정 가능태가 확정될 때 새로운 결정에 적응하거나 반응하지 못한다. 반면 고전 유신론자들은 신은 적응하거나 반응할 필요가 없다고 주장한다. 어쨌든 두 관점 모두 신은 없는 것보다 있는 게 낫다고 주장할 수 있기 때문에, 두 관점 사이의 논쟁은 부정신학에 의존하는 것만으론 해결하기 어렵다. 오히려 부정신학을 지나치게 공격적으로 사용하는 경우, 신은 없는 것보다 있는 게 더 나쁘지 않다는 주장으로 이어질 것이다. 이런 주장은 다루기도 번거롭지만 변론할 여지도 없다. 종교 신자들이 신을 예배하는 이유는 신에게 결핍된 속성을 칭송하기 위해서가 아니다. 부정신학을 비하하려는 의도가 아니다. 이는 오히려 부정신학에 알맞은 자리를 찾아 주려는 시도에 가깝다. (존재론적 논증을 통해 신의 필연적 현존을 가정하면서) 어떻게든 현실화되는 것과 여차저차해서 정확하게 현실화되는 것을 구분할 때, 후자의 경우는 적정 수준의 부정 진술을 요구한다. 이런 요구는 현실화의 과정과 함께 실재를 특징짓는 진정한 우연성 때문이며, 현실화의 과정에서는 외면할 수 없는 사실성, 어느 정도의 변덕스러움, 추론 불가능성이 드러난다. 신이 구상적으로 경험하는 바와 그 방식을 안다고 주장하기는 쉽지 않다. 반면 신이 필연적으로 현존한다는 것을 안다고 주장하기는 훨씬 쉽다. 이렇게 주장하기 위해 라이프니츠Leibniz같이 초이성주의자ultrarationalist가 되어야 할 필요도 없다.(Hartshorne 1965, 67, 69, 132, 185~186, 230)

안셀무스는 놀라우리만큼 명석한 논증을 전개하지만, 아쉽게도 그의 논증은 신 개념보다 신의 필연적 현존에 초점을 두고 있다. 안셀무스는 누구보다 형이상학적 관념들을 논리적 상태에 따라 분별하는 데 뛰어났다. 하지만 신적 삶에 모든 것이 포함될 만큼 신적 필연성이 필연적 현존 너머까지 확장된다고 가정함으로써, 그의 최고 통찰에 오점을 남기고 말았다. "완전하라"(「마태오의 복음서」5:48[6])는 성서의 명령이 "변하지 말라"는 명령으로 해석되는 상황이 얼마나 괴이한지 생각해 보라. 이와 대비되는 역동적 완전함의 관념에서 안셀무스의 관점을 수정할 수 있다. 수정된 관점을 따를 때, 능가할 수 없음은 다른 이가 능가할 수 없는 속성을 가리키며, 여기서 "이율배반"antinomy[7]의 상황은 일어나지 않는다. 우리는 안셀무스의 독창성과 철학적 유신론에 미친 항구적 공헌을 충분하게 인정하는 동시에, 그의 신 개념의 결함을 비판적으로 바라볼 줄 알아야 한다. 신은 모든 가능한 세계에 현존하거나 어디에도 현존하지 않는다는 함의에서, 그는 확실하게 옳다. 일부 가능한 세계에서만 우연히 현존하는 것은 신 개념에 위배된다. 이런 점에서 안셀무스는 신학은 문법이라고 사유한 루드비히 비트겐슈타인Ludwig Wittgenstein을 예고한다. 단어 "신"은 예배의 자세를 채택한 이들의 의도대로 지향되는 존재를 가리킨다. 게다가 예배의 적절한 대상인 신적 존재는 모든 다른 것을 능가하는 존재라는 안셀무스의 중요 개념을 암시한다.(Hartshorne 1965, 234; 1967, x, 18, 128~129, 136; 1970, 23, 55, 131~132, 261)

존재는 필연적으로(혹은 우연히) 현존한다는 말은 해당 존재에 대해 중요하고 유용한 정보를 분명하게 전달한다는 점에서, 현존의 양상은 언제나 술어적이다. 예를 들어 우연적 사물은 발생이 필요한 한편, 필연적 사물은 그렇지 않다. 필연적으로 현존한다는 것

---

6 "하늘에 계신 아버지께서 완전하신 것같이 너희도 완전한 사람이 되어라."(공동 번역 개정)
7 두 명제가 논리적으로나 사실적으로 동등한 근거에 의해 성립하나 양립할 수 없는 모순 관계.

은 어떻게든 구상적으로 현실화된다는 것이지만, 안셀무스와 달리 이런 말 자체는 어떻게 그렇게 되는지 알려 주지 않는다. 신의 현존 자체는 어느 현실적 상태와도 경쟁하지 않는다. 그러나 어느 특정 순간에서 신의 현실태는 이전 결정이 달랐다면 일어났을지 모르는 상태와 상충한다. 신의 필연적 현존은 오로지 용어의 의미상 성립될 뿐이지만, 이와 달리 신적 현실태는 경험에 의거한 사실에 의해 성립된다. 하지만 지금껏 살펴본 대로, 존재론적 논증에서 신중하게 도출된 결론은 신이 현존한다는 것을 진술하는 대신, 신의 현존은 불가능한지 아니면 필연적인지 여부를 진술한다. 만일 고전 유신론의 신 개념만 따른다면, 신의 현존의 불가능태는 여전히 살아 있는 가설이었을 것이다. 이런 점에서 고전 유신론의 신 개념은 논리적 모순을 수반한다는 신고전 혹은 과정의 생각은 특히 타당하다.(Hartshorne 1983, 94~100, 146) "요점은 현존함이 현존하지 않음보다 낫고 따라서 능가할 수 없는 존재가 반드시 현존한다는 게 아니다. 현존하지 않음을 상상할 수 없고 오로지 현존만 상상할 수 있는 존재가 현존과 비현존 둘 다를 상상할 수 있는 존재보다 낫다. 이것이 요점이다. 요컨대 필연적으로 현존하는 존재는 현존의 여부를 떠나 우연히 현존하거나 현존에 실패한 존재보다 더 낫다."(Hartshorne 1984a, 215) 여기서 현존하지 않는 걸 상상할 수 없는 존재를 상상**할 수 있다**는 단언은 그 존재의 다른 면모에는 모순이 없다는 조건을 전제한다. 당연히 이런 전제는 고전 유신론의 신 개념에서 충족할 수 없는 조건이다. 고전 유신론의 신 개념에서 정적 완전함은 가능한 최대 수치와 매우 비슷하다. 이를테면 가능한 최대라고 가정하더라도 "1"씩 더할 때마다 그 수치는 계속 능가된다. 비슷하게, 다른 누구도 능가할 수 없는 이가 전선으로 경험을 다룰 때, 새로운 경험의 순간은 언제나 한 번 더 나타난다. 고전 유신론의 신 개념에 있는 여러 난점 때문에, 존재론적 논증에 대해서는 신중해야 한다. 또한 존재론적 논증에서 안셀무스가 유신론이 참임을 증명했다기보다 사실상 유신론이 필연적으로 참인지 아니면 필연적으로 거짓인지를 보여 줬다는 정도를 알 수 있음을 분명히 해야 한다.(Hartshorne 1984c, 7; 1987, 15)

안셀무스 같은 고전 유신론자들이 본질(사물이 **무엇인가**)과 현존(사물이 **있는 것**)의 이분법을 연구했다면, 신고전 혹은 과정 유신론자들은 이런 이분법을 본질, 현존, 현실태(**어떻게** 사물이 시시각각 있는가)의 삼분법으로 전환했다는 게 중요하다. 우연적 현존과 필연적 현존의 엄청난 개념적 차이 때문에, "개들이 현존한다"와 "신격이 현존한다"를 서로 무한히 동떨어진 진술로 받아들이고 부정 전통을 최고 통찰로 확신할 수 있다. 그러나 고전 유신론의 존재론적 논증에 근거해 "신은 필연적으로 현존한다"라고 확신하기는 어렵다. 그 정도 확신하려면 신정론 문제, 신적 전지와 인간 자유의 문제, 피조물의 고통에 반응하지 않는 엄밀하게 영속적인 신과 전선의 관계를 이해하는 문제에 부딪혀도 난파되지 않을 만큼 정합하는 신 개념이 필요하다.(Hartshorne 1990, 337; 2011, 104~105, 112)

안셀무스는 아우구스티누스와 토마스 아퀴나스에 나타나는 양립 가능론compatibilism과 대비되는 자유의지론의 자유를 발견했다. 이런 점에서 캐서린 로저스는 아마도 현대에서 안셀무스의 철학을 가장 활발하게 옹호하는 사람일 것이다. 그러나 안셀무스의 사상에 나타나는 자유의지론의 자유는 신적 현실태의 우연성으로 귀결되지 않는다. 이런 점에서 안셀무스는 실제로 그의 고전 유신론을 내버리지 않았다. 오히려 아우구스티누스와 토마스같이 안셀무스는 신을 정적 완전함으로 여겼다. 그의 관점에서 신은 고통당하는 자들을 포함해 피조물의 변화에 (가정컨대 냉담하지는 않지만) 계속해서 불변한다.(Rogers 2000; 2013 참고)

도널드 바이니가 지적하듯 안셀무스의 두 가지 형식을 구분하는 것이 중요하다. 첫째는 더 위대한 것을 상상할 수 없는 신이고, 둘째는 상상할 수 있는 것보다 위대한 신이다. 두 번째는 첫 번째의 결과다. 상상할 수 있는 것보다 위대한 존재는 전적으로 상상할 수 있는 가장 위대함을 지니는 존재보다 위대하기 때문이다. 하츠혼, 바이니, 다른 신고전 및 과정 유신론자들이 (웨슬리 와일드먼Wesley Wildman과 달리) 인정하듯 우리의 이해력을 넘어서는 신의 면모는 신적 신비를 가리킨다. 신적 신비를 지나치게 강조할 필요는 없다. 신적 신비를 본질적으로 지나치게 강조하면 신에 관한 터무니없는 말까지 허용해야 하기 때문이다. 하지만 신에게 진정한 신비가 있다는 것까지 사소하게 여겨야 할 필요는 없다. 안셀무스에게 일부 의존하는 하츠혼의 관점에서, 신적 현존과 신적 현실태의 구분은 논리적 유형에 속한다. 따라서 신적 현실태의 우연적 상태는 신의 필연적 현존을 위협하지 않는다. 특히 존재론적 논증의 양상 논리를 통해, 신에 관해 상당 부분 추상적으로는 알 수 있지만, 신적 현실태에 대해서는 거의 알기 어렵다.(Viney 2013a 참고) 예를 들어 상상할 수 있는 가장 위대함은 전선하리라는 것을 추상적으로 알 수 있다. 하지만 모든 것을 포괄하고, 조건 없고, 경쟁 없는 사랑에 참여한다는 게 무엇일지 떠올리는 것은 상당히 어렵다.

4. 알 가잘리

— Al-Ghazzali, 1058~1111년 —

아브라함 계통의 세 종교, 유대교, 그리스도교, 이슬람교는 각기 역
사와 문화의 차이에도 불구하고 하나같이 고전 유신론의 성격을 띠
는 신 개념으로부터 영향을 받았다. 물론 세 종교는 신에 관해 서로
다르게 말하기도 한다. 예를 들어 그리스도교는 예수를 기꺼이 신
으로 여기는 경향이 있으며, 이따금 이들 종교에 (간혹 후한 긍정신
학의 담론과 함께 강조되는) 과도한 부정신학이 나타나기도 한다. 그
러나 1부를 시작하며 살펴본 고전 유신론의 다섯 특징이 각기 종교
의 지성사에서 중심축 역할을 하는 신 개념마다 똑같이 드러난다는
점은 중요하다.

  안셀무스와 비슷한 시기 바그다드에서 활동한 알 가잘리를 살
펴보자. 그는 안셀무스같이 신은 우위 범주를 차지한다고 생각하며,
이를 뒷받침하기 위해 시간과 무관한 신적 영원성을 가정한다. 또
한 신의 우위는 아리스토텔레스가 말하는 우유성(偶有性) 없는 실체
로서의 신, 따라서 아무런 변화를 겪지 않는 신을 요구한다고 가정
한다. 알 가잘리는 신이 미래에 무슨 일이 일어날지 (절대 확실하고

상세하게) 안다는 것은 곧 신이 모든 사건을 결정한다는 의미임을 순순히 인정한다. 다른 고전 유신론자들도 알 가잘리같이 인정해야 한다(그러나 간혹 인정하지 않는다). 비록 특정 행동을 수행하게끔 신이 인간을 물리적으로 강제하고 억압하는 게 아니라고 주장할지 모르나 고전 유신론에서 발견된 전지는 다르게 말한다. 전지의 함의를 논리적으로 따져보면, 결국 신은 우리가 앞으로 할 일을 (절대 확실하고 상세하게) 알고 있으며, 우리는 신이 알고 있는 바를 따라 행동하게끔 강요당한다. 이런 점에서 알 가잘리의 순순한 인정은 오히려 신선하다. 그러나 신정론 문제를 두고 고전 유신론의 전능에 암시된 의미까지 그가 순순히 인정할지 알 수 없다.(Al-Ghazzali 1912, 8~13, 57 참고; 또한 Hasan 2013 참고)

알 가잘리의 고전 유신론은 토마스 아퀴나스의 고전 유신론보다 아리스토텔레스주의를 훨씬 일관되게 따른다. 알 가잘리는 아리스토텔레스같이 신(혹은 신들)의 부동성과 불변성을 근거로 삼아, 신(신들)은 구상적 내용, 변하는 내용을 알지 못한다는 결론에 자연스럽게 이른다. 우리의 지식과 조금이라도 닮은 지식은 아는 자가 알려진 대상에 반응하거나 적응하기를 요구한다. 이 때문에 알 가잘리는 철학과 신학의 관계 안에서 신앙을 의심하기도 했지만, 그럼에도 신은 모든 사건을 결정하는 불변하는 의지라는 생각과 함께 고전 유신론의 결론에 충분하게 이르렀다. 널리 알려진 무슬림 운명론에 부합되는 이런 관점은 사실상 1부를 시작하며 살펴본 다섯 특징, 특히 단극의 영속성과 미래에 대한 신적 전지를 절대 확실하고 상세하게 단언하는 모든 고전 유신론의 관점일 것이다.(Hartshorne

2000, 106~107)

　　고전 유신론자 알 가잘리의 지적 솔직함은 모두가 경배해야 하는 것과 강력한 것을 동일시할 때, 명백하게 드러난다. 이런 식의 경배, 신적 힘을 향한 숨김없는 숭배는 당연히 정치권력을 노골적으로 추앙하는 자세에서 파생되었고 이 때문에 신은 순수한 원인, 자기-충족적이고 불변하는 절대 독재자가 된다. 이슬람을 포함하는 다양한 종교에서 활동하는 자유주의자들이 이런 식의 권력 숭배에 반론하는 작업을 이후 보게 될 것이다.(An-Na'im 1990 참고) 자유주의 신론자들은 곧 과정 사상가들이다. 그들은 전선한 존재가 고통을 받을 수 있는 감각력 있는 존재들에게 불필요한 고통을 의도적으로 일으키거나 허용할 리 없다고 생각한다. 알 가잘리는 사랑하는 신의 형이상학을 전개하기 위해 너무 멀리까지 가지 않는다. 그가 무슬림인 이유도 있지만, 신 개념에 대해 고전 유신론의 가정을 그대로 공유하기 때문이다. 인간의 사랑을 조금이라도 닮은 사랑은 원인이면서 동시에 결과이고, 의존하면서 동시에 반응한다. 이런 의미에서 사랑하는 신에게 양극성은 반드시 필요하다. 신고전 혹은 과정 유신론자들이 보기에 신은 열정과 열의로 가득 찬 생명을 육성하는 데 목표를 둔다. 역동적으로 완전한 신이 이런 목표에 이르지 못하는 피조물에게 무관심할 리 없다.(Hartshorne 2000, 107~110)

　　1부를 시작하며 살펴본 다섯 특징 가운데 전능은 가장 의심스러운 특징이다. 실제로 하츠혼은 고전 혹은 신고전 관점에서 "사랑만이 본질적 원리"임을 분명하게 밝힌다.(Hartshorne 2000, 110) 고전 유신론과 신고전 혹은 과정 유신론 모두 전선을 매우 중요하게 여기지만, 신고전 혹은 과정 유신론자들만이 전선의 온전한 가치를 이해할 만하게 담고 있는 신 개념을 발전시킨다. 사실상 고전 유신론자들은 그들이 전선보다 전능에 훨씬 가치를 둔다는 사실을 신고전 혹은 과정 유신론자들에게 효과적으로 입증했다. 신고전 유신론자들은 전선을 무엇보다 가치 있게 여기며 나중에 논의할 몇 가지 이유에서 전능이라는 개념 그 자체에 문제가 있다고 본다. 신고전 혹은 과정 관점에서 신은 비극을 겪는 인류에게 보상이나 형벌을 내리지 않으며, 오히려 우리와 비극을 공유한다(그 결과 신 역시 소멸될 수 있다는 의미가 아니다). 덕과 마찬가지로 사랑 자체가 보상이고 사랑이 결핍된 상태는 그 자체로 형벌이다. 이런 양극 신 개념은 전선한 신을 이해하는 데 유용하다. 아쉽게도 알 가잘리는 다른 고전 유신론자들같이 신적 힘(원인, 정의)이 신적 전선보다 우선하고 중요하다고 암시한다.(Hartshorne 2000, 111)

알 가잘리는 일평생 영적 위기와 여러 차례 맞닥뜨리며 신앙을 의심한다. 그 원인 중 하나는 신앙 혹은 개인의 경험과 일치하지 않는 신 개념이었다. 이런 위기가 특정 인식론이 인간에게 불충분하기 때문에 벌어진 일반적 문제인지, 아니면 고전 유신론의 신 개념에 만족해야 한다는 가정에서 비롯된 특수한 문제인지는 흥미로운 질문이다. 알 가잘리의 고민을 예로 들어 보자. 정적이고 완성된 신적 완전함은 이미 영원"부터" 존재해 왔고, 여기에는 무엇도 추가될 수 없다. 그러나 이런 원칙에도 불구하고 신(알라)은 엄밀하게 불변하고 자기-충족적이면서도 무언가를 창조하고자 했다. 알 가잘리는 그 까닭을 걱정했다. 보커는 통찰력을 갖고 이런 고민에 접근하지만, 알 가잘리가 처한 곤경을 고전 유신론의 신 개념에서 비롯된 특수한 문제로 추적하지는 않는다.(Bowker 2002, 356~359)

암스트롱은 앞서 활동한 무슬림 사상가들, 알 파라비Al-Farabi(870~950)와 아비센나Avicenna/이븐 시나Ibn Sina(980~1037)와 알 가잘리의 차이를 주의 깊게 다룬다. 이 때문에 이들의 사상에 깔린 신 개념이 서로 다르다고 오해할 수 있겠으나 사실상 셋 모두 고전 유신론의 개념을 공유했다. 신고전 혹은 과정 관점에서 볼 때, 이들의 논쟁은 차이점보다 공통점이 더 많다(예를 들어 일자로부터 다자가 유출되는 신플라톤주의 방식에서, 신은 필연적 현존으로, 타자를 존재로 이동시킨다. 이들 사상가는 이런 내용을 우리가 알 수 있는지에 대해 논쟁했으며, 알 파라비와 아비센나는 알 수 있다고 생각했다). 무슬림 사상가들의 입장 차이는 토마스주의와 칼뱅주의 사이의 논쟁을 떠올리게 한다. 달리 말해 이들의 공통점은 고전 유신론자들이 대체로 공유하는 개념이라고 볼 수 있다. 다른 고전 유신론자같이 알 가잘리는 신에 관해 말할 때, 난관에 봉착할 수밖에 없고 합리적 사고만으로는 이런 난관을 절대 극복할 수 없으며, 이성과 상관없는 신비 체험만이 유일한 탈출구라고 생각했다. 여기서 요점은 신비주의나 종교적 체험이 맹비난을 받아야 한다는 게 아니다. 이런 난관이 합리성 자체의 문제인지 아니면 신 개념에 대한 잘못된 이론에서 비롯된 문제인지 따져 봐야 한다는 것이다. 아쉽게도 암스트롱은 저명한 무슬림 사상가들 사이의 논쟁을 탁월하게 비교했음에도, (알 가잘리의 문제를 포함해) 문제의 원인을 고전 유신론 대신 주로 합리성 자체에서 찾는 경향을 보인다. 그 연장선에서 암스트롱은 합리적 종교를 부인한 알 가잘리의 사상이 임마누엘 칸트와 쇠얀 키에르케고어Søren Kierkegaard의 관점은 물론, 암스트롱 자신의 견해까지 예고한다는 것을 통찰력 있게 주장한다.(Armstrong 1993, 174~176, 181~192, 201, 229, 314~315; Bowker 2002, 352~359)

5. 마이모니데스

— Maimonides, 1135~1204년 —

필론같이 마이모니데스는 유대교와 그리스 철학을 융화하기 위해 노력했다. 또한 그는 필론과 마찬가지로 부정신학의 형용할 수 없는 신과 고전 유신론의 단언들 사이를 오갔다. 그러므로 당연히 마이모니데스 역시 고전 유신론의 근본적 문제를 드러낸다. 예를 들어 신고전 혹은 과정 관점에서 모든 아는 자는, 심지어 가장 최고의 아는 자도 아무런 오류 없이 대상을 정확하게 알지 못한다. 만일 지식의 대상이 다를 수 있다면 그 대상에 대한 지식도 달라질 수 있기 때문이다. 이것은 고전 유신론이 말하는 신적 지식의 순수한 필연성과 모순된다. 알려진 대상의 가변성 혹은 비필연성은 아는 자의 지식 역시 가변성 혹은 비필연성을 지님을 의미한다. 마이모니데스는 이런 비판에 맞서 신의 경우에 대해 변론한다. 그는 세계에 대한 신의 지식 중에 긍정 방식을 따르는 지식은 없다고 말한다. 즉 신의 지식은 우리의 지식과 **완전하게** 다르다. 그렇다면 이런 경우, 그것이 "지식"일 수 있는 이유를 따져 봐야 한다.(Hartshorne 2000, 111~112; 또한 Seeskin 2013 참고)

코르도바 출신인 마이모니데스는 그의 고전『방황하는 자들을 위한 안내서』*The Guide of the Perplexed*에서 신격에 대한 서술을 금지한다. 대신 그는 고전 유신론의 단극 신 개념을 제시한다. 그가 말하는 신은 부동하고, 실체로서 우연이 없고, 부분 없이 완전한 통일이고, 피조물과 무관하고(피조물은 신격과 관계 맺을 수 있더라도), 무형이고, 활동적이며 수동적이지 않고, 현실이며 잠재적이지 않고, 종속되지 않는 통치자이고, 시간 바깥에 존재한다는 의미에서 영원하다.(Maimonides 1885, I, 174~222 참고)

마이모니데스는 특히 신에게 여러 속성을 부여할 경우 다신론으로 이어질 위험을 우려했다. 그러나 이것은 담론의 층위를 혼동한 결과일 수 있다. 속성의 복수성은 이런 속성들을 드러내는 개체의 복수성을 암시하지 않는다. 속성이 곧 신격은 아니다. 마이모니데스는 우유적이지 않고 엄밀하게 추상적이기만 한 "완전한" 존재는 긍정 방식으로 알려질 수 없음을 부지불식간에 발견했다. 실제로는 아무런 속성도, 심지어 본질적 속성도 알려질 수 없는 것이다. 마이모니데스의 발견은 결국 과도한 부정신학으로 이어진다. 그러나 살아 있는 신, 역동적으로 완전한 인격적 신은 구상적 사건들을 무한하게 연속적으로 경험할 것이며, 여기서 필연성은 우유적 특징을 수반할 것이다. 불후의 시간 내내 진화하는 신은 우유적이더라도, 신의 현존 자체는 비우유적일 수 있다.(Hartshorne 2000, 116)

하지만 신의 본질적 선함이 우유적이라고 단정해서는 안 된다. 전선은 완전한 신적 본성에 불후의 시간 내내 내재하지만, 이런 최고 선함이 드러나는 특수한 방식은 우유적이다. 그 방식은 지금 이곳에서 특수한 피조물에 대한 반응, 피조물의 삶에 일어나는 특이한 사건이나 위기 상황에 대한 반응이기 때문이다. 그리스도교 경전의 한 구절에 따르면, 신은 땅에 떨어지는 참새 한 마리까지 보살핀다.(「마태오의 복음서」 10:29[8]; Hartshorne 2000, 116)

　신이 정말 불변한다면 참된 신은 세계의 누구와도 양방향의 관계를 맺지 않을 것이다. 피조물이 실제로 신과 관계를 맺더라도, 신은 그렇지 않다. 마이모니데스는 필론보다 분명하게 신은 불변한다고 생각한다. 부정신학에서조차 신적 타자성의 방식을 통해 피조물이 실제로 신과 관계를 맺는다. 그러나 고전 유신론이 말하는 신의 절대성에 따르면 신 쪽에서 일시적이고, 변하고, 우유적인 피조물과 관계 맺을 리 없다. 마이모니데스가 본질과 우유성 사이를 상관관계로 바라봤다면, 문제는 이쯤에서 해결되었을 것이다. 하지만 마이모니데스를 포함하는 단극 신론자들은 양극성에 관한 통찰을 무시하거나 부인한다.(Hartshorne 2000, 117)

　다시 반복해서 강조하면, 부정신학을 신중하게 받아들여야 한다. 특히 신적 현실태를 상세하게 다룰 때 그렇다. 고전 유신론의 신 개념에 포함된 결함을 감추기 위해 부정신학을 공격적으로 사용하면 심각한 문제가 발생한다. 예를 들어 직사각형은 여러 변으로 구성되었다는 진술은 아주 정확하지는 않더라도 사각형에 대한 틀림없는 내용을 알려 준다. 마찬가지로 신은 지식(진실로 최고

8　"참새 두 마리가 단돈 한 닢에 팔리지 않느냐? 그러나 그런 참새 한 마리도 너희의 아버지께서 허락하지 않으시면 땅에 떨어지지 않는다."(공동 번역 개정)

지식)을 갖고 있다는 말은 신에 관해 알 수 없다는 말보다 정확하다. 즉 신에 관한 말을 다시 생각해야 할 이유는 고전 유신론의 신 개념이 지니는 모순 때문이지, 인간 의식이 미덥지 못해서가 아니다.(Hartshorne 2000, 118)

여러 유대 사상가가 고전 유신론의 신적 지식에서 비롯된 문제 때문에 분투했다. 예를 들어 게르소니데스Gersonides(1288~1344)의 사상은 아우구스티누스의 후기 저술과 비슷하게 결정론의 의향을 드러낸다. 게르소니데스가 고전 유신론에 암시된 영원성과 신적 전지를 통해 미래를 생각한 결과이다. 하지만 우리는 선택해야 할 필요, 선택을 책임져야 할 필요를 직접 느끼고 깨닫는다. 그러나 결정론은 이렇게 강하게 작동하는 직관에 불균형을 일으킨다. 사실상 결정론은 고전 유신론의 신 개념을 바탕으로 할 때만 이해될 수 있다. 이런 입장을 고수하려면 치러야 할 대가가 너무 크다.(Hartshorne 2000, 118; 1976, 7; 또한 Dorff 2013 참고)

특수한 자유 행위들이 있다고 가정할 때, 미래에 대한 지식은 두 유형으로 구분할 수 있다. 첫째, 미래에 일어날 수도 있고 일어나지 않을 수도 있는 일에 대한 지식이다. 둘째, 과거의 일을 장담하듯 미래에 일어날 일을 확신하는 지식이다. 고전 유신론자들은 언제나 두 번째 종류의 지식에 마음이 기울었다(대다수 고전 유신론자들은 신은 그런 지식을 갖고 있다고 명시적으로 주장했다). 하지만 신고전 혹은 과정 유신론자들은 누구도, 가장 완전한 존재도 그런 지식을 가질 수 없다고 반론한다.(Hartshorne 2000, 118)

고전 유신론의 신적 불변성은 유동하는 사건들에 대한 신의 지식과 상충한다. 이런 문제에 고전 유신론자들은 여러 방식으로 대응한다. 마이모니데스는 우연적 피조물을 포괄하는 신의 포용성을 부인함으로써 문제를 해결하려 한다. 그가 보기에 우연성에 대한 신적 의식은 우리의 이해력을 전적으로 넘어선다.(Bowker 2002, 218~221 참고; Armstrong 1993, 194~196) 반면 게르소니데스는 고전 유신론의 신 개념을 다소 의심한다. 그는 신은 지식을 **갖고** 있지만 우연한 것을 포용하지 않는다는 (아리스토텔레스주의의) 결론을 내린다. 게르소니데스가 생각하기에 "미래를 아는" 가장 좋은 방식은 미래는 언제나 적어도 부분이나마 결정되지 않았음을, 또한 결정할 수 없음을 깨닫는 것이다.(Eisen 1995 참고) 유대인이면서 고전 유신론자가 아니라 범신론자였던 네덜란드 출신 바뤼흐 스피노자(1632~1677)는 어느 우연성이든 부인한다. 이와 같이 고전 유신론의 신 개념의 문제에 대응하는 세 가지(마이모니데스, 게르소니데스, 스피노자의) 해결 방식에는 각기 극심한 결함이 있다. 스피노자의 경우, 그가 제시한 "해결책"은 단순한 이유에서 기능할 수 없다. 우연성은 근절할 수 없는 분명한 특성이며, 실제로 스피노자 자신의 철학에서 중요한 관념인 필연성은 우연성을 대비 관념으로 전제할 때 성립하기 때문이다.(Hartshorne 2000, 118~119; 또한 1941, 2, 5, 76, 98 참고; 1948, 119; 1983, 75; 2001, 41~42, 160)

신고전 혹은 과정 관점에서 사물을 바라보는 방식이 훨씬 옹호할 만하다. 신은 시간적이며 우연적 지식을 갖고 있다. 그 결과, 그 지식 자체는 영원적이고 필연적이기보다 시간적이고 우연적이다. 게다가 이런 관점은 신에 관한 추상적 논지, 즉 신은 역동적으로 완전한 존재로서 논리적으로 알 수 있는 모든 것을 필연적으로 알아야 한다는 주장과 양립할 수 있다. 그러나 알려지게 될 새로운 사건들이 생겨나기 때문에, 신적 앎의 구상적 행위들은 시간적이고 우연적이다.

6. 성 토마스 아퀴나스

— St. Thomas Aquinas, 1225~1274년 —

가장 영향력 있는 가톨릭 철학자 토마스는 이탈리아의 아퀴노에서 태어나 생애 대부분을 파리에서 가르쳤다. 그는 그의 대작『신학대전』*Summa Theologiae*의 제1부(1~26문항)에서 신과 피조물의 관계는 피조물에게 실재하더라도 신에게는 실재가 아님을 분명하게 밝힌다. 토마스가 보기에 신은 시간의 영역에서 완전히 벗어나 있기 때문이다. 물론 신에게 명목상 관계나 관념상 관계는 있지만 이것은 실재적 관계가 아니다. 토마스는 앞서 살펴본 바와 비슷한 사례에서 동물의 감각 수준과 초기 이성이 돌기둥보다 확실하게 뛰어난데도 불구하고,(동물이 돌기둥 옆에 있을 때, 그 기둥은 동물에게 영향을 미치지만 그 반대는 아닌데도 불구하고) 신을 비유하기 위해 동물 대신 돌기둥을 선택한다.(Hartshorne 2000, 120~121 ; Thomas Aquinas 1972, I.6. 2 ; I.13.7)

물론 토마스와 대화해 볼 여지는 남아 있다. 그는 신을 부르는 가장 적합한 이름으로 "있는 자"를 주장한다. 「출애굽기」 3:14을 이렇게 어림한 해석은 성서가 신의 필연적 현존을 말하는 방법이자 신**고전** 차원이 부각되는 방법을 보여 준다. 달리 말해 신의 본질은 필연적으로 현존하는 것이다. 이것은 그리 거만한 주장은 아니다. 신의 현실태에 대해 지나치게 구상적으로 말하지 않기 때문이다. 그러나 토마스가 지목하는 신의 필연적 현존과 신고전 혹은 과정 유신론이 생각하는 신의 필연적 현존은 다소 대조적이다. 토마스에게 신은 시간 바깥의 존재이지만, 신고전 혹은 과정 유신론은 다르게 생각한다. 이와 관련해 토마스는 아우구스티누스로부터 단서를 가져온다.(Hartshorne 2000, 121~122; Thomas Aquinas 1972, I.13.11; 또한 Kennedy 2013; Silverman 2013 참고)

불변하는 신은 신적 본성 외에는 알지 못하며 만일 알고 있다면 불변성을 상실하리라는 아리스토텔레스의 관점을 토마스는 신중하게 감안한다. 신은 전지하므로 신적 본성 자체 외에 다른 사물도 알아야 한다는 토마스의 생각은 아리스토텔레스의 관점을 부인하는 것같이 보인다. 하지만 그는 사물이 알려지는 방식은 두 가지가 있다고 본다. 즉 사물은 그 자체로 알려지거나 다른 사물을 통해 알려진다. 토마스는 거울에 물건이 비치는 비유를 들어 이런 구분을 설명한다. 이를테면 신은 신적 본성은 알 수 있지만, 타자 자체에 대해서는 거울의 비유대로 신적 본성을 반영하는 만큼만 알 수 있을 뿐이다. 신적 본성 자체는 사물과 닮은 모습을 포함한다. 결국 토마스는 아리스토텔레스의 관점을 수정해 사물의 형상은 신적 본성을 통해 이해될 수 있다는 견해로 귀결한다. 사물의 일반성만 아는 것은 그 사물에 대해 불완전하게 아는 것이므로, 토마스는 신이 피조물의 일반성과 특수성 둘 다를 알고 있다고 여긴다. 사물은 그 자체로 알려지기보다 신적 본성 자체를 반영한 대로 알려지기 때문에, 신은 사물에 대해 완전하고 정확하게 알고 있다. 엄밀하게 따지면 창조된 실재는 신적 본질의 지식을 충분하게 담고 있지 못하지만, 신적 본질은 창조된 실재에 대해 충분하게 알 수 있다.(Hartshorne 2000, 122~126; Thomas Aquinas 1972, I.14.4~6)

여기서 토마스는 고전 유신론의 엄밀하게 불변하는 신과 분명하게 변하는 세계의 지식을 조화시키는 문제에 기민하게 대응한다. 토마스 역시 모순의 암초를 피하지 못하고 그대로 부딪혀 결국 난파되어 버리지만, 암초가 어디 있는지 그 위치가 정확히 표시된 놀라운 지도를 남겼다. 이런 점에서 하츠혼은 화이트헤드 못지않게 토마스주의 전통으로부터 받은 영향이 중요했음을 인정한다.(Hartshorne 1948, xi) 앞 단락에 이어 어떻게 신이 단일 사물을 알 수 있는지에 대한 토마스의 반응을 살펴보자. 그는 또 다른 방식의 흥미로운 구분을 시도한다. 결정적 수동성을 수반하는 인간의 앎과 신적 앎을 구분하는 것이다. 신적 앎의 지식은 사물이 그 자체로 있게끔 하는 원인이다. 즉 신의 지식은 신적 인과성causality까지 포함한다. 신적 인과성은 형상 실재와 질료 실재 둘 다의 출현에 관여한다. 그러므로 물질에 의해 단일 사물이 개체화된다는 가정을 따를 때, 신은 단일 사물의 지식을 갖고 있다고 볼 수 있다.(Hartshorne 2000, 126; Thomas Aquinas 1972, I.14.11)

또한 토마스는 엄밀하게 필연적인 신이 미래 우연들future contingents을 알 수 있다는 주장에 어떤 반론이 제기될지 잘 알고 있다. 모든 조건 명제에서 선행조건이 필연적이면 그 결과 역시 반드시 필연적으로 보여야 한다. 예를 들어 만일 신이 X가 일어날 것을 (알 수도 있는 게 아니라) 알고 있다면 일어날 것이다. 그러므로 신이 알고 있는 바는 그게 무엇이든 신에게 알려진 것과 다를 수 없다는 의미에서 필연적이다. 이런 반론을 피하기 위해 토마스는 신은 아예 시간 바깥에 있으므로 영원하다는 개념을 가지고 온다. 우연적 사물은 연속적으로 현실적이게 되지만, 신은 이런 사물을 연속적으로 아는 게 아니라 동시에, 영원토록 안다는 것이다. 시간의 흐름을 따르는 우리가 과거, 현재, 미래라고 보는 바를 신은 시간과 무관하게 한눈에 이해한다. 사실상 미래 우연들의 실재는 우리의 제한된(즉 시간적) 견지에 따라 달라진다.(Hartshorne 2000, 126~127; Thomas Aquinas 1972, I.14.13)

또한 토마스는 최고 필연적 원인인 신과 한정적이고 근접하고 우연적인 원인들 사이를 구분한다. 그는 씨앗의 발아를 비유로 들면서 태양이라는 멀리 있는 원인과 식물 안에서 일어나는 보다 가까운 인과를 구분해 설명한다. 신에게 알려진 사물은 근접 원인들의 결과로서 우연적이지만, 이런 우연적 사물들에 대한 신적 지식은 필연적이다. 토마스가 볼 때, 우리는 시간적이므로 미래 우연들을 확실하게 생각할 수 없으나 신에게 미래 우연들은 이미, 영원부터 상당히 확실하다. 신은 높은 곳에서 길 전체를 일순간 한 번에 내려다보는 존재, 여행자가 천천히 이동 중일 때 그 앞뒤에서 무슨 일이 벌어지는지 한눈에 파악하는 존재와 비슷하다.(Hartshorne 2000, 126~128; Thomas Aquinas 1972, I.14.13~15)

토마스는 신이 의도하는(원인이 되는, 알고 있는) 모든 게 **절대**

적으로 필연적인 것은 아니라고 주장한다. 이를테면 주어의 정의에서 술어는 일부를 형성할 뿐이다. 또한 **가정에 의해** 필연적인 것도 있다. 예를 들어 신이 X를 의도한다고 가정해 보자. 술어(X를 의도한다)는 주어(신)의 정의가 아니다. 신의 선함은 절대적으로 필연적이지만, 신의 선함이 의도하는 사물은 필연적이지 않다. 그런 사물은 가정에 의해 그저 필연적이다. 토마스의 생각은 하츠혼의 존재/현실태 구분에 매우 가까우며 곧 양극성을 받아들일 것같이 보인다. 하지만 그는 바로 이쯤에서 멈춘다. 그에게 결과는 언제나 원인에 비해 충분하지 못하며 시간성은 언제나 불완전함의 표시이기 때문이다. 그가 지속하기를 바라는 신 개념에서 신은 모든 사물을 절대 필연적으로 의도하지 않는다(신이 부도덕하고 추악한 것까지 포함해 모든 것을 책임져야 할지 모르기 때문이다). 그럼에도 토마스는 신이 어떻게든 가변적이거나 신이 다른 원인의 결과일 때 신의 완전함이 상실될 것이며, 이런 의미에서 그의 신 개념은 신의 완전함을 보존한다고 생각한다.(Hartshorne 2000, 129~130; Thomas Aquinas 1972, I.19.3)

토마스는 근접 원인들이 우연적이어서 사물이 우연히 발생하는 게 아니라는 말로 문제를 상당히 혼란스럽게 만든다. 오히려 그는 신이 어떤 사물은 필연적으로 행하게 의도하고 또 다른 사물은 우연히 행하게 의도한다고 생각한다. 토마스의 생각에 따르면, 사물의 우연적 행함은 근접 원인들의 우연적 성질 때문이 아니라 신적 필연성의 결과인 것이다. 이런 모순은 토마스의 독창성에 가려 제대로 드러나지 않는 것 같다. 앞서 살펴본 사상가들과 마찬가지로 토마스 역시 고전 신 개념의 문제를 분명하게 드러낸다.(Hartshorne 2000, 131; Thomas Aquinas 1972, I.19.8) 암스트롱, 보커, 카페츠는 토마스의 위대한 업적은 세세하게 칭송하지만, 아쉽게도 이런 모순을 알아차리지 못한다. 그들은 토마스에게서 나타나는 개념적 난점을 고전 유신론의 맥락에서 확인하기보다 합리성 자체의 문제로 여긴다.(Armstrong 1993, 204~207; Bowker 2002, 266~269; Capetz 2003, 78~85)

토마스주의 관점에서 일관성을 확인하기는 어렵다. 신은 피조물이 A 행위를 수행할 것이라고 결정하지만, 신적 결정을 따르는 그 행위는 그럼에도 "자유롭게" 수행될 것이다.(Hartshorne 1984c, 11) 여기서 고전 유신론이 생각하는 "자유로운 행위"에서 가능한 의미가 무엇인지 궁금하다. 토마스는 행위자가 "자유"롭게 수행을 자제할 수 있는 행위라고 생각하는 것 같다. 그러나 누구도 신적 의지대로 결정되는 것을 자제할 수 없다. 게다가 그는 신이 순수 현실태라고 주장하는 동시에, 무한성은 현실태보다 가능태를 의미한다는 가정 아래 신이 엄밀하게 무한하다고 주장하면서 스스로 모순에 빠진다.(Hartshorne 1987, 55, 92)

토마스는 필론같이 그리스 철학과 성서의 권위를 융합하기 위해 노력한다. 하지만 그런 융합은 전적으로 비관계적인 신의 관점에서 비롯된 시도이기에 성공하기 어렵다. 이 때문에 토마스는 실재적(혹은 내부) 관계와 논리(혹은 외부)에 불과한 관계를 구분한다. 너무나 당연한 말이지만, 실재적 관계는 하나와 다른 하나를 실제로 관련짓는다. 이런 실재적 관계는 아는 자와 알려진 것 사이의 지식 관계를 포함한다. 토마스는 전적으로 비관계적인 신과 타자에 대한 신적 지식 둘 다를 옹호하기 위해 신적 지식은 인간 지식과 전적으로 다르다고 주장한다. 신적 지식은 알려진 대상 자체를 **절대무**로부터 창조하는 일을 수반하기 때문이다. 즉 마이모니데스와 마찬가지로 그리고 신을 기술하려면 유비의 언어가 사용되어야 한다는 토마스의 변론에도 불구하고, 인간 지식과 신적 지식에는 공통되는 의미가 없다. 토마스 이후 700년 동안 고전 유신론자들은 이런 이해를 근거로 신적 지식을 다루었다. 문제는 토마스의 유비 교리가 아니다. 사실상 유비 교리는 토마스가 신 개념에 남긴 가장 큰 공헌이다. 문제는 그가 그 교리를 신의 경우에 적용하지 못했다는 것이다.(Hartshorne 2000, 119~120)

토마스는 다른 고전 유신론자들과 더불어 신을 초주체 대신 초객체로 바꿔 버린다. 앞서의 사례에서 보았듯 동물이 돌기둥과 실재적 관계를 맺는 것이지, 그 반대가 아니다. 그렇기에 신을 비관계적 부동의 동자로 여기고, 따라서 동물 대신 돌기둥으로 여기는 것은 잘못된 판단이다. 돌기둥이 아니라 동물이 그 관계를 헤아리며 주체적으로 인식한다. 왜 신을 초유기적 개체 대신 뛰어난 돌로 만들어 버렸을까? 이에 대해 부정신학의 진술로 변론할 수 있을지 모르나 그런 진술 역시 단극성이 아니라 양극성을 따르는 완전함의 논리에서만 옹호할 만하다.(Hartshorne 2000, 131)

하츠혼이 보기에 고전 유신론의 신 개념은 어떻게 전적으로 필연적인 존재가 우연한 것을 알 수 있는지를 충분히 설명하지 못한다. 이것은 심각한 문제다. 이에 대한 해결책으로서, 앞서 살핀 대로 토마스는 그 자체는 우연적이나 신적 정신 안에서 필연적인 무언가를 모호하게 구분해 낸다. 그러나 그의 제안은 그다지 설득적이지 않다. 이에 대해 하츠혼은 예리하고 정확하게 비판한다. "그러나 (…) 그 사물이 현존하지 않았을지 모를 논리적 가능성의 여부를 떠나 그것이 현존하지 않았다[는] (…) 가능성이 있다면, 현존으로서 신에게 현존했을 리 없다."(Hartshorne 2000, 132)

과거이든 미래이든 모든 사건은 영원의 관점에서 확정적일 수밖에 없다는 생각은 앙리 베르그송의 유명한 개념인 시간의 공간화와 관련한다. 시간이 공간화되면 시간의 모든 부분은 동시에 현존하고 한눈에 관찰될 수 있으며, 이에 따라 미래성과 우연성이라는 개념은 파괴될 수 있다. 게다가 토마스를 포함해 고전 유신론자들은 신은 엄밀하게 필연적이지만 세계 자체의 신적 창조는 우연적이라고 생각하며, 그들의 이런 생각은 문제를 훨씬 복잡하게 만든다! 신은 세계의 창조를 꺼렸을 수도 있다. 하츠혼은 예리하게 지적한다. "그러나 신은 두 가지 의지를 갖는다. 필연적으로 있는 의지와 비필연적으로 있는 의지이다. 그런데도 신은 순수하게 필연적으로만 있다고 간주된다."(Hartshorne 2000, 133) 모든 경우, 필연적 존재에게 "만약"은 있을 수 없다. 이와 반대로 신고전 혹은 과정 유신론자들은 신은 필연적으로 현존하지만 현실태에서는 우연적이라는 견해를 설득력 있게 전개한다. 신은 **언제나 변한다**. 두 단어 모두 중요하다.

물론 고전 유신론을 옹호하는 사상가들과 그들이 전개하는 신 개념은 많은 통찰을 준다. 이를테면 토마스를 포함한 그리스도교 사상가들이 말하는 예수, 하느님은 사랑이라는 주장, 신의 필연적 현존에 관한 진술은 관심을 기울일 만하다. 문제는 이런 생각이 신은 엄밀하게 초자연적이며 순수 현실태라는 그들의 관점과 상충한다는 점이다. 이것은 그저 이론상 문제가 아니다. 신의 완전함을 신은 모든 가능한 가치를 영원토록 실현할 수 있다는 의미로 국한해 버리면, 인간의 선택은 하찮아지고 결국 신앙은 치명적 타격을 입는다. 고전 유신론을 따를 때, 우리가 무엇을 하든 상관없이 무한한 가치는 존재할 것이고 "신을 섬김"은 우리 자신을 섬기는 의미로 귀착되고 만다. 만일 우리가 영원하고 정적이며 완전함을 충만하게 현실화한 신에게 아무런 영향을 미치지 못한다면, 예수회의 모토(일반적으로 아브라함 종교를 믿는 유신론자들의 지향점) '아드 마요렘 데이 글로리암'*ad majorem Dei gloriam*, **즉 하느님의 더 큰 영광을 위하여**는 말도 안 되는 표어에 그치고 말 것이다. 누구도 고전 유신론의 신을 실제로 경배할 수 없다는 사실에 비추어 보면, 왜 많은 고전 유신론자들이 다양한 형태의 우상 숭배로 타락하는지 납득이 간다. 특히 하츠혼이 "국가 숭배"라고 부르는 국가주의 형태의 우상 숭배는 심각한 문제를 일으킨다. 논쟁의 소지가 있으나 곱씹어 볼 만한 하츠혼의 말을 빌리자면, "우리는 히틀러가 가톨릭적[고전 유신론적]인 데서 비롯되었음을 잊어서는 안 된다".(Hartshorne 1937, 34, 42; Dombrowski 2011, 5장)

그럼에도 토마스는 고전 유신론에 숨겨진 의미를 가장 철저하게 분석했고 자신의 입장을 뒷받침하기 위해 섬세한 구분을 시도한 가장 위대한 고전 유신론자이다. 그의 이런 철저함의 결과, "아퀴나스를 이길 수 있는 유일한 방법은 그가 가장 확실하다고 받아들인

내용에 의문을 던지는 것이다". 즉 생성보다 우위에 있는 존재를 포함해 단극성의 문제를 지적하는 것이다.(Hartshorne 1941, 71~72) 달리 말해 성찰적으로 균형 잡힌 신 개념을 전개하려면, 고전 유신론의 일부만 수정해서는 안 된다. 종교적 체험, 신정론 문제, 우리의 자유에 대한 이해를 포함해 신 개념과 관련 있는 모든 부분을 헤아려야 한다. 오로지 토마스주의 체계를 포괄적으로 검토해야 할 필요가 있는 것이다. **토마스주의** 체계가 개정되어야 할 필요를 인정해야 신 **고전** 유신론의 "고전"이 보존될 수 있다. 신 개념에서 토마스는 물론 다른 고전 유신론자들이 보여 주는 부정 진술은 전체 이야기의 일부일 뿐이다. 긍정 방식을 따라 신의 선함과 사랑을 주장할 수 있으며, 이런 진술은 토마스가 제대로 설명하지 못하는 부분이다. 사실상 토마스 때문에 신은 인간에게 다음과 같이 말해야 할지 모른다. "나는 당신을 사랑합니다. 그러나 나는 당신과 실제로 관계되어 있지 않으며, 그 사랑의 관계는 나에게 아무런 영향을 미치지 않습니다."(Hartshorne 1941, 123, 235)

　　토마스는 고전 유신론자들의 생각만큼 일관성을 갖추지 못했지만, 종교 회의주의자들의 생각만큼 그렇게 어긋나지도 않았다. 우선 그의 일관성을 따져 보자. 발달한 존재일수록 복잡하고 수동성을 더 많이 드러낸다는 사실을 생각해 보라. 신의 경우, 수동성은 곧 신의 고귀한 활동이 사회와 관련 있다는 의미에서 상관성이라고 할 수 있다. 이것을 일절 부인하면 상상할 수 있는 가장 위대함이 아니라 그저 다른 존재일 것이다. 다시 말해 토마스는 시간은 영원의 견지에서 고정된 특징을 갖는다고 가정하고 있을 뿐이지만, 사실상 이런 가정 자체가 문제의 주요 쟁점이다. 토마스는 시간 자체가 필요하지 않거나 실체나 의미가 없는 것으로 간주한다. 영원의 관점에서 한정된 "있을 것이다"는 "있을 수도 있고 아닐 수도 있다"로 대체되어야 한다. 반대로 신고전 혹은 과정 유신론에서 시간은 **무로부터** 창조된 것이 아니다. 시간은 신적 창조성을 포함하는 더 넓은 범위에 이르는 창조성 자체의 질서이며, 그렇기에 신은 진정으로 살아 있다.(Hartshorne 1953, 24, 137, 201~202) 신이 순수하게 절대적이고 영원하며 피조물과 실제로 아무런 상관이 없다면, 아리스토텔레스의 깨달음대로 신은 신적 존재 자체만 향유할 뿐이다.(Hartshorne 1948, 15) 토마스의 일관성은 이렇게 아리스토텔레스가 보여 주는 일관성에 한참 못 미친다.

신고전 유신론자들은 토마스주의자인 고전 유신론자들의 생각같이 신이 '악투스 푸루스'*actus purus*, 즉 **순수 현실태**라면 어떻게 그런 신을 활동성/수동성, 역동성/변동성의 구상적 징후보다 가치 면에서 열등한 추상으로 여기지 않을 수 있는지 반론한다. 물론 일부 토마스주의자들은 토마스가 신 개념을 완전히 명백하게 그리고 온전히 충분하게 파악할 수 있는 것처럼 주장한 적이 없다고 대응할 것이고, 그 근거로 토마스가 안셀무스의 존재론적 논증을 비판한 사실을 들 것이다. 그러나 토마스는 그의 신 개념에 기대어 단극 관점을 옹호했고 신적 전능을 지지했다. 또한 신은 시간 안에서 일어나는 미래 우연들을 안다는 신적 전지를 주장했다.(Hartshorne 1965, 55, 230)

물론 신적 삶에서 영속성이 무엇인지 설명하기 위해 불후의 시간 내내 유동하는 신의 구상적 면모를 모두 추상화할 수 있다. 하지만 이런 추상화는 신과 추상 개념을 (우상 숭배하듯) 동일시하는 것과는 상당히 다르다.(Hartshorne 1967, 44) 신 개념을 아우르는 진정한 신비와 고전 유신론의 일관성 없는 추론 혹은 성급한 결론에서 비롯된 "신비화"를 구별해야 한다. 여기서 첫째, 구상적 사건이 실제로 일어났다고 믿거나 아니면 둘째, 그런 사건은 실제로 일어나지 않았으나 적어도 추상적 의미에서 항상, 이미 단순하게 있다고 믿는 것 사이에서 우선 하나를 선택해야 한다. 신고전 혹은 과정 사상가들은 첫째를 선택하는 반면, 고전 유신론자들은 둘째 믿음을 선택한다. 고전 유신론자들도 신의 경우가 아닐 때는 명목상 첫째를 선택한다. 하지만 신의 경우에 대해 둘째를 받아들이는 즉시, 앞선 선택은 훼손된다. 그러므로 사실상 고전 유신론자들은 처음부터 모순되는 입장에 놓인다. 편재하는ubiquitous 사건의 존재론을 부인하면, 순수 현실태인 신은 선행조건의 잠재태를 현실화할 수 없고 피조물의 발전과 상관없이 아무런 발전을 겪지 못한다. 실제로 토마스는 다음 대비 쌍들이 기본적으로 동일하다는 사실을 일깨우고 문제의 본질을 파악하게끔 돕는다. 즉 신은 엄밀하게 필연적이지만 다른 모든 건 우연적이다. 신은 모든 면에서 무한하지만 피조물은 엄밀하게 유한하다. 신은 모든 면에서 불변하지만 피조물은 철저하게 변할 수 있다. 신은 오로지 창조자이고 인간은 피조물에 불과하다. 신은 모든 면에서 자기-충족적이지만 인간은 온전하게 의존적이다.(Hartshorne 1970, 10, 17, 70, 95; 1972, 18)

신고전 혹은 과정 유신론의 신은 토마스에게서 나타나는 고전 유신론의 신보다 훨씬 최고의 존재다. 고전 유신론의 신은 피조물과 실재적 관계를 맺을 수 없기 때문이다. 달리 말해 신고전 혹은 과정 유신론은 토마스 같은 고전 유신론자들의 훌륭한 통찰(예를 들어 신의 필연적 현존)을 충분히 받아들이지만, 고전 유신론자들은 신고전 혹은 과정 관점을 반영하지 않는다. 이를테면 신의 현실태를 주장할 때조차 신적 가변성을 일절 회피한다.(Hartshorne 1972, 69, 144, 168) 고전 유신론의 비극은 여기서 발생한다. 신 개념 전체를 잘못 이해한 게 아니라 반쪽짜리 진리를 전체로 착각한 게 문제다.(Hartshorne 1991, 597)

신고전 혹은 과정 유신론은 일종의 "반(反)토마스적 토마스주의"를 따른다고 볼 수 있다. 토마스는 신과 세계의 관계가 세계에 실재하지만 신에게는 그렇지 않다고 생각했고, 이런 이유로 신고전 혹은 과정 유신론은 토마스를 반박한다. 아리스토텔레스는 신은 엄밀하게 필연적이고 부동하고 순수 현실태이기 때문에, 가변적 사물을 알 수 없다고 주장한다. 고전 유신론은 이런 아리스토텔레스의 관점이 틀렸다고 생각한다. 신고전 혹은 과정 유신론은 아는 자의 지식은 알려진 대상에 순응하고 의존한다고 강조하는 한편, 고전 유신론은 신의 경우에 대해 이 순서를 맞바꿔 알려진 것이 아는 자의 창조적 힘에 의존한다고 강조한다. 토마스는 신은 보편 원인이므로 신적 본성 자체를 알아 감으로써 다른 알려진 모든 대상을 알아 간다고 생각한다. 하지만 영원한, 필연적인 신적 본성 자체가 어떻게 본성상 우연한 것을 우연적이라고 알 수 있는가 하는 의문은 떠나지 않는다.(Hartshorne 1976, 1~11; 1984a, 283)

토마스의 세 가지 생각, (1) 세계는 가변적이고 우연적이며 (2) 신은 모든 면에서 불변하고 필연적이며 (3) 세계에 대한 신적 지식은 이상적이라는 생각은 일관적이지 않다. 아리스토텔레스는 (3)을 부인해 모순을 없앤다. 스피노자는 (1)을 부인함으로써, 신고전 혹은 과정 유신론자들은 (2)를 부인하기보다 수정함으로써 모순을 없앤다. 신의 현존은 불변하고 필연적이라는 생각은 신고전 혹은 과정 유신론의 반토마스적 토마스주의에서 "토마스적" 부분이다. 또한 신고전 혹은 과정 유신론은 (1)에 대한 고전 유신론의 변론도 수정한다. 세계와 관련 있는 모든 것은 특수하고 특유하기에 다를 수 있다. 하지만 세계 자체가 아예 없을 수는 없다. 특히 **절대무**는 이해할 수 없는 개념이기에 더욱 그렇다. 어떤 것을 상상하는 것 혹은 그것에 관해 말하는 것은 그것을 **절대무** 대신 무언가로 변경하는 것이다. 다른 세계에 대한 상상과 세계 자체가 아예 없다는(사실상 불가능한) 상상은 대단히 다르다.(Hartshorne 1976, 12~21)

토마스의 관점이 신고전 혹은 과정 유신론의 이중 초월과 대조될 때, 그 궁핍함은 훨씬 뚜렷하게 드러난다. 토마스의 신은 1부 시작에서 살펴본 신적 속성 가운데 한쪽에서만 탁월함을 내보이지만, 신고전 혹은 고전 유신론의 신은 탁월한 영속성과 탁월한 변동성, 탁월한 독립성과 탁월한 의존성을 함께 드러낸다. "모순율"Law of contradiction은 어느 주어도 술어 "p이다"와 "p가 아니다"를 동시에 가질 수 없다고 명시한다. 그러므로 신은 현존에서 독립적이고 현실태에서 의존적이라는 토마스주의의 주장은 모순되지 않는다. 두 면모가 놓인 존재론적 차원은 서로 다르므로, 서로 경쟁하지 않는다. 예를 들어 신보다 더 위대한 것을 상상할 수 없기 때문에, 신의 추상적 본질은 최고 단순할 수 있다. 그러나 어떻게 신이 우주에 현존하는 무수한 사물과 관계 맺는지 같은 구상적 현실태의 수준에서 볼 때, 신은 최고 복잡함이다. 전지한 신은 새롭게 현존하는 각각의 지식 덕분에 풍요로워지며, 그렇기에 신은 복잡하다. 하지만 종래 발생하는 미래 현존이 과거 그곳에서 알려지지 않았기에, 이전 순간에 신의 지식이 불충분했다는 의미는 아니다.(Hartshorne 1976, 22~27)

우리는 신에게, 불후의 시간 내내 인격적으로 있는 사물들의 전체에 무언가 공헌하기 위해 현존한다. 이런 믿음은 신은 풍요로워질 수 있으며 우리의 공헌 덕분에 변할 수 있다는 관념을 전제한다. 반대로 토마스의 신은 부동의 동자이자 엄밀하게 불변한다. 철저하게 불변하는 신격은 피조물의 목적대로 사용되는 수단일 뿐이다. 완전함의 논리는 신에게 공헌해야 한다는 관념으로 우리를 이끌어 가지만, 토마스 같은 고전 유신론자들은 신이 우리를 섬긴다는 우상 숭배에 가까운 관념으로 우리를 몰아붙인다. 달리 말해 토마스는 신에 관한 유비, 영속성과 불변성 같은 추상적 속성에 너무 집중하느라 사랑, 공감, 돌봄에서 찾아볼 수 있는 높은 수준의 경험을 거의 놓치고 말았다.(Hartshorne 1976, 43~48)

대다수 중세 사상가같이 토마스는 성서와 그리스 철학의 합목적성finality을 지나치게 강조한다. 그러나 문제는 더 심각하다. 그는 경전(특히 하느님은 사랑이라는 주장)이나 2부에서 살펴볼 그리스 철학의 최고 통찰조차 충분하게 보존하지 않는다. 토마스는 신에 관한 유비적 담론뿐 아니라 보편 문제를 다루는 온건한 실재론에 있어서도 최고 역량을 발휘한다. 이런 부분은 신고전 유신론의 반토마스적 토마스주의에서 "토마스주의"에 해당한다. 신적 변동성, 생성, 의존성이라는 주제에서 토마스가 신에 관한 유비적 추론을 포기했다는 사실이 못내 아쉽다. 놀랍게도 윤리학에서 토마스는 계몽적 자기-이익enlightened self-interest[9] 이론가로 소개된다. 이런 판단은 그의 신 개념에 대한 해석에서 도출된 결과다. 토마스는 신을 사랑하라고 우리를 북돋는다. 우리의 사랑이 신적 삶을 변화시켜서가 아니라 신을 사랑함으로써 우리가 풍요로워지기 때문이다.(Hartshorne 1983, 74, 82, 87~88)

그럼에도 잠재성, 우연성, 변동성, 시간성의 면모들을 한쪽으로 몰아 놓은 토마스의 노고는 높이 평가받을 만하다. 하지만 한쪽으로 몰려 있기 때문에, 토마스는 신의 경우에 대해 그중 하나를 반론하는 예비 논증이 성립되면 나머지 모두가 무너진다는 결론을 쉽게 도출할 수 있다. 이런 주제를 두고, 하츠혼은 그의 제자이자 현대의 분석 종교철학에서 주요 인물인 윌리엄 올스턴William Alston과 매우 생산적 토론을 벌였다. 올스턴은 하츠혼이 신 개념을 두 가지로, 고전 신 개념과 신고전 혹은 과정 신 개념으로 완전하게 일괄했다고 설명한다. 올스턴은 대비되는 속성들을 따라 단극성과 양극성

---

9   윤리학의 개념. 타인에게 선함을 베풀면 시간이 지나 결국 자신에게 이익으로 돌아온다는 생각으로 자신의 유익을 추구하는 것을 말한다. 알렉시 드 토크빌Alexis de Tocqueville은 『미국의 민주주의』Democracy in America 제2권에서 이기주의 원리를 바르게 이해함으로써 개인주의를 극복하자고 제안하며 '바르게 이해된 자기-이익'을 표현하기도 한다.

사이에서 골라서 선택할 수 있다고 보며, 그렇기에 하츠혼의 생각대로 각각의 신 개념을 엄격하게 일괄하기 어렵다고 생각한다. 이런 면에서 그의 관점에는 고전 유신론과 신고전 혹은 과정 유신론이 혼합되어 있다. 그러므로 그는 하츠혼의 반토마스적 토마스주의와 다른 반(半)토마스주의자라고 할 수 있다.

올스턴은 대비되는 속성들을 두 집단으로 나눈다. 다음은 집단 1이다.

   a. 절대성 / 상대성

   b. 순수 현실태 / 잠재태

   c. 총체적 필연성 / 필연성과 우연성

   d. 절대 단순성 / 복잡성

다음은 집단 2다.

   e. **무로부터** 창조 / 신과 세계 둘 다 필연적으로 현존한다

   f. 전능 / 이상적 힘

   g. 무형성 / 유형성

   h. 비시간성 / 시간성

   i. 불변성 / 가변성

   j. 절대적 완전함 / 상대적 완전함

올스턴이 보기에 토마스주의의 단극성을 지적한 하츠혼의 비

판은 집단 1의 대비 쌍에 조건부로 작동할 수 있지만, 집단 2의 대비 쌍에는 적용되기 어렵다. 게다가 현대 토마스 추종자들은 집단 2의 대비 쌍을 근거로 고전 유신론을 계속해서 옹호할 수도 있다. 그러므로 토마스의 관점에서 신고전 혹은 과정 유신론에 가하는 비판에는 높이 평가받아야 하는 부분도 많다. 유신론의 실천에서 이제 고전 유신론이 불필요하다는 생각과 관련해 특히 그러하다.(Hartshorne 1984b, 67~81)

(a)부터 (d)까지 대비 쌍은 지금껏 신고전 혹은 과정 유신론에 동의하는 입장에서 자세하게 다룬 쟁점들이므로 따로 설명하지 않을 것이다. 하츠혼과 같이 올스턴은 비상대성이라는 면에서 절대성을 본다. 이를테면 엄밀한 절대성은 타자와 맺은 모든 실재적 관계를 배제하겠다는 의미다.(Hartshorne 2001, 68) 앞서 언급한 신고전 혹은 과정 유신론에 동의하는 진술 하나를 다음 올스턴의 논증에서 볼 수 있다.

1. (A) "신은 W가 현존한다는 것을 안다"는 (B) "W가 현존한다"를 포함한다.
2. 만일 (A)가 필연적이었다면 (B)는 필연적이었을 것이다.
3. 그러나 (B)는 우연적이다.
4. 그러므로 (A)는 우연적이다.

즉 올스턴은 하츠혼이 지목한 아리스토텔레스의 통찰을 분명하게 인정한다. 즉 신이 우연적 사물에 대해 아예 모른다는 걸 받아들일 때만 신의 우연성을 일절 부인할 수 있다. 하지만 올스턴과 내가 보기에 신은 상상할 수 있는 가장 위대한 존재이므로 여기서 치러야 할 대가가 너무 치명적이다.(Hartshorne 1984b, 81~84; 2011, 95)

(e)와 (f)의 대비 쌍과 관련해 올스턴은 **무로부터** 창조의 믿음이 오래된 종교적 체험과 관습에서 유래했다는 것을 중요하게 여긴다. 그러나 **무로부터** 창조는 「창세기」에 나오는 창조 서사가 아니라 신구약 중간기[10] 종교 문헌에 삽입된 종교 전승이다. 그러니 올스턴의 생각은 명백하게 어긋난다. 화이트헤드는 아마도 카이사르의 제국 통치에 맞서 하느님을 드높이려는 욕망이 이런 믿음을 양산했으리라 본다.(Whitehead [1929] 1978, 342~343; Levenson 1988; May 1994 참고) 그러므로 올스턴이 **무로부터** 창조를 전통적 관점이라고 주장하더라도, 그의 생각을 곧이곧대로 받아들일 필요는 없다. 만일 **무로부터** 창조에 대한 믿음이 신적 전능에 대한 믿음과 통합적으로 연결되고, 그래서 전능한 존재는 **절대무**로부터 우주를 현존시킬 만큼 강력하다고 생각될 수 있을 때, 전능(그리고 **무로부터** 창조)에 대해 다음과 같이 다섯 가지 비판을 제기할 수 있다.

첫째, 올스턴은 전능에 암시된 형이상학 문제를 거의 알아차리지 못한다. 신고전 혹은 고전 유신론자들은 플라톤의 『소피스트』 *Sophist*(247e)에 나오는 존재의 정의, 과거로부터 인과의 영향을 받으며 아무리 사소하더라도 미래의 타자에게 창조적 영향을 미치는

---

10 유대인의 바빌로니아 포로기 이후, 즉 구약성서 「말라기」에서 예언자 말라기의 예언 활동 (기원전 400년경) 이후 세례자 요한의 출현까지, 즉 신약성서의 복음서가 시작되기 전까지 약 400년간 성서의 침묵기.

역동적 힘을 다양한 방식으로 옹호해 왔다. 즉 존재**가** 단지 힘**이**면, 아무리 사소한 힘이라도 다른 존재가 있는 한, 누구도, 심지어 상상할 수 있는 가장 위대한 존재도 모든 힘을 가질 수 없다. 모든 타자에게 설득될 수 있는 힘과 모든 타자를 설득할 수 있는 힘 둘 다를 신이 갖고 있다는 (신고전 혹은 과정 유신론 방식의) 말은 신이 모든 힘을 갖고 있다는 (고전 유신론 방식의) 말과 다르다.(Dombrowski 2005, 2장 참고) 신고전 혹은 과정 유신론에서 신은 실제로 상상할 수 있는 모든 방면에서 완전하다. 반면 고전 유신론에서 신은 언급할 수 있는 모든 방면에서 완전하다. 이를테면 고전 유신론의 신적 전능은 문자 그대로 모든 힘이다.(Hartshorne 2001, 32)

둘째, 앞서 살펴본 것같이 전능의 개념은 **절대무**로부터 창조의 개념과 통합적으로 연결되어 있다. 신고전 혹은 과정 유신론자들은 이미 현존하는 무질서한 물질로부터 질서를 창조하거나 설득하는 것으로 생각한다. 이런 창조는 "**절대무**"로부터 무질서한 물질을 창조하는 것과 상당히 다르다. 여기에는 전능이 필요해 보인다. 그러나 **무로부터** 창조는 이해할 수 없는 개념이며, 전능을 요구하는 **절대무**로부터 창조 또한 기겁할 만한 표현이다. "이것"(절대무)을 일컫는 순간 그 말은 더는 **절대무**에 관한 것일 수 없으며 반드시 어떤 것에 관한 말이 된다. 이런 이유에서 신고전 혹은 고전 유신론자들은 『소피스트』(256~257)에 나오는 플라톤의 처사가 지혜롭다고 평가한다. 플라톤은 비존재nonbeing를 해석하기 위해 이해할 수 없는 절대적 표현 대신 상대적 표현 혹은 타자성에 가까운 표현(예를 들어 이 개는 저 개와 다르다)을 사용한다.

셋째, 토마스주의자를 포함해 고전 유신론자들이 신고전 혹은 과정 유신론에 제기하는 가장 익숙한 반론은 과정 신은 힘이 부족하므로 상상할 수 있는 가장 위대한 존재에 적합하지 않다는 것이다. 하지만 앞서 살펴본 두 비판을 따를 때, 이런 지적은 타당하지 않다. 고전 유신론자들은 다른 존재들이 자신의 힘을 갖고 있는 세계임에도 단어 **"전능"**과 "모든 힘"이 이해할 만하다고 가정한다. 또한 전능과 **무로부터** 창조 사이의 단단한 연결을 근거로, 신이 그의 (반드시 남성 대명사) 전체주의적 강제력을 행사해 "절대적 비존재"의 기층(基層)으로부터 존재로 세계를 끌어왔다고 가정하며, 여기서 단어 "절대적 비존재"의 의미 역시 이해할 수 있다고 여긴다. 그러나 두 가정 모두 결함이 있다. 따라서 신고전 혹은 과정 유신론에서 신의 힘은 "부족"하지 않다.

넷째, 전능을 도덕의 견지에서 비판할 수 있다. 신적 전능이 개념상 말이 될지 모르나 신적 전선과 양립할 수 있는지는 확실하지 않다. 신고전 혹은 과정 유신론자들은 강제력이 설득력보다 추종할 만한 힘인지 분명하지 않으며, 아무런 타자 없이 존재할 수 있는 신적 실체가 관계를 맺는 신적 현존보다 우월한지 역시 확실하지 않다고 주장해 왔다(어떻게 사랑할 대상이 아무도 없는데 신이 자비할 수 있을까?). 신적 선함은 신적 강제력보다 너무 낯설다는 것 역시 명백하지 않다. 신고전 혹은 과정 유신론의 신은 모든 힘을 소유하지 않는다. 그러므로 그런 신성은 틀림없이 이상적 힘을 소유할 수 있다.(Loomer 1976; 2013 참고)

전능을 비판하는 다섯째 이유는 네 번째 이유와 이어진다. 신정론이 전능에 제기하는 문제는 데이비드 흄David Hume의 유명한 질문을 통해 직접 확인할 수 있다. 흄은 왜 전부 선하고 모든 힘을 가진 신이 악을 파괴하지 않는지, 적어도 할 수 있는 한 악을 많이 파괴하고 피조물의 자유를 보존해야 하는 건 아닌지 강력하게 따진다. 물론 모든 힘을 가진 신이 모든 악을 파괴하는 동시에 피조물의 자유를 보존할 수 있을지도 모른다. 신정론은 그 명성만큼 복잡한 논쟁이다. 여기서 강조점은 일부 신고전 혹은 과정 유신론자들이 전부 선하지만 모든 힘을 갖고 있지 않은 (이상적으로 강력한) 플라톤의 신 개념을 되살리려 한다는 데 있다. 토마스주의를 포함하는 여러 고전 유신론은 선험론priorism 때문에 문제가 생긴다. 그들은 신이 전능해야 한다는 가정에서 시작해 악의 현존 혹은 비극을 이해하려 애쓴다(그리고 실패한다). 반면 신고전 혹은 과정 유신론자들은 보다 경험을 의거한다. 그들은 강력한 고통, 비극, 악의 경험에서 출발하고, 이런 경험을 적극 사용해 신 개념의 담론을 빚는다. 신고전 혹은 과정 유신론자들은 필연적으로 현존하는 신조차 어찌 보면 비극적 존재라고 생각하며, 이런 면모를 신 개념의 결함으로 여기지 않는다. 실제로 우리는 상실에 미약하게 동감할 뿐이지만, 신은 모든 상실을 느낀다. 신이야말로 가장 비극적 존재다.(Arnison 2012 참고)

올스턴은 하츠혼이 **무로부터** 창조와 전능을 쓸데없이 비판한다고 주장한다. 이 장의 목적은 이런 올스턴에 맞서는 것이다.(Hartshorne 1984b, 85~86) 올스턴은 **무로부터** 창조 교리가 세계의 태초까지 반드시 포함하는 건 아니라고 지적함으로써, **무로부터** 창조 교리를 옹호하는 토마스주의 입장을 두둔하는 데 실패하고 만다. **무로부터** 창조가 곧 신에게 영원토록 철저하게 의존하는 세계의 의존성을 가리킬 때, 어떻게 신은 피조물 없이 세계를 향한 완전한 사랑을 드러낼 수 있는가, 또한 어떻게 신은 피조물에 의존하지 않으면서 사랑할 수 있는가라는 쟁점이 계속해서 남아 있기 때문이다. 신에 관해 말하면서, 신고전 혹은 과정 유신론자들이 아니라 토마스와 올스턴이 유비적 사고와 담론을 포기한다는 사실은 너무나 역설이다.

신에 관한 말은 유비적이어야 한다는 고전 유신론자들의 주장은 대비 쌍 (g)에도 들어맞지 않는다. 몸과 정신의 유비를 신의 경우에 일관되게 적용하면 신은 세계와 상관한다는 하츠혼의 주장까지 진전할 수 있다. 유비 없이 고전 유신론의 근거만으로 신적 편재 및 전지의 교리를 온전히 이해하기는 어렵다. 이런 주장은 이후 플라톤의 세계 영혼World Soul을 다루면서 자세하게 논할 예정이다. 토마스와 올스턴은 신을 세계라는 몸에 생기를 불어넣는 것이 아니라 엄밀하게 무형적인 것으로 생각한다. 역설적이게도 (고전 유신론자들이 아니라) 하츠혼이 아리스토텔레스의 질료형상론hylomorphism을 인간 너머 우주의 질료형상론으로까지 확장하고, 신을 전체 우주라는 몸의 영혼으로 생각한다. 질료형상론에 따르면, "정신체" 혹은 "영혼체"를 다루어야 한다. 정신 혹은 영혼이 스스로에게 부여한 구조('모르페'*morphe*)는 몸('휠레'*hyle*)과 긴밀하게 연결되기 때문이다. 반대로 아리스토텔레스가 토마스에게 미친 여러 영향에도 불구하고, 올스턴은 토마스의 우주 이원론을 계속 이어 간다. 토마스와 올스턴의 우주 이원론은 불행히도 신을 초자연적 무용지물로 만들어 버린다. 근대 사상가들은 자연 세계에 엄밀하게 무형적이고 초자연적 개입이 있다는 관념을 미심쩍어했기 때문에, 우주 이원론은 근대에 들어서자마자 금세 폐기되었다. 즉 현대에 들어 무신론과 불가지론이 등장한 연유는 고전 유신론 자체의 심각한 문제와 무관하지 않다.

대비 쌍 (h)와 (i)는 긴밀하게 연결되어 있다. 고전 유신론에서 신은 불변하는 비시간적 상태로 영원토록 존재하지만, 하츠혼의 신고전 관점에서 신은 거듭해서 변하며 불후의 시간 내내 있다. 올스턴은 신이 시간적이면 변동을 겪을 수밖에 없기 때문에 시간성과 가변성이 언제나 동시에 등장할 수밖에 없음을 받아들인다. 그렇다면 잇따라 연속하는 시간적 순간들 내내 일절 변함없이 남아 있다는 것은 무슨 의미인가? 여기서 올스턴은 토마스주의 입장에 선다. 올스턴은 만일 신이 시간적이라면 그 신은 변한다는 생각에 동의하지만, 이런 하츠혼의 관점에는 "선결문제 요구의 오류"begging the question[11]가 있다고 따진다. 하지만 올스턴은 신이 시간적이라는 것부터 인정하기를 마다한다.(Hartshorne 1984b, 87~89)

또한 올스턴은 토마스주의를 옹호하면서, 신이 세계와 다른 관계를 맺었을지 모른다는 주장(신은 세계와 실재적 관계를 맺었다고 주장하기 위해 고전 유신론이 세운 의심스러운 가정)과 미래는 조금이나마 열려 있으며 이와 관련해 잇따라 연속하는 시간적 견지

---

11 순환 논리의 오류. 어떤 주장을 하면서 근거로 그 주장을 사용하는 오류.

들 내내 신이 현존한다는 주장은 서로 다르다고 강조한다. 즉 올스턴은 신은 모든 종류의 과정이나 생성에 관여하지 않는다는 토마스의 관점을 옹호한다. 오히려 신은 "영원한 지금", 속 빈 강정 같은 현재에 현존한다. 하지만 신고전 유신론은 영원한 지금은 정적이거나 꼼짝하지 않는 신을 의미할 뿐이라고 비판하며, 이에 맞서 올스턴은 신은 "찰나에" 활동할 수 있고 지식을 가질 수 있다고 변론한다.(Hartshorne 1984b, 90)

올스턴은 자신과 토마스의 관점을 쉽게 설득하기 위해 그림 하나를 제공한다. 우리는 벌의 날갯짓을 볼 때, 동작 하나하나를 따로 떼어 보지 않고 "일순간 한 번에" 본다. 올스턴은 벌의 비행에 비유해 우주 역사를 생각하면 불변하는 신적인 영원한 지금에 대한 실마리를 얻을 수 있다고 설명한다. 그러나 (벌이 왼쪽으로 날다가 이어 위로 날아갔다고 말하는 것같이) 벌의 경우는 물론, 인간 역사, 실제로 우주 역사의 경우를 어떻게 일순간 한 번에 볼 수 있을지 상상하기 어렵다. 올스턴조차 인간과 신 사이의 **상호**작용을 이해하려 할 때 이런 유비가 문제적임을 인정한다. 주고받는 것은 시간적 면모에서만 이해할 수 있기 때문이다. 많은 사람은 인격적으로 겪은 종교적 체험을 여건으로 갖는다. 이는 욥의 경험과 비슷하다. 일단 시험을 당하면 이에 반응한다. 시험을 겪은 결과, 마침내 영적으로 성장한다. 올스턴이 지적하듯 "고전 유신론의 체계로는 이렇게 신과 주고받는 거래성 계약을 충분하게 표현하지 못한다."(Hartshorne 1984b, 91)

이후 보겠지만 과정 사상가들은 신적 영원한 지금의 개념이 타당한지에 대해 논쟁을 벌인다. 사실상 올스턴에게는 하츠혼보다 화이트헤드의 도움이 절실하다. 하츠혼은 불후의 시간 내내 경험의 계기들occasions이 일련하는 것이 신이라는 탁월한 견해를 선택한다. 토마스주의를 가능한 한 멀리까지 밀어붙였다는 점에서 올스턴이 주는 교훈도 있다. 즉 고전 유신론이 고수해야 하는 관념은 시간적 연속을 따르지 않는 신적(아는, 의도하는, 사랑하는) "과정"이다. 달리 말해 올스턴은 경험의 신적 계기들의 공동체를 말하는 하츠혼의 관점 대신 단일 신적 "합생"의 면에서 화이트헤드와 토마스를 융합하려 애쓴다. 올스턴의 시도에 따르면, 신은 합생하지만(이후 다룰 것이다) 하나의 신적 경험에서 또 다른 신적 경험으로의 전이는 없다.

이후 신을 하나의 합생에서 또 다른 합생으로 시간적으로 전이하는 것으로 보는 대신, 단일의 합생으로 여기는 견해와 관련해 과정 사상가들 사이에 벌어진 논쟁을 살펴볼 예정이다. 단일의 합생 관점은 보이티우스Boethius(6세기)의 유명한 신적 영원성의 공식, 영원히 지속되는 삶을 전적으로, 동시에 완전하게 소유하는 공식에 가깝다. 토마스와 올스턴 둘 다 보이티우스에게 영향을 크게 받았다. 여기서 중요한 것은 시간성 없이도 과정이 있을 수 있다는 것이다. 하지만 신적 삶이 우리에게 익숙한 유기적이고 시간적인 삶과 조금이라도 닮았다면, 앞서 "삶"과 "동시에"가 함께 등장하는 공식이 과연 일관적인지 의문을 품을 수밖에 없다.(Hartshorne 1984b, 94)

대비 쌍 (j)는 (h)와 (i)와 매우 관련이 깊다. 능가할 수 없음은 또 다른 이가 능가할 수 없는 속성을 의미한다. 탁월한 신적 반응을 끌어내는 새로운 사건이 현존하게 될 때, 신은 신 자신을 능가할 수 있다는 가능성을 열어 둔다. 그러나 시간적이지 않은 신은 일시적 순간들을 통해 연속적으로 존재하지 않을 것이므로, 비시간적 신은 오로지 절대 능가할 수 없는 속성만 드러낸다. 이런 고전 유신론의 신은 하나의 순간에서 다른 순간으로 이동하지 않기 때문에, 그런 신적 존재에게 "이전"은 없으며, 따라서 이전의 신적 완전함을 능가할 수 없다. 고전 유신론의 신은 토마스의 주장과 같이 단순하게 영원한 지금이다. 아니면 올스턴이 해석하는 화이트헤드의 주장대로 생성의 합생하는 과정, 분할할 수 없는 과정이다.(Hartshorne 1984b, 95)

신고전 유신론은 양극 관점을 갖고 신을 탁월하게 영속하면서 탁월하게 변하는 존재, 탁월하게 활동적이면서 탁월하게 수동적인 존재로 본다. 그러므로 일종의 이중 초월이라고 부를 수 있다. 반대로 고전 유신론의 관점은 단극적이고 단극 초월적이다. 올스턴의 변론은 토마스를 경유해 신고전 혹은 과정 유신론자들과 나눈 의미 있는 대화였다는 점에서 우리에게 도움을 준다. 대비 쌍 (e)부터 (j)에 대한 올스턴의 관점은 고전 유신론적이고, 단극적이고, 단극 초월적이다. 반면 (a)부터 (d)에 대해서 그는 신고전, 과정, 양극, 이중 초월의 입장을 보인다. 그러나 일부 대비 쌍을 다룰 때는 단극 신론자였다가 다른 대비 쌍에 대해서는 양극 신론자인 그의 관점을 정당화하기는 쉽지 않다. 이에 비해 하츠혼은 훨씬 일관성 있게 접근한다. 차별할 필요 없는 모든 대비 쌍은 고전 유신론에서 이해할 만한 부분과 문제적 부분 전부를 담고 있다. 신적 완전함에 대한 신고전 혹은 과정 유신론의 촘촘한 개념망 안으로 고전 유신론의 최고 통찰들이 온전하게 흡수되지 못했기 때문이다.(Hartshorne 1984b, 98~99)

올스턴(과 토마스)이 대답해야 하는 또 다른 질문이 있다. 엄밀하게 필연적인 단극 신일 때, 신과 인간의 **상호**작용을 위해 필요한 역동성을 어떻게 신 개념 안에 매끄럽게 끼워 넣을 수 있을까? 영원에서 우유적인 것은 발생하지 않는다는 아리스토텔레스의 주장이 토마스나 올스턴보다 일관되어 보인다. 하츠혼은 지적한다. "아리스토텔레스의 언명은 (…) 어느 근본적인 것 못지않게 직관적으로 확신을 준다. 나는 우연성에 대한 이해와 직관은 떼려야 뗄 수 없는 관계라고 믿는다. 과거 사건이 고정적이고 한정적인 한편, 미래 사건은 고정적이거나 한정적이지 않다는 것은 누구나 직관적으로 안다. 실제로 (…) 미래 사건 같은 실체는 존재하지 않는다. 미래가 미래인 한, 미래를 구성하는 **어느 정도 한정된 가능태** 혹은 개연성이 있을 뿐이다."(Hartshorne 1984b, 99) 이런 쟁점은 아브라함 종교에서 중요하다. 신적 사랑 자체가 중요하기 때문이다. 사랑하는 신의 의미가 신적 변화, 반응, 사랑받는 것과 관련 있는 수동성을 포함한다고 할 때, 아쉽게도 고전 유신론은 신적 사랑의 관념을 선뜻 개념화하지 못한다.

7. 르네 데카르트

— Rene Descartes, 1596~1650년 —

혹시 고전 유신론을 대체로 중세 입장이라고 잘못 받아들일지 모르 겠다. 하지만 고전 유신론이 강조하는 단극성, 신적 전능, 미래에 대 한 신적 전지의 교리는 근현대에 들어서도 계속 영향력을 행사한 다. 초기의 대표적 인물로는 프랑스 철학자 데카르트를 들 수 있다. 그는 가톨릭 신론자로, 독창적 사상을 전개했지만 신 개념에 공헌 한 바는 거의 없으며 오히려 고전 유신론의 관점을 철저하게 고수 했다.

예를 들어 그는 아무런 논증을 거치지 않은 채 신은 엄밀하게 무한하고 유한하지 않다고 가정한다. 이것은 지금껏 비판한 일방향 의 단극 방식이다. 그는 그의 책 『성찰』*Meditations*에서 현존과 비현 존을 주로 대비하는 등 결함을 보이지만, 신의 현존에 대한 존재론 적 논증을 이해하는 데 도움을 주기도 한다. 이를테면 「반박에 대한 두 번째 답변」Second Replies to Objections에서 그는 신의 현존에 대한 존재론적 논증을 위해 필연적 현존과 우연적 현존의 구분이 더 타 당하다는 점, 우연적 현존은 더 위대한 것을 상상할 수 없다는 개념과 상충한다는 점을 분명하게 밝힌다.(Descartes 1988, 86~98, 154~155; Hartshorne 2000, 133~137; 1965, 165; 1962, 28, 48, 57)

그러나 데카르트는 신의 필연적 현존은 신의 우연적 현실태까지 포함하지 않는다는 걸 미처 인식하지 못한 듯 보인다. 데카르트가 어떻게 엄밀하게 필연적 신성이 인격적일 수 있고 사랑할 수 있는지 일절 다루지 않는다는 점에서 하츠혼은 "신적 본성에 대한 고전 유신론의 엉터리 생각"이라고까지 말한다. 즉 데카르트를 포함하는 고전 유신론자들은 신은 인격적이고 사랑한다는 정도로 양극신론을 암시적으로 인정하기도 하지만, 신고전 혹은 과정론의 원칙과 명시적으로 동일시하기에는 너무 멀리 떨어져 있다.(Hartshorne 2000, 136~137; 또한 Cunning 2013 참고)

데카르트가 신 개념의 발전에 그다지 중요하게 공헌하지 못했다는 부정적 판단은 암스트롱의 설명과 일부 상충한다. 물론 엄정한 기계론자 데카르트가 신비를 싫어했다는 암스트롱의 설명은 일면 맞는 말이지만, 달리 보면 데카르트는 엄밀하게 통일된, 무한한, 영원한, 초자연적 신과 자연 세계의 상호작용을 당혹스럽고 기이하게 여긴 탓에 오히려 "신비"를 지나치게 증대시켜 버린다. 어떤 의미에서, 신정론 문제 및 다른 난점들 때문에 데카르트가 단언하는 신의 전선과 전능은 일관되지 않다는 암스트롱의 지적은 옳다. 그러나 암스트롱은 이런 문제가 일부 철학자들이 옹호하는 특정 신 개념, 즉 고전 유신론의 개념이 아니라 철학자들의 신에서 비롯되었다고 가정한다.(Armstrong 1993, 122, 301~302, 305, 312, 344)

신의 순전한 필연성에 더해, 데카르트의 신 개념은 뚜렷한 논증 없이 순전한 통일성까지 중세 신학을 그대로 계승한다. 신의 필연적 현존과 우연적 현실태의 차이를 헤아릴 때, 순전한 통일성은 신과 다양한 피조물의 실재적 관계(그런 관계가 있다는 가정에서) 그리고 신적 본성 자체의 복잡성과 상충한다. 이렇게 드러나는 단극 편견은 앞서 살펴본 신 개념, 즉 신은 엄밀하게 한정되지 않고 제한되지 않는 존재, 유한성과 제약에 갇히지 않는 존재라는 생각과 무관하지 않다. 여기서 문제는 신에게 모든 한계를 거절한다는 것은 모든 구상적 한정성을 상실한다는 것이며 순전히 무한한 혹은 무규정적인 잠재태와 신을 구분할 수 없게 된다는 것이다. 하지만 신 고전 혹은 과정 신 개념에서 가장 위대한 존재는 전선할 뿐 아니라 지금 이곳에 있는 바로 그 피조물을 사랑한다. 고전 유신론을 아무런 비판 없이 수용하고 고전 유신론의 방식을 따라 신과 절대성(즉 비관계성)을 동일시해 버리면, 한정된 현실적 상태에서 맺은 신과 피조물의 구상적이고 전선한 관계가 배제당한다.(Hartshorne 1965, 168~170, 216, 227; 1941, 320)

데카르트에게 특히 두드러지는 고전 유신론의 또 다른 문제가 있다. 그는 신을 엄밀하게 비물질적 실체로 보기 때문에 그의 개념에서 범위상 우주적 개념 혹은 변인을 찾는 게 불가능하며, 따라서 그의 개념은 이원론을 비켜 갈 수 없다. 데카르트가 보기에 비인간 자연은 절대 질서를 나타내고 전혀 자유롭지도 않지만, 인간은 질서로부터 어느 정도 자유롭게 탈출한다. 하지만 데카르트의 시선에서 신은 전적으로 자유롭다. 사실상 데카르트의 체계 자체는 세계의 분기를 극복할 만한 특별한 방법을 갖고 있지 않기 때문에, 인간 본성에 대한 데카르트의 이원론은 더 높은 차원에서 우주 이원론으로 똑같이 반복된다.(Hartshorne 1972, 4, 10, 132)

결국 근대 후기, 인간 몸과 영혼에 대한 이원론, 세계라는 몸 전체와 신적 영혼에 대한 이원론이 명성을 떨치며, "기계 안 영혼"을 몰아내는 일은 유명하게(혹은 악명 높게) 쉬워졌다.(Hartshorne 1937, 125) 또한 데카르트는 신이 모든 현실태뿐 아니라 현실태로 자라는 잠재태까지 창조했다고 생각하는 듯하다.(Hartshorne 1941, 233) 그러므로 그의 **무로부터** 창조 방식은 이전 고전 유신론자 대다수의 해석보다 훨씬 극단적이라고 할 수 있다. 데카르트는 똑똑한 철학자들이 논리적 모순은 은폐하면서 그들 자신의 명석함을 과시하는 데 유용하기 때문에 부조리한 견해를 즐겨 지지한다고 지적했다. 하츠혼은 데카르트야말로 그런 철학자임을 알아차린다. 데카르트는 『성찰』에서 신이 물질세계의 현존에 대해 우리를 기만할 리 없다고 장담하지만, 신적 전능과 **절대무**로부터 창조라는 그의 개념은 신이 우리를 기만했을 수 있음을 내비친다. 얼마나 부조리한가! 나아가 데카르트는 인간 자유에 대해 상당히 이해할 만한 변론을 펼쳐놓다가 곧 미래 우연성에 관련해 신적 전지를 주장한다. 이런 그의 견해들은 서로 조화롭게 성립하기 어렵다. 게다가 순수하게 기계적 물질세계에 감각력/쾌고감수력sentience이 초자연적으로 보태졌다는 설명은 솔직히 느닷없어 보이기까지 한다.(Hartshorne 1970, 45, 70, 96; 1983, 113, 335; 1984a, 129)

데카르트가 최초 근대 철학자는 아니지만 그의 이름이 근대성과 동일시되었다는 점에서, 데카르트가 지닌 신 개념에 대한 비판을 근대성에 대한 비판으로 봐도 무방하다. (데카르트가 고전 유신론을 벗어나지 못하는 바람에 그의 신 개념이 위대한 중세 사상가들과 매우 비슷했다는 점은 역설적이다. 데카르트는 신 개념에서 위대한 혁신가는 아니었다.) 다시 말해 찰스 샌더스 퍼스Charles Sanders Peirce(1935)가 주장하듯 데카르트는 어떤 의미에서 근대 철학의 모세였다고 불릴 만하지만, 그의 신 개념 혹은 이단 혐의를 피하려 했던 그의 간절한 바람은 다르게 말한다. 오히려 그의 혁신은 아우구스티누스의 의심의 방법론에서 주로 유래했으며, 의심은 모든 전통에 질문하고 도전한다는 의미로 오랫동안 받아들여져 왔다. 데카르트는 과정 유신론자들에게 많은 비판을 받아 왔으나 그럼에도 그의 사상은 여전히 가치를 지닌다. 앞서 살펴본 것같이 신고전 유신론은 사실상 신**고전**이므로 과거 위대한 인물들에게 큰 빚을 지고 있다. 예를 들어 데카르트는 그가 생각하는 고로 실체 혹은 영속적 자아로 현존한다는 것을 코기토cogito 논증에서 입증하지 못했을 수 있다. 하지만 그는 『성찰』의 코기토 논증에서 순간적 경험이 분명하게 있다는 것을 상당히 설득적으로 보여 주었으며, 이런 논증은 과정 관점에 크게 이바지한다.(Hartshorne 1953, 11, 70; 1983, 68, 111, 368; 1984a, 6)

　　데카르트는 고전 유신론자들의 긴 계보를 잇고 있으며, 고전 유신론 전통에서 매우 특별하고 역사적으로 중요한 역할을 감당했다. 중세 후기와 르네상스 시대에는 강한 주의주의voluntarism 관점의 그리스도교 사상가들이 신 개념을 지배했고 신의 전능한 의지를 강조하는 경향이 두드러졌다. 주의주의는 각기 자연스러운 존재자entity가 그 자신의 운동 원칙을 갖고 있다는 토마스주의 질료형상론의 입장과 상응하기 어려웠다. 그러나 고전 유신론의 주의주의 방식은 데카르트의 순수하게 수동적인 물질관, 자연 사물은 외력에 의해 이동될 때만 움직인다는 관점과 잘 맞았다. 여기서 토마스 아퀴나스 같은 이전 고전 유신론자들과 데카르트의 차이가 가장 크게 나타난다. 데카르트에게 신은 운동의 외부 원칙, 모든 운동을 결정하는 전능한 의지로서 기능한다. 토마스 역시 이런 견해를 은연중에 내비쳤을지 모른다. 그러나 데카르트는 무기력한 물질의 개념을 직접 제시했다는 점에서, 그의 관점을 보다 강조할 필요가 있다.(Cobb 1991, 172 참고)

8. 고트프리트 라이프니츠
─── Gottfried Leibniz, 1646~1716년 ───

독일 철학자 라이프니츠는 데카르트같이 철저한 근대 철학자이자 철저한 고전 유신론자이다. 그는 『모나드론』*Monadology*과 『형이상 학 논고』*Discourse on Metaphysics*에서 신의 힘, 지식, 의지는 절대적 으로 무한하다는 견해를 명백하게 밝힌다. 신고전 혹은 과정 관점 에서 볼 때, 신이 완전하다는 라이프니츠의 생각에는 반론의 여지 가 없다. 문제는 그런 완전함이 아예 절대적이고(즉 타자와 무관하 고) 모든 면에서 무한하다고 가정하는 데 있다. 게다가 만일 라이 프니츠가 신적 전능과 세계 안 악의 현존이 상충한다고 생각했다 면, 그는 아마도 신적 전능을 포기했을 것이다. 그러나 라이프니츠 는 세계에 실제로 악은 없으며, 따라서 모순도 없다고 보았다. 그가 보기에, 모든 일에는 다 그럴 만한 충분한 이유가 있고, 일반적으로 "악"이라 불리는 것 역시 궁극적으로 선이거나 적어도 시간이 오래 지난 후 선에 보탬이 된다. 라이프니츠는 신은 전능, 전지, 전선하기 때문에 가장 완벽한 세계를 창조했다고 생각했다.

　　고전 유신론자 라이프니츠가 생각하는 신적 전지에 따르면, 신은 시간과 무관하고, 불변하고, 한 번에 만물을 알 수 있다. 이처럼 신이 의도해 온 바는 영원부터 의도되어 온 것이다. 그러므로 라이프니츠의 신은 영원부터 모든 것을 보고, 동시에 모든 것을 의도한다. 이런 관점을 가진 라이프니츠는 데카르트와 달리 결정론을 자연스럽게 옹호한다(이런 관점은 후기 아우구스티누스, 칼뱅Calvin, 여러 무슬림 사상가를 결정론으로 안내했다). 모든 인간의 행위는 신이 선택한 가능한 한 최상의 세계에서, 미래에 일어날 일을 절대 확실하고 상세하게 아는 신의 지식대로 수행된다.

라이프니츠는 고전 유신론에 암시된 가장 중요한 두 개념을 최초로 일관된 방식을 통해 설명한 인물이다. 그의 설명은 궁극적으로 세계에 악이 없다는 실제로 믿기 어려운 주장과 그다지 설득력 없는 결정론으로 귀결되지만, 이런 결론이 처음부터 의도된 것은 아니다.(Hartshorne 2000, 137)

라이프니츠는 적어도 세 가지를 간과했다. 첫째, 라이프니츠가 주장하는 (신은 완전하다는 의미에서) "신은 이보다 더 좋게 할 수 없었다"라는 말과 "신은 똑같이 할 수 없었겠지만 다르게는 할 수 있었다"라는 말은 전혀 다르다. 어떤 문제를 해결하려 할 때, 여러 방법이 있을 수 있으며 모든 방법이 좋은 대응일 수 있다. 즉 라이프니츠의 "충족이유율"principle of sufficient reason[12]에는 원칙 자체를 뒷받침할 만한 이유가 없다. 둘째, (신이 다르게는 할 수 있었을지 모르나)

---

12 왜 이렇게 되고 다르게 되지 않았는가를 충분하게 밝힐 수 있는 이유가 없다면, 어떤 사실도 참일 수 없으며, 어떤 명제도 진리일 가능성이 없다는 원칙.

"신은 이보다 더 좋게 할 수 없었다"라는 말은 그 결과인 세계가 더 좋을 수 없었다는 뜻이 아니다. 자유로운 존재를 창조하는 일보다 더 나은 것은 없다고 가정해 보자. 신은 더 좋게 창조할 수 없었고 그 결과, 이 세계가 창조되었더라도, 피조물이 더 책임 있는 선택을 했더라면 세계 자체는 훨씬 나아졌을 수 있다. 셋째, 라이프니츠는 신적 창조 행위가 한 번의 창조 행위를 통해 일어났다고 가정한다. 이렇게 영원한 창조 행위는 사실상 세계의 모든 시대와 모든 세부 사항을 결정한다. 하지만 라이프니츠가 옹호하는 단극 신론 대신 양극 신론에서 보면 창조는 한 번의 행위가 아니라 끝없는 일련의 행위다. 신격은 상대적·시간적 면모를 지니기 때문이다.(Hartshorne 2000, 140~141)

　　라이프니츠의 깜짝 놀랄 만한 관점에 따르면, 모든 것은 완전한 존재가 요구하는 대로 있다. 신고전 혹은 과정 유신론은 조금 다르게 생각한다. (영원한 창조는 한 번에 일어나야 하므로 신은 처음부터 제대로 창조해야 한다는 가정에서) 가능한 한 최상의 세계를 창조한다는 것은 문제가 되지 않는다. 이미 존재하는 세계에 저항하는 제약들이 있을 때, 세계가 가능한 한 최상의 상태에 있게끔 그 상태를 연속해서 야기해야 하는 작업이 문제다. 한때 라이프니츠도 세계의 가치는 다양성의 통합에 있다고 주장하면서 신고전 혹은 과정 관점에 근접해 있었다. 서로 모순되는 가능태들은 이런 통합을 어렵게 만든다. 라이프니츠가 보기에 창조의 모든 행위는 신을 통해서 일어날 뿐, 우리는 신의 공동 창조자도 아니며 그렇게 될 수도 없다. 그러나 우리는 인생에서 세세하게 선택해 온 경험이 있다. 나쁜 선택을 일삼는 이들에게 책임을 따져 묻고 싶은 욕망도 올라온다. 라이프니츠의 관점은 이런 경험이나 욕망과 상충한다.(Hartshorne 2000, 141)

라이프니츠는 세계의 완전함은 정적이지 않고 끝없는 과정에 있음을 여러 차례 인정한다. 세계의 순 가치는 시간이 지날수록 상승한다. 너무 놀랍게도 신고전 혹은 과정 관점에서 볼 때, 라이프니츠는 자신이 인정하는 바에 완전함의 논리와 신 개념의 의미까지 포함된다는 것을 미처 인식하지 못한 것 같다. 하츠혼은 통찰력 있게 말한다. "이런 무궁무진함과 세계를 돌보는 신을 연결하는 이해할 만한 방법이 단 하나 있다. [신의] 완전함은 전적이지 않고 실제로 한 번의 행위도 아니며, 오히려 어떤 면에서 [신의] 현실적 성취는 새로운 성취에 의해 끝없이 풍요로워지는 법칙이라고 가정하는 것이다."(Hartshorne 2000, 142)

라이프니츠는 엄밀하게 영속적인 신이 한 번의 행위로 모든 것을 창조한다는 고전 유신론의 관점을 선택한다. 암스트롱은 라이프니츠 사상 가운데 특히 이런 측면이 마르틴 하이데거Martin Heidegger의 『형이상학 입문』Introduction to Metaphysics에 영향을 미쳤다고 지적한다. 신고전 혹은 과정 사상가들이 의존하는 고대 관점은 무에서 무가 온다고 단언한다. 반면 라이프니츠와 하이데거는 '엑스 니힐로 옴네 쿠아 엔스 피트'ex nihilo omne qua ens fit, 즉 **무에서 모든 게 온다**고 본다.(Armstrong 1993, 388 참고) 이런 받아들이기 어려운 관점은 2부에서 다룬다.

흥미롭게도 신고전 혹은 과정 유신론자들은 다른 고전 유신론자들에게 드러내지 않는 특별한 애정을 라이프니츠의 철학을 향해 드러낸다. 라이프니츠는 근대 초기에 가장 명료한 형이상학을 제시했다. 그는 형이상학의 연구를 위해 (화이트헤드와 마찬가지로) 수학의 신중한 연구에서 통찰을 가져오며, 지적 삶에서 경험에 의거하는 방법론이 중요하다고 강하게 주장하면서 과학의 명성을 남용하지 않는다. 그의 범정신론/범심론panpsychism 또한 여러 면에서 화이트헤드와 하츠혼의 관점과 비슷하다. 이를테면 그가 생각하기에 순전한 질료는, 만일 그런 게 현존했더라도, 과정에 있는 구상적 사건들을 추상화한, 불필요한 추상 개념에 불과할 것이다. 라이프니츠는 범정신론의 연구에 유익이 될 만한 공헌도 남긴다. 그는 활동하는 단일자들이 어떻게 비활동 결합체들 아니면 (살아 있는 거시 유기체에서) 활동하는 결합체들, 즉 부분적으로 자기-이동self-moving하는 정신의 구상적 사례들에 통합될 수 있는지 보여 준다.(Hartshorne 1970, xii~xix, 48, 92, 112; 1962, 11)

하지만 신고전 혹은 과정 유신론자들이 라이프니츠에게 드러내는 호의는 딱 여기까지다. 라이프니츠가 총체적 실재는 이미 현존하고, 이런 현존에는 미래 사건이 충분히 상세하게 포함된다고 단호하게 주장하기 때문이다. 라이프니츠의 주장은 엄밀하게 말해 미래 사건은 없고 그럴 가능태 혹은 개연성이 있을 뿐이라는 신고전 혹은 과정 관점과 극명하게 대조된다. 미래 사건이 지금 현존했다면 그건 미래가 아니다. 이미 현존하는 총체적 실재라는 라이프니츠의 관점은 그의 다른 견해, 특히 가능한 한 최상의 세계와 조화를 이루기 어렵다. 여기서 신고전, 과정 유신론자들은 모든 가능태가 모순 없이 전부 발생할 수는 없다(즉 모든 가능태가 양립할 수는 없다)고 반론한다. 이런 익숙한 우려에 더해, 신고전 혹은 과정 유신론자들은 라이프니츠의 개념적 비약, 즉 현재 발생하는 일이 가능한 한 최상의 세계에 도달하는 (말하자면 그 자체는 선한 사물인 인간 자유의 예측 불가능성을 통해) 가능한 한 최상의 방식이라는 관념에서 벗어나 세계는 이미 가능한 한 최상에 이르렀다는 극도로 이해하기 어려운 관념으로 훌쩍 건너뛴 라이프니츠의 관점을 반박한다. 이와 관련해 순차적 사건들을 관통함으로써 사건에서 사건으로 계승되는 공통된 계보를 주장하는 게 아니라 항상 이미 자기-동일한 개체들이 있다고 주장하는 라이프니츠의 입장 역시 문제가 있다. 물론 라이프니츠는 실체적 자아들은 신적인 기적을 통해서만 그 현존이 생기거나 사라질 수 있다고 일관되게 변론한다. 하지만 사건 순차에서 우연성을 인정하면, 라이프니츠의 결정론을 포기해야 할 뿐 아니라 세계의 특수성들을 설명하는 선험적 이유를 찾을 수 있다는 희망까지 포기해야 한다. 단순하게 말하자면 그런 충족 이유는 없다. 범정신론자 라이프니츠가 피조물의 창조성을 0으로 감소시킨 것은 정말이지 너무 이해하기 어렵다.(Hartshorne 1970, 17, 30, 35, 70, 177, 180, 251)

　　지각perception의 비판명성indistinctness 때문에 범정신론이 쉽게 일축되곤 하지만 과정 사상가들은 라이프니츠의 범정신론을 높이 평가한다. 예를 들어 우리가 세포 군집 대신 미세개체 세포들을 식별하여 빛이나 소리를 경험할 수 있었더라면, 범정신론은 훨씬 우호적으로 받아들여졌을지 모른다. 문제는 라이프니츠가 범정신론을 진지하게 생각하지 않는다는 게 아니다. 고전 유신론의 전지를 고수하느라 오히려 범정신론을 도무지 변론하기 어려운 결정론에 삽입했다는 게 문제다. 즉 개체들은 감각력이 있다. 그러나 우리는 잠재의식에서 구성되는 극미한 지각들을 감각 지각으로 감지할 수 없기 때문에, 이런 미세감각력을 인식하기 쉽지 않다. 하지만 라이프니츠는 미세감각력을 알아차렸음에도, 모든 실재가 신적 정신에서 미리 결정되고, 따라서 동시에 공존하는 질서에 현존한다고 보는 바람에 그의 최고 통찰을 훼손하고 말았다. 만일 라이프니츠가 미세감각력이 있는 모나드들이 시간을 통해 상호작용한다는 초기 통찰을 조금 더 강조했더라면, 더 나은 결론에 이르렀을 것이다. 아마 어떤 모나드들("생물" 존재들)은 미시적 부분에서 감각력을 드러낼 뿐 아니라 전체로서도 감각력이 있었을 것이고, 또 다른 모나드들(가정컨대 "비생물" 존재들)은 부분에서 감각력을 드러내지만 전체로서는 감각력이 없었을 것이다. 이런 점에서 많은 현대 사상가는 라이프니츠 이전에 머물고 있다.(Hartshorne 1937, 180, 199; 1934, 66, 143, 269; 1953, 58, 133; 1962, 200, 213)

중요한 것은 라이프니츠가 일관적이라면, 그의 결정론은 인간 뿐 아니라 신에게까지 적용될 수 있어야 한다는 점이다. 신의 "결정"을 대체할 만한 다른 실재적 대안이 없다는 것은 지금껏 무엇도 결정되지 않았다는 뜻이다. 결정의 의미는 문자 그대로 일부 가능태를 실행하기 위해 다른 가능태를 아예 차단하겠다는 것이기 때문이다. 가능태의 범위가 없는데, "선택"되어야 하는 것을 "가능태"로 지칭하면 오해를 낳을 수 있다.(Hartshorne 1941, 43; 1948, 119, 137; Leibniz 1931, 96, 114~115)

신고전 혹은 과정 유신론자들은 특히 라이프니츠가 존재론적 논증을 옹호할 때와 상반된 입장을 뚜렷하게 드러낸다. 라이프니츠는 다른 사상가처럼 안셀무스의 『프로슬로기온』 3장에 나오는 논증에서 양상 방식을 눈여겨보지 않고, 대신 2장의 비양상 방식에 (다른 사상가들을 경유해 간접적으로) 주목한다. 이런 식의 충분하지 못한 연구는 안타깝게도 버트런드 러셀Bertrand Russell의 유명한(혹은 악명 높은) 『서양철학사』*History of Western Philosophy* (1945)에까지 영향을 미친다. 그럼에도 라이프니츠는 논증의 주제인 "가장 위대한" 것은 양적 최대가 아니라 질적 최고를 의미한다고 지적하면서, 존재론적 논증의 요점을 명확히 밝힌다. 신의 모든 속성은 질적으로 최고일 수 있다. 또한 질적 최고일 수 있는 다른 속성들과 합성할 수 있다. 하지만 라이프니츠는 신의 현존이 가능한지에 대한 중요한 질문에 그다지 도움을 주지 못한다. 신고전 혹은 과정 관점에서 볼 때, 고전 유신론의 신은 이 장에서 자세하게 설명하는 다양한 이유를 근거로 논리적으로 가능하지 않다. 예를 들어 라이프니츠는 신의 모든 유한성을 부인한다. 따라서 그의 신은 모든 구상적 한정성을 상실하며, 순전한 무규정적(무한한) 가능태와 동일시된다. 엄밀하게 무한한 신은 지금 이곳에 있는 특정 피조물을 알고 사랑할 수 없다.(Hartshorne 1965, 13, 26~32, 52, 169, 178~180, 298)

　　라이프니츠는 신을 정의하면서 필연적으로 현존하는 것 대신 하츠혼과 같이 "능가할 수 없음" 혹은 "모두가 경배해야 함"을 강조하는 기민함을 보인다. 덕분에 존재론적 논증이 맞닥뜨릴 수밖에 없는 선결문제 요구의 오류를 비켜 간다. 반면 라이프니츠는 충족

이유율을 사용해 삶의 우연성까지 설명하려는 등 개념을 건너뛰어 사용한다. 하지만 삶의 우연성을 설명할 만한 충족 이유는 없다. 변덕스럽게 동시 발생하는 사건들, 자유로운 선택들 혹은 외면할 수 없는 사실들의 결과, 삶은 우연적이기 때문이다. 삶의 우연성은 삼단논법이 보이지 않게 작동한 결론이 아니다. 존재론적 논증은 초이성주의의 산물이라는 혐의가 자주 제기되기 때문에, 여기서의 쟁점은 존재론적 논증의 타당성과 관련이 있다. 하지만 이런 논증을 변론하려면 초이성주의를 먼저 거절해야 한다. 존재론적 논증에 연루된 유신론의 선험 진리와 신적 삶의 우연적 면모를 포함하는 사물 전반의 선험 진리는 엄연히 다르다. 달리 말해 존재론적 논증은 오로지 신의 순전한bare 본질 그리고 필연적 현존만 다룰 뿐, 신의 우연적 현실태에 대해 말할 자격이 없다.(Hartshorne 1965, 185~186, 192)

라이프니츠는 모든 것에는 충족 이유가 있다고 생각하는 한편, 현대 철학은 이런 초이성주의에서 반대 극단으로 치닫는 경향을 띤다. 초이성주의의 과잉을 견제하기 위해서 신적 실재를 포함해 실재는 하나의 사물이며 본질 혹은 필연성은 신의 추상적 면모임을 확실하게 해야 할 필요가 있다. 신에 관한 모든 것이 신의 추상적 현존만큼 필연적이지 않다. 고전 유신론자들은 시간과 무관한 한 번의 행위를 주장함으로써, 신의 최초 창조 행위를 세계에 대한 신적 보존 행위와 동일시하는 오류를 범한다. 반대로 과정 관점에서, 신적 실재를 포함하는 실재는 한정된 단계들에, 한 단계에서 다음 단계에 걸쳐 있다. 달리 말해 라이프니츠의 생각대로 신은 눈 깜짝할 사이 세계를 단순하게 선택할 수 없다. 피조물이 일련의 선택을 수없이 행하듯, 신 역시 일련의 선택을 행한다고 생각해야 한다.(Hartshorne 1965, 188, 190, 192, 199~200, 243)

놀라우리만큼 넓은 영역에 지적 관심을 깊이 드러내고 신에 관한 철학을 펼쳤다는 점에서, 라이프니츠는 화이트헤드와 비슷하다. 예를 들어 둘 다 세계적 수학자이자 철학자였다. 둘 다 자연 전체를 그들 체계로 설명하기 위해 노력했다. 적어도 화이트헤드의 체계는 오류 가능성을 인정하는 체계이며, 시간이 흐를수록 경험에 의해 체계 자체가 수정될 수 있다. 그러나 화이트헤드는 다른 과정 사상가들과 비슷하게 신이 최고로 현실적임을 당연하게 인정하지만, 신이 정적 현실태라는 라이프니츠의 주장에는 회의적이다. 간혹 라이프니츠는 이성주의자로 불릴 때도 있으나 신 외에 다른 존재의 창조성을 부정할 때는 유물론의 흔적도 내비친다. 그가 말하는 (화이트헤드의 현실적 계기들과 미미하게 닮은) 모나드들은 신에게만 "창문"을 갖고 있다는 점에서 타자와 창조적 관계를 맺지 않는 단순한 개체들이다. 물론 라이프니츠는 지속성endurance을 매우 잘 설명했다. 하지만 그가 옹호하는 고전 유신론의 신적 전지 때문에, 개체가 이미 영원부터 정체성으로 갖고 있는 것 외에 다른 새로운 것은 그 개체에 들어올 수 없다는 의미 정도로 지속성은 국한되었다.(Hartshorne 1972, 2, 4, 10, 36, 49, 50)

라이프니츠의 문제는 그가 시간의 비대칭성을 무시했다는 데서 비롯된다. 예를 들어 발생하는 것들은 존재들 안에 있다는 주장(아리스토텔레스의 접근)과 지속하는 존재는 질서 정연한 일련의 발생하는 것들에서 추상화된 것이라는 주장(과정 접근) 가운데 전자를 선택한다. 오래된 자아는 이후 발생하는 모든 것을 (적어도 은연중에, 고전 유신론의 신적 전지 때문에) 언제나 소유한다. 즉 개체의 실체는 질적으로 동일한 총체성을 갖고 있다는 라이프니츠의 제안은 시간의 비대칭성을 무시할 때만 가능하다.(Hartshorne 1972, 51, 120 121, 182)

라이프니츠는 참된 단일자들에게 내부 힘이 있다는 것을 거의 알아차렸다. 이런 내부 힘은 고전 유신론의 전능을 문제 삼는다. 이런 점에서 라이프니츠는 고전 유신론과 신고전 혹은 과정 유신론 사이에 위치하는 인물의 전형이라고 할 수 있다. 하지만 그가 개체들을 과거의 경력과 동일시한다는 사실은 그를 고전 유신론 쪽으로, 특히 고전 유신론의 전지로 물러서게 한다. 반면 자연의 강력한 기본 단위가 우리 자신의 자기-인식과 비슷하다는 그의 깨달음은 신고전 혹은 과정 유신론으로, 특히 고전 유신론의 전능에 대한 비판으로 그를 끌어당긴다. 라이프니츠의 사상에서 고전 유신론 쪽으로 보이는 또 다른 특징은 이 세계가 가능한 모든 세계 가운데 최상이라는 그의 믿음, 하츠혼의 지적대로 프리드리히 니체Friedrich Nietzsche 같은 불신론자들이 우스꽝스럽게 여기는 유신론에 대한 믿음이다. 그러나 이런 경향에도 불구하고, 반대쪽을 향하는, 과정 범정신론 혹은 범경험주의같이 보이는 특징도 눈에 띈다. 다시 말해 지각의 혼란스러운 특성 때문에, 자연은 반드시 실체의 면에서 설명되어야 한다. 질료는 감각력 없는 물질의 파편들로 만들어지는 것으로 가정되기 때문이다. 라이프니츠의 시대에 세포 이론이 아직 발견되지 않았다는 사실을 헤아리면, 감각 지각의 특징을 이루는 총계grossness에 대한 라이프니츠의 분석은 가히 놀랍다. 라이프니츠가 깨닫기를, 주어져 있는 것(소여)에서 특유성specificity이 부족하면, 인간 이하의 경험은 널리 퍼져 있더라도 감춰진다. 일단 이런 편만한 활동을 특징짓는 힘이 인정되면, 라이프니츠를 과정, 신고전 유신론자라고 수월하게 부를 수 있을 것이다.(Hartshorne 1983, 28, 91, 105, 181, 243, 274, 312, 369, 375)

라이프니츠의 결정론에 따르면, 이 세계는 모든 가능한 세계 가운데 최상의 세계일 뿐 아니라 유일하게 가능한 세계이다. 그러나 이런 결정론은 그의 철학을 실용주의 면에서 무의미하게 만든다. 신이 발생할 일을 절대 확실하고 상세하게 알고 있는 이상, 우리는 필연적으로 발생하게 될 일을 바꿀 수 없기 때문이다. 있는 그대로의 세계가 더 좋아지거나 나빠질 리 없다면, 가치 판단은 아무런 소용 없는 일같이 보일 것이다. 이런 점에서 라이프니츠의 결정론은 더 좋은 것과 더 나쁜 것의 세밀한 구분을 흐린다. 앞서 보았듯, 라이프니츠가 생각하기에 우리는 자신을 경험하는 동물로 자각하며, 인간의 이런 의식은 일반적 개체성을 설명하는 유일하게 확실한 모델이다. 우리는 이런 라이프니츠의 생각에 크게 기대고 있다. 이런 관점 덕분에 라이프니츠는 이원론에 담긴 신학적 함의를 비켜간다. 즉 그는 한쪽에는 감각력 없는 질료로 구성된 실재가 있고 다른 쪽에는 순수 영혼으로서 신이 있다는 입장에 빠지지 않는다. 데카르트주의 관점에서, 인간에게 두 개념이 혼합되어 나타난다는 관념은 도무지 이해하기 어렵다. 하지만 라이프니츠는 데카르트의 이원론을 뛰어넘을 만큼 진정으로 진전했음에도, 그의 고전 유신론과 그 안에 담긴 실천적 함의 때문에 그의 독창성은 온전히 발휘되지

못했다.(Hartshorne 1984a, 17, 50, 67, 152, 213, 274)

달리 말해 라이프니츠는 우리 자신이 실재의 가장 교훈적 표본 이라고 보았다. 이어 그는 모든 경험에서 동떨어지는 것이 "**절대무**" 이리라는 깨달음과 함께 과정 범경험주의(범정신론) 관점에까지 이른다. 그는 (고전 유신론의 전지의 결과,) 진리는 무시간적이라고 여겼으며, 그렇기에 우리 각자는 과거의 경력 그대로, 불변하는 실체라고 오해했다.(Hartshorne 1984b, 67, 123~125) 하츠혼은 과정 범정신론 혹은 범경험주의를 예상한 라이프니츠에게 깊은 인상을 받았다. 그는 라이프니츠 이후 철학자는 두 부류로 나뉜다고 주장한다. 한 부류는 전체에 감각력이 있는지, 또한 미시적 수준에서 전체의 일부에 감각력이 있는지 탐구해야 한다는 사실을 깨우친 이들이고, 다른 한 부류는 미처 깨닫지 못한 이들이다. 이렇게 보면 라이프니츠는 윌리엄 워즈워스를 포함해 낭만주의가 이원론과 기계론에 보이는 역반응, 신고전 혹은 과정 관점의 주요 반응까지 예상하고 있다.(Hartshorne 1990, 229, 372; 1991, 590)

일단 라이프니츠의 충족이유율을 따로 떼어 놓고 생각할 때, 통계적 예측 가능성을 결정론으로 과장하지 않는 한, 세계에 발생할 일을 예측할 수 있다는 생각 정도는 받아들일 수 있다.(Hartshorne 1991, 580~581)

앞서 언급했듯, 라이프니츠는 워즈워스와 과정 사상가 둘 다에게서 나타나는 낭만주의적 역반응을 예상했으며, 이런 예상은 과학이 역설적이게도 경험을 풍요롭게 하면서 궁핍하게도 한다는 그의 관점에서 역시 입증된다. 근대의 기계론적 과학은 지각의 비판명성을 부추겼기 때문에 경험을 궁핍하게 만든다. 그러나 라이프니츠, 낭만주의, 과정 관점 모두에서 실재는 본질적으로 활동이다. 이와 달리 보이는 이유는 지각의 비판명성 때문이다. 그러므로 그들이 보기에, 경험이나 자연을 기계론에만 의존하는 설명은 환상에 불과하다.(Hartshorne 2011, 16, 34, 60, 62)

　　모든 가능태에 공통으로 드러나는 면을 필연성으로 보고 있다는 점에서, 라이프니츠의 생각은 확실히 유익하다. 이렇게 보면, 우주 이원론은 신의 필연적 현존과 양립하기 어렵다. 라이프니츠는 때로 이런 관점에 동의하는 것 같다. 특히 몇몇 후기 스콜라 학자(예를 들어 톰마소 캄파넬라Tommaso Campanella) 편에 서서 신적 성품과 비신적 성품 둘 다에 적용되는 범주들을 유비적으로 연결하려 할 때, 그렇게 보인다. 예를 들어 라이프니츠는 신적 힘에 관해 말할 때 피조물의 힘을 배제하지 않지만, 이원론을 주장할 때는 피조물의 힘을 배제하곤 한다. 실제로 피조물이 어떻게든 현존한다면, 그들이 무엇이든지 그 자체의 힘을 어느 정도 갖는다. 그러나 라이프니츠는 개체를 과거의 경력과 동일시하고 우주의 역동적이고 일시적인 박동을 무시하는 바람에, 그의 최고로 통찰적인 순간을 놓치고 만다. 역동적 우주에서 모나드들은 본질적인 불변하는 실체들이 아니다. 모나드들은 순간적으로 강력하게 소모되는 에너지다. 만일 라이프니츠같이 모나드의 창을 없애 버리면, 불행히도 고전 유신론은 인격주의와 양립할 수 없다.(Hartshorne 2011, 45, 49, 61, 116, 124; 2001, 14; 또한 M.Griffin 1994 참고)

9. 임마누엘 칸트
— Immanuel Kant, 1724~1804년 —

칸트는 철학적 신학을 비판하는 입장으로 명성이 매우 높다. 그는 신의 현존에 대한 논증을 따르지 말라고 우리를 만류하지만, 사실상 그가 은연중에 신의 현존을 논증했다는 것은 그의 사상에서 제대로 알려지지 않은 부분이다. 하지만 독일 철학자 칸트 역시 신의 현존에 대한 암시적 논증에서 성격상 고전 유신론의 신 개념을 가정한다.

신에 대한 암시적 논증은 칸트의 첫 비판 『순수이성비판』*Critique of Pure Reason*에 나온다. 여기서 그는 감각 직관은 수동적이지만, 지적 직관은 활동적이며 그 대상을 창조한다고 가정한다. 칸트의 익숙한 용어에 따르면, 눈에 보이는 것은 "페노메나"phenomena, 즉 **현상**으로 불리고 사물들-안-그 자체는 "누메나"noumena, 즉 **물자체**라고 불린다. 그러나 감관sensation에 의존하지 않고 엄밀하게 객관적 실재에 상관하는 지식의 형태가 실제로 있다고 가정하지 않는 한, 우리는 보이는 그대로의 사물과 있는 그대로의 사물 사이를 구분할 수 없다. 즉 겉모습, 현상은 그 자체로 아무것도 아니며, 어떤 것과의 관계를 지시한다. 여기서 일종의 직관은 본질상 신적이라고 가정한다.(Kant 1930, 298~304)

이 책의 목적대로, 여기서 요점은 신의 현존에 대한 칸트의 암시적 논증을 평가하는 게 아니라 이런 논증에 담긴 칸트의 신 개념을 알아내는 것이다. 칸트는 신이 엄밀하게 비물질적 존재라고 가정한다. 실제로 그는 다른 책에서 "철학에서는 가장 실재적 존재로서 경험에 의거하지 않는 초월적 신 개념을 피할 수 없다. 초월적 신 개념은 추상적 개념으로, 지성에 필수적이기 때문이다"라고 말한다.(Kant 1921, 16~18) "경험에 의거하지 않는"(신적 몸에 대해 이후 자세하게 설명한다)과 "추상적"(구상적인 신적 현실태를 배제하는)같이 칸트가 사용한 단어들은 그가 신 개념을 단극성에 일임했음을 가리킨다. 칸트에게 신은 '엔스 레알리시뭄'*ens realissimum*, 즉 **최고 실재 존재**로서(최고 실재 생성이 아니라) 모든 실재의 근원이다. 칸트에게 신의 본성은 우리의 인식을 궁극적으로 뛰어넘지만, 그럼에도 그는 부정신학자들이 일반적으로 그러하듯, 고전 유신론의 전통에 순응하는 신 개념을 상당히 구체적으로 지시한다.

칸트는 신과 피조물 사이의 이론적 유비에 회의적이지만, 만일 신이 있다면 그런 최고 존재는 경험에 의거하지 않는 최고 오성을 보여 줄 것이라고 여기는 듯하다. 만일 유비의 교리가 철학적 신학에서 사용된다면, 그 유비는 두 사물의 불완전한 공통점을 보여줘야 할 게 아니라 경험에 의거하는 사물과 그렇지 않은 사물, 상당히 다른 두 사물의 관계에 담긴 완전한 공통점을 보여 줘야 할 것이다.(Kant 1933, 129)

칸트는 또한 잘 알려진 대로 요청의 방식을 통해 신의 현존에 대한 명시적 논증을 펼친다. 칸트의 두 번째 비판『실천이성비판』 *Critique of Practical Reason*에서 다루는 '숨뭄 보눔'*summum bonum* 혹은 **최고선**은 덕(행복함의 가치)과 현실 행복 둘 다를 포함한다. 적어도 이 지상에서는 덕스러운 자가 행복의 수령자recipient가 아닐 때도 많기 때문에, 칸트의 '숨뭄 보눔'은 자연의 최고 원인, 신을 필요조건으로 상정한다. 여기서 신은 최고 지성과 의지를 가진 최고 지불자로, 덕스러운 자에게 끝내 행복으로 보상할 것이다. 칸트 사상에서 신의 현존은 도덕적 이유에서 반드시 전제되어야 한다. 그렇지 않으면 덕스러운 자가 행복으로 보상받지 못하는 불만족스러운 결과가 남을 수 있다.(Kant 1996, 135, 150~152)

칸트는 철학적 유신론을 다루는 동안 고전 유신론의 신 개념을 전제한다. 신은 절대적이고 영원하고 독립적이라는 점에서 필론의 신 개념까지 거슬러 간다. 즉 칸트는 신을 시간 안에서 이해하는 것은 신을 의인화하는 것이라고 여기는 듯하다. 달리 말해 그는 단극성이 의미하는 반쪽짜리 진리에 찬성한다. 여기에 암시된 문제는 양극 관점에서 독립성과 의존성의 대비를 헤아릴 때 찾아낼 수 있다. 신은 현존과 본질적 개체성에서 독립적이라는 주장과 신적 삶의 구상적 내용에서 독립적이라는 주장은 서로 상당히 다르다. 앞서의 주장은 신고전, 과정 유신론에서 보존될 수 있는 생각이지만, 후자는 칸트를 포함한 고전 유신론에서만 보존될 뿐 이런 성질을 받아들여야 할 타당한 이유는 없다.(Hartshorne 2000, 146)

다른 고전 유신론자같이 칸트는 긍정 방식으로 신을 상상할 수 있는지에 대해 소극적 자세를 취한다. 고전 유신론의 가정 아래, 긍정 진술은 다양한 개념적 문제, 이율배반, 심지어 모순으로 이어질 위험이 있기 때문이다. 칸트는 신과 관련 있는 이론상 가능한 모든 지식에 명시적으로 회의적이다. 그의 회의주의가 명성을 얻고 영향을 막대하게 미칠 수 있었던 이유는 그가 상정한 신 개념과 무관하지 않다. 고전 유신론의 용어에 의해 확정되고 성립된 신 개념을 가정하는 이들은(유신론자와 무신론자 둘 다) 눈치채지 못하는 지점이다. 하지만 칸트는 긍정 방식대로 이해하려면 시간성을 따를 수밖에 없음을 지적해 준 고마운 인물이다. 문제는 그가 아무런 논증을 거치지 않고 신은 아예 비시간적이어야 한다고 가정할 때 발생한다. 그러나 신고전 혹은 과정 유신론같이 신이 시간성 범주에서 최고 실재라고 가정한다면, 철학적 신학은 그 지형을 훨씬 밝은 전망으로 그려 나갈 수 있다.(Hartshorne 2000, 146~147)

긍정 방식대로 이해하려면 시간성을 따를 수밖에 없다는 칸트의 생각은 옳다. 그러나 신은 비시간적이고 그래서 신은 어느 종류의 구체화든 반드시 초월해야 한다는 생각은 틀렸을 수 있다. 신의 몸은 우주 자체라는 신고전 혹은 과정 유신론의 생각은 이후 살펴볼 것이다. 칸트는 매번 고전 유신론의 문제에 부딪힌다. 예를 들어 그는 신이 전능해야 할 것이라고 가정하는 바람에, 일종의 유토피아주의로 휩쓸린다. 이런 유토피아주의에 따르면, 덕이 행복으로 보상되지 않는 한 삶은 실제로 이해되기 어렵다. 그는 어딘가, 어떻게든 악과 삶의 비극으로부터 벗어날 수 있는 탈출구가 반드시 있어야 한다고 가정한다. 신고전, 과정 유신론자들은 이런 가정을 하지 않는다. 우리가 자유롭다면 우리는 서로를 방해하는 결정을 내릴 것이고 자유의 충돌은 비극으로 이어질 것이다. "누군가는 분명 비극 가운데 기쁨을 발견할 테지만, 누군가는 발견하지 못할 터이다. 이것은 신도 마찬가지다."(Hartshorne 2000, 149) 2부에서 다루는 플라톤의 신정론이 이런 하츠혼의 관점에 영향을 미친다.

하츠혼은 신고전 혹은 과정 유신론의 입장에서 칸트의 관점에 대해 다음과 같이 요약해서 평가한다.

> 대체로 칸트는 이전 철학자들보다 고전 유신론의 입장이 처한 이론적 난점을 강하게 강조한다. 그럼에도 그는 도덕 법칙을 세우는 것에 호소함[하는 것]으로써 이런 난점을 해결하려 한다. 이런 점에서 칸트는 고전 유신론자 혹은 단극 신론자이다. (…) 그의 신은 우주의 치안판사이자 경찰관으로, 선한 이가 정당한 보상을 받도록 한다. 사실상 현존의 궁극 목적을 의인화된 개념으로 이해하고 있는 것이다. 칸트는 윤리적으로 우리의 목적을 조정할 수 있게끔 최고 목적이 반드시 있어야 하고, 우리는 이런 관념을 정당하게 고수할 수 있다고 주장한다. 이런 칸트의 주장은 여전히 유효하다.(Hartshorne 2000, 150)

아쉽게도 암스트롱, 보커, 카페츠는 칸트가 고전 유신론자라는 사실 그리고 철학적 신학에 대한 그의 회의주의가 그의 고전 유신론적 가정에서 대체로 비롯된다는 사실을 충분하게 지각하지 않는다. 예를 들어 카페츠는 칸트가 신앙의 자리를 확보하기 위해 이성 종교를 거부했다는 흔한 평가만 제공할 뿐, 실제로 칸트가 고전 유신론적 관점을 거부하기 때문에 이성 종교까지 거부했다는 생각에는 이르지 못한 것같이 보인다.(Capetz 2003, 112~113) 보커도 비슷하다.(Bowker 2002, 357) 암스트롱은 평소 입장대로 철학적 신학의 문제는 대개 이성만으로 신 개념을 충분히 다룰 수 없기 때문에 발생한다고 본다. 하지만 이성과 관련 있는 일반적 문제를 고전 유신론의 특수 사례로 혼동한다는 점에서, 역설적이게도 암스트롱은 칸트와 비슷한 성향을 보인다. 하지만 암스트롱은 신에 대한 도덕적 논증은 다소 부차적 사유일 뿐이고, 진짜 문제는 칸트의 자율성이라고 강조한다. 그는 칸트의 자율성이 칸트 자신의 의도보다 더 멀리, 심지어 잠재적으로 신을 전부 제거하는 데까지 확장될 수 있음을 예리하게 지적한다. 칸트는 이성 종교를 논파함으로써 신앙의 여지 **아니면** 신앙이 결여되는 여지를 만들었다.(Armstrong 1993, 314~318)

암스트롱, 보커, 카페츠와 달리 신고전 혹은 과정 유신론자들은 신을 무한히 사랑할 수 있는 자연, 또한 무한히 이해할 수 있는 자연과 동일시할 가능성이 높다. 자연에는 신이 없다는(무신론 혹은 불가지론의 관점) 말이나 신에 관해 실천 지식만 가질 수 있을 뿐 이론 지식을 가질 수 없다는(칸트 같은) 말은 자연은 기본적으로 이해될 수 없다는 것을 의미한다. 이런 점에서 암스트롱, 보커, 카페츠는 칸트를 비판하고 있음에도 매우 칸트적이다. 그러나 과학 지식 자체가 자연을 통치하는 일습(一襲)의 통일된 원칙을 가정하고 그 원칙을 가리킨다면, 자연을 하나의 통합된 경험으로 생각할 수 있다는 의미이기도 하다.

자연에 신이 없다는 말은 기본적으로 자연을 이해할 수 없다는 말이다. (…) 세계의 통일성을 상상하면 할수록 최고 경우에 가까워진다. 통일성이 최고에 이른 세계에서는 하나의 목적 혹은 하나의 가치에 의해 통합된, 하나의 경험이 모든 다양성을 포괄한다. 어느 형태의 통일이든 이런 정도에 도달하지 못한다. 칸트가 지적하듯, 상상할 수 있는 모든 형태의 통일은 훨씬 열등하거나 무질서하다. 신이 없다는 말은 우리가 세계의 통일성을 이해할 줄 모른다는 뜻이기도 하지만, 세계 자체가 이해할 수 있을 만큼 통일에 도달하지 못했다는 뜻이기도 하다. 이런 태도는 자연을 더 넓게 이해하려는 우리의 노력을 훼방한다. 우리가 자연의 부분이므로 자연을 이해하기 어려운 게 아니라 전체인 자연에 결함이 있어서 자연을 이해하기 어려울 수 있다는 여지를 항상 남겨 두기 때문이다.(Hartshorne 1937, 23)

지금껏 뉴턴Newton의 물리학이라는 조명 아래 칸트 철학을 봤다면, 이제 20세기 과학의 발전에 맞춰 다시 살펴야 한다. 마찬가지로 18세기 종교의 가정을 수용했던 칸트 철학을 고전 유신론에 대한 현대의 대안적 시선에서 다시 살펴야 한다. 이런 점에서 데렉 말론 프랑스Derek Malone-France의 평가는 정확하다. 그는, 물리학의 상대성 이론을 철학적으로 숙고한 화이트헤드의 책『과정과 실재』 *Process and Reality*는 여러 방면에서 뉴턴의『프린키피아』*Principia*에 대한 칸트의 첫 번째 비판(『순수이성비판』)에 버금가는 놀라운 대작이라고 평가한다.(Malone-France 2007 참고; 또한 Hartshorne 1967, xi 참고)

예를 들어 칸트의 첫 번째 비판에서 발견되는 결정론이 두 번째 비판의 비결정론에 의해 조정되지만, 두 번째 비판『실천이성비판』에서 논하는 자유는 엄밀하게 비시간적이라는 점에 주목해야 한다. 즉 칸트는 본질적으로 과정철학자가 아니다. 하츠혼의 지적대로 "칸트는 (…) 신고전 유신론을 꿈꾸지 않았다".(Hartshorne 1967, 27)

앞서 살펴본 것같이 칸트는 신의 현존에 대한 전통적 논증이 작동할 수 있으려면 가장 실재적 존재, 전적으로 무한하고 무시간적이고 절대적인 존재의 현존을 지시해야 한다고 가정한다. 중요한 것은 그런 신성에 대한 믿음은 합리적 논증으로 뒷받침될 수 없을뿐더러, 칸트와 대조적으로 신앙에 근거해서도 일관성 있게 확증될 수 없다는 점이다. 만일 고전 유신론의 신이 일절 불변한다면, 그런 신은 우리의 신앙과 경배에도 전혀 움직이지 않을 것이다. 결국 이런 신앙과 경배는 우리의 이익을 위한 일로 여겨질 것이고, 신을 향하는 믿음은 일종의 자기-중심주의로 변질될 것이다.(Hartshorne 1967, 32~33) 하지만 나는 칸트에게 실천이 우위인 것을 비판하는 게 아니다. 오히려 실천을 우위에 두게 된 근거를, 신 개념에 대한 고전 유신론의 가정과 실천의 우위가 신 개념 혹은 신의 현존에 대한 이론적 논증을 배제한다는 가정을 비판하는 것이다. 이런 가정들에서 문제가 벌어진다. 그렇다면 왜 신은 수용성 혹은 변동성을 비켜 가야 한다고 가정해야 할까?(Hartshorne 1967, 48~49, 54)

칸트는 지각 표상(表象)이 없는 개념은 공허할 뿐이라고 생각한다. 그러나 그는 이런 유용한 통찰을 신의 경우에는 적용하지 않는다. 신의 (필연적) 현존에 관한 개념을 갖는 것과 시시각각 느끼는 구상적 감정을 갖는 것은 별개의 일이다. 사실상 칸트의 신 개념은 일반 고전 유신론자들 못지않게 단극적이며 신적 현존의 영속성과 신적 현실태의 유동성을 구분하지 못하기 때문에 너무 추상적이다.(Hartshorne 1967, 76)

신고전 혹은 과정 관점에서 볼 때, 엄밀하게 불변하면서 살아 있는 존재는 있을 수 없다. 그러므로 신은 살아 있고 엄밀하게 불변하는 존재라는 칸트의 신 개념은 필연적으로 역설을 낳을 수밖에 없다. 이런 신 개념에는 실재하는 합리적 내용이 없다. 이에 따라 칸트의 신 개념이 실패했다는 추론은 합당하다. 다시 말해 시간은 긍정 방식을 통해 얻을 수 있는 관념이며, 우리의 모든 관념은 시간적 연속, 특히 "있었을지 혹은 없었을지 모른다" 또는 "있었어야 했다" 또는 "없었을 수 있다" 같은 양상 개념을 포함한다. 그러나 신이 완전하게 시간 바깥에 있다고 가정하는 순간 차례로 역설에 빠진다. 하지만 칸트는 또한 우리가 과정의 최초 단계를 상상할 수 없음을 올바르게 지적한다. 형이상학 원리에 따라 각각의 사건은 이전 사건들에서 발생해야 하는데, 최초 단계는 이런 원리를 벗어난다. 하지만 최초 사건이 "절대무"로부터 일어났다는 주장은 형이상학을 일종의 마술로 축소시키는 처사다.(Hartshorne 1970, 38~39, 62, 65; 1972, 87; 1991, 578, 681) 칸트의 첫 번째 비판에서 첫 번째 이율배반에 대응하려면, 모든 생성의 첫 순간을 가정하거나 혹은 무한하거나 한정할 수 없을 만큼 많은 과거 사건을 가정해야 한다. 신고전 혹은 과정 유신론자들은 현실에 앞서 이미 흘러간 무한의 사건들을 옹호할 만한 개념으로 생각한다. 이런 생각은 칸트와 반대되지만, 고대 그

리스의 관념과 일치한다.(Hartshorne 2011, 77)

아쉽게도 칸트는 시간을 존재론적으로 생각하기보다 엄밀하게 현상적이거나 언어적으로 생각했다. 이런 관점 때문에 그는 신은 아예 무시간적이라고 보았다. 신이 시간을 벗어날 수 있는데 왜 시간이 존재론적으로 실재한다고 보겠는가? 또한 칸트는 고전 유신론의 신 개념, 즉 신은 무시간적이라는 관점 때문에, 신은 매 순간 더 많은 세계를 풍요로운 신적 삶 안으로 통합한다는 보다 설득력 있는 관점, 비대칭적으로 우월한 신 개념 대신, 절대 최대 가치의 신 개념을 주장한다. 신고전 혹은 과정 관점에서 볼 때, 신은 현실의 모든 것을 현실적으로, 잠재적이거나 개연적인 모든 것을 **잠재적이거나 개연적인 것으로** 안다. 그렇기에 신은 양상적으로 공존할 수 있다. 이런 점에서 가장 보편적으로 경험되는 실재(신)가 가장 분명하게 경험되는 실재는 아니라는 칸트의 생각을 헤아려 보면, 칸트 이후 불가지론 혹은 무신론이 출현하게 된 맥락이 쉽게 이해된다. 우리는 공기가 언제나 거기 있기 때문에 공기를 당연하게 여기듯, 신을 당연하게 여긴다. 반면 극심한 고통 혹은 선명한 빨간색을 띠는 물건같이 희귀하기 때문에 쉽게 눈에 들어오는 사물들도 있다.(Hartshorne 1970, 137, 225, 247; 1991, 41)

어느 사실도 신의 현존을 초래할 수 없기 때문에, 신의 현존은 본질적으로 비경쟁적이다. 하지만 하나의 현실 상태(고통에 대한 피조물의 의식)는 다른 현실 상태(고통을 야기하는 우연을 비켜 간 같은 피조물)와 상충할 수 있다는 점에서 신의 구상적 실재는 시시각각 경쟁적이다. 아쉽게도 칸트는 이런 관념까지 깊이 생각하지는 못한 것 같다. 신적 현실태는 일종의 이상적 수동성을 전제하는 한편, 칸트와 다른 고전 유신론자들은 신에 있어서 수동성 자체를 부인한다. 하츠혼의 예리한 용어를 빌려 요점을 말하면 이렇다. 칸트가 생각하는 신이 최고의, 부동의, 감수성과 감각이 없는 존재라면, 그가 유신론이라고 생각하는 것은 실제로 비신론적이며 우상 숭배에 가깝다. 칸트는 괴이한 방식에서, 유신론에는 합리적 내용이 없다고 지시하면서 이런 깨달음을 얻는다. 결국 그는 은연중에(의도치 않게) 고전 유신론이 실패했다고 말한다. 감각력 있는 피조물에게 아무런 영향을 받지 않는다는 것은 기껏해야 무지하다는 것, 최악의 경우 도덕적으로 비뚤어졌다는 것이다.(Hartshorne 1970, 253, 277, 279; 1972, 63, 87; 1984a, 212)

고전 유신론이 처한 어려움은 "그저" 이론적 문제를 넘어 현존의 문제까지 확장된다. 유신론자들은 복을 누리는 삶을 통해 신에게 무언가 건네줄 수 있기를 희망한다(그리고 그들은 가난한 삶 때문에 신을 실망시킬까 봐 두려워한다). 그들은 신에게 받은 재능을 최적화함으로써 삶을 불후의 시간 내내 풍요롭게 빚어 가기를 희망한다. 아직 탄생하지 않은 생명의 삶과 불멸의 삶을 상상할 때조차 그렇다. 이런 유신론자의 다짐이 옳다면 우리가 믿고 섬기는 신은 원초적primordial이고, 불멸하며, 모든 것을 소중히 여기는 신이다. 이것이 바로 칸트가 말했어야 하는 '숨품 보눔', 즉 **최고선**의 의미다. 그러나 그는 그렇게 하지 못했다. 그의 고전 유신론에서 신적 존재는 이미 영원토록 극도로 풍요로우므로, 신은 더 풍요로워질 필요가 없기 때문이다. 혹은 이후 살펴볼 테지만, 칸트보다 앞서 스피노자, 소치니파가 고전 유신론에 의문을 제기했으므로, 칸트까지 굳이 그렇게 할 필요가 없었을 수도 있다.(Hartshorne 1991, 573, 705)

신 개념을 보면 칸트는 매우 전통주의자다. 고전 유신론을 비판하면서, 그는 중세에서 물려받은 신 개념에 결함이 있다는 사실에 초점을 두지 않고, 철학적 윤리의 가정으로서만 정당화될 수 있는 신에 대한 믿음에 초점을 둔다. 게다가 『순수이성비판』에 나오는 결정론은 주도권을 가진 신이 모든 것을 결정한다는 고전 유신론의 주장과 양립할 수 있다. 실천의 면에서, 자유를 믿어야 할 필요가 있음에도, 사실상 칸트는 자유를 오로지 예지적으로, 따라서 우리의 이해력 너머에 있는 것으로 받아들였다. "칸트의 생각에서 어떻게 우리의 예지적 자유가 현상학적 결정론 혹은 신의 창조적 행위로 이해될 수 있고 연결될 수 있는지는 아예 우리의 이해력 바깥의 문제다."(Hartshorne, 1983, 170) 널리 알려진 대로 칸트는 현상학적(사물이 어떻게 보이는가) 영역과 예지적(사물이 어떻게 그 자체로 있는가) 영역을 조화시키려 애썼지만, 그 작업은 쉽지 않았다. 하츠혼은 지적한다. "사물은 그 겉모습을 그저 드러내기만 한다는 가정에 대해 칸트는 터무니없다고 생각한다. 하지만 실재가 겉모습에서 비슷하게 드러나더라도, 그 속성들이 무엇인지 합리적으로 추측하기 어렵다."(Hartshorne 1983, 171)

영향력을 막대하게 행사하는 칸트의 지식 이론과 그가 가진 신 개념을 분리해 따로 헤아리기는 어렵다. 하츠혼은 칸트의 주장을 다음과 같이 재구성한다.

1. 실제로 세계가 그 자체로 있는 방식과 관련 있는 유일한 지식은 (우리에게 겉으로 드러나는 것과 별개로) 성격상 신적일 것이다.

2. 정의상 신적 지식은 알려진 대상과 독립적이다. 하지만 사실상 신적 지식은 (토마스 아퀴나스의 생각대로) 실제로 세계를 창조하는 주체다. 하지만 세계는 신을 창조하거나 심지어 신에게 영향을 미치지 않는다. 여기에는 유명한(악명 높은) 고전 유신론의 신적 무감수성의 교리가 배후에 있다.

3. 그러므로 우리의 지식은 거의 신의 지식과 반대편에 있다. 우리의 지식은 우리가 알고 싶어서 애쓰는 사물에 의해 우리에게 생산되는 지식이기 때문이다.

4. 우리의 지식은 수동적이므로, 우리는 예지적 세계 자체를 알 수 없고 겉모습만 알 뿐이다. 신적 지식만 그 자신의 대상들을 창조하기 때문에, 실재는 신만 홀로 알 수 있다.(Hartshorne 1983, 172)

신고전 혹은 과정 유신론의 관점에서, 첫 번째 주장은 문제가 없다. 그러나 신고전 유신론자들은 두 번째와 네 번째 주장을 일축한다. 실재가 현존하기 때문에 실재를 알 수 있다는 말과 신이 세계를 알기 때문에 세계가 현존한다는 말은 양립할 수 없기 때문이다. 이런 언명들을 동시에 주장할 경우 혼란이 발생한다.(Hartshorne 1983, 173) 세 번째 주장은 우리의 지식을 신적 지식의 정반대로 제시한다는 점에서 특히 문제가 된다. 이에 맞서 신고전 혹은 과정 유신론자들은 신적 지식이 우리의 지식을 닮았다고 주장한다. 달리 말해 우리의 지식은 수동적이기 때문에 약한 것이 아니다. 오히려 충분하게 수동적이지 않기 때문에, 즉 존재하는 모든 것을 충분하게 수용하지 못하기 때문에 약하다.

지식이 적어도 부분이나마 알려진 대상에 의해 결정되는 것으로 (이해할 수 있게) 구성된다면, 고전 유신론자들의 생각대로 신은 우리를 알아 감으로써 창조하는 게 아니라 플라톤의 방식대로 원초적 혼돈에서 현존으로 우리를 설득함으로써 창조한다. 즉 칸트와 반대로 창조의 모델은 대화dialogue다. 여기서 신은 자신의 말은 경청되기를 바라지만 타자의 말에는 전혀 귀 기울이지 않는 이의 유비를 따르는, 고전 유신론에서 상상되는 신이 아니다. "칸트가 그의 정치 이론에서 피하려 했던 자비로운 독재자의 전형이 그의 신학 가운데 등장한다."(Hartshorne 1983, 173~174) 역설적이게도 칸트는 중세 신학자들의 계보를 잇는다.

역설적이게도 칸트는 시간에 대해 진지하게 고민했고, 그 성찰을 확장해 과정 사상으로 진입할 기회를 잡을 수도 있었다. 개념을 적절하게 사용하려면 반드시 공간을 차지하고 시간 안에 현존하는 사물에 그 개념을 적용해 봐야 한다. 신에 대한 사유도 마찬가지다. 그저 순전한 존재만 생각할 게 아니라 생성에 초점을 맞춰야 한다. 달리 말해 궁극적 원리는 상대적으로 정적 실체들이 그저 우유적으로 변하는 게 아니라 진정으로 되어 가는 것이다.(Hartshorne 1983, 176~178) 칸트주의를 근거로, 특히 세 번째 칸트의 비판(『판단력비판』Critique of Judgment)을 근거로 범재신론의 경우를 헤아리면, 이런 역설이 두드러진다(물론 칸트 자신의 입장은 아니다). 칸트의 신은 도덕적이며, 도덕으로서의 신의 예지적 세계 **안에** 현상적 세계가 있

다.(Palmquist 2013 참고)

　칸트의 신 개념을 그의 인식론에서 분리할 수 없는 것같이, 그
의 철학 표면에 나타나는 현존에 대한 관심과 그의 신 개념 역시 분
리해서 생각할 수 없다. 실재적 **최고선**은 신, 특히 선함과 행복의 이
상적 연합으로서의 신이며, 이성적 존재들은 실재적 **최고선**에 공
헌해야 한다. 유달리 악한 인간이 아니더라도 어느 인간이든 이런
이상에 미치지 못한다. 칸트가 『순수이성비판』에서 결정론을 옹호
했음에도 불구하고, 세계에서 선함의 정도는 다차원의 무수히 많
은 피조물이 내리는 결정에 크게 의존하며, "어느 자연법칙도, 어
느 신격이나 피조물에 의한 사전 계획도 앞서 미리 결정할 수 없
다".(Hartshorne 1983, 185, 187)

　칸트는 신앙을 이론적으로 뒷받침할 필요가 없다고 가정했고,
이것을 다소 화려하게 검증했다. 하지만 고전 유신론이 이론적 반
증에 취약하다는 점을 헤아리면, 그의 가정은 엉뚱해 보인다. 즉 칸
트가 널리 퍼뜨린 신앙주의(즉 합리적 뒷받침 없이도 신을 믿을 수 있
다는 신앙관)의 편만한 영향과 현대에 등장한 불가지론 및 무신론
사이가 무관하다고 할 수 없다. 고전 유신론의 신 개념은 모순을 필
연적으로 표면에 드러낼 수밖에 없기 때문이다.(Hartshorne 1983, 234)

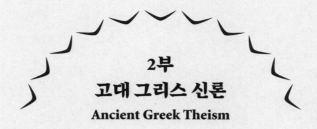

2부
고대 그리스 신론
Ancient Greek Theism

2부로 넘어가기 전, 신 개념에 대한 흄과 칸트의 관점을 대조해 살펴볼 필요가 있다. 칸트가 고전 유신론의 신 개념을 드러낸다면, 흄은 종교 회의주의자였음에도 고전 유신론을 대처할 만한 신 개념을 진지하게 받아들이며, 보다 범그리스도교적 시각을 보여 준다. 예를 들어 흄은 그의 책 『자연종교에 관한 대화』*Dialogues Concerning Natural Religion*(1980)에서 고전 유신론을 대표하는 우주 이원론, 즉 시간적·물질적 세계 위에 운행하고 있는 영원한, 비물질적 신이라는 두 층위의 우주를 비판한다. 흄은 그의 대화에서 대안적 신관을 탐구하기 위해, 신을 개개의 몸이 아니라 세계 전체라는 몸의 세계 영혼으로 보는 고대 그리스의 관점을 빌려 온다.(Hartshorne 2000, 422~424 참고) 사실상 플루타르코스Plutarch는 신을 세계 영혼으로 믿는 믿음이 고대에 널리 퍼져 있었으며, 아리스토텔레스와 원자론자들을 제외한 **모든** 주요 고대 철학자가 이런 믿음을 지지했다고 말한다.(Plutarch 1870, 3, 133 참고) 이런 주장은 놀랍다. 플루타르코스는 질료형상론의 관점에서 우주론을 설명하는데, 여기서 신은 고전 유신론과 달리 물질세계와 전적으로 분리되지 않으며, 세계의 물질('휠레')에 구조('모르페')를 제공함으로써 물질세계 전체를 살아 있게 한다.

　2부에서 우리는 (1) 고전 유신론과 신고전 혹은 과정 유신론 둘 다 고대 그리스에 뿌리내리고 있음을 확인한다. (2) 고대 그리스 철학자들 가운데 (실수라고 할 수 있는) 특정 지적 이동이 일어나는 동안, 어떻게 고전 유신론이 아브라함 종교의 철학적·신학적 지배 관점으로 자리 잡을 수 있었는지 살펴본다. (3) 특정 그리스 개념들은 원활하게 수용되고 후대에 전승되어 온 한편 그 외 개념들, 이를테면 세계 영혼으로서의 신에 관한 진지한 고민은 어느 순간 자취를 감추게 된다. 이와 같은 신 개념의 퇴적 과정을 더 자세히 이해한다. 2부에서는 플라톤의 사상과 함께 아리스토텔레스와 플로티노스의 사상도 집중적으로 살펴본다.

10. 플라톤

— **Plato**, 기원전 427~347년 —

편재

화이트헤드가 플라톤 철학을 관찰한 후 남긴 유명한 말이 있다. "유럽 철학 전통의 가장 안전하고 일반적 특징이라면, 플라톤에 대한 일련의 각주로 구성되어 있다는 것이다."(Whitehead [1929] 1978, 39) 이런 관찰은 특별히 신 개념에 적용해 볼 수 있다. 불행히도 플라톤의 신관에서 전망을 발견한 과정 유신론의 견해는 대체로 도외시되어 왔고, 이 때문에 플라톤에 대한 우리의 관점은 궁핍해졌으며, 신 개념의 역사를 해석하는 관점 역시 납작해졌고, 플라톤의 신 개념을 바라보는 현대 종교철학과 신학의 시야는 협소해졌다.

이 책을 시작하면서 인용한 로이스의 말대로 현대 사상가들은 우리 생각만큼 독창적이지 않다. 즉 신에 관한 사유는 새롭게 시작된 생각이 절대 아니다. 신에 관한 사유는 언제나 세대에서 세대로 이어져 내려온 신 개념에 대한 반응이고, 그 개념을 수정하는 작업이다. 이런 점에서 신에 관한 사유는 곧 역사와 연결되는 사고다. 플라톤보다 서양 신 개념에 영향을 크게 미친 사상가는 없다. 그렇기에 과정 사상가들은 수세기에 걸쳐 플라톤의 유신론을 해석해 온 대다수가(전부가 아니라) 그의 유신론에 담긴 역동성을 알아차리지 못했거나 과소평가했다고 다소 과감하게 주장한다.(Dombrowski 2005, 3)

플라톤이 생각하는 신 개념은 정적 특성과 동적 특성 둘 다를 갖고 있지만, 동적 특성은 거의 잊혀 버렸다. 정적 특성은 불변성과 가변성 혹은 형상과 질료를 구분한다. 단극 방식에서 영혼과 신은 각 쌍에서 불변성과 형상에 속한다. 그 이유는 곧 살펴볼 예정이다. 그런데 신에 관한 플라톤의 사유에서 동적 특성을 따르면, 세계 영혼인 신을 포함해 영혼은 당연히 운동하고 있다. 동적 특성에서는 독립적 이동과 의존적 이동이 대비된다. 물론 우주라는 몸의 영혼으로서 신은 불후의 시간 내내 있기 때문에, 세계 영혼 내부에는 불변의 원칙이 자리한다. 반대로 정적 특성에서 볼 때, 이런 불변의 원칙이 신적 영혼 자체를 규정한다. 플라톤의 체계에서 범주들은 서로 양극 대비를 이루기 때문에, 각각의 범주가 서로 긴장하는 관계에 있다. 신적 실재를 포함해 실재는 하나이지만, 이런 통일성은 담론적으로나 형이상학적으로 둘로 이해될 수 있다.

플라톤의 신 개념에서 더 널리 알려진 첫 번째 특성, 정적 특성은 "온톨러트리", 존재의 숭배를 부추긴다. 이와 관련 있는 플라톤의 글도 여럿 있다.(『파이돈』*Phaedo* 80a~b, 『국가』*Republic* 380e, 381b~c, 381e, 382e, 『법률』*Laws* 797d, 『에피노미스』*Epinomis* 982d~e, 985a 등을 예로 들 수 있다) 신적 고정성의 견지에서 볼 때, 이런 정적 특성은 변동성이 품고 있는 위험을 경고한다. 게다가 플라톤이 생각하기에 이런 정적 특성의 신은 변해야 할 필요가 없다. 완전한 존재는 변할 필요가 없을 것이므로, 만일 변동했다면 그 변화는 신의 불완전함을 지시하기 때문이다. 플라톤의 신 개념에서 두 번째 특성, 동적 특성은 "지그놀러트리", 생성의 숭배에 닿아 있다. 여기서 세계 영혼으로서의 신을 포함하는 영혼은 자기-운동self-motion 혹은 살아 움직이는 힘으로 정의된다. 즉 세계 영혼으로서의 신을 포함하는 영혼은 실체가 물상화된 어느 것이 아니라 자기-운동하는 힘 혹은 '뒤나미스'dynamis를 갖는다.(*Phaedrus* 245~246 참고; 또한 *Laws* 10권 참고; 기타 등등) 이렇게 동적 특성을 갖는 신은 자기-운동을 **언제나** 보여 주며, 신적 '뒤나미스'를 일관적으로 지시하기 때문에, 플라톤은 이런 동적 특성을 고수하면서도 생성의 숭배에 굴종하지 않아도 된다.

아리스토텔레스의 신 개념을 살펴보기 전, 플라톤에서 아리스토텔레스로 이동하는 가운데 발생한 역설적 변화를 먼저 따져 보자. 플라톤은 양극 범주 체계로 잘 알려져 있다. 플라톤의 체계에서 형상은 질료와 대비되고 존재는 생성과 대비되지만, 결국 그는 신적인 살아 움직이는 것(세계 영혼)이 모두를 포함하는 우주 일원론으로 귀결한다. 반대로 아리스토텔레스는 구체화된 형상이라는 단극 범주 체계로 잘 알려져 있음에도, 플라톤의 대화들에서 볼 수 있는 그 어느 것보다 심각한 우주 이원론으로 귀결한다.(Dombrowski 2005, 65) 즉 신에 관한 플라톤의 수많은 사유 가운데 정적 특성 하나만을 플라톤의 관점으로 확정해 버리면, 큰 오해를 낳고 만다. 어느 한 아이가 두 가지 모두 갖겠다고 떼쓰는 것같이, 플라톤은 『소피스트』(249d)에서 엘레아 출신 이방인의 입을 빌려 실재(역동

적 힘)는 변하지 않으면서도 동시에 변하는 것, 둘 다라고 선언한다.(Dombrowski 2005, 71)

플라톤의 신학에서 중심은 형식들의 "순수한 존재"와 영혼의 "최고 이동"이라는 두 원칙이다. 『파이돈』, 『국가』, 『파르메니데스』 *Parmenides*에 나오는 변하지 않는 신격(형상에 대한 신격의 지식을 포함)이 고정성의 최고 본보기라면 『파이드로스』*Phaedrus*, 『법률』의 자기-운동하는 신은 이동성의 최고 본보기다. 하츠혼은 앞서 『소피스트』의 구절을(플라톤이 떼쓰는 아이가 하는 것같이 "둘 다 주세요"라고 말하는 취지를) 넌지시 언급하면서, 『티마이오스』*Timaeus*에서 플라톤 신론의 두 극이 비슷한 비중으로 함께 묶인다고 주장한다. 그러나 단어 "함께"는 문제가 있다. 곧 다시 설명할 테지만, 플라톤은 데미우르고스[1]와 세계 영혼 같은 다른 존재들 사이의 상관 범주들을 신화적으로 고정해 버리기 때문이다.(Dombrowski 2005, 73)

『국가』에서 플라톤이 신적 완전함을 불변성으로 보는 관점에 대해, 그런 시선이 더 포괄적인, 양극 신관 안에 위치하는 한 완전한 존재는 변하지 않는다고 가정하는 것에 대해 반박해야 할 이유는 없다. 앞서 설명한 것같이 신은 **언제나 변한다**. 그리고 두 단어 모두 중요하다. 칸트가 생각하는 '엔스 레알리시뭄', 즉 **최고 실재 존재**, 타자에 의해 영향받거나 나아질 리 없는 신은 『소피스트』의 247e에 나오는 역동적 힘으로서의 실재 존재라는 정의를 거의 위반

---

1 우주 형성자. 『티마이오스』에서 물질세계의 조화신으로 간접적·이차적 창조자라는 뜻으로 사용된다.

한다.(Dombrowski 2005, 74) 문제는 『국가』(381b)에 나오는 신에 관한 가정, 신은 모든 면에서 가능한 최고('타 투 테우 판테이 아리스타 에케이'*ta tou theou pantei arista echei*)라는 가정이 문제가 아니라 가능한 최고 존재는 모든 면에서 불변한다는 가정이다. 물론 존재의 숭배가 야기된 데는 플라톤 자신의 책무도 일부 있지만, 그의 대화들에는 그 가치가 다시 발굴되어야 할 다른 지적 여정도 많다.

신고전, 과정, 양극 신론이 강조하는 바, 일단 하츠혼을 따라 신적 현존과 신적 현실태를 구분하면, 존재와 생성 둘 다를 드높일 수 있다. 신적 현존이 신의 영속적 현존이라는 순전한 사실에 관심을 둔다면, 신적 현실태는 어떻게 신이 시시각각 역동적으로 현존하는지에 관심을 둔다. 이런 구분 아래 신의 순전한 현존을 다룰 때 불변하고, 자기-충족적이고, 부동하고, 확고하고, 영원하게 머무는 신을 떠올리기 쉽다. 신이 언제나 현존한다는 사실은 바뀌지 않는다. 다만 신의 현존의 결 혹은 신이 현존하는 방식, 즉 생성과 변화 면에서 신을 묘사하는 것은 신적 현실태 아래 가능해진다. 이를테면 나는 거듭해서 변한다. 하지만 그런 변화 중에도 "댄"Dan이라는 상대적으로 안정된 정체성을 유지한다.(*Symposium* 207d~e 참고) 이와 같이 신과 피조물이 전선하고 전지한 관계를 맺은 결과, 신은 불후의 시간 내내(혹은 시간상 영구하게) 시시각각 변하는 동시에 이런 탁월한 변화를 통해 "신"으로서 안정된 정체성 혹은 영속적 존재를 유지한다.(Dombrowski 2005, 77~78) 신의 존재는 추상적 특성을 가리키며, 신의 이런 면모는 신적 삶에서 생성의 모든 구상적 순간에 적용된다.

신의 순전한 현존은 무한한 변형성과 유연성을 지니기 때문에 상당히 추상적이다. 플라톤의 양극 신론을 빌려 오면 신에게는 여러 양상이 공존한다. 즉 신은 모든 현실적 사물에 현실적으로 상관하며, 모든 잠재적 사물에는 잠재적으로 상관한다. 『소피스트』에서 신은 역동적 힘으로 모든 것과 영향을 주고받는다. 따라서 양상의 공존성은 능가할 수 없음이라는 개념과 동일하다.(Dombrowski 2005, 93)

이 장에서는 신적 편재를 검토한다. 이어 다음 장에서는 신적 전지를 다루고 신적 전능을 반박한 플라톤의 논증을 충분하게 살펴볼 예정이다. 이에 앞서 두 가지 조건을 밝힌다. 첫째, 플라톤의 대화들은 기록된 시기가 각기 다르다. 존재와 생성이 동시에 성립한다는 뛰어난 통찰은 『소피스트』와 『티마이오스』 같은 후기 대화들에 실린 플라톤의 주석에서 볼 수 있다. 여기서는 이런 가정을 상세하게 다루지 않는다. 마찬가지로 다른 곳에서 다루었으나(Dombrowski 2005, 5~11) 여기서 논증 없이 가정하는바, 플라톤이 대화들에 직접 등장하지 않더라도 사실상 플라톤 자신이 대화들을 주로 기록했으므로, 대화들에 그의 관점은 어느 정도 드러난다. 둘째, 플라톤은 그의 대화들에서 신을 가리킬 때, 단수형과 복수형('테오스'*theos*와 '테오이'*theoi*) 중에 하나로 결정하지 않고 번갈아 사용한다. 그러나 나는 표면적으로 플라톤의 사상은, 특히 세계 영혼을 생각할 때 일신론에 가깝다고 가정한다. 즉 그가 신들이라고 언급할 때는 우주를 설명하는 개념적 문제가 아니라 대중의 경건함을 염두에 두는 것 같다.(Dombrowski 2005, 11~12, 84~89 참고)

이제 신적 편재를 생각해 보자. 신은 몸을 갖고 있는가? 고전 유신론에 따라 신의 몸을 부인하면, 인간의 본성에 관해 이원론을 주장하지 않더라도, 점차 이원론의 관점에서 우주를 바라보게 된다. 우주 이원론에 따르면, 세계에 대한 (지식이나 사랑 혹은 둘 다를 통한) 신의 의식은 우리가 세계를 의식하는 것과 완전히 근본적으로 다르다. 반대로 플라톤의 세계 영혼은 우주 일원론을 지시한다. 여기서 신은 구체화된 전체 우주를 살아 움직이게 하는 정신 혹은 영혼이다. 이런 관점에서 신격의 편재성은 문제 되는 게 없으나 고전 유신론의 우주 이원론에서는 문제가 된다. 현대의 철학적 유신론자들은 세계 영혼으로서의 신에 대한 믿음을 주로 무시하지만, 이런 믿음은 플라톤의 후기 대화들 가운데 적어도 다섯 곳(『정치가』 *Statesman*, 『필레보스』*Philebus*, 『티마이오스』, 『법률』, 『에피노미스』)에 등장한다.

플라톤은 탁월한 이성('프로네신'*phronesin*)을 부여받은 살아 있는 존재가 신이라는 생각을 세계 영혼의 의미를 통해 드러낸다. 그는 신화시에 서로 다른 이름을 가진 두 존재를 등장시켜 신격의 두 면모를 보여 주는 것으로 양극 신론을 강조한다. "자비의 원칙"principle of charity[2]을 적용해 플라톤의 신화시를 보면, 신은 일반적으로 우주의 영혼이 깃든 역할(세계 영혼)이라고 할 수 있으며, 이성의 역량(데미우르고스)을 갖고 있다. 신은 우주의 영혼이 깃든 역할이라는 생각은 자연 세계 자체는 그 전체가 신적 몸 혹은 신적으로

---

2 논증을 재구성할 때, 논자의 본래 의도를 최대한 명료하게 드러내기 위해 재구성자가 갖추어야 할 태도. 논증을 제시한 논자가 합리적일 뿐 아니라 진실성의 원칙을 준수한다고 전제하는 열린 태도다.

살아 움직이는 것('준'zoon)이라는 생각으로 이어진다. 세계 영혼은 세계의 몸 전체에 퍼져 있으며, 그렇기에 그저 병행하는 현존 혹은 부수현상적epiphenomenal[3] 현존이 아니다. 다시 말해 영혼은 자기-운동으로 정의된다. 이에 따라 신적 세계 영혼은 자기-운동이 가능한 정도가 아니라 자기-운동의 최고 본보기라고 할 수 있다. 신성은 자연 세계의 일부만 아니라 전체에 관한 결정을 내릴 수 있기 때문이다.

다음 네 항을 통한 비유는 플라톤이 생각하는 신성의 유기적이고 살아 있는 성질을 이해하는 데 도움을 준다.

$$P1 : P2 : P2 : P3$$

P1은 미시 세포 수준의 정신이다. 현대의 과학적 시선에서 볼 때, 이것을 근거로 플라톤이 범정신론에 가볍게나마 관심을 가졌다고 주장할 수 있다. 고대 그리스인들은 세포에 대해 몰랐음에도 신경, '뉴라'neura에 대해서는 짐작했다.(Solmsen 1961 참고) 유기적 실재는 그 기본 구성 요소들이 적어도 부분이나마 무규정적으로 자기-운동하는 것같이 보이기 때문에, 결정론의 악몽은 점차 사라졌다. 즉 과거로부터 모든 작용인을 전부 취합하더라도, 세계에서 생성의 더 작은 단위의 행동들을 설명하지 못한다. 플라톤은 그의 지식

---

3 부수현상설epiphenomenalism은 심리철학에서 물질과 의식의 인과관계에 대한 형이상학적 입장 중 하나다. 이에 따르면 의식 혹은 감각질qualia(感覺質)은 물질의 물리적 상태에 부수하는 현상에 지나지 않으며, 물질에 대해 어떤 인과적 작용도 빚지 않는다.

이상으로 통찰력 있는 사상가였다. 아마도 플라톤은 현대 과학에서 우주적 춤이 보편적 기계론을 대체하리라는 사실을 거의 알아채지 못했을 것이다.

　　P2는 동물과 인간에게 발견되는 느낌이라는 의미에서 문자 그대로 정신이다. 중추신경계를 가진 존재들의 경우, 그 구성 요소인 세포들이 국부 수준에서 느낌을 예시하면 중추신경계가 전체에서 그 느낌을 느낀다. 느낌**은 국부적이다**. 복부를 칼에 찔린 척추동물이나 성적 쾌감을 떠올려 보라. P2는 이런 국부 세포들의 느낌을 수용하고 수집하는 데 있으며, 그렇기에 전체인 개체는 부분을 일부 초월함에도 개체의 부분인 세포들에서 발생하는 바를 느낄 수 있다. 플라톤은 『국가』(462c~d)에서 (소크라테스라는 인물을 통해) 손가락에(손 전체가 아님을 주목하라) 통증이 있으면 연결된 몸 전체가, 전체 공동체('파사 헤 코이노니아'*pasa he koinonia*)가 아프다는 점을 분명하게 밝힌다. 손가락 한 부분을 다쳐 통증이 생기면 전체('홀레'*hole*)에서 고통을 경험하는 인간을 떠올려 보면, 유기적으로 통일된 개체에 대해 이해하기 쉽다.

　　P3는 신적 정신이다. 인간 혹은 동물은 세포들(혹은 신경들)이 구성하는 사회라고 할 수 있고, 그중에서 정신 부분이 탁월하다. 이와 같이 우주는 그중 한 성원(플라톤의 데미우르고스)이 탁월한 사회 혹은 유기체(플라톤의 세계 영혼)다. 플라톤은 하츠혼과 이런 믿음을 공유한다. 살아 움직이는 개체는 자신의 통합된 완정성integrity을 유지하기 위해 환경에 적응해야 하므로, 은연중에 필멸성을 드러낸다. 그러나 세계 영혼을 상상할 때, 신격의 외부 환경이 아니라 내부

환경, 즉 세계 정신(데미우르고스) 혹은 세계 영혼의 몸으로서 세계를 헤아려야 한다. 이런 우주적·신적인 살아 움직이는 것에는 그 몸을 자각하고 기억하는 이상적 방식이 있어야 하는 만큼, 그 몸과 친밀한 관계를 맺는다. 이를테면 그 몸이 포함하는 미세개체들(P2)을 식별할 수 있다. 인간의 경우, 발가락의 세포가 불에 데었다는 것만 알 수 있을 뿐 미세개체들(P1) 자체를 식별하지는 못한다.

신에 관한 말에서 일의성univocity을 제외하면 전부 부정성의 속성만 남는다. 신은 꼭 우리같이 현존하거나 알거나 사랑하지 않는다. 하지만 고전 유신론자들은 신적 몸에 관해 이런 부정성이 제멋대로 전개되게끔 내버려두었다. 하츠혼은 이런 불균형을 바로잡기 위한 시도로서 플라톤을 불러낸다.(Dombrowski 2005, 21) 물론 하츠혼은 세계 영혼과 데미우르고스의 긴밀한 연결 관계에 대해 플라톤이 『티마이오스』에서 설명하는 것보다 훨씬 명료하게 설명한다. 하지만 일단 『티마이오스』에 "자비의 원칙"을 적용하면, 세계 영혼에 대한 플라톤의 설명이 정합적임을 알 수 있다. 세계 영혼은 살아 있는 신적 존재이자 최고 지성(『티마이오스』의 신화시에 묘사된 데미우르고스)이다.

외계에서 가해지는 물리력 때문에 소멸된다는 의미의 고통을 신은 겪을 수 없다. 그러므로 필멸하는 신적 두뇌를 상정해야 하는 만큼, 정신-몸 혹은 영혼-몸의 비유를 몰아붙일 필요가 없다. 살아 움직이는 것이 외부 환경을 가질 때, 신체의 다른 부위보다 두뇌가 훨씬 중요하게 상정될 수 있다. 중추신경계는 신체 내부 활동들이 외부 자극에 적응하게끔 하는 기관이지만, 모든 걸 포괄하는 신적 유기체는 이런 기능이 필요 없다. 말하자면 모든 개체는 세계 영혼과 직접 소통하는 뇌세포라고 할 수 있다.

프리드리히 졸름슨Friedrich Solmsen은 플라톤의 신 개념을 다룬 연구자 가운데 가장 유익한 견해를 제시한다. 졸름슨이 분명하게 밝히듯, 플라톤은 공민의 종교라는 전통적 관점을 바탕으로 신학을 전개한다. 그러므로 정치와 무관한 경건함 혹은 순수한 세속적 애국심은 그 용어에서부터 플라톤의 신학과 상충했을 것이다.(Solmsen 1942 참고) 오래된 종교는 몰락하면서 긍정적 결과와 부정적 결과 둘 다를 가져왔다. 신 개념이 보다 지적이고 정교해진 한편, 무신론의 문이 열리고 말았다. 플라톤은 그 문을 닫고 종교적 대화를 되살려 낼 셈이었다. 일생 정치에 관심을 가졌던 플라톤의 입장을 헤아려 볼 때, 그는 폴리스polis의 이득으로 간주되어 온 특정 신격을 포기하더라도, 공민의 종교를 되살리려면 종교적 대화가 활발하게 일어나야 한다고 생각한 것 같다. 게다가 플라톤보다 앞서 2세기 동안 활동했던, 소크라테스 이전 사상가들의 선구적 작업도 종교적 대화들을 통해 이어 가야 했다. 그들은 사실상 신격(혹은 신격들)과 우주의 과정을 연결하고자 했고, 플라톤은 그들 사상에 기대 세계 영혼에 대한 믿음을 이어 갔다.

졸름슨은 어떻게 크세노파네스Xenophanes와 아이스킬로스 Aeschylus가 플라톤의 길을 부분이나마 준비했는지 상세하게 설명한다. 그들은 신(플라톤의 데미우르고스)을 신체의 수고 없이도 활동하는 정신으로 설명했다. 때로 에우리피데스Euripides는 신을 우주적 용어로 사고했다. 아낙사고라스Anaxagoras와 아폴로니아의 디오게네스Diogenes of Apollonia는 세계의 목적을 수행하고 신체 기관을 움직이는 일은 행운/우연('티케'*tyche*)이 아니기 때문에 세계의 지적 조직자가 있다고 생각했다. 소크라테스 이전 사상가 중 일부는 거듭해서 우주적 신격을 정치적 신격에 상반되는 것으로 모색했다. 철학적 "학문"science은 새로운 신적 원리에 대한 탐구를 주도적으로 이끌었다. 우주로서의 신 개념은 정치가 격변하는 상황에서도 위협 당하지 않았기 때문에, 자연의 철학은 새로운 종교 신념을 빚는 데 가장 큰 잠재적 원천이 되었다. 『티마이오스』의 도입부에서 플라톤 은 세계 영혼/데미우르고스의 자리를 마련하기 위해, 국가의 건설을 논하면서 전통적 신들을 비판한다.

　　우주 영역에 신적 지위가 주어지는 방식에 대한 엠페도클레스 Empedocles의 생각 그리고 세계 영혼에 대한 탈레스Thales, 아낙시메 네스Anaximenes, 피타고라스학파Phythagoreans의 고찰 역시 주목할 필요가 있다. 또한 헤라클레이토스Heraclitus는 많은 사물('폴리마티 아'*polymathia*)을 익히는 인간의 학습과 세계 영혼의 신적 지혜를 대비하고, 지혜를 '헨 토 소폰'*hen to sophon*(통일된 지혜), 보편적 로고 스, 우주적 '노움'*gnome*(사고), 세계 정신('퀴베르만 판타'*kyberman pan-ta*) 같은 여러 형식으로 표현한다. 우주라는 관념 자체가 우주적 신 에 대한 믿음으로, 인간의 지혜를 대체로 구성하는 것에 대한 성찰 로 이어진다. 우리는 우주의 질서를 구성하는 요소다. 헤라클레이 토스는 우주의 원리를 때로 제우스로 의인화했고, 에테르같이 희귀 하나 모든 곳에 스며 현존하는 것으로 보기도 했다. 후대 스토아학 파는 이런 관점을 널리 퍼뜨린다.(Dombrowski 2005, 24 참고)

플루타르코스에 따르면, 실제로 아리스토텔레스와 원자론자들을 제외한 **모든** 고대 철학자는 신적인 살아 움직이는 영혼과 함께 세계가 알려진다고 믿었다! 약간 과장된 주장일 수 있으나 이는 고대인들이 세계 영혼을 얼마나 자연스럽게 여겼는지 보여 준다. 아마도 그만큼 고전 유신론자들은 불편하게 느낄지 모르겠다.

플라톤은 『에우튀프론』*Euthyphro*에서 경건함('에우세베이아'*eusebeia*)을 정의하려 애쓴다. 이것을 플라톤이 시도한 종교 개혁의 시발점으로 볼 수 있다. 이런 플라톤의 시도는 『국가』에서 강화되었다. 동시에 플라톤의 영혼 개념은 오르페우스교, 피타고라스 신봉자, 영혼에 관한 신비주의 종교 전통에 가장 잘 보존되어 있다. 영혼은 정치적 덕목의 근본이 되었고, 영혼을 사용함으로써 종교 언어를 통해 우주를 설명할 수 있게 되었다. 플라톤은 유동의 세계와 동일성의 세계를 연결하고 실재의 통합된 이론을 제시하려는 시도에서 최고 영혼, 즉 세계 영혼을 주장한다. 따라서 『티마이오스』에서 신은 우주에 생명을 부여하기 위해서가 아니라 우주의 생명을 가능한 한 탁월하게 만들기 위해 기능한다. 인간의 영혼은 우주 영혼과 동질하게homogeneous 될 수는 없으나 우주의 아름다움을 철학적으로 고찰하면서(천문학과 음악을 통해, 불협화음을 일으키는 요소들을 조화시키면서) 적어도 닮아 갈 수는 있다.

신(최고 '누스'*nous* 혹은 지성을 가진 최고 정신)은 조화롭지 못한 세계의 요소들을 대면할 때, 물리력('비아'*bia*)이 아닌 설득력('페이토'*peitho*)으로 맞선다. 그러나 신은 여전히 힘('크라토스'*kratos*)을, 완전함의 본보기를 세계에 보여 주고 설득해 가는 거대한 힘을 갖고 있다. 졸름슨은 『티마이오스』를 근거로 데미우르고스와 세계 영혼을 선뜻 동일시하진 않지만, 하나의 신이 다른 기능을 담당하는 두 면모를 지녔다는 것은 흔쾌히 받아들인다. 세계 영혼은 운동성과 생명을, 데미우르고스는 질서, 설계, 합리성을 갖고 있다. 하지만 이런 두 면모는 『법률』에서 합당하게 동일시된다. 여기서 정신 자체는 불후하더라도(『티마이오스』의 신화시에서 데미우르고스가 세계 영혼보다 선행하는 것으로 묘사되었더라도) 정신은 살아 있는 영혼을 전제하기 때문이다.

졸름슨은 하츠혼이 주장하는 인격적 신격의 개념을 강화한다. 우주의 영혼이라는 플라톤의 교리는 그 형태를 갖춰 가면서, 자연에 영을 다시 부여했다. 또한 개체와 신의 간접 관계는 직접적이며 인격적인 관계로 바뀌었다. 이런 관계 맺음을 통해 솟아나는 열정이 플라톤이 말하는 경건함의 본질이다. 플라톤은 『에우튀프론』에서 이런 경건함이 바로 신을 섬기는 것(하츠혼의 용어로는 공헌)의 전형이라고 결론 내린다.

폴 프리들랜더Paul Friedlander(1958)는 플라톤 일생의 과업이 법, 예술, 자연에 영을 다시 부여하는 것이었다고 말한다. 은유적으로 다시 말하면, 신들은 만물에 가득하다는 탈레스의 개념으로 플라톤이 돌아간 것이라고 할 수 있다. 프리들랜더는 또한 『고르기아스』 Gorgias(505e)를 예로 들면서, 개체와 신의 공통점을 설명한다. 플라톤은 우주를 위한 영혼뿐 아니라 개체 영혼을 위한 우주 혹은 전체성을 지시한다. 즉 인간의 공통 원리가 선('아가톤'agathon)이라는 점에서 최고 인간은 세계 영혼을 반영한다. 프리들랜더가 지적하듯,

많은 근대 사상가의 믿음대로 세계가 그저 기계에 불과하다면 나뭇잎이나 애벌레의 출현은 "기적"이었을 것이다.(Friedlander 1958, I. 31; III. 328, 348, 363, 365, 436)

너무나 놀랍게도 플라톤은 『법률』 10권에서 법률 전문을 시작하는 서두에 무신론에 맞서 논증을 펼친다. 여기서 플라톤은 『국가』에서보다 종교의 역할을 중요하게 내세우며 도시의 근간에 종교가 있다고 강조한다. 그는 무신론의 세 유형, 신을 아예 부인하는 것, 신성은 우리를 돌보지 않는다는 믿음 그리고 희생 제사로 신을 매수할 수 있다는 주장을 반박하려 했다. 플라톤은 신적인 살아 움직이는 것에 대한 믿음을 포함해 그 자신의 신학적 교리들을 가져와 반론한다. 『법률』에서 세계 영혼은 때로 (『티마이오스』와 비슷하게) 개체 존재자로서가 아니라 포괄적 원리로 등장한다. 하지만 영혼은 우주의 모든 모습에 각기 동등한 수준으로 자신을 드러내지 않는다. 영혼은 살아 움직이는 것, 특히 인간과 신 안에서 강하게 드러난다. 따라서 세계 영혼 때문에 세계는 거듭해서 유기적으로 작용하며, 그 덕분에 우주는 감각 경험의 모든 자극을 자신에게 연달아 전달할 수 있다. 이런 점에서 우주는 기계 설비와는 다르다. 즉 세계 영혼은 사방에 흩어져 있는 다른 몸들을 통합한다. 이런 통합은 소크라테스 이전 철학자인 아낙사고라스와 크세노크라테스 Xenocrate의 생각과 비슷하다.

자신만 사유하는 자기-충족적 신이라는 아리스토텔레스의 개념은 플라톤과는 전적으로 이질적이다. 만일 있을 수 있다면 신의 '텔로스'telos는 사물들의 총합을 위한 가능한 한 최상의 조화다. 부분은 전체를 위하지만, 전체는 오로지 건강한 부분을 통해서만 번성한다. 신은 단독의, 분리된 기관을 살피는 게 아니라 세계 전체라는 몸을 주의 깊게 들여다본다는 점에서 실력 좋은 외과 의사와 비슷하다. 플라톤이 말년에 폴리스의 집 대신 우주의 집에 편안히 거주했다는 말은 성급한 판단일지 모른다. 그러나 헬레니즘에 정치의 영역을 벗어나 우주의 삶으로 탈출할 수 있는 길을 열어 줬다는 공로는 인정받아야 한다. 또한 우주적 범위를 아우르는 세계 영혼은 아버지 하늘의 신과 어머니 땅의 여신이 분기되기 이전 존재했던 위대한 어머니 신앙의 전통으로 우리를 데려간다. 사실상 분기 이후 아버지 하늘의 신으로 점차 기울었고, 여기서부터 야훼와 하느님 아버지가 생겨났다.(Moltmann 1985 참고)

졸름슨은 신학이 물리학을 바탕으로 완전하게 새로운 체계를 형성하려면 신적 세계 영혼의 개념을 주춧돌 삼아야 한다고 전망한다. 이제는 개인적 체험 혹은 정치적 경험 대신 우주적 근거에서 종교의 유효성을 파악해야 한다. 종교를 우주적 차원에서 이해하려는 시도는 순전한 정치 공동체의 시민을 넘어 우주 시민으로 우리 자신을 바라보게끔 한다. 실제로 폴리스에서 법은 중요했다. 하지만 그 중요성은 더 큰 맥락에서 볼 때만, 특히 『티마이오스』와 『법률』의 신학적 배경에 비추어 볼 때만 확인된다. 플라톤은 거의 한 세기 동안 벌어졌던 그리스 문화의 붕괴 과정에 맞서 『티마이오스』와 『법률』을 통해 나름대로 종교적 대화를 시도했기 때문이다.

이쯤에서 테일러A. E. Taylor의 유익한 견해도 들여다보자. 그는 세계 영혼(신)이 물질 없는 새로운 우주론의 뼈대이기 때문에(달리 말해 후기 플라톤은 범정신론자였으므로) 그 개념은 『국가』보다 주로 『티마이오스』에서 훨씬 중요하다고 생각한다. 또한 테일러는 신(데미우르고스)이 세계의 몸에 영혼을 주입할 때 사용하는 언어를 문자 그대로 이해할 필요가 없다고 지적한다. 최고 영혼('아리스테 프쉬케'*ariste psyche*)은 초월적이면서 내재적인(즉 양극적인) 신이다. 초월성은 플라톤의 신을 범신론의 신으로 부르지 못하게 하고, 내재성은 신을 고전 유신론의 방식에 국한하기 어렵게 만든다. 테일러가 영혼을 "실체"의 위치로 보는 관점을 포함해 단극성을 비판하려는 목적에서 화이트헤드를 사용했다는 사실은 그리 놀랍지 않다.(Taylor 1928, 77~82, 103~105, 124, 255~256 참고)

신에 관한 플라톤의 사유가 플라톤**주의** 역사에 가려 제대로 알려지지 못했다는 것은 슬픈 일이다. 그는 정치 체계의 맥락에서 신을 고찰했던 마지막 그리스인이었다. 그가 세상을 떠난 후, 고대 철학은 두 방향의 유신론으로, 아리스토텔레스의 엄밀하게 초월적 신 개념과 스토아학파의 범신론으로 나뉘었다. 고대 철학자 중 누구도 플라톤의 요새를 지키지 못했다. 졸름슨은 그리스도교가 신에 관한 플라톤의 사유에서 첫 번째 특성, 즉 정적 특성에만 무조건 의존하는 바람에 "플라톤적"이라고 규정되곤 하지만, 대체로 아리스토텔레스의 움직임을 따랐다는 하츠혼의 주장에 동의한다.

진정한 플라톤적 그리스도교라고 불릴 만큼 그리스도교가 세계 영혼을 진지하게 받아들인 유형은 오리게네스에게서 확인할 수 있다. 앞서 보았듯, 그는 3세기에 활동한 그리스도교 신학자로, 비인격적 범신론과 신을 초자연적으로 보는 관점(우주 이원론) 둘 다를 거부했다. 오리게네스가 사용한 성서 구절에서 그의 사상을 간략하게나마 살펴볼 수 있다. 그는 구약성서에서 예언자 예레미야가 남긴 말 "내가 하늘과 땅을 가득 채우고 있지 않느냐? 주가 말한다"(23:24) 그리고 신약성서에서 고린토인들에게 보내는 첫째 편지의 유명한 말 "몸은 하나지만 지체가 많은 것같이 그리스도의 몸도 그러합니다"(12:12)를 인용한다. 오리게네스가 보기에 그리스도는 곧 편재하는 '로고스'*logos*(이성), 만물을 하나로 묶는 '아가페'*agape*(영적 사랑) 그리고 세계라는 몸을 위한 영혼이다.(Origen 1929)

다시 말해 오리게네스는 우리의 한 몸('코르푸스 노스트룸 우눔'*corpus nostrum unum*)이 많은 지체('물티스 멤브리스'*multis membris*)로 구성되어 있으며, 모두 한 영혼('우나 아니마'*una anima*)으로 한데 묶인다고 분명하게 밝힌다. 이와 비슷하게 신에 의해 많은 지체가 한데 묶여 광대하게 살아 움직이는 것이 우주다('이타 에트 우니베르숨 문둠 벨루트 아니말 쿠오담 임멘숨 아트퀘 임마네 오피난둠 푸토, 쿠오드 쿠아시 아브 우나 아니마 비르투테 데이'*ita et universum mundum velut animal quoddam immensum atque immane opinandum puto, quod quasi ab una anima virtute Dei*, 즉 이와 같이 나는 세계 전체를 신의 힘에 의해 하나의 영혼에서 비롯되는, 일종의 광대하고 거대한 살아 움직이는 생물로 생각한다). 여기서 광대한 것을 의미하는 '임멘숨'*immensum*은 신이 신적 몸의 경계 안으로 세계를 한데 모은다는 사실을 지시한다.

아마도 아브라함 종교에 속한 그리스도인과 다른 유신론자들은 다른 무엇보다 세계 영혼에 공감할 것이다. 우리는 어떻게 세포들이 소우주를 이루고 우리의 몸, "중우주"의 질서대로 소우주가 한데 묶이는지 이해할 수 있다. 물론 이런 식의 이해가 항상 쉬웠던 것은 아니다. 19세기 초까지 세포 이론은 생물학 연구에서 정합된 형태의 이론으로 발전하지 못했으며, 철학적 신학 역시 세포 이론을 이해하지 못했다. 이제 중우주에서 시작해 대우주라는 전체의 부분으로서 우리 자신을 바라볼 수 있다. 적어도 이런 식의 고찰은 이해할 만한 시도이다.

신적 몸과 관련한 논의는 신 개념을 이해하기 위해 영혼-몸의 유비를 사용한 결과인 동시에, 플라톤의 형이상학에서 논리적으로 수반되는 논의이기도 하다. 하츠혼은 때로 (칸트 등에 반대해) 현존에 상관하는 필연적 진리가 있다(예를 들어 "어떤 것이 현존한다")고 주장했다. 플라톤은 "(절대적으로) 아무것도 없을 수 있다"는 주장의 난해함을 지적한다. 그는 『소피스트』(241~242)에서 철학적 아버지 파르메니데스Parmenides를 살해할 때, 상대적 비존재 혹은 타자성은 인정하지만, **절대무**의 현존은 인정하지 않는다. **이것은** 무언가일 수 있다는 점에서 **절대무**는 논리적으로 모순일 수 있다. 모든 확정은 부정 진술이라는(어떤 것**은** 무엇이라고 지칭하는 말은 그것이 아니라는 의미까지 포함한다) 플라톤의 말에 하츠혼은 동의한다. 하지만 부정 진술에서 피할 수 없는 이런 특성은 정확히 말해 플라톤의 타자성 혹은 상대적 비존재의 형식이다. "**절대무**가 현존한다"는 진술은 검증될 수 없다. 즉 일절 제약된 진술 혹은 아예 부정적인 진술은 불가능성을 지시한다. 상상할 수 있지만 아직 실현되지 않은 사실을 나타내는 게 아니다. 특수한 몸들은 소멸할 수 있지만(혹은 또 다른 형식의 존재가 될 수 있지만) 우주의 신적 몸은 현존하는 것 외에 다른 대안이 없다.

고통에 대한 고찰에서 볼 수 있듯, 신적 편재의 개념은 플라톤의 신정론과 무관하지 않다. 손가락에 있는 통증의 경험은 내 삶뿐 아니라 세포의 삶에 일어난 일이다. 그러므로 내 경험이면서 내 경험이 아니기도 하다. 마찬가지로 신은 우리와 동일하지 않으나 우리가 겪는 고통을 경험할 수 있다. 이런 이유에서 범신론(문자 그대로 모든 것**이** 신**이다**)이 모든 다양한 신적 포괄성을 망라하고 있다고 보기 어렵다. 플라톤은 『티마이오스』, 『법률』, 『에피노미스』에서 영혼이 몸 안에 있는 것이 아니라 몸이 영혼 안에 있다고 말하는 범재신론(문자 그대로 모든 것이 신 **안에** 있다)을 제시한다. 유신론자라면 이런 신적 포괄성의 전형을 무시하기 어려울 것이다. 우리는 상자에 담긴 구슬이나 정신 안 관념같이 신 안에 있는 게 아니다. 오히려 플라톤은 세계 영혼으로서의 신이 세계의 몸을 살아 움직이게 한다고 생각한다. 사실상 플라톤은 세계의 몸을 신적인 살아 움직이는 것으로 부른다. 이런 플라톤의 생각을 진지하게 받아들이면 범재신론이 말하는 포괄성을 이해할 수 있다. 살아 움직이는 전체는 여러 다양한 몸의 고통을 그 자신 안으로 유기적으로 포괄한다. 화이트헤드가 자신의 유기체 철학의 근원을 찾아 플라톤의 『티마이오스』까지 거슬러 간 것은 어쩌면 당연한 일이다. 『티마이오스』에서 창조되는 것은 물질 자체가 아니라 자연 세계에 대한 일종의 질서다. 이것은 현대의 학문에서 물질인 양자가 결국 (부분이나마 자기-이동하는) 진동이 된다고 보는 관점과도 부합된다.

『티마이오스』의 입증에서 주목해야 하는 점은 (고대 원자론자들이 믿었던 무한한 일련의 우주가 아니라) 하나의 우주가 있다는 것이다. 우주는 신적 정신의 내용 중 일부로서의 형상, 살아 있는 존재의 형상의 이미지대로 형성된다. 학자들은 살아 있는 존재의 형상과 지각하고 살아 움직이는 세계의 몸의 차이는 재빠르게 지적했으면서도, 신적 포괄성의 유기성에 대해서는 주목하지 못했다. 즉 정신 안에 사유의 내용이 포함되는 것과 비슷하게 신적 정신은 생각을 포괄하는 한편, 살아 움직이는 몸과 신체 부위들이 연결되는 것 같이 사실상 신은 세계를 유기적으로 포괄한다. 이런 신적 포괄성은 신(세계 영혼)과 자연 세계에 현존하는 악 혹은 고통의 관계를 이해하는 데 중요한 통찰을 제공한다.

11. 플라톤

— Plato, 기원전 427~347년 —

전능에 대한 반론

앞 장에서 플라톤의 사고를 빌려 편재라는 신적 속성을 살펴보았다. 이 장은 플라톤의 조명 아래 독점하는 신적 힘이라는 전능이 얼마나 이해하기 어려운 신적 속성인지 따져 본다. 『소피스트』(247e)에서 엘레아 출신 이방인(플라톤으로 추정)이 남긴 중요한 진술을 떠올려 보자. "나는 제안한다. 모든 것은 실재적 존재를 갖는다. 실재적 존재는 단 한 번일지라도, 어느 것이든 영향을 미치는 힘 혹은('에이테'eite) 가장 하찮은 행위자로부터 매우 미미한 수준의 영향까지 받는 힘을 갖고 있다. 실재적 존재는 그런 힘을 소유함으로써 구성되었다. 나는 실재적 사물들은 오직 힘('뒤나미스')일 뿐이라고, 그것이 실재적 사물들을 구분하는 표식이라고 제안한다." 화이트헤드와 하츠혼 같은 과정철학자 대다수가 지금껏 과소평가된 플라톤의 말을 철학자들에게 널리 알리는 소중한 작업을 수행해 왔다.

'뒤나미스'dynamis는 동사 "할 수 있다"('뒤나스타이'dynasthai)의 명사형이다. 영어 "역동적"dynamic의 어근으로, 무언가에 작용하는 힘뿐 아니라 작용받는 힘까지 포함한다. 만일 플라톤이 "혹은"('에이테') 대신 "그리고"('그리고'*kai*)를 사용했더라면 더 좋았을 것이다.

화이트헤드는 앞서의 진술이 "형이상학자로서의 [플라톤의] 독창성의 절정"을 보여 준다고 생각한다.(Whitehead [1933] 1967, 5~6, 25, 83, 118~122, 129, 166~169) 이것은 실로 엄청난 주장이다. 플라톤이 존재의 정의('호론'*horon*)로서 역동적 힘을 발휘하고 역동적 힘의 발휘에 의존하는 것으로 암시할 때, 여기서 그가 지시하는 바는 존재의 본질은 다른 사물과의 인과 작용을 통해 은연중에 나타난다는 것이다. 자연법칙은 인과 작용을 따라 내부에서 구성되어 가는 것이지, 초자연적 신이 외부에서 부과하는 게 아니다. 플라톤이 작용하는 행위자 쪽에서 그리고 작용의 수령자 쪽에서 존재를 정의하고 있다면, 그의 정의에 따를 때 작용받지 않는 것(예를 들어 부동의 동자)은 실재적으로 내재하는 존재가 아니라 그저 외부 고정물일 것이다. 이런 과정 해석에서 작용과 반작용은 존재의 본질에 속한다.

플라톤의 독창성은 외부에서 세계 안으로 부과된 법칙이라는 고전 유신론의 주장과 범신론의 내재성이라는 스토아학파의 주장 사이에서 '테르티움 쿠이드'*tertium quid*, 즉 **제3의 것**을 제시했다는 데 있다. 화이트헤드에 따르면, 플라톤은 『티마이오스』에서 이런(고전 유신론과 범신론) 극단들 사이에서 중간 지점을 찾으려 애쓰며, 『소피스트』에서는 존재를 힘으로 정의함으로써 그런 노력을 보완한다. 그의 정의에서 (1) 신적 창조자는 활동적이면서 수동적이다(신적 창조자는 권위주의적으로 명령하는 대신 세계를 설득하고 세계와 대화한다). (2) 실재를 구성하는 다른 요소들의 작용과 반작용이

포함된다. 화이트헤드는『관념의 모험』*Adventures of Ideas*에서 플라
톤에 대해 상당히 타당한 해석을 보여 준다(하츠혼의 비슷한 관점 역
시 옹호할 만하다). 여기서 세계의 창조(혹은 문명화된 질서의 창조)는
설득력이 물리력에 승리한 결과이다. 화이트헤드가 보기에 이 승리
는 가장 위대한 지적 발견이다. 질서를 바라는 신적·설득적 유혹의
교리와 신적 내재성의 교리 둘 다를 통합하기 위한 노력 덕분에 이
런 승리가 가능해졌다.

　　화이트헤드가 "힘으로서의 존재"의 개념을 논하는 두 번째 책
은『사고의 양태』*Modes of Thought*다.(Whitehead [1938] 1968, 119) 여기
서 화이트헤드는 힘이 실체라는 관념의 근간이며(그 반대가 아니라)
이런 점에서 플라톤이 힘으로서의 존재의 개념과 우주 동력으로서
의 힘의 개념을 완전하게 발전시키지 않았음에도 그의 형이상학은
힘의 탁월한 위치를 보여 준다고 강조한다. 화이트헤드 자신이 플
라톤이 미처 전개하지 못한 개념들을 충분하게 발전시키기 위해 애
쓰며, 그 덕분에 그는 정적 우주관, 모든 전이는 궁극적으로 개체
인 정적 실재들 가운데 일어나는 "전이" 때문이라는 관점을 벗어난
다. 과정 자체의 개념은 어느 현실적 존재자의 존재이든 그 존재의
생성과 그것의 수정하는 행위성/피동성에 의해 구성된다는 관념을
따른다. 화이트헤드가 보기에, 세계의 완고한 사실들은 힘을 갖는
다. 플라톤이 볼 때도 마찬가지다. 구체적으로 힘은 다른 특수자들
particulars의 구성에 영향을 미치고, 다른 특수자들에 의해 좌우된다.
신 개념에서 이런 힘은 심오한 함의를 지닌다.

　　하츠혼이 생각하듯 "형이상학"이라는 용어가 실재의 비우연적

특성을 의미한다면 그래서 어느 경험이든 이런 특성을 조작 없이 있는 그대로 확증한다면, "존재가 힘이다"라는 말은 형이상학적 주장이다. 그 범위는 가장 사소한 존재부터 신에 이르기까지, 실재 자체만큼 넓다. 즉 존재가 힘이라는 게 참이라면, 이것은 플라톤의 입장에 부합되는 존재의 개념일뿐 아니라 신 개념이기도 하다.

존재들이 역동적 힘의 사례라면, 그들은 자신의 개체성을 통해 신에게 영향을 받을 수 있지만 아예 강제당할 수는 없다. 힘은 영향이다. 완전한 힘은 완전한 영향이다. 다시 말해 모든 개체에 행사할 수 있는 완전한 힘을 갖고 있다고 하여, 모든 힘을 가졌다는 의미가 아니다. 존재가 힘이면, 개체들 가운데 가능한 한 가장 위대한 힘(즉 완전한 힘)은 개체들을 힘없이 남겨 둘 수 없다. 따라서 완전한 힘조차 타자로 하여금 결정하도록 할 여지를 남겨야 한다. 이런 이유에서 하츠혼의 다음 주장을 납득할 수 있다. "적어도 우리가 힘을 영향, 제어로 이해하는 한, 힘은 무언가에 행사되어야 한다. 그러나 제어되는 것 중 어느 것도 절대적으로 불활성인 것은 없다. 그저 수동적이기만 한 것, 활동성이 일절 없는 것은 아무것도 아니기 때문이다. 만일 어느 정도 활동성을 띠는 어떤 것이 작용을 받는다면, 그것은 아무리 미미하더라도 '절대적' 힘에 맞서 저항하는 힘을 발휘해야 한다. 그렇다면 이렇게 저항을 받는 힘을 어떻게 절대적이라고 볼 수 있을까?"(Hartshorne 1941, 89 또한xvi, 14) 존재가 힘일 때, 사물들의 상관에서 어느 하나가 아무런 힘이 없다면, 그 관계는 "그 사물"이 절대적으로 아무것도 아닌 관계, 즉 불가능성일 것이다. 사물이 실재적 개체라면, 아무리 사소한 사물이어도 다른 사물들에 반응한다. 존재를 힘으로 보는 관점에서 세포, 분자, 전자electron도 예외일 수 없다.

하츠혼은 신은 보편적 상관성을 갖는다는 데 동의한다. 이것은 주로 신적 전선 때문이다. 따라서 신적 영향 혹은 사랑으로부터 아예 바깥에 있거나 아예 영향받지 않는 것은 아무것도 없다. 그러나 '엑스 휠레'ex hyle, 즉 **물질로부터**(이미 현존하는 존재들로부터) 사랑으로 창조하는 신이라는 플라톤의 관점은 '엑스 니힐로', 즉 **무로부터** 전능으로 창조하는 신의 관점과 거리가 멀다. "신은 전능하다"라든가 "신은 모든 힘을 가진다"라고 소리 내어 말할 수는 있다. 하지만 하츠혼의 힘 있는 주장대로, 만일 다른 존재들이 현존한다고 할 때, 이런 단어들이 의미하는 바가 무엇일지 실제로 떠올리기는 어렵다. "신은 특정한 일을 '우리가 하게끔 만들'지 못한다. 그렇다고 [신적] 힘이 '제한'되지 않는다. 말이 되지 않는 것을 진리로 만드는 힘은 없다. 우리의 본성과 활동이 아무것도 아닌 게 된다면, '우리에게 행사되는 힘'이 **우리에게** 행사되는 힘일 리 없다. 상상할 수 있는 어느 존재도 신이 우리와 함께할 수 있는 것보다 더 많이 하지 못한다. (…) 정의상 [신적] 힘은 완전하다. 능가할 수 없다. 그러나 그 힘은 타자에게 적응할 수 있는 능력을 가졌기 때문에 독특한 힘이다."(Hartshorne 1941, 294, 또한 205, 232, 244)

존 레벤슨Jon Levenson(1988)은 혼돈으로부터 창조(즉 **물질로부터** 창조) 교리가 창세기의 첫 장뿐 아니라 히브리 성서 전체에 반영되어 있으며, 히브리인들의 전례 중심에도 이 교리가 있었음을 보여 준다. 그리스도교 학자들 역시 **무로부터** 창조가 창세기에 나오지 않는다는 사실을 오래전부터 인정해 왔다. 이런 견해는 신구약 중간기 문헌, 특히 「마카베오기」 2권 전까지 등장하지 않는다. 예를 들어 게르하르트 메이Gerhard May(1994)는 마르키온Marcion의 영지주의Gnosticism에 대응해야 했던 2세기 말까지 그리스도교 사상가들이 **무로부터** 창조 교리를 옹호하지 않았음을 보여 준다. 그 시기까지 그리스도교 사상가들은 성서의 창조관이 플라톤의 『티마이오스』에서 볼 수 있는 혼돈으로부터 창조와 충분하게 양립할 수 있다고 생각했다. 사실상 신을 세계 영혼으로 보는 플라톤의 뚜렷한 믿음은 성서의 여러 구절에 나오는 시선과 겹치며, 성 바울로와 오리게네스, 편재라는 전통적인 신적 속성 안에서도 볼 수 있다. 그러므로 존재가 역동적 힘이라는 플라톤의 뚜렷한 믿음은 **물질로부터** 창조라는 성서의 관점과도 양립할 수 있다(하지만 신은 힘없는 존재에게 독점적으로 힘을 행사하며 **무로부터** 세계를 창조하므로 전능하다는 주장과 상충한다). 다시 말해 창조성 혹은 플라톤의(신적이든 비신적이든) 자기-운동은 창조되지 않은 그 자체다.

하츠혼은(앞서 토마스 아퀴나스 때보다 확장된) 신적 전능에 대한 비판이 신을 비하하지는 않는다고 본다. 요점은 신의 힘이 신적 아름다움과 선함에서 분리되지 않는다는 것이다. 실제로 신적 아름다움과 선함은 우리의 경배에 영감을 불어넣는 신적 **힘이다**. 『티마이오스』에서 입증되었듯, 이 세계에서 신적 행위자는 강제적이기보다 설득적이다. 이런 시선에서 볼 때, 역동적 힘의 중심들은 무한하게 많으며, 각기 어느 정도 자유롭다. 그렇기에 이른바 물질의 저항은 현실적으로 무한히 많은 자기-운동을 조화시키는 문제에 다

다른다. 신이 순전한 현존이 아니라면, 신의 현실태(즉 어떻게 신이 구상적으로 현존하는가)는 신 외에 여러 원인에서 발생되는 사태들에 의해 좌우된다. 화이트헤드는 플라톤의 신적 설득이 특히 예수 안에서 계시된다고 본다.

일부 고전 유신론자들은 플라톤의 신관을 유대교화하거나 그리스도교화하는 것을 무조건 반대할 것이다. 그들이 주장하는 신은 신적 우위 때문에 악은 물론 세계의 모든 것을 통치하는 최고 권력자여야만 한다. 이런 주장은 당연히 왜 전능한 신이 악을 없애지 않는 것인지 의문을 낳을 수밖에 없다.

세계에 완전한 질서가 부족하다는 말은 적어도 부분이나마 자기-이동하는 자기-동자self-mover가 많다는 뜻이다. 수많은 하위 영혼이 우주적 계획에 순응하게끔 최고 영혼이 그 영혼들을 설득하는 게 아니라면, 이런 수많은 자기-활동self-active 행위자는 완전한 무질서는 아니더라도, 어쨌든 한정할 수 없는 막대한 무질서를 암시한다. 적어도 부분이나마 자기-결정하는 행위자들은 우주적 계획에 무조건 들어맞을 수는 없다. 신적 계획은 완전하게 한정되거나 상세히 알려질 수 없기 때문에, 과정 신정론은 본질적으로 플라톤을 따른다. 신이 타자에 의해 자기-이동하는 동자라면, 즉 다른 자기-동자들에 의해 부분이나마 움직여야 한다면, "신이 우리에게 행사하는 힘을 갖고 있다"라는 말은 플라톤의 관점에서만 이해할 수 있다. 신은 자유로운 행동을 위한 최적의 제한들을 설정해 둠으로써, "세상을 통치할" 수 있다. 신은 우리에게 참신한 생각으로 영감을 불어넣음으로써, 우리에게 일어나는 변화를 제어할 수 있다. 신은 신적 삶을 빚어 가는 중에 일부분 새로워지는 이상을 매 순간 제시한다. 그러므로 **전**능한 힘이란 힘없는 것에 행사하는 독점적 힘일 것이다. 그러나 하츠혼은 존재**가** 힘**이**므로, 개체는 어떻게든 결정한다는 플라톤의 주장에 동의한다. 다시 말해 일부 가능태를 위해 다른 가능태를 차단하는 것(문자 그대로 잘라 내는 것)이 결정의 의미이며, 이런 차단은 필연적으로 자기-의식적으로 행해지는 것은 아니다.

신적 실재는 창조성 자체보다 창조성의 양적·질적 면에서 구분된다. 신적 실재는 질적으로 뛰어난 방식을 통해 우리보다 훨씬 많은 존재에 혹은 존재들과 함께 작용하는 능력을 지닌다. 무질서한 혼돈에서 질서를 가져오려 애쓰는 신의 창조적 노력은 정당하다.(kalon; Timaeus 27c~29d, 68e) 수많은 자기-동자들과 신이 설득해야 하는 물질의 저항을 생각할 때, 사실상 우주는 가능한 만큼만 완전하다.(Timaeus 39d~41d) 성찰할 줄 아는 우리는 질서정연한 삶의 공동 창조자다. 이런 점에서 우리는 사고하는 능력 덕분에 창조된 사물 가운데 유독 신적일 수 있다.(Timaeus 44d) 합리적으로 계획하지 않는다면, 우리 자신의 삶이나 우주 전반에 현존하는 조화는 순수한 우연에 불과할 것이다.(Timaeus 44d, 69b~c, 74d, 75d, 76c, 91a) 질서 정연한 양식을 창조하는 우리의 능력은 이상의 가상('판타스마'phantasma)을 만들어 낼 뿐이지만, 신은 이상의 참된 모상('에이콘'eikon)을 창조할 수 있다. 그럼에도 이성과 같은 부류인 창조적 힘을 가졌다는 점에서, 우리는 분명하게 신을 닮았다.(Sophist 265b~268d)

신적 제한의 원칙이 폐기되거나 잊히거나 거부될 때마다 고대의 혼돈은 효력을 다시 발휘하고 우리의 삶은 파괴 직전까지 떠밀린다. 어쨌든 우주는 어느 때나 제한과 무제한이 한데 있는 혼합체이며, 영혼이 깃든 세계로서 가능한 한 선한 방식으로 다양한 자기-동자를 질서 정연하게 한다.(*Politikos* 273b~c 참고; *Philebus* 27b~c, 28d~30d) 신이 발생하는 모든 것을 제어한다는 증거는 어디에도 없다. 이런 관점은 존재는 역동적 힘이라는 정의와 상충한다.

하츠혼은 그의 책 『전능 그리고 그 밖의 다른 신학적 오류들』 *Omnipotence and Other Theological Mistakes*(1984c)에서 전능을 명시적으로 반박하지만, 플라톤은 신적 전능을 직접 반론하기 위해 그의 대화들에 등장하는 인물의 목소리를 빌리지 않는다. 이유는 단순하다. 플라톤 이전에 활동했던 어느 사상가도 그런 교리를 주장한 적이 없기 때문에 반박할 거리도 없었다. 그러나 전능에 대한 플라톤의 반론은 전혀 예상치 못한 곳, 더 오래된 그의 다른 대화들에 암시되어 있다. 이를테면 플라톤의 『향연』 *Symposium*에서 아가톤은 가장 강력한 사랑(아프로디테Aphrodite)조차 필연과 싸워야 한다고 주장한다.(196d~197b) 『국가』에서 어느 한 이성의 행위자는 결국 필연의 물레와 운명에, 신화의 용어대로라면 필연의 딸들에게 정면으로 맞선다.(616c, 617c, et al.) 플라톤은 『티마이오스』의 창조 신화를 통해 신, 인간, 인간 이하의 존재 등 영혼이 있는 행위자 누구에게든 필연이 저항하는 모습을 가장 폭넓게 보여 준다. 요점은 모든 것이 이룰 수 있을 만큼 가능한 한 선해지는 것을 신이 바란다는 것이다.

일족이기에 서로 비슷한 필연('아낭케'*anangke*), 운명('모이라'*moira*), 행운/우연('티케'), 숙명('헤이마르메네'*heimarmene*)이 선한 자기-동자의 제어 능력, 심지어 신의 제어 능력 너머의 조건들을 가리킨다고 가정해 보라. 다종다양한 존재는 자신의 힘을 갖고 저항하는 우연과 무한하게 가변적 상황을 생산해 내며, 이에 따라 질서 정연하고 도덕적으로 선하며 미학적으로 아름다운 세계의 창조는 방해받는다. 자기-동자 A는 Y 시점에 X 지점으로 이동해야 하는 책임이 있다. 자기-동자 B 역시 Y 시점에 X 지점으로 이동해야 하는 책임이 있다. 그러나 누구도 A와 B가 Y 시점에 X 지점에서 우연히 충돌하는 건 책임지지 않는다. 이런 충돌은 우연 혹은 운명 "때문"에 일어난다. 노련한 항해사가 그렇듯, 우리는 폭풍우를 뚫고 가야 하는 여정에서 우리의 항로를 타개해야 한다. 달리 말해 우리 자신, 우리의 정치 제도, 자연 세계를 아름다운 세계로 빚어 가려면 질서, 제약, 선함을 끌어내야 하며, 이것을 위해 우리는 신과 더불어 필연과 맞서 겨루는 대신(헛된 짓이 분명하다) 필연과 협력하거나 필연을 회유해야 한다.

법(우주라는 신적 법이든 정치라는 인간의 법이든) 위에는 "단순한 소여" 혹은 "외면할 수 없는 사실"이라는 요소가 언제나 있다. 『티마이오스』에서 플라톤이 말하는 필연이 곧 이런 불합리한 요소다. 『티마이오스』의 증거와 『소피스트』에서 역동적 힘이라는 존재의 정의를 함께 헤아릴 때, 아마도 플라톤은 하츠혼과 매우 비슷한 길로 향했든지 혹은 적어도 하츠혼과 협력했을 수 있다. 이런 관점에서 볼 때, 이런 불합리함은 수많은 자기-동자의 충돌이라는 완고한 사실에 불과하다.

신적 전능에 맞서는 플라톤의 경우, 그 영향은 그의 사고에서 가장 추상적 대상인 형상 혹은 이데아의 형이상학적 지위에까지 미친다. 플라톤의 "신 외적"extradeical 해석에 따르면, 형상 혹은 이데아는 신 바깥에 있으며, 그렇기에 신적 전능의 교리는 성립될 수 없다. 그럼에도 나는 "신 내적"intradeical 해석을 지지한다. 전지한 신은 사고의 가장 추상적 대상을 포함해 알려질 수 있는 모든 것을 알 것이기 때문이다. 즉 형상 혹은 이데아는 이상적 아는 자의 정신적 사고다. 형상 혹은 이데아가 신과 "독립적"이라는 신 외적 입장을 재고해야 하는 이유 중 하나는, 불후의 실재들을 비교할 때 독립성은 실제로 아무런 의미가 없기 때문이다. 만일 "X는 Y와 독립적이다"라는 말을 논리적으로 예리하게 따져 보면, X는 Y가 아니어도 현존할 수 있어야 하며 이것은 곧 Y가 우연적임을 의미한다. 만일 X가 형상 혹은 이데아를 나타내고 Y는 신을 나타낸다면, 신의 비현존은 가능하다고 간주된다. 그러나 이런 가능태는 플라톤이 존재론적 논증에서 보인 관심 그리고 『티마이오스』와 『법률』 10권에서 신에 관해 다룬 내용과 상충한다.(Dombrowski 2005, 5장) 만일 신의 현존이 우연적이지 않다면, 신격에 의한 형상 혹은 이데아를 그려 볼 수 없을 뿐 아니라 형상과 이데아의 지위까지 결여될 수도 있다.

형상 혹은 이데아(개념적 가능태)가 신적 정신 과정의 항목이라는 것은, 즉 실제로 형상 혹은 이데아가 신에 의해 이상적으로 알려진다는 것은 알려질 수 있는 모든 것을 신이 알고 있다는 의미에서 신은 전지하다는 주장과 매우 비슷한 뜻이다(하지만 미래가 지금 이곳에 있고 미리 알 수 있다는 주장에 반드시 동의해야 할 필요는 없다).

게다가 지식과 덕은 공존할 수 있다는 플라톤의 유명한 직관을 신중하게 받아들일 때, 신적 전지와 신적 전선은 서로 무관할 수 없다. 덕 있는 삶을 살아가는 게 얼마나 행복한 삶인지 정말로 아는 사람은 악을 선택할 리 없다. 그러므로 이런 관점에서, 전선은 전지의 개념에 대한 분석이다.(Dombrowski 2005, 59~60)

플라톤은 그의 후기 대화들 중 두 곳(『테아이테토스』*Theaetetus* 176b~c, 『티마이오스』 90a~d)에서 신적 지식과 선함 둘 다의 면에서 신적 성품을 가능한 한 닮아 가는('호모이오시스'*homoiosis*) 것이 인간 삶의 목표라고 권장한다. 달리 말해 세계 영혼과 우리 자신의 영혼은 조금이나마 비슷하며 형이상학적·지적·도덕적 면에서 닮아 있다. 이런 까닭에 아브라함 종교의 신자들은 그들의 믿음을 "탈그리스화"dehellenize해야 하는 게 아니라 역사적 영향 가운데 가장 뛰어나게 정교했던 플라톤 종교철학의 계보를 따라 "재그리스화"rehellenize해야 한다. 사실상 플라톤의 세계 영혼은 고전 유신론의 엄밀하게 초월적 신격보다 인격적 신에 훨씬 가깝다. 세계 영혼은 생성의 자연 세계 너머에 있는 게 아니라 영혼이 깃든 전체, 통합으로서 상상되고 느껴지는 세계에 있다.

요점은 세계를 강제로 움직이면서도 세계로부터는 아무런 영향을 받지 않는 고전 유신론의 전능한 신과 그 정반대의 목적 없는 우주론이라는 관점, 이런 극단적이고 납작한 두 대안을 넘어서는 것이다. 대다수 인간은 신을 "파악한다"(즉 인간은 지성을 통해 신을 "이해한다"기보다 느낀다). 세계에 편만하게 스며 있는 의미를 은연중에 알아챈다. 의미로 가득한 전체에 머물며, 우리 자신이 그중 일부임을 느낀다. 이런 플라톤의 관점에서 볼 때, 기도는 우리 내면의 태도를 우주적·신적 조화에 맞춰 조정하려는 열망이다. 기도는 삶에서 정말 중요한 것에 온전하게 집중하려 하는 시도다.

12. 아리스토텔레스
— Aristotle, 기원전 384~322년 —

아리스토텔레스는 구체화된 형상이라는 단일 범주의 체계를 옹호한다. 적어도 초기에 그의 체계는 질료에서 분리('코리스모스'chorismos)된 상황에 있는 형상 혹은 사물에서 분리된 상황에 있는 이데아라는 플라톤의 범주 체계를 단순화한 듯 보인다. 하지만 겉보기에 그럴 뿐, 실제로 아리스토텔레스는 쓸데없이 복잡하기만 한 우주 이원론을 옹호한다. 사실상 우주 이원론은 그다지 설득적이지 않다. 그럼에도 신적 매력 혹은 신적 완전함을 말미암아 피조물에게 변화를 유도하는 목적인으로 신을 다루는 등, 아리스토텔레스의 신 개념은 어느 철학적 유신론을 변론하든 유용하게 사용된다. 하지만 마치 자연에서 씨앗 하나가 기계적으로(자동적으로) 변화 없이 성장하여 식물이 되듯, 목적인과성을 필연적으로 맞닥뜨리는 최종 단계같이 이해해서는 안 된다.(Hartshorne 2000, 58)

　　플라톤의 명백한 이원론을 실체라는 단일 개념으로 대체해 버리더라도, 시간적 실체와 시간 바깥의 부동의 동자(혹은 부동의 동자들)로서의 신(신들) 사이의 격차는 도무지 좁힐 수 없을 만큼 벌어진다. 즉 플라톤에서 아리스토텔레스로 이원론이 이동하면서, 그 중심이 변경된다. 하지만 여기서 문제는 아리스토텔레스가 형상(현실태, 불변성, 활동성, 영원성)과 질료(잠재태, 가변성, 수동성, 상대성)를 구분했다는 것보다 형상의 최고 사례가 신격에 있으며 그 신격은 결코 가변적이거나 수동적이지 않다고 주장했다는 것이다. 아리스토텔레스가 저지른 실수는 형상과 질료를 대비한 것이 아니라 순수 형상을 가장 드높여지는 존재와 동일시하고, 그 존재를 질료에 의해 오손된 평범한(비신적) 존재와 대비한 것이다.(Hartshorne 2000, 58~59; 또한 Olson 2013 참고)

아리스토텔레스에게 신은 전적으로 현실적이고, 불변하고, 영원하다. 그렇기에 잠재태, 가변성, 시간성이란 특질을 갖는 실체의 세계와 날카롭게 대립한다. 사실상 평범한(비신적) 살아 있는 사물들의 특징은 탄생과 죽음이기 때문에 모든 면에서 영원하고 필연적인 신과 대비를 이룬다. 또한 아리스토텔레스에게 신은 완전하게 자기-충족적 현실태다. 앞서 살펴본 것같이 아리스토텔레스의 우주 이원론은 플라톤의 어느 이중성과 비교해 봐도 심각한 수준이다. 그럼에도 플라톤의 신관 가운데 최악의 면모만 답습한 아리스토텔레스의 관점은 신플라톤주의를 거쳐 위대한 고전 유신론자들 가운데 지속된다. 반대로 플라톤의 세계 영혼을 따르면 존재와 생성 둘 다 신적 삶에서 제자리를 찾는다. 실제로 플라톤은 신을 자기-운동으로 정의하여 세계 영혼이 곧 역동적 신이라는 생각을 확증한다. 아리스토텔레스의 영혼 개념이 플라톤의 개념과 일족에 속하는 것같이 보일 수 있지만, 아리스토텔레스는 영혼이 깃든 생성을 신에게 적용할 수 없다고 느낀다. 아리스토텔레스가 보기에, 평범한 실체들은 양극적이지만(현실태와 잠재성, 활동성과 수동성 둘 다로 구성되지만), 신은 단극적이다.(Hartshorne 2000, 59~60)

플라톤은 시간이 운동의 척도이므로 만일 시간이 언제나 있다면 운동 역시 언제나 현존해야 한다고 생각하며, 아리스토텔레스역시 이런 플라톤의 생각에 동의한다. 따라서 아리스토텔레스가 신을 제1원인 혹은 첫 번째 동자로 말할 때, 그 의미는 신이 과거의 일련의 인과적 현상보다 앞서 있다는 게 아니라 현재의 일련의 인과적 현상보다 뒤에 있다는 것이다. 신은 지금 운동을 부여하지만, 그럼에도 어느 것이 운동하는지와 무관하게 부동한 채 남아 있다. 아리스토텔레스는『자연학』*Physics*에서 제법 명시적으로 생성의 과정이 완전하지 않다고 밝힌다. 마찬가지로 직선의 운동은 원의 완벽함보다 열등하다. 원주 위의 모든 점이 그 위를 이동하더라도 원의중심은 변함없이 유지되기 때문이다.(*Physics* 251b~267b 참고)

아리스토텔레스는『형이상학』*Metaphysics*에서 신이 인간 욕망의 궁극적 대상임에도, 아무런 운동 없이 타자를 움직인다고 말한다. 여기서 시금석이 되는 것은 사유다. 아리스토텔레스는 신이 변할 수 없기 때문에 신이 사유할 수 있는 유일한 대상은 변하지 않는 신적 본성 자체뿐이라고 생각한다. 우리가 신을 위해 수행하는어떤 활동도 신에게 영향을 미치지 않는다. 이런 점에서 아리스토텔레스가 은연중에 드러내는 단극성 경향은 명시적이든 암시적이든 (신플라톤주의를 통해) 그의 영향을 받은 고전 유신론자들보다 훨씬 일관성 있다. 아리스토텔레스가 보기에, 자연 세계는 분명히 신에게 의존하지만, 신은 자연의 존재들을 결코 알 수 없다. 자연의 존재들을 알게 되면 그것들 때문에 신은 변할 것이기 때문이다. 완전한 존재는 어떻게 변하든 그 변화 때문에 나빠지기만 할 뿐이다. 아리스토텔레스는 오이디푸스를 간접적으로 인용하면서, 어떤 것들은 보이지 않는 게 더 낫다고 선언한다. 이와 같이 아리스토텔레스의 신은 신적 본성 자체 외에 어느 것도 사유하지 않는 것이 자신에게 더 낫다. 하지만 신이 변하지 않으면서 살아 있는 존재일 수 있다고 생각하는 아리스토텔레스는 그가 영향을 미친 고전 유신론자들 못지않게 일관적이지 않다. 시간 바깥에 있고, 어떻게든 성장하지 않고, 아무런 감수성과 감각 없이 살아 있는 존재가 무엇을 의미하는지 상상하기 어렵다. 아리스토텔레스의 신은 변하지 않는다. 그런 존재는 변할 수 없다. 신적 본성 자체가 신의 행복을 갉아먹는다.(*Metaphysics* 1072a~1075a, 1244b~1245b 참고)

아리스토텔레스는 심지어 사악함은 변동성에서 비롯된다고 말한다. 변화해야 할 필요를 자각하는 것조차 사악하다. 드높여지는 고귀한 존재는 변화 위에 있다는 점에서, 신성은 복되고 행복하다. 아무튼 신은 활동적이지만, 이런 활동성이 무엇을 의미하든 신은 역동적이지 않다. 오히려 신적 활동성은 변화 저편에 관한 성찰을 따른다.(*Nicomachean Ethics* 1154b, 1178b)

이어지는 3부에서 아리스토텔레스와 대조되는 신고전 혹은 과정 유신론을 살펴볼 것이다. 신고전 혹은 과정 유신론을 따를 때, 존재는 생성에 나타나는 연속성의 계보를 표시할 뿐이라고 한다면 생성은 존재보다 훨씬 풍요롭다고 할 수 있다. 사물의 구조 자체에 지향되는 미래가 있으며, 여기에서 모든 존재자는 과거를 갖고 있다. 그렇다면 아리스토텔레스조차 깨달았듯, 시간에서 최초 순간은 **"절대무"**가 무엇을 의미하든 이것으로부터 일어나는 실재를 시사할 수 있다는 점에서 사물의 본성과 상충할 수 있다. 합리적으로 생각하면, 시간의 시작이나 끝이 있을 수 없으며, 따라서 과정의 우연성 자체를 염두에 두어야 한다.(Hartshorne 2000, 68~69)

아리스토텔레스의 신과 관련해 실재 자체는 문제가 아니다. 부동의 동자가 지니는 본성이 문제를 일으킨다. 어떤 것은 필연적으로 현존한다는 주장은 옹호할 만하지만, 그 어떤 것이 완전한 현실태라든가 그 어떤 것의 현실적 사유는 자신만을 사고의 대상으로 삼는다든가 하는 주장이 이어지기는 어렵다. 신 개념은 신적 이상이 아니라 진정한 신적 삶을 포함해야 설득력을 갖출 수 있다. 아쉽게도 아리스토텔레스는 신적 이상과 신적 삶을 동일시한다. 하지만 아리스토텔레스에 따르면, 신적 삶은 마치 가장 완벽한 기하학 도형인 원과 같이 거듭해서 자신에게 회귀한다는 점에서 기묘한 삶이다. 그러나 이런 관점은 경험을 부인한다. 경험은 삶과 지성이 민감한 반응성을 수반한다는 것을 지시하기 때문이다. 하츠혼은 아리스토텔레스의 신 개념이 편향되기 때문에 바람직하지 않다고 일깨운다. "개체들을 속적(屬的)이면서 집단적으로 또한 개별적이면서 분산적으로 이해하는 정치가, 심리학자, 사제 대신 수학자를 드높이는 것은 사실상 추상성과 보편성에 치우친 철학자가 자신만의 정신 활동에 빠진 채 내뱉는 단순한 표현의 전형일 뿐이다."(Hartshorne 2000, 71)

사물 혹은 사람 같은 지속하는 존재는 추상적으로 현존하지만, 순간적 사건 혹은 경험은 구상적으로 발생하거나 엄밀하게 말해 현실적이다. 이것은 현존과 현실태를 구분 짓는 익숙한 신고전 혹은 과정 관점이기도 하다. 따라서 개체의 현존은 상대적으로 영속하는 개체가 순간에서 경험하는 현실태와 동일하지 않다. 달리 말해 필연적 현존에 대해 말하는 것은 필연적 현실태와는 전혀 다른 무언가를 말하는 것이다. 그러므로 신을 순수한, 필연적 현실태로 다루는 아리스토텔레스는 결국 고전 유신론을 잘못된 길로 유도했다. 만일 아리스토텔레스와 고전 유신론자들의 생각이 옳다면, 우리는 신을 모방하면서 완전함에 가까워질 때까지 타자로 향하는 관심을 줄여야 할 것이고 자신에게만 관심을 기울이기 위해 애써야 할 것이다. 고전 유신론에 강한 영향을 행사해 온 아리스토텔레스의 관점과 달리, 구상적 현실태는 언제나 참신한 생성이어야 한다. 과정의 공통 면모들은 이런 참신한 생성들 가운데 계승되어 온 계보를 드러내며, 이런 계보의 존재 혹은 정체성을 구성한다. 신의 경우 이런 신적 속성은 신적 삶에서 진화하는 일련의 변화로부터 파생된다는 점에서, 신은 그저 불변하는 것 이상이다.(Hartshorne 2000, 72~74)

　　아리스토텔레스는 그의 유신론을 통해 고전 유신론에 심오한 영향을 발휘했고 여전히 발휘 중이지만, 그 자신은 고전 유신론자가 아니었다. 아리스토텔레스는 신이 전선하지 않고, 비신적 사물을 알지 못하며, 전능하지 않다고 믿었기 때문이다. 그의 관점은 중세에 고전 유신론으로 대체되었으나 단극성과 생성에 반대되는 존재에 대한 그의 선호는 계속 이어졌다.

카페츠는 플라톤과 아리스토텔레스의 신 개념이 복잡하게 얽혀 있는 것을 거의 알아차리지 못할뿐더러, 이런 사상가들이 고전 유신론의 발전에 미친 영향을 경시하는 경향마저 보인다. 또한 고대 그리스가 고전 유신론에 미친 영향을 지목할 때도, 플라톤의 신 개념이 이원론적 영지주의와 매우 가까웠다는 데 초점을 둔다. 아마도 카페츠는 신적 완전함과 불변성을 동일시하는 특성만을 플라톤의 신 개념으로 가정하는 것 같다. 카페츠 자신도 지적하듯, 이런 특성은 실질적 문제를 일으킨다. 신적 완전함은 정적이라고 여기는 세계와 비애의 세계는 화해할 수 없다는 점에서, 유일신교는 세상 안 악의 현존과 상응하기 어렵기 때문이다.(Capetz 2003, 34)

보커 역시 고전 유신론의 신 개념에서 플라톤과 아리스토텔레스의 중요한 역할을 과소평가한다. 플라톤과 아리스토텔레스가 신에 관해 무엇을 사유했는지 분명하게 알기 어렵다고 생각하기 때문이다. 이 책의 2부는 플라톤과 아리스텔레스의 고찰을 다루고 있다. 보커가 플라톤의 신 개념에 관해 의견을 밝힐 때, 그 역시 플라톤의 신 개념에서 완전함과 정적 불변성을 동일시하는 특성을 추켜세운다. 즉 보커는 플라톤(문제적 부분)과 아리스토텔레스(이해하기 어려운 부분) 둘 다 단극 신론자라고 해석한다. 또한 보커는 플라톤의 데미우르고스가 신격일 수 있는지 의심하며, 더 심각하게는 플라톤의 세계 영혼을 아예 도외시한다. 플라톤의 신 개념이 역동적 완전함을 포함하는데도 불구하고, 플라톤의 신 개념에서 일부 특성을 전체로 착각하고 만 보커의 관점은 고스란히 아리스토텔레스에게까지 이른다. 보커는 (플라톤의 세계 영혼에도 불구하고) 플라톤이 궁극적 실재를 "세계 바깥"에 두었다고 주장하는 한편, 자연 과정과 더 쉽게 상응할 만한 신 개념은 아리스토텔레스에게 있다고 거리낌 없이 주장한다. 나는 이런 보커와 정반대로 주장한다. 하지만 우리가 지성을 통해(정신 혹은 '누스'를 통해) 진리를 추구함으로써 신적 삶에 참여한다는 아리스토텔레스의 관점을 보커가 다시 발견했으며, 그는 이것 자체만으로도 인정받을 만하다.(Bowker 2002, 154, 230~232)

보커나 카페츠에 비해, 암스트롱은 플라톤과 아리스토텔레스가 고전 유신론 전반에 편만하게 영향을 미쳤다는 사실을 상세하게 다루지만, 그의 설명 역시 미심쩍다. 아브라함 신론의 역사 내내 위대한 철학자들과 신학자들 거의 모두 플라톤과 아리스토텔레스에게 크게 의존하고 있지만, 암스트롱은 플라톤의 신 개념에서 완전한 존재는 변하지 않을 것이고, 변할 수 없을 것이라는 논지만 그들에게 영향을 미친 것같이 생각한다. 여기서 암스트롱은 이런 불변하는 신격과 성서에서 계시되는 하느님은 상충하리라는 상당히 타당한 생각을 밝힌다. 암스트롱은 아리스토텔레스가 플라톤과 기질적으로 달랐기 때문에 플라톤에 비해 훨씬 "지상에 얽매이는" 접근법을 취했다고 지적한다. 그러나 아리스토텔레스가 플라톤의 그 어느 것보다 심각한 수준의 우주 이원론으로 귀결한 것은 지적하지 않는다. 이것은 암스트롱이 플라톤의 세계 영혼 혹은 플라톤의 신 개념 가운데 동적 특성을 있는 그대로 논하지 못했기 때문이다. 하지만 암스트롱은 인간이 관조하는 삶('테오리아'*theoria*)을 통해 신성을 닮아 갈 수 있다고 정확하게 지목한다. 그러나 신은 특수한 것들을 알지 못하고 신적 본성 자체만 알 수 있다는 아리스토텔레스의 신관을 근거로 할 때, 어떻게 관조하는 삶을 통해 신성에 다다를 수 있는지 분명하게 알기 어렵다. 이런 어려움은 아리스토텔레스의 신관에서 종교적 중요성을 결정하기 어렵다는 익숙한 문제로 이어진다. 엄밀하게 불변하는 신은 성서의 신론에 나오는 것같이 떨어지는 참새 한 마리까지 돌보는 신이 아니기 때문이다.(「마태오의 복음서」 10: 29 참고) 한편 암스트롱은 아리스토텔레스와 플라톤의 추상적이고 불변하는 신격(그의 신 개념에서 한 가지 특성)에서 그저 종교적 중요성이 떨어지기 때문에 문제인 것이 아니라 피조물의 고통에 무관심한 독재자로 보일 수 있기 때문에 문제라는 것을 암시하기도 한다! 여기서 암스트롱이 사용하는 강한 언어는 고전 유신론의 신 개념을 비판하는 화이트헤드와 하츠혼의 언어를 닮았다.(Armstrong 1993, 27, 35~39, 92, 174, 183, 230, 283, 330)

암스트롱이 그의 고전 『신의 역사』 이후 전개한 작업도 공평하게 살펴보자. 암스트롱에 따르면, 종교를 이해하는 데 필요한 지적 기술과 정밀함을 마련하는 과업에서, 다른 무엇보다 합리성의 탄생과 고대 그리스 철학자들의 위엄 있는 노력 덕분에 신화시의 종교는 혁명을 맞이했으며, 이런 "위대한 전환" 혹은 "축의 시대"에 플라톤과 아리스토텔레스는 중요한 역할을 담당했다. 게다가 암스트롱은 플라톤이 『티마이오스』에서 제안하는 우주론의 통일성까지 언급한다. 카페츠와 보커뿐 아니라 암스트롱의 편에서 이런 노력은 신고전 혹은 과정 유신론자들과 일치하는 견해라고 볼 수 있다. 즉 신 개념의 역사를 논하는 세 저자(암스트롱, 보커, 카페츠) 모두 탁월한 작업을 수행하며, 이런 작업에는 신고전 혹은 과정 유신론이 제

공하는 확장, 깊이, "복잡화"가 요구된다.(특히 Armstrong 2006 참고; 또한 2009)

아리스토텔레스의 질료형상론에서, 형상이 있다면 반드시 무언가 알려져야 한다는 주장은 유익하다. 질서가 있다면, 이런 질서에 종속되는 무언가가 반드시 있어야 한다. 문제는 신의 경우, 아리스토텔레스의 관점이 고전 유신론에 중심축을 제공한다는 것이다. 즉 신은 **순수한** 형상이고, 엄밀하게 비물질적이며, 무조건 불변한다.(Hartshorne 1937, 172) 형상 없는 질료는 형상-질료 결합체로부터 추상화된 관념에 불과하기 때문에, 순수 질료라는 개념은 형상과 통합적으로 연결될 때만 이해가 된다. 이런 점에서 아리스토텔레스는 순수 질료 자체는 아무것도 설명하지 않는다는 것을 올바르게 인정한다. 주목해야 할 중요한 것은 순수 형상 역시 형상-질료 결합체로부터 추상화된 관념에 불과하다는 점이다. 불후의 시간 내내 변하는 것은 무엇이냐는 질문에, 우리는 신적 세계 영혼/우주적 몸 결합체라고 대답해야 한다.(Hartshorne 1941, 258~259)

플라톤은 만일 신이 완전하고 어떤 결함에서도 자유로우면, 신은 불변할 것이며 이미 소유하지 않은 어떤 선도 바라지 않을 것이라고 생각했고, 그 탓에 일부 언어적 혼란을 초래했다. 아리스토텔레스는 이런 혼란 안에 전적으로 갇혀 버렸다. 이런 혼란은 모든 갈망이 증발해 버린 추상적 "사랑"이 신적 사랑이라는 결론을 고전 유신론에 남겼다. 만일 고전 유신론자들이 플라톤을 허위로 단순화시킨 아리스토텔레스의 체계를 규범으로 삼지 않았다면 인류 지성사는 얼마나 달라졌을까!(Hartshorne 1967, 14~15, 28) 추상은 구상을 통해서만 실재한다는 관념, 간혹 아리스토텔레스의 원칙이라 불리는 관점을 아리스토텔레스가 일관성 있게 고수했다면, 현재와 다른 상황이 실제로 가능했을지 모른다.(Hartshorne 1970, 233)

아리스토텔레스는 무언가의 우연적 면모가 영원할 수 없다는 것을 깨달았다. 과거 사건은 고정되었고 한정되었지만, 미래 사건은 고정되지도 한정되지도 않는다. 아리스토텔레스가 보기에 우연적 가능성과 미래성은 본질적으로 하나다. 하지만 앞서 보았듯, 아리스토텔레스는 신에게 우연성이 없다고 생각한다. 이런 결함에도 불구하고, 아리스토텔레스는 존재론적 논증에서 향후 안셀무스가 발견하게 되는 논증을 통찰력 있게 예견하기도 한다. 즉 영원성에 우유성이 없다면, 불후의 시간 내내 현존하는 신적 존재는 우연히 현존할 수 없다. 이것은 신의 현존이 필연적이거나 아니면 불가능하다는 의미다. 이런 결론은 존재론적 논증의 양상 방식에서 명시적으로 드러나지만, 아리스토텔레스에게는 적어도 암시적이다.(Hartshorne 1984b, 99; 1984a, 224, 284; 1987, 15~16)

어떤 보편성도 어떻게 특수화되는 것인지에 관해 그 세부 사항 전부를 지시할 수 없다. 만일 그렇다면 그것은 특수성이지 보편성이 아니다. 그럼에도 보편적인 것은 어떻게든 특수화될 때만 존재할 수 있다는 아리스토텔레스의 주장은 옳다. 또한 과거로부터 이어지는 인과관계의 영향은 결코 소멸하지 않는다는 점에서, 어떤 특수화이든 과거 조건에서 일어나야 할 것이다. 다시 말해 있어 온 것은 미래에도 언제나 있으리라는 의미에서, 과거에 관한 사실들은 불멸한다. 기억은 세부 사항과 상관하는 반면, 기대는 일반적 경향이나 개연성과 관련하기 때문에 기대는 기억과 정확하게 다르다. 시간에서, 그리고 특수화의 과정에서 신을 끄집어냄으로써, 아리스토텔레스는 순수 행위로서 신은 신에게 있는 어느 종류의 사회적 본성이든 배제할 것이라고 주장한다. 하지만 (신적 존재를 포함하는) 존재는 궁극적으로 (신적 사건을 포함하는) 사건 안에 있다. 수많은 사건은 계승의 계보를 이루고 유기적으로 서로 연결되어 있으며, 신성에 내재하는 사회적 본성을 구성한다.(Hartshorne 1972, 12, 51, 73, 120)

플라톤과 아리스토텔레스 둘 다 가능한 모든 유형의 사랑보다 우월한 현실태가 있을 수 있다는 듯이 착각한다. 세계 영혼이 우주의 몸에서 발생하는 모든 것을 파악할 만큼 공감적인 것과 반대로, 아리스토텔스의 신은 그저 자신만 사유하기 때문에 특히 결함이 있다. 아리스토텔레스는 우연성, 필연성, 불가능성의 삼각형에서 셋 중 하나를 긍정하면 나머지 둘을 부정해야 한다는 입장과 인간 쪽에서 이런 삼각형의 구조는 결코 단순하지 않다는 입장을 가장 강하게 주장한다.(*On Interpretation*, 12장) 사실상 시간을 객관적 양상으로 다룬 아리스토텔레스의 이론에서 다섯 원칙을 확인할 수 있다. 이런 원칙들은 상당히 설득력 있지만, 아리스토텔레스 자신의 신 개념과 충분하게 통합되지 못했다. (1) 신적 존재의 필연적 면모는 우연적이지 않다. 다시 말해 잠재적으로 현존하는 불후의 존재는 없다. (2) 어떤 사건이든 인과적으로 선행 사건을 전제하지만, 그 반대는 아니다. (3) 미래는 필연성과 우연성이 혼합된다. 이를테면 필멸하는 인간은 반드시 죽겠지만 언제, 어디서, 어떻게 죽을지는 그 인간이 살아 있는 동안 적어도 부분이나마 무규정적이다. (4) (3)을 양상의 용어로 표현하면, 우리에게 죽음은 필연적이나 그 세부 사항은 우연적이다. (5) 시간의 비대칭성을 헤아릴 때, 우리의 삶을 통해 신적 삶을 상상해 보면, 그 구상적 세부 사항은 필연적일 수 없다.(Hartshorne 1983, 29, 40~47)

아리스토텔레스가 앞서 나열한 원칙들을 은연중에 드러냈을지 모르지만, 완전히 확실하게 설명한 적은 없다. 예를 들어 그는 세계 과정 자체의 필연성, 신의 본질적 본성과 신의 순전한 현존만이 필연적이라는 관념을 명시적으로 밝히지 않는다. 신이 시시각각 현존하는 방식은 전혀 필연적이지 않다. 아쉽게도 아리스토텔레스는 필연성이 우연성보다 우수하다고 생각했다. 하지만 필연성과 우연성이 함께 있어야 이해될 수 있는 상관관계의 용어라고 할 때, 그의 생각은 그다지 설득적이지 않다. 나아가 필연성은 신격의 한 면모일 뿐, 신적 삶의 전부가 아니다. 아리스토텔레스는 우연성을 결함으로 보며, 이런 문제적 가정에 따라 신은 모든 면에서 필연적이라고 가정한다. 하츠혼의 말대로 "우연성에는 지속성과 보안성이 부족하다. 필연성은 이런 것들을 갖고 있지만 구상성, 한정된 내용의 풍요로움이 부족할 수 있다. (…) 구상성에 관한 가능한 모든 형식에서 필연적이면서도 공통된 요소는 정말로 무엇인가?"(Hartshorne 1983, 50~51, 또한 49)

앞서 다섯 원칙은 시간의 비대칭성과 시간의 객관적 양상에 관한 아리스토텔레스의 이론을 요약해서 담고 있다. 고전 유신론자들은 이런 아리스토텔레스의 이론에서 관심을 옮겨 갔다. 신적 전지에 대해 착각한 탓이다. 전지에 국한된 관념에는 진리의 불변성에 대한 관념이 포함되지 않는다. 그러나 아리스토텔레스 역시 아무런 논증 없이 행위자는 피동자보다 필연적으로 우수하다고 가정하는 실수를 저지른다.(*On the Soul* 430a) 경청할 줄은 모르면서 말하기만 좋아하는 모든 사람은 그의 실수를 반면교사로 삼아야 할 것이다. 행위자이자 피동자인 것은 둘 중 하나일 때보다 비교할 수 없을만큼 더 좋다는 관념과 시간의 비대칭성에 관한 아리스토텔레스의 이론을 결합하면, 우리는 선행에 대해 피동자이지만 후행에 대해 행위자라는 결론으로 이어진다. 아리스토텔레스의 신같이 순수하게 활동하는 신은 실제로 과거의 기억을 가질 수 없다. 아리스토텔레스는 미래의 우연적 사건에서 신적 전지 개념을 생략함으로써 고전 유신론의 지독한 문제를 비켜 갔음에도, 고전 유신론자들과 함께 단극성의 오류를 범했다. 고전 유신론자들은 아리스토텔레스의 신 개념(단극성)에서 최악의 면모를 이어 가면서도, 이런 면모의 신 개념이 영혼으로서의 신은 인간의 느낌과 사고를 닮아야 할 것이라는 관점과 상충한다는 사실을 지적하지 않았다. 아리스토텔레스의 신은 탁월하다. 그러나 탁월하게 추상적이다.(Hartshorne 1983, 52~54, 73~78, 176)

아리스토텔레스는 고전 유신론자들이 불변의 자기-충족성, 피동자보다 탁월한 행위자, 영향받는 존재보다 우위인 영향을 주는 존재, 사랑보다 통제를 우위에 두고 숭배하게끔 주요 원인을 제공한 사람 중 한 명이다. 이런 병폐를 해결하기 위한 방책은 역설적이게도 이른바 아리스토텔레스의 원칙이라고 불리는 생각에서 찾아야 한다. 특수성이 보편성을 포함하듯, 구상적 실재는 추상적인 것을 포함한다. 신고전 혹은 과정 신 개념은 신이 신적 아름다움을 통해 세계를 움직이고 "명령"(혹은 설득)한다는 아리스토텔레스의 관념을 충분하게 인정한다. 하지만 특수성과 단절된 채 표류하는 보편성의 단극 방식에서 볼 때, 아리스토텔레스의 신은 사실상 텅 빈 신이라는 게 명백해진다.(Hartshorne 1983, 234~235, 316, 378)

아리스토텔레스의 신은 지상의 사태에 냉담하며 거의 개입하지 않는다. 신고전 혹은 과정 신과 동떨어져 있지만, 그렇다고 하츠혼의 관점과 정반대되는 개념은 아니다. 아리스토텔레스의 신 혹은 영원하고 시간 바깥에 있는 고전 유신론의 신의 정반대는 윌리엄 제임스의 엄밀하게 유한한 신이다. 즉 하츠혼의 신은 무한하게 시간적이고 세계에 편재한다. 아리스토텔레스와 고전 유신론자들이 신에 관한 반쪽짜리 진리에 집중하는 경향을 보인다면, 제임스 같은 유한 신론자들은 나머지 반쪽에 주목한다. 문제는 존재와 생성, 유한과 무한, 영속성과 변동성, 활동성과 수동성 같은 일련의 양극 대비를 조화시키는 것이다. 아리스토텔레스는 철학사가로서 플라톤의 복잡한 양극 이론을 단순화해 버리는 실수를 범했다. 이런 과도한 단순화 때문에 철학적 유신론의 쟁점들이 혼란스러워진다. 가장 위대한 존재는 사유한다는 아리스토텔레스의 생각은 옳다. 그러나 그런 존재는 신적 삶에서 느끼는 여건이나 객관적 형식 같은 비신적 사물에 대해서도 사유할 것이다.(Hartshorne 1991, 315, 437, 597, 643, 645)

신적 불변성은 반쪽짜리 진리다. 신적 안정성stability이 예배를 정당화하는 가치로 여겨진다면 곧 신적 변화와 상관있는 개념 역시 존숭veneration을 정당화하는 가치일 수 있다. 경험의 순간들은 최고 생성-안-존재를 계승해 계보를 이룬다. 이런 순간들이 불후의 시간 내내 유동하지 않는다면, 신적 안전성이 무엇으로 안정화되는 것인지 궁금해진다. 물론 어떤 변화는 개탄스럽지만, 타자의 감정이 일절 들어올 틈 없는 안정성 역시 마찬가지다.(Hartshorne 1990, 386~387)

아리스토텔레스가 유동하는 자연 세계를 일평생 고찰했다는 점은 높이 살 만하지만, 플라톤보다 영원주의에 훨씬 기울었다는 것은 역설적이다. 그러나 아리스토텔레스는 고전 유신론이 신적 전지에 대해 갖고 있는 믿음, 신이 자연 존재의 미래 경력에 관련해 절대 확실하고 상세한 지식을 갖는다는 생각을 배제함으로써 결정론을 벗어난다. 또한 아리스토텔레스가 신의 전능과 이에 수반되는 가장 지독한 수준의 신정론 문제를 변론하지 않았다는 점 역시 인정받을 만하다. 만일 그가 추상성을 구상성으로, 보편성을 특수성으로 자리매김하려는 그 자신의 계획을 일관성 있게 수행했다면, 분명 신고전 혹은 과정 신 개념에 근접했을 것이다. 질료형상론을 우주적 수준까지 일관성 있게 확장했다면, 자비의 원칙에 비추어 해석한 플라톤의 관점과 함께 아리스토텔레스의 신 개념은 양극성에 순응했을 것이다. 다시 말해 아리스토텔레스의 신은 원칙적으로 떨어지는 참새에 관심을 두지 않는다.(『마태오의 복음서』 10:29 참고 ; Dombrowski 2000) 반면 플라톤의 신은 관심을 기울인다고 해석할 수 있다. 아리스토텔레스가 옹호하는 엄밀하게 비물질적인 신은 세계의 세부 사항에 아무런 영향을 받지 않아야 한다. 아리스토텔레스의 신과 다른 살아 있는 존재의 관계는 신적 매력이 피조물을 분투하게 할 정도로 유혹적이지만 그런 피조물의 분투에도 신은 일절 변하지 않는다는 조건에서 성립된다.(Hartshorne 1984c, 8, 15, 43, 46, 78, 81) 아리스토텔레스는 고전 유신론자들같이 물질이 우주의 구성 요소로 주어졌다는 것을 부인하지 않는다. 또한 고전 유신론자들같이 무언가를 아는 것은 그 무엇으로부터 영향을 받는 것이라는 생각도 부인하지 않는다.(Hartshorne 2001, 34, 87)

흄은 잇따라 연속하는 지각들이 있을 뿐, 자아가 안정적으로 지속되는 게 아니라고 본다. 반면 라이프니츠는 과거의 경험이 미래의 모든 일을 암시한다는 의미에서 실체적 자아와 완고한 정체성을 주장한다. 이런 흄의 관점과 라이프니츠의 관점 사이에서, 아리스토텔레스는 인격적 정체성이라는 견해를 넌지시 드러낸다. 라이프니츠의 관점은 앞서 살펴본 것같이 고전 유신론식의 신적 전지에 의존한다. 아리스토텔레스는 과거 우리가 겪었던 일들이 우리의 일부를 구성하고(흄과 반대이고 라이프니츠로 뒷받침된다) 미래에 발생할지 모를 일들은 우리를 구성하지 않는다(라이프니츠와 반대이고 흄으로 뒷받침된다)고 본다. 이런 관점은 큰 무리 없이 아리스토텔레스의 글들에서 합리적으로 추론할 수 있다. 아리스토텔레스의 독창성을 전유하려면 고전 유신론에 암시된 과도한 필연주의는 물론, 흄과 그를 추종하는 20세기 수많은 분석철학자들의 과도한 우연성까지 거절해야 한다. 하지만 아리스토텔레스는 신을 묘사하기 위해 엄밀하게 필연주의를 따르는 용어를 사용하는 바람에, 그 자신의 독창성을 가리고 말았다. 사실상 하츠혼이 생각할 때, 아리스토텔레스는 신을 정의하면서 최초로 세계의 우연적 특성을 일절 배제하고 엄밀하게 필연주의를 따르는 용어를 사용한 사상가다. 아리스토텔레스는 무언가의 지식은 그 무언가에 의존한다고 보았다. 그렇기에 아리스토텔레스는 우연히 현존하는 그 자신에 관한 지식을 포함해 신이 세계의 우연성을 알고 있다는 관념을 거부했다.(Hartshorne 2011, 5, 22, 45, 53, 94~95, 120, 123)

13. 플로티노스

── Plotinus, 205~270년 ──

지금껏 플라톤과 아리스토텔레스의 사상이 고전 유신론의 길을 어떻게 마련해 왔고, 동시에 그들의 사상이 고전 유신론의 신 개념을 대체할 만한 신관을 위한 지적 근간을 어떻게 제공해 왔는지 살펴보았다. 특히 플라톤의 신관이 기존 고전 유신론의 신 개념을 개선해야 한다고 권장한다면, 아리스토텔레스의 관점은 시간의 비대칭성과 질료형상론 같은 주요 돌파구를 철학사에 제공한다. 그들의 사유는 옹호할 만한 신 개념을 발전시키는 데 상당히 유익하다.

이 장에서는 플라톤과 아리스토텔레스를 잇는 세 번째 고대 그리스 사상가를 소개한다. 플로티노스는 앞서 두 사람의 사상을 융합한 사상가로, 아리스토텔레스 이후부터 교회 및 신조에 얽매이지 않았던 사상가 스피노자가 17세기에 등장하기 전까지, 그사이에 활동했던 사상가 가운데 가장 위대한 사상가였다고 할 수 있다. 플로티노스는 『티마이오스』에 나오는 궁극적 실재의 세 가지 면모, 즉 선의 형상(과 다른 형상들), 데미우르고스(형상을 관상하는 신적 정신), 세계 영혼을 재차 확인한다. 플라톤의 세 가지 면모는 플로티노스가 주장하는 세 가지 궁극적 실재, 일자One, 지성 혹은 '누스', 플로티노스의 세계 영혼에 각기 해당한다.(Hartshorne 2000, 211; 또한 Kenney 2013b 참고)

우리가 모든 이원성 혹은 구분을 초월할 때, 일자가 남는다. 지성 혹은 '누스'는 적어도 최소한의 이중성을 수용한다. 인간의 지식을 조금이라도 닮은 지식의 행위에는 아는 자와 알려진 대상의 구분이 있기 때문이다. 영혼이 깃든 행위자는 매 순간 사물들 사이의 구분을 그대로 따른다. 플로티노스가 볼 때 일자에서 지성으로, 이어 세계 영혼으로 하강하지만, 이것은 필연적 퇴보가 아니다. 플로티노스의 관점이 플라톤과 얼마나 비슷한지에 관해서는 논쟁적일 수 있다. 플라톤은 그의 책 『티마이오스』에서 데미우르고스를 세계 영혼보다 탁월하게 그리는 한편, 『법률』에서는 영혼의 본성을 근거로 신에 대한 존재론적 논증을 전개한다. 플로티노스의 신론에서 가장 큰 문제는 모든 유신론에 다양하게 상응할 수 있다는 것이다. 이를테면 부정신학에 따라 모든 변화 너머의 신격을 바란다면, 플로티노스의 일자를 숭배할 수 있다. 신적 지성을 바란다면, 플로티노스의 '누스'를 숭배할 수 있다. 살아 있는 신격이 세계에서 영혼이 깃든 행위자가 행하는 세부 사항을 전부 상세하게 경험하기를 바란다면, 플로티노스의 세계 영혼을 숭배할 수 있다. 또한 플로티노스의 철학은 과정 관점으로도 발전할 수 있다. 이것에 대해서는 곧 살펴볼 것이다.(Hartshorne 2000, 212)

어떤 개체를 지칭하는 것은 통일성의 개념을 전제한다는 점에서, 왜 플로티노스가 통일성의 가치를 높이 매기는지 이해할 수 있다. 이런 이유에서 그는 일자가 다른 모든 것보다 선행한다고 생각하며, 전적으로 단순한 무언가가 모든 것 위에 있다고 생각한다. 우리도 간혹 동물, 인간, 심지어 우주를 하나로 아우르는 게 무엇일지 고민한다. 하지만 일자는 필연적으로 다수성을 수반하는 말words을 포함해 모든 다수성을 뛰어넘기 때문에, 플로티노스가 일자는 본질을 뛰어넘으며 형용할 수 없는 추상이라고 생각할 때 문제가 생긴다. 플로티노스에게서 때로 신과 동일시되는 일자 혹은 신에게는 다른 어떤 것도 전혀 필요해 보이지 않는다. 즉 신은 '카우사 수이'causa sui 혹은 자기-원인이다. 플로티노스는 흔히 신플라톤주의자라고 불리지만, 이따금 그는 신아리스토텔레스주의자에 더 가까워 보인다. 특히 그가 일자는 자신만을 사유할 수 있다고 말할 때 그렇다. 알려진 것과 아는 자가 다를 때 알려진 것과 아는 자는 구분되므로, 일자가 자신 외에 다른 무언가를 사유한 경우, 다수성에 연루되었을 것이기 때문이다.(Enneads III. 7~8;IV. 9)

플로티노스의 신 개념은 단극성을 내재할 뿐 아니라 시간의 연속성까지 부인한다. 이를테면 플로티노스가 생각하기에 미래는 신에게 언제나 이미 현재다. 신적 현존은 필연적이며, 신적 지식 역시 모든 사항에 필연적이다. 단극성을 지지하고 우연성보다 필연성을 선호하는 플로티노스가 어떻게 세계 영혼을 옹호하는 입장을 취할 수 있는지 분명하게 이해하기는 어렵다. 필연성의 일자가 우주 전체에 자신을 유출하거나 확산한다는 점에서, 신적 필연성은 창조와 양립할 수 있다는 제안 정도가 타당해 보이는 해석이다. 하츠혼은 플로티노스의 신 개념을 일종의 유출론emanationism으로 분류한다.

일자 안에 과다하게 풍부한 통일성이 지성(혹은 '누스')으로 유출하거나 확산하며, 차례로 세계 영혼을 포함하는 영혼으로 유출하거나 확산한다. 그럼에도 통일성에서 하강한 각각의 수준에서 그 근원인 일자의 일자성을 어느 정도 갖고 있다. 당연히 플로티노스에게 영혼은 통일성과 다수성 둘 다를 갖고 있다. 그러나 영혼은 몸의 여러 부위로 동시에 확산될 수 있기 때문에, 영혼에 대한 플로티노스의 생각은 세계 영혼 혹은 신적 포괄성에 잘 맞는 모델이기도 하다. 안타깝게도 플로티노스는 몇 가지를 혼동한 탓에 세계 영혼이 전적으로 시간 바깥에 있다고 주장하고 만다.(*Enneads* V. 1~9; VI. 1~9; 또한 Gerson 1996 참고)

'누스'와 세계 영혼(각각은 플라톤이 『티마이오스』에서 말하는 데미우르고스 및 세계 영혼과 비슷하다)을 일자('토 헨'*To Hen*)보다 하위 신격으로 다루어야 한다는 플로티노스의 관점에는 심각한 난점이 있다. 영적 구도자는 그 열망에 정진하면 할수록, 가능한 한 변하지 않고 물질에서 벗어나려 하며, 다수성의 물질세계의 가치를 가능한 한 절하하려 한다. 하츠혼은 플로티노스의 제자 포르피리오스 Porphyry가 플로티노스의 전기에서 언급한 구절을 빌려 와, 플로티노스가 그의 몸을 수치스러워했다는 사실을 설명한다. "이것은 역사적 진실보다 수학적 사실을, 우정보다 과학을, 감정보다 지성을, 결혼보다 독신을 칭송하는 것[처럼 보이는 것]을 의미할 것이다. 플로티노스는 가장 훌륭한 인물이었음에도, 그에게서 금욕주의자의 편협함과 육신에 대한 혐오를 지워 낼 수 없다. '그는 자신의 몸을 수치스러워했다.' 그는 인간의 구원이 아니라 철학의 구원을 설교했다."(Hartshorne 2000, 219~220) "사실상 통일성 없이 사물들은 무엇에 이르게 될 것인가"라고 묻는 플로티노스의 질문은 합당하다.

그렇다면 이와 비슷하게, 다수성 없이 사물들은 무엇에 이를 것인지 합당하게 질문할 수 있다. 두 질문에 대한 대답은 동일하다. 없다!(Hartshorne 1970, 43, 121 참고) 통일성은 언제나 무언가의 통일성이다. 심지어 플로티노스는 사후 출간된 그의 고전 『엔네아데스』*The Enneads*에서 가분(可分)하는, 유동하는 물질세계를 보기 드물게 호의적으로 언급하지만, 웬만해서는 눈치채기 어려울 만큼 넌지시 언급하는 한편, 일자에 대해서는 강하게 선포한다.

추상 개념은 확실히 중요하다. 그러나 그 추상화가 비롯된 구상적 실재보다 중요할까? "추상"과 "구상"은 "지성"과 "감성", "관상"과 "행위"같이 서로를 완성하는 개념이다. 플로티노스가 세계 영혼을 제시하면서 시간에 따른 변동성을 부인해 버린 탓에, 인간의 영혼을 근거로 영혼의 개념을 떠올리는 누구에게나 그의 세계 영혼은 도무지 이해하기 어려운 개념이 되었다. 게다가 지식의 대상을 충분하게 파악하는 주체는 파악된 대상보다 열등할 수 없다. 이런 점에서 '누스' 혹은 신적 지성이 일자를 충분하게 파악하는 유일한 실재일 수 있을 때, 왜 '누스'가 열등한 신격이란 말인가?(Hartshorne 2000, 220~221)

만일 ('누스', 세계 영혼, 모든 물질을 포함하는) 세계가 일자로부터 필연적으로 흘러나온다면, 플로티노스의 유출론은 고전 유신론의 교리, 즉 주의주의적 교리에 매우 가까워진다. 다시 말해 고전 유신론의 **무로부터** 창조(그 의미가 무엇이든 **절대무로부터** 창조)와 플로티노스의 '엑스 데오'*ex deo*, 즉 **신으로부터** 창조(작은 촛불이 발산하는 빛이 방의 가장 구석까지 이르는 것과 비슷한 신적 본성 자체로부터 창조)는 거의 구분하기 어렵다. 두 창조 모두 플라톤과 하츠혼의 **물질로부터** 창조(신은 세계에 완전한 선함과 아름다움의 모델을 제공함으로써 세계가 더 나은 곳을 향하도록 설득함)와 대립한다. **무로부터** 창조와 **신으로부터** 창조 둘 다 현실적 세계의 우연성을 설명하지 못하며, 힘의 다양한 중심들은 그들을 설득하는 행위자 누구에게든 저항한다는 것을 인정하지 않는다. 게다가 플로티노스의 세계 영혼에 암시된 세계 포괄성은 일자의 전적으로 독립된 실재와 상충한다. 플로티노스는 그의 단극성 때문에, (신의 현존의) 최고 독립성과 (세계를 현실적으로 향유하기 위해 피조물에 의존하는 신의) 최고 의존성 둘 다의 진가를 알아보지 못한다. 플로티노스 자신은 도무지 동일하게 받아들이기 어려운 두 대안, 즉 신은 세계 포괄적이기에 다층적이고 복잡하다는 관념과 신은 전적으로 초월적이며 따라서 단순하다는 관념 사이에 갇힌 것 같다. 플로티노스는 대개 후자의 입장을 채택하지만, 간혹 역설적 경향을 모호하게 드러내기도 한다. 이런 진퇴양난에서 빠져나오려면, 플로티노스는 신격에 서로 보완하는 두 면모가 있다는 해석을 슬기롭게 받아들여야 한다.(Hartshorne 2000, 222~223)

  플로티노스는 일자를 설명하기 위해 그가 경시하는 물질적 실재에서 가져온 은유와 비유를 사용한다. 하츠혼은 플로티노스의 이런 역설을 다음과 같이 설명한다.

서양 신학자 대다수에게서 눈에 띄게 드러나는 특징이 하나 있다. 그들 주장대로, 순수 영혼인 신을 절대적으로 그리고 모든 의미에서 부인하는 육체성, "유형성"corporeal을 단호하게 경멸하면서도, 신학적 의미를 추론해야 할 때는 영적 사물(사랑,⋯ 기억 등) 대신 형체가 있는 사물, 무생물에 대한 지각에서 도출한 유비를 결정적으로 선호한다는 것이다. 이런 특징은 간혹 극단적 영성주의가 수반되는 다소 조야한 유물론을 떠올리게 한다.(Hartshorne 2000, 223)

3부에서 다루겠지만, 사랑과 기억의 가치를 절하하면 상당한 대가를 치러야 한다.

카페츠는 플로티노스가 일반적으로 고전 유신론과 특별히 아우구스티누스에게 미친 영향을 강조한다. 아우구스티누스는 플로티노스를 따라 모든 사물(다자)은 하나의 궁극적 원리(일자)로부터 유출하고, 즉 발출하고('엑시투스'exitus) 다시 그리로 회귀한다('레디투스'reditus)고 생각한다. 어떤 사물은 다른 사물보다 근원에 가까울 수 있지만, 모든 것은 공통된 근원을 갖는다. 엄밀하게 물질적 존재는 살아 있는 존재보다 근원에서 더 멀리 있고, 살아 있는 존재는 지적이거나 영적 존재보다 근원에서 더 멀리 있다. 낮은 존재일수록 더 높은, 더 통일된 실재를 지향해야 한다.(Capetz 2003, 60~61)

보커는 플로티노스에게서 플라톤과 아리스토텔레스가 융합되는 것을 올바르게 확인했지만, 플로티노스의 신 개념이 플라톤보다 아리스토텔레스에게 훨씬 빚지고 있다는 것은 알아채지 못한다. 일자는 그 자체로 절대적으로 초월적이며 세계에서 떨어져 있다. 보커는 초월하는 일자가 유출과 어떻게 양립하는지, 또한 세계 영혼의 현존과 어떻게 양립하는지 분명하게 보여 주지 못한다(플로티노스 자신도 분명하게 밝히지 않는다). 이런 점에서 보커는 플로티노스의 사상을 이원론을 주장하는 영지주의와 비슷하다고 본다.(Bowker 2002, 233, 353)

   암스트롱은 신 개념의 역사를 보커나 카페츠보다 상세하게 추적한다. 그는 플로티노스와 위대한 그리스도교 사상가 오리게네스 둘 다 암모니우스 사카스Ammonius Saccas라는 동일한 인물의 제자였다는 사실에 주목한다. 앞서 오리게네스가 성 바울로에게 크게 의존하는 그리스도교 방식의 세계 영혼을 옹호했고, 고전 유신론의 문제를 은연중에 지적했으며, 신고전 혹은 과정 유신론을 지향했다는 것을 살펴보았다. 플로티노스는 그리스도교를 싫어했지만, 혹시 그에게서 오리게네스와 비슷한 경향을 발견할 수 있는지 궁금해진다. 플로티노스의 사상에서 자주 눈에 띄지만 거의 강조되지 않는 한 가지 특징이 있다. 그가 주장하는 일자로의 회귀를 초감각적 영역으로 상승하는 위계의 방식 대신, 내면의 여정 혹은 암스트롱의 유용한 언어대로 "내면으로의 상승"으로 생각해 볼 수 있다는 것이다. 이런 해석을 따르면, 일자는 외계의 이질적 객체가 아니라 우리의 최고 자아다. 이런 유용한 제안 덕분에 일자를 엄밀하게 초월적 존재로 보는 관점을 피할 수 있으며, 이에 따라 부정신학을 가장 강하게 전개할 수 있다. 이를테면 타자로부터 완전하게 고립된 일자는 어떻게든 현존한다고 할 수 없다. 만일 현존한다면, 그 일자는 곧 다른 사물들과 맺어진 수많은 관계에 놓이게 될 것이고, 이에 따라 일자의 절대적 통일성이 훼손될 것이기 때문이다. 암스트롱이 보기에, 일자에 관해 실제로 말할 수 없으므로, 신적 통일성에 대해 말하려면 무아경(無我境, 문자 그대로 자신 바깥에 서 있는 것)의 신비주의 상태에 있어야 한다. 무시간적이며 감수성이 없고 무감각한 플로티노스의 신격은 성서의 신론에서 가장 뛰어난 부분, 다시 말해 사랑인 하느님을 믿는 믿음과 상충한다.(Armstrong 1993, 101~104, 171)

플라톤의 신관에서 그리고 아리스토텔레스의 신관 중 일부에서 옹호할 만한 내용을 발견할 수 있었듯, 플로티노스 역시 옹호할 만한 내용을 보여 준다. 구체적으로, 만일 그가 세계 영혼을 주목했더라면 그리고 세계 영혼이 신임을 명시했더라면, 그는 지성은 세계 영혼의 한정된 특성이라고 식별할 수 있었을 것이며, 따라서 통일성과 선함을 신적 지성이 향유하는 가장 중요한 개념으로 생각할 수 있었을 것이다.(Whittemore 1966) 하지만 플로티노스는 살아 있는, 역동적 신격을 옹호할 수 있었음에도, 그의 신 개념은 (살아 있는 존재라고 하기 거의 어려운) 일자에 특권을 부여하며 이에 따라 세계 안에 살아 있는, 영혼이 깃든 행위자와 지성 둘 다의 자리를 확보하기 위해 분투한다. 다시 말해 아브라함 종교의 철학적 유신론자들은 고전 유신론에 맞춰 아리스토텔레스와 특별히 플라톤을 전유했듯, 아무런 어려움 없이 고전 유신론의 방향대로 플로티노스의 사상을 받아들였다. 달리 말해 플라톤, 아리스토텔레스, 플로티노스는 더 위대한 것을 상상할 수 없는 사랑의 영으로 재세례를 받아야한다.

중요한 것은 철학과 종교 두 영역 모두에서 플로티노스의 단극성은 실수였다는 것이다. 현실적 신은 플로티노스가 옹호하는 추상성, 무영혼성, 절대적 통일성 그 이상도 그 이하도 아니다. 내부 복수성이 없는, 전적으로 관계에서 벗어난 절대적 통일성은 숭배하기 힘든 존재다. 더 위대한 것을 상상할 수 없다는 표현의 정확한 의미를 진지하게 헤아리는 즉시, 이런 존재는 완전함의 논리를 위반한다. 왜 부분들을 갖고 있기만 해도 부패한다는 것인지 그 이유가 분명하지 않다. 엄밀하게 유물론의 관점에서조차 물질세계는 그 모든 부분과 더불어 불후의 시간 내내 있을 수 있다.(Hartshorne 1967, 24, 106; 1965, 27)

플로티노스가 고대 그리스에서 회의주의의 부정적 영향에 대응하려 한 것은 존중해야 하지만, 안타깝게도 그는 계속해서 생성보다 존재에, 구상보다 추상에 편향했다. 그의 이런 편향은 쓰라린 결말을 불러왔다. 완전하게 통일된 실재는 너머에 있다는 점에서, 그의 최고 실재, 일자는 정신 혹은 삶과 전혀 비슷하지 않다. 이런 "너머"의 특질 때문에 그의 사상은 샹카라(788~820) 같은 힌두 사상가들의 생각과 닮아 보인다. 그들의 공통점 중 하나는 인간 하위의 경험과 그 반대의 신적 경험을 다루기 위해 인간 경험 바깥에서 비유한다는 것이다. 또 다른 하나는 경험을 전적으로 뛰어넘기 위해 노력한다는 것이다. 이런 노력은 경험에 일절 의거하지 않는(경험에 의거하더라도 당연히 충분하지 않다) 언어적 시도에 불과하다. 물론 옹호할 만한 신 개념에서 비켜 가야 할 막다른 길을 지적하는 플로티노스의 시도를 전면 부인하는 게 아니다. 플로티노스는 모든 복잡함을 악으로 가정하지만, 이와 달리 개선된 신 개념은 복잡할 수 있는 선한 방식과 악한 방식 둘 다를 설명할 수 있어야 한다. 게다가 플로티노스는 분수에서 물이 넘쳐흐르는 장면 또는 태양 자체의 손실 없이 태양으로부터 빛이 복사되는 장면같이 일자는 유출할 수 있다고 생각한다. 개선된 신 개념은 플로티노스의 이런 그림(개념은 정확한 표현이 아니다)을 개선해야 할 것이다.(Hartshorne 1983, 59)

플로티노스의 관점에서, 순수 존재는 우리가 알고 있는 다양한 세계를 선행하고, 능가하며, 어떤 공헌도 남기지 않는 불필요한 것으로 만든다. 반면 과정 세계관에서, 존재는 생성의 현실적 세계에서 파생되거나 혹은 추상화된다. 이런 점에서 하츠혼은 형이상학자 로버트 네빌Robert Neville이 플로티노스를 변론하는 현대 사상가라고 생각한다. 네빌은 플로티노스, 현대 철학자 및 신학자들과 함께 플라톤의 영원론적 면모를 강조한다.(Hartshorne 1984a, 189, 267; 1984c, 8; 또한 Neville 1993 참고) 즉 플로티노스는 일종의 신적 상대성을 배제한 탓에 플라톤주의를 흐려 놓고 말았다.(Hartshorne 1991, 643, 721 참고)

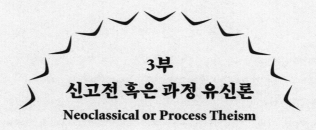

3부
신고전 혹은 과정 유신론
Neoclassical or Process Theism

지금껏 1세기 필론의 시대부터 현재까지 아브라함 종교에 포함된 고전 신 개념을 집중적으로 따져 보면서 신 개념의 역사를 소개했다. 또한 이런 개념이 고대 그리스로부터 비롯되었다는 사실을 플라톤, 아리스토텔레스, 플로티노스의 사상을 통해 살펴보았다. 그러나 플라톤은 아리스토텔레스와 플로티노스가 플라톤에게서 선취한 단극 방향의 신 개념보다 그의 사상을 훨씬 풍성하게 발전시켰을 수 있다. 즉 아리스토텔레스와 플로티노스는 플라톤의 신 개념에 담긴 양극성을 대체로 도외시했다. 또한 아리스토텔레스가 플라톤의 세계 영혼에 대해 주목했던 시선도 고전 유신론에 흡수되지 못했다. 여기서부터 고전 유신론의 순환이 시작되었고 지금껏 이어지고 있다.

성서학자들, 신앙주의자들, 신비주의자들은 이런 고전 유신론에 대체로 반감을 드러냈다. 예를 들어 오리게네스는 플라톤의 세계 영혼을 그리스도교 방식으로 해석했고, 게르소니데스는 전지에 대해 회의적 입장을 보였다. 3부에서는 더 나아가 고전 유신론과 다소 상충하는 양극 신론의 방식을 역사적으로 살펴본다. 달리 말해 3부는 풍요로운 과거를 지나온 철학적 유신론이 앞으로도 미래를 풍요롭게 이어 갈 수 있게끔 그 자리를 마련해 보려는 노력의 일환이다. 이런 노력을 살펴보기 위해 먼저 고전 유신론이 철학적 유신론자들로부터 도전받아 왔다는 사실을 이해해야 한다. 최초의 유일 신론자라고 할 수 있는 이집트 파라오 이크나톤Ikhnaton은 신은 가장 선하고 아름답지만, 전능에서 거리가 멀다고 생각했다. 그의 생각을 뒷받침하는 3,400년 전 증거도 발견된다. 마찬가지로 스페인이 멕시코를 정복하기 전, 네사우알코요틀Nezahualcoyotl은 신을 자기-창조 과정으로 생각했다.(Hartshorne 2000, 29~30; 1981, 17)

히브리 경전과 그리스도교 경전에 나오는 하느님에 관한 견해와 이크나톤의 관점이 철학적으로 상충한다고 섣불리 가정해서는 안 된다. 물론 히브리 관점은 이크나톤이 생각했던 것같이 한 가지 자연 현상(태양)을 고유한 신성으로 선택하지 않았다. 이크나톤과 달리 성서의 저자들은 하느님을 사랑, 지식, 의지 같은 인격과 관련 있는 용어로 묘사하려 했다. 하츠혼은 히브리 경전과 관련해 다음과 같이 주장한다. "비유를 통해 신이 세계를 알고 사랑한다고 단언하면서, 이런 신과 전적으로 비관계적인 신격을 단순하게 합쳐 버리는 고집스러운 주장은 유비의 말이 아니라 그저 모호한 말일 뿐이다."(Hartshorne 2000, 34) 사실상 신고전 혹은 과정 유신론을 뒷받침하는 성서의 증거는 고전 유신론의 증거 못지않으며, 오히려 그 이상으로 인상적이다. 예를 들어 「창세기」의 시작에 나오는 유명한 창조 이야기는 전능한 하느님이 **무로부터** 세계를 창조한 이야기가 아니라 오히려 하느님이 "태초에" 그분과 함께 무질서하게 널려 있던 축축한 진흙으로부터 가능한 한 많은 질서를 설득해 내는 이야기다. 이렇게 설득을 통해 **물질로부터** 창조를 수행한 결과, 식물이 풍성하게 자라는 낙원이 생겨났고 번성했다. 「시편」에서도(예를 들어 104편) 하느님은 지극히 자비롭고 연민이 어린 분, 우리가 마땅하게 받아야 하는 대로 취급하는 게 아니라 (감사하게도) 우리를 대우하는 분이다. 하느님은 큰 잘못을 저지르는 우리 같은 이들에게 친절을 베푸시는 위대한 분이다. 그리스도교 경전 역시 전반에 걸쳐 이런 인격적 사랑, 지식, 의지와 관련 있는 주제를 반복하고, 확장하고, 심화한다. 이를테면 「요한의 첫째 편지」(4:7~9)는 하느님**은** 사랑**이며** 사랑이 드러나는 곳에 하느님이 계신다고 주장한다.

이크나톤과 유대-그리스도교 경전은 신화시를 사용해 표현하기 때문에, 이런 접근법과 철학적 유신론 사이에 어느 정도 간극이 언제나 있을 수밖에 없다. 그러나 신화시에 나오는 신에 관한 최고 통찰은 철학자와 신학자들이 옹호하는 신 개념과 적어도 양립할 수 있어야 한다. 실제로 철학자와 신학자의 과제 중 일부는 하느님**은** 사랑**이라는** 요한의 논지를 포함해 신화시의 신관에 내재하는 최고 통찰을 상세하게 설명하고 깊게 이해하는 것이다. 다시 말해 성서가 말하는 신적 창조는 순전한 비현존에서 시작하지 않았으며 그 행위는 한 번에 일어난 게 아니라 연속적이라는 생각을 분명하게 밝혀야 한다. 이를테면 이런 연속적 행위 가운데 "파종"과 "수확"을 양극성과 연결해 볼 수 있다. 추상 개념은 불변할 수 있지만, 성서의 하느님같이 사랑하거나 화를 내지는 못한다. 요컨대 "아무리 객관적으로 밝혀 보려 해도 성서가 단극성을 지지한다는 것을 설득력 있게 보여 주기 어렵다. 오히려 성서가 양극성을 정확하게 함의하는 듯 보일 때는 있다."(Hartshorne 2000, 38; 또한 Timpe 2013 참고)

3부에서는 이 책 전체를 관통하는 하츠혼의 관점에 비추어, 20세기 중반까지 근대에 활동한 양극 신론의 주요 인물들을 살펴본다. 하츠혼의 견해가 책 전반에서 준거가 되므로, 따로 그의 사상을 구체적으로 살피지는 않는다. 대신 하츠혼의 관점과 양립할 수 있는 역사적으로 중요한 양극 신론자들을 소개한다. 다시 말해 3부는 양극 신론자들을 다루기 때문에 고전 유신론과 반대되는 견해를 가졌더라도 또 다른 쪽에서 단극성을 주장하는 이들, 이를테면 신은 절대 영속하거나 영원해서는 안 되고 오로지 엄밀하게 시간적이거나 유한할 뿐이라고 생각하는 단극 신론자들을 포함하지 않는다. 이런 견해를 내세우는 대표적 인물로 새뮤얼 알렉산더가 있다. 또한 고전 유신론과 신고전 혹은 과정 유신론의 논쟁 바깥에 있는 유신론들, 이를테면 스피노자, 8~9세기 힌두교에서 활동한 샹카라 같은 범신론자도 다루지 않는다. 이 책이 다양한 신 개념의 역사 전부를 다루지는 않지만, 고전 유신론과 신고전 혹은 과정 유신론 사이에 일어났던 주목할 만한 논쟁은 유신론자와 무신론자 둘 다에게 크게 중요하리라 믿는다(적어도 그러하기를 바란다). 한쪽으로 분류하기 어려운 사상가들, 이를테면 고전 유신론, 과정 유신론, 심지어 범신론의 체계에서도 설명할 수 있는 헤겔 같은 인물은 앞서와 같이 3부에서도 논하지 않을 것이다. 전문가들은 헤겔이 신고전 혹은 과정 유신론자인 셸링Schelling이나 플라이더러Pfleiderer 같은 사상가들에게 영향을 크게 미쳤다는 사실을 당연하게 인정한다.

이 책의 마지막인 4부에서는 베르그송과 화이트헤드의 사상을 다룬다. 두 사상가는 하츠혼과 더불어 가장 위대한 신고전 혹은 과정 유신론자로 꼽는다.

14. 파우스토 소치니

── Faustus Socinus, 1539~1604년 ──

오리게네스, 여러 성서학자, 게르소니데스, 신비주의자, 신앙주의자 외에 고전 유신론을 비판한 사상가는 역사 내내 꾸준히 등장한다. 16세기에 활동한 파우스토 소치니 역시 고전 유신론을 반박한다. 시간적 유신론을 주장한 그의 사상은 3부에서 다루는 여러 사상가에게 다양한 방면의 길을 열어 주었다. 소치니는 신적 지혜가 한 번에 모든 시간을 탐색 중일 수 없음을 깨달았다. 만일 그렇다면 어느 새로운 지식도 가능하지 않기 때문이다. 하지만 미리 예측되는 것이 불가능한 새로운 지식은 언제나 **있다**. 그러므로 고전 유신론의 전지는 그다지 충분하지 않은 개념이다. 게르소니데스가 주장하듯, 신적 전지는 충분하지 않다는 입장과 신적 지식에 결함이 있다는 견해를 분리해야 한다. 고전 유신론은 몇몇 종교 전통에서 이미 규정된 관점으로 자리매김하였기에 이런 고전 유신론을 비판한 소치니와 그의 추종자들은 주로 이단으로 취급당했다.(Hartshorne 2000, 225)

소치니는 보이티우스가 주장하는 신적 영원성을, 즉 신이 시간 바깥에 있거나 시간 위에 있다고 보는 관점을 명백하게 비판한다. 소치니가 보기에 지식은 알 수 있는 것을 아는 것이며 알 수 있는 것은 어떻게든 실재로 구성된다는 점에서 신적 전지는 시간적이다. 따라서 가장 위대한 아는 자는 과거의 실재는 과거로, 현재의 실재는 현재로, 미래 혹은 가능태/개연성 있는 실재는 미래 혹은 가능태/개연성으로 알 것이다. 물론 신은 필연적 미래를 필연적으로 알 테지만, 미래의 이런 면모를 **절대로**는 이해할 수 없기에 어느 세계가 됐든 미래에 현존해야 하리라는 깨달음같이 추상적 실재에만 상관할 것이다. 신은 이상적 가능태를 가능한 것으로, 개연적인 것을 개연적인 것으로 알기 때문에, 사실상 신의 지식은 정확하게 이상적이다.(Fock 1847, 427~439)

소치니는 신이 미래를 이미 확정적인 것으로 알고 있다면 세계에 우발적이거나 우연한 것은 있을 수 없다고 생각한다. 신고전 혹은 과정 유신론의 관점에서 볼 때 소치니의 견해는 정확하다. 나아가 제1원인(신)과 제2원인(인간)을 구분함으로써 제일원인에 따라 모든 것이 필연적이고 제2원인을 통해 우연한 것이 들어온다고 주장하는 성 토마스를 소치니는 당연히 납득하지 못한다. 소치니가 토마스의 생각에 회의감을 품는 이유는 신이 전능하다면 제1원인은 이미 확정적이기 때문이다. 고전 유신론의 가정에 따르면, 모든 것은 영원부터 필연적이고 결정되는 것으로 간주되어야 한다. 이것은 후대의 성 아우구스티누스, 칼뱅, 여러 무슬림 고전 유신론자도 인정하는 바다. 하지만 여기에 인간의 자유는 없다. 또한 이런 가정은 진퇴양난의 상황을 낳는다. 자유에 대한 믿음이 거절되면, 사람은 자신의 자유로운 선택에 책임을 져야 한다는 생각 등 우리가 절대 포기하지 않을(혹은 포기할 수 없는) 다른 많은 신념도 불균형을 겪는다.

소치니는 고전 유신론자들이 이런 문제에 대해 어떻게 변론할지까지 알고 있다. 그들은 신이 알고 있기 때문에 미래 사건이 미리 확정된 것이 아니라 필연적으로 일어날 일이기 때문에 신이 미래 사건을 알고 있다고 주장할 것이다. 하지만 "미래"가 실제로 확정적이고 필연적일 때만 그 미래의 지식이 확정적일 수 있고 필연적일 수 있기 때문에, 고전 유신론자들의 변론은 문제가 된다. 이에 대해 고전 유신론자들은 신에게는 과거, 현재, 미래는 없고 오직 영원한 "지금"만 존재한다는 또 다른 대답을 내놓을지 모른다. 소치니의 시선으로 보면, 여기서 사건들은 영속하는 존재일 뿐, 생성의 특징인 일종의 전이하는 현존을 갖지 않는다. 모든 것의 현존이 바로 지금에 국한된다면, 자유는 물론 변화 또한 단순한 환상에 불과하다. 이렇게 극단에 치달은 파르메니데스 같은 생각은 평형을 상실하게 만들 만큼 위험하다.(Fock 1847, 439~442)

소치니는 양극 신론자임에도(Hartshorne 1991, 701 참고) 그의 신 개념은 다소 문제가 있다. 그 문제는 그가 신적 포괄성을 충분하게 이해하지 못했기 때문에 벌어진다. 그는 신적 삶에 모든 변화와 우연적 사물이 (적절한 신적 전선과 신전 전지를 통해) 포함된다는 생각을 분명하게 밝히지 않는다. 그는 시간 바깥에 있다는 의미에서 보이티우스의 신적 영원성을 분명하게 부인하지만, 그가 세계에 대한 신적 포괄성을 인정하는지 여부는 분명하게 알기 어렵다. 달리 말해 세계가 신 바깥에 현존한다고 상상할 때, 순전한 "신"은 "신과 세계"보다 열등할 수 있다. 완전함의 논리는 엄밀하게 시간적 유신론과도 상충하지만 세계를 느슨하게 포괄하거나 아예 세계를 포괄하지 않는 신 개념과도 상충한다.(Hartshorne 2000, 226~227)

소치니는 보다 강한 근거를 제시해 신적 지식은 탁월하나 변하는 지식이어야 한다고 강조한다. 학자들은 대체로 이런 위대한 통찰을 도외시했다. 하지만 기억해야 하는 것은 소치니가 일생 겪었던 진짜 스캔들은 고전 유신론의 전지를 비판했기 때문이 아니라 그리스도교의 삼위일체론을 비판한 탓에 일어났다는 사실이다.[1] 그는 삼위일체론을 비판했기 때문에 박해를 받았고, 고국인 이탈리아를 떠나 폴란드로 피신해야 했다. 학자들은 이런 "스캔들"에만 몰두하느라 소치니가 신 개념에 진정으로 공헌한 바의 진가를 충분히 알아보지 못했다. 소치니가 생각하기에 일단 신의 경우에도 실재적 변화를 인정한다면, 세계에 발생하는 모든 변화는 신적 삶 안으로 흡수된다. 따라서 신은 시시각각 조금씩 다른 위격이리라는 생경한 의미에서, 신적 위격은 복수다. 하지만 인과적으로 계승되는 강한 계보와 함께 묶여 있음에도 소치니의 독특한 사유 방식에서 신적 위격은 삼위일체를 넘어 무한으로 이어진다.(Hartshorne 2000, 227)

보커와 카페츠는 소치니를 몰라보지만, 암스트롱은 소치니가 삼위일체 교리를 비판하는 책 『구세주 예수 그리스도에 대하여』

---

1 파우스토 소치니는 숙부 렐리오 소치니Lelio Sozzini(1525~1562)의 사상을 이어받아 반(反)삼위일체론을 명시한다. 이탈리아 시에나 태생인 그는 나중에 폴란드로 이주해 그곳에 있는 또 다른 반삼위일체론자들인 유니테리언파를 선동해 자신의 사상을 전파했다. 그의 사후 소치니파 교회가 폴란드와 트란실바니아 일대에 설립되기도 했으나 1658년 이단으로 몰려 폴란드에서는 추방당한다.

*Christ the Savior*를 인용한다. 하지만 소치니의 사상에서 철학적으로 가장 주목해야 할 부분은 고전 유신론의 전지에 대한 비판이라는 사실에도 불구하고, 암스트롱은 그의 이런 비판을 인용하지 않는다.(Armstrong 1993, 280) 어떤 사건은 현실화되기 전까지 그에 관해 알려지는 게 없기 때문에 완전한 아는 자도 사건 초기부터 이후 벌어질 상태를 온전하게 예상하지 못할 수 있다는 점을, 많은 유신론자들을 포함해 위대한 사상가들은 고민조차 하지 않았다. 사실상 소치니의 깨달음대로 현재 다소 무규정적인 것을 확정된 것으로 알고 있는 내용은 지식이 아니라 오류다. 실재는 본질적으로 창조적 과정이며 미래성 혹은 일부 무규정성을 포함한다.(Hartshorne 1962, 42; 1965, 43)

소치니가 세계에 대한 신적 포괄성을 충분하게 지지하지 못했을 수 있지만, 하츠혼은 그에 대한 칭찬을 아끼지 않는다. "(…) 신의 우연적 특성, 변하는 특성을 그 안에 포함된 인간의 자유 및 책임의 의미까지 확장해 정당화했고, 그런 신 개념을 종교적 신념으로 명시적이고 명확하게 그리고 합리적 논증을 거쳐 받아들인 최초 사상가였다는 드문 영예를 얻게 되었다. (…) 신의 지식은 우리의 결정과 얽혀 있기 때문에, [만일] 우리가 삶에서 무언가를 결정하면 이는 곧 신에 대한 우리의 이해로 이어진다."(Hartshorne 1983, 91~92)

고전 유신론자들과 신고전 혹은 과정 유신론자들 사이의 명백한 교착 상태는 과거의 지식이 미래의 "지식"과 근본적으로 다른지 질문하게 만든다. 소치니 같은 신고전 혹은 과정 유신론자들은 다르다고 생각한다. 반면 고전 유신론자들은 과거의 지식을 설명할 때 사용하는 용어들같이 확정적 용어들로 미래의 신적 지식에 대해 사유한다. 반대로 우리가 결정할 때까지 내일의 결정은 단순하게 말해 존재할 리 없으므로, 신은 우리가 내일 무엇을 결정할지 영원히 알 수 없다. "자유" 같은 인간의 단어들은 의미가 있을 수도, 없을 수도 있다. 만일 아무런 의미가 없는 단어라면 (논리적으로 불가능하기 때문에) 사용을 멈춰야 한다. 신은 모든 것을 완벽하게(과거와 특수한 것은 과거와 특수한 것대로, 미래와 잠재적인 것은 미래와 잠재적인 것대로) 알고 있다. 하지만 이런 주장이 의미하는 바는 신은 미래 우연성을 이미 현실화된 것으로 알고 있다는 주장과는 상당히 다르다.(Hartshorne 1984c, 26~27, 39, 73; 1984a, 18, 31, 155, 259; 1987, 28)

우리는 과거로부터 배우고 미래를 준비할 수 있지만, 과거를 준비하고 미래로부터 배울 수는 없다. 소치니는 이를 깨달았다. 십자가의 성 요한St. John of the Cross같이 내세성otherworldliness을 주장하는 신비주의자들이 고전 유신론자들보다 이런 신적 지식의 개념을 더 깊이 이해했다는 사실은 참으로 역설적이다.(Dombrowski 1992 참고) 신은 모든 것을 알고 있다는 주장과 신이 새로운 지식을 습득한다는 주장은 상충하지 않는다. 완전함의 논리를 따를 때, 사실상 신은 매 순간 생성되는 새로운 실재와 관련 있는 지식을 습득해야 할 것이다.(Hartshorne 1990, 140, 386, 388)

신의 특질은 때를 따라 달라질 수 있다. 만일 자기-확정의 의미에서 우리가 진정한 자유를 갖는다면, 그래서 어떤 결정을 내리고 신이 그 결정을 알게 된다면, 우리는 신을(신이 존재한다는 사실이 아니라 존재하는 신의 현실 상태를) 변화시킨다. 이런 소치니의 관

점에서 보면 신은 현실태를 통해 창조적으로 축적된다.(Hartshorne
2011, 53, 77, 120~121; 1991, 705)

15. 프리드리히 폰 셸링

— Friedrich von Schelling, 1775~1854년 —

독일 철학자 프리드리히 폰 셸링은 근대 활동한 사상가 가운데 세계에 대한 신적 포괄성을 최초로 지지한 양극 신론자라고 볼 수 있다. 그의 요점이 항상 분명하게 드러나는 것은 아니지만, "처음" 혹은 "필연적" 같은 단어만으로 신 개념을 충분하게 표현하기 어렵기 때문에 대비 쌍, 예를 들어 "필요와 자유" 혹은 "자기-충족성과 타자에 대한 상대성" 같은 표현이 필요하다는 주장은 그의 탁월한 통찰을 보여 준다. 또한 신적 지식과 사랑을 통해 모든 것은 신 안에 있지만 그렇다고 신과 세계를 **동일시**해서는 안 된다는 그의 양극 교리는 일종의 범재신론 유형으로 볼 수 있다. 신 안에 필연적인 것(즉 신적 존재)과 우연한 것이 있다는 주장은 모순되지 않는다. 사실상 신 안에 필연적이지 않은 게 있는 것이 필연적이다. 성 바울로조차 인정하듯, 우리의 우연한 고통이 어떤 의미에서 신 "안에" 있기에 신은 우연적이다. 고통은 보편적 범주일 수 있으나 악함은 도덕적 행위자의 특징인 일종의 합리적 책임을 요구한다는 점에서 보편적 범주가 아니다. 신적 삶은 자유로운 피조물과 주고받는 일련의 상호작용을 따른다. 전능이라는 잘못된 개념에 대응하는 가장 좋은 방법은 이런 자유를 억압하지 않는 것이다.(Hartshorne 2000, 233~234)

셸링은 신적 필연성과 자유를 결합한다. 이렇게 결합된 개념은 신적 자존성('자인하이트'*seinheit*) 혹은 신적 "자기성"ownness과 자기됨own-ness을 일부 부정하면서 타자에게 도달하는 신적 사랑 사이의 대비 관계로 이해해 볼 수 있다. 셸링에 따르면 대비 쌍을 이루는 개념 둘 다 신 개념에서 필수적이며, 한쪽을 다른 쪽으로 덮어 버리는 고전 유신론의 방식에 따르면 신 개념은 퇴보하게 된다. 신은 최고 무한정한 분('엔스 일리미타티시뭄'*ens illimitatissimum*)이라는 말은 타당하지만, 신은 신적 삶 자체의 내부에 국한되는 분, 특수한 피조물과의 관계에 한정되는 분이라는 말 역시 타당하다. 신은 지금 이곳에서, 참새에게나 인간에게, 여러 방식으로 다양하게 반응한다. 셸링은 그의 생각이 모순이라는 지적을 반박하고 양극 신 개념을 명백하게 변론한다. 만일 그가 신이 영속하며 변동한다고 주장했다면 그의 말은 모순이었을지 모른다. 그러나 셸링은 신의 한 면모는 영속적(즉 필연적)인 한편, 다른 면모는 변동적(즉 우연적)이라고 주장한다. 대비되는 술어들은 신적 삶의 다양한 면모에 각기 적용된다. 완벽하게 영속하는 신적 면모는 신적 본성 자체가 치명적일 만큼 침체되어 있는 상태를 가리킬 수 있다.(Hartshorne 2000, 234~236; Schelling 1942, 95~106; 또한 2000 참고)

셸링은 그의 책 『세계 시대』*The Ages of the World*에서 신적 "영원성"이 적어도 신성과 관련해 시간의 완전한 부재를 지시하는 경우를 통찰력 있게(그러나 다소 모호하게) 비판한다. 그는 고대 히브

리어 '내짜흐'*naezach*가 신적 삶에 수반되는 잇따른 연속성을 가리
킨다는 점에서, 시간과 무관한 "영원성" 대신 "불후성"everlastingness
이 영어(현대어)로 더 나은 표현이라고 지적한다. 심지어, 특히 불
멸하는 신적 삶은 움직인다. 실제로 진보한다. 게다가 셸링은 화이
트헤드의 파악prehension의 교리를 예견한다. 파악의 교리에 따르면,
과거는 그 전체가 상실되지 않으므로 결단코 무효화될 리 없는 시
간, 부분이나마 보존되는 시간이다. 만일 신이 공간적으로(즉 물질
세계의 질서 정연함, 아름다움 혹은 인간의 섬세한 영적 삶과 같이) 계시
된다면, 영-물질의 대비는 신 개념의 주제에 충분히 들어맞는, 신을
설명하는 또 다른 양극 쌍이다.(Hartshorne 2000, 237~241; Schelling 1942,
111~225; 2000; 또한 Wirth 2005 참고)

　　셸링의 신 개념이 어려운 이유는 그의 설명이 때로 모순되고
난해해 보여서다. 그의 뛰어난 통찰을 더 설득력 있게 전달해 보면
이렇다. 우리를 둘러싸고 있는 세계는 복잡하고 과정에 있다. 이런
세계와 맺는 일종의 지적 관계는 신에 대한 얄팍한 묘사에서 전부
배제되고 만다. 셸링은 생성이나 과정의 근거를 다른 것, 무엇보다
존재에 두지 않기 위해 애쓴다. 이런 기민한 방식이 그의 신 개념을
이해하기 더 어렵게 만든다. 존재는 생성에서 추상화된 것이며, 과
정의 한 가닥에서 영속하는 것 혹은 과정 그 자체에서 영속하는 것
에 있다. 셸링이 깨우쳤듯, 구상적 실재가 과정 혹은 생성이라면, 존
재에서 과정 혹은 생성이 흘러나오는 게 아니라 반대로 과정 혹은
생성에서 존재가 흘러나온다. 달리 말해 안식rest은 운동의 상대적
인 상태일 뿐, 절대 안식 같은 것은 없다. 그러므로 절대 불변하는

신 안에서 취하는 안식을 신성시하는 고전 유신론의 생각은 뭔가 잘못되었다.(Hartshorne 2000, 242~243; 1991, 640; 또한 Ottmann 2013 참고)

암스트롱과 카페츠는 셸링을 포함해 19세기와 20세기에 활동한 양극 신론자들을 전부 도외시한다. 이런 점에서 이 책의 필요는 훨씬 명확해진다. 반면 보커는 모든 것을 과학으로 설명할 수 있다는 계몽주의 논지에 맞선 인물로서 셸링을 평가한다. 이런 점에서 적어도 보커의 시선은 통찰력 있다고 할 만하다. 이크나톤과 성서에 나오는 신화시의 사유조차 설형문자같이 상상력과 사랑에 의해 변모된 표현으로서 가치가 있다.(Bowker 2002, 47)

셸링은 널리 알려진 두 가지 가능태(신은 없다, 전적으로 불변하는 신이 있다) 외에 주로 도외시되어 온 세 번째 선택(신은 전적으로 불변하지는 않는다)을 일깨웠다는 점에서 훌륭하다. 네 번째 선택(신은 전적으로 가변한다)은 신의 현존 자체가 가변한다는 결론으로 이어질 수 있기 때문에 지지하기 어렵다. 이 경우, 해당 존재는 더 위대한 것은 상상할 수 없는 존재일 것이다. 세 번째 선택(신의 현존은 불변하지만 신의 현실태는 탁월하게 변할 수 있다)은 시간의 비대칭성과 가장 양립될 수 있는 선택이다. 과거는 성취된 사실의 영역인 한편, 미래는 모든 가능태가 실현될 수 있다고 가정하지 않는 한, 가능태의 영역이다. 즉 가능태들은 서로 경쟁하기에, 그중 많은 가능태는 나머지와 양립될 수 없다.(Hartshorne 1983, 2, 203, 251)

셸링은 신적 필연성과 신적 자유 둘 다를 포괄하는 신 개념을 발전시키려 노력한 끝에 추상적 신과 구상적 신은 동일하지 않다는 사실을 깨닫는다. 오히려 구상적인 신적 생성에서 거듭하는 것이 신의 추상적 존재를 가리킨다는 점에서, 구상으로서의 신은 추상으로서의 신을 포괄한다. 이렇게 신적 생성을 강조하는 이유 중 일부는 신 개념이 종교의 신을 의미한다는 것을 확실하게 하기 위해서다. 예를 들어 고전 유신론의 관점에서 볼 때, 고난이나 희생적 사랑 같은 그리스도교의 이상은 이해하기 어렵다. (고전 유신론의) 절대성과 독립성을 향한 숭배는 하느님을 경배하는 것과는 정확하게 다르다.(Hartshorne 1941, 141; 1948, 2; 1953, 20; 1962, 272; 1970, 294; 1972, 13, 187, 196 참고)

셸링의 깨달음대로, 그저 무한하고 영원한 것이 어떻게든 유한하고 시간적으로 있지 않으면, 유한하고 시간적인 것의 지식을 갖기 어렵다. 이런 점에서 그가 주장하는 양극성은 신고전 혹은 과정 유신론 전통의 다른 양극 신론자들에게 유익한 영향을 미쳤으며, 그중 모리스 코헨Morris Cohen은 이어서 하츠혼에게 영향을 크게 미쳤다. 셸링은 세계 영혼으로서의 신에 대한 믿음을 명시적으로 옹호하지 않았다. 그러나 그는 그의 책『초월적 관념론의 체계』System of Transcendental Idealism에서 낭만주의의 관념을 강하게 지지한다. 낭만주의의 주장에 따르면, 자연은 쉼 없는 자기-활동이자 유기적이고 살아 있는 전체이며, 이런 자연을 이해하는 데 가장 중요한 관념은 "물질"이 아니라 "힘"이다.(Hartshorne 1984a, 62, 183, 279; 1991, 512~513, 696; Schelling 1978; 2010)

요컨대 학자들은 지난 2세기 동안 종교철학과 신학을 고전 유신론의 지속된 영향력으로부터 분리해 낸 후, 신과 세계의 관계를 사회적으로 해석하기 위해 애썼다. 셸링의 시도는 이런 세계 전반의 학술 동향과 맞닿아 있다.(Hartshorne 2011, 141)

16. 구스타프 페히너

── Gustav Fechner, 1801~1887년 ──

독일의 철학자이자 심리학자 구스타프 페히너는 세계 포괄적이고
불후의 시간 내내 있는 신격의 관점, 복합적 신 개념을 주장하는 관
점을 옹호했다. 신의 환경은 외부에 있지 않고 그 내부라는 페히너
의 시선은 플라톤과 일치한다. 페히너가 옹호하는 세계 포괄성의
의미에 따르면, 신의 전지와 전선을 통해서 신적 삶에는 기쁨은 물
론 비극까지 포함된다. 신은 악을 행할 수 없지만, 전선하기 때문에
악을 경험해야 한다. 암스트롱, 보커, 카페즈를 포함해 철학자들과
신학자들은 유감스럽게도 페히너를 거의 도외시해 왔다.

신적 양극성(혹은 신적 이중 초월성)을 헤아릴 때, 다양한 대비
쌍 가운데 신적 탁월함은 여러 의미를 지녀야 한다. 통합적이고 포
괄적 정신인 신은 신적 삶을 구성하는 개체들의 정신보다 우월하
다. 개체들의 몸은 자연의 부분인 동시에 자연 전체로 대표되는 신
적 삶과 밀접하게 연결되어 있다. 사람들은 사방에 흩어져 있는 물
건들을 단절된 물건들이 단순하게 연쇄적으로 이어진 것같이 보며,
이런 식으로 세계를 경험한다. 페히너는 이런 사실을 잘 알고 있었

다. 요즘은 실제로 우주를 코스모스 혹은 **유니**버스universe 대신 멀티버스multiverse 혹은 다원우주라고 부르는 것이 유행이다. 여기서 공통된 중심이 어디일지 질문이 생긴다. 하지만 자연 세계의 다양한 목적을 아우르는 하나의 목적이 전혀 없을 수 있다는 우려에도 불구하고 페히너는 자연법칙이 학문 분야 전반에서 모순을 일으키지 않는다는 사실에 주목한다. 앞에 나온 우려스러운 질문은 발생하는 모든 것은 목적이 있어야 한다는 생각, 신적 전능에 대한 믿음에서 비롯된다. 하지만 신적 전능의 개념이 없는 신고전 혹은 과정 신 개념에 비추어 볼 때, 만일 피조물이 전체의 정확한 특성에 일조하고 그 자신의 힘을 갖고 있는 조력자라면, 세계에서 다양한 자유가 조화롭게 공존할 수 있는 선에서 방향과 목적이 있을 뿐이다.(Fechner 1922, I, 200~215)

페히너가 생각할 때, 자연법칙은 "최상위법"이기에 전능한 존재가 최상위법의 전달자인지 여부와 상관없이 자연법칙의 조화를 타당하게 설명할 수 있다. 페히너는 간혹 최상위법**이** 전능한 존재의 결과**임**을 은연중에 내비침으로써 안타깝게도 모순을 범한다. 이런 생각은 우리 몸 안의 세포가 그 자신의 힘을 갖고 있듯 피조물도 자연법칙을 제정하는 그 자신의 힘을 갖고 있다는 페히너 자신의 주장과 부딪힌다. 페히너 역시 신적 전능에 대한 믿음 그리고 피조물의 힘과 자유에 대한 믿음 사이에 흐르는 긴장을 인정한다. 그는 신을 양치기라는 익숙한 그림에 빗대면서 "양"은 일정한 제약 안에서 스스로 의지를 갖는다는 다소 안전한 근거를 제시한다. 그러나 신의 환경은 외부에 있는 게 아니라 그 내부에 있기 때문에, 신은 양치기라는 은유보다 세계 전체라는 몸을 위한 우주적 영혼이라는 은유가 신의 경우에 더 적합하다. 그는 신적 목표가 특정 정도의 진보를 달성하듯 최고치에 도달하는 것이 아니라고 제안함으로써, 신적 전능에 대한 믿음의 문제를 일부 비켜 간다. 신은 유동하는 비극적 세계를 치유하고 개혁해 간다.(Fechner 1922, I, 217~249)

윌리엄 제임스는 페히너의 연구에서 하위 정신psyche이 상위 정신에 포함된다는 그의 범정신론 연구만큼은 높이 평가한다. 때로 실험심리학의 아버지라고 불릴 만큼, 페히너의 신 개념은 사실상 신격의 심리학을 수반한다. 실제로 우리는 신 바깥에 있는 게 아니지만, 그럼에도 우리의 의지와 신적 의지는 다르다. 신은 우리의 의지를 의도한다기보다 겪는다. 여기에는 고전 유신론의 정적 완전함과 반대되는 일종의 동적 완전함이 수반된다. 페히너의 과정 관점에 따를 때, 신적 경험은 초기보다 후기 단계에서 훨씬 풍성해진다. 하지만 신의 경험은 성격상 우주적이며 지식과 사랑의 면에서 탁월하다는 점에서, 고전 유신론에서와 같이 신은 매 순간 타의 추종을 불허한다.(Hartshorne 2000, 254~256)

페히너의 신의 현존에 대한 논증은 신적 영원주의와 **무로부터** 창조라는 관념을 동시에 벗어 버린다는 점에서 인정할 만하다. 즉 아름다운 질서로 향하고 있는 신적 유혹의 점진적 결과로서 불후성의 면모에서 설계 논증이 고려된다면, 설계 논증은 그 오명을 벗을 수 있다. 안타깝게도 페히너는 때로 고전 유신론의 결정론에 의존하는데, 만일 하츠혼의 조언을 반영할 수 있었다면 그의 관점은 개선될 수 있었을 것이다. "모든 조건의 차이가 결과의 차이를 야기한다는 것을 비결정론자는 받아들일 수 있을지 모른다. 그러나 모든 조건이 같으면 그 결과 역시 같다는 것을 자유의 기초로 받아들이기는 어렵다."(Hartshorne 2000, 256)

고전 유신론의 폐해는 신적 정의justice에 대한 페히너의 생각에서도 나타난다. 그는 신적 정의를 모든 행위에 내재하는 형벌과 보상으로 생각했던 것 같다. 이런 입장은 은연중에 신적 전능의 개념에 의존하고 있는 것같이 보인다.

페히너는 19세기 독일 관념주의자들이 그랬듯 과학을 거부하지 않았다. 그럼에도 그의 책『젠트 아베스타』Zend Avesta의 "신과 세계"라는 제목의 장에서 칸트적 신관 너머 새로운 신관을 훌륭하게 제시한다. 예를 들어 페히너는 칸트가 생각하듯 종교의 중심은 영혼 불멸이나 몸의 부활을 보장하는 신의 보상이 아니라고 생각했다. 이런 것들은 신적 삶에 공헌하는 바와 비교할 때 부차적 문제다.(Hartshorne 1953, 12, 123, 211)

페히너는 셸링보다 분명하게 자신의 생각을 밝히며 세계 영혼으로서의 신을 명시적으로 옹호하기 때문에, 둘 사이의 입장은 다소 차이가 있다. 페히너는 "느끼는 느낌"을 강조한다. 이런 느낌은 중추신경계를 가진 존재가 세포 수준의 미세-감정을 더 높은 수준에서 취합하는 경우 그리고 신이 우리 안에서 발생하는 감정을 가장 높은 수준에서 취합하는 경우같이 살아 움직이는 수준에서 발생한다. 페히너가 "낮의 관점"daylight view이라고 부르는 이런 느낌은 찰스 샌더스 퍼스의 공감적 "아가페주의"agapism와 비슷하다.(Hartshorne 1948, xi, 29)

하츠혼은 페히너가 신이 세계와 맺은 관계에 대해 누구보다 뛰어나게 다방면에서 다루었다고 격찬한다. 페히너의 성과는 그가 느낌의 수준들을 분명하게 구분해 내고 우리가 사실상 경험하는 바에 세심하게 주의를 기울인 결과다. 예를 들어 우리는 때로 몸 **안의** 미세감정을 가리키는 매우 국부적인 통증을 경험한다. 때로 몸 전체에서 불쾌감을 경험하고, 때로 우리를 느끼는 우주 전체의 부분으로서 우리 자신을 경험한다. 제임스는 페히너의 독창성을 주목했고 심지어 한정된 정신이 더 포괄적인 정신의 부분이라는 페히너의 주장도 받아들였지만, 페히너가 신과 무시간적 절대성(즉 관계가 부재하는 무시간성)의 구분을 간과했다고 생각했다. 그러나 이런 구분은 페히너의 신 개념 안에 생생하게 살아 있다. 페히너는 고전 유신론의 신은 세계의 혼란스러운 다수성과 분리된, 공허한(즉 절대적) 통일성임을 알고 있었다. 반대로 페히너의 유신론에 따르면, 세계에 태어나는 새로운 아이는 모두 신에게 새롭고 참신한 것을 초래한다. 그렇기에 신은 가장 늙은 존재이자 가장 어린 존재다.(Plato, *Symposium* 178a, 195a 참고) 또한 신은 가장 풍요로운 존재이기도 하다. "다양한 과거를 겪은 [인간 사람이] 다양함을 더 많이 흡수할 수 있는 역량을 [피조물 가운데] 가장 크게 지니고 있듯, 신은 다양한 새로움[새로운 경험들]에 적합한 배경을 갖추고 있다."(Hartshorne 1941, 228) 달리 말해 페히너는 "하위 정신들의 선택들, 의지적 행위들은 최상위 혹은 모든 것을 포괄하는 정신에서 의지와 상관없는 '자극들'로 나타나야 할 것이며 이에 따라 최상위 정신의 선택들, 그 의지들이 작동할 것임을 최초로 깨달은 사람"이었을 것이다.(Hartshorne

1941, 291, 또한 209, 211; 1962, 203; 1987, 88; 또한 Fechner 1922, I, 11장 참고)

또한 페히너는 신적 현실태의 진보의 의미가 신적 삶의 이전 단계에 무언가 열등한 게 있었다는 것이 아님을 이해한다. 매 순간 신은 최고 탁월한 생성-안-존재이고 이중 초월성을 드러내지만, 새로운 순간들은 탁월한 신적 지식과 사랑을 보여 주는 새로운 기회들을 함께 가져온다. 페히너의 용어를 빌리자면, 신의 이전 현존을 열등하게 본다는 말은 열등함 가운데 열등한 개념을 보여 준다는 뜻이다. 우리는 신과 같이 현실의 모든 것을 흡수할 수 없으므로, 우리는 신보다 열등하다. 그러나 미래는 어떤 존재에게도, 심지어 탁월한 존재에게도 아직 현실적이지 않다. 페히너가 깨달았듯, 사건들은 아직 이곳에 있지 않은 "미래 사건"에서가 아니라 향후 사건들에서 지속된다. 엄밀하게 말해 미래 사건은 실제로 없다. 단지 그러한 가능태 혹은 개연성이 있을 뿐이다.(Hartshorne 1962, v~vi, 18)

세계 영혼의 교리를 비판하는 사람들은 그렇다면 세계 두뇌가 어디 있는지 물어본다. 이런 질문에 대응할 때 역시 페히너의 도움을 받을 수 있다. 현미경으로 미생물을 관찰할 때, 미생물이 우리 같은 메조스코픽(중간 크기) 동물의 기관들을 똑같이 갖고 있다고 가정하지 않는다. 그렇다면 우주적·거시적·신적인 살아 움직이는 것을 상상하면서 이에 걸맞은 초두뇌super-brain가 있으리라 가정하는 것은 너무나 괴이하지 않은가? 미생물은 그 주변 관계가 개체의 장기 기능을 대체하기 때문에, 대부분 내부 장기를 갖고 있지 않다. 신의 경우는 이와 반대로 추론해 볼 수 있을 것이다. 신은 외부 환경이 없으므로, 모든 것이 우주를 아우르는 신적 가치에 공헌한다고 주장해 볼 수 있다. 즉 두뇌를 포함해 중추신경계는 우리를 외부 환경과 이어 주지만, 세계 영혼에게는 그럴 만한 외부 환경이 없다. "세계 정신은 특별한 두뇌를 따로 갖고 있지 않을 것이다. (…) 오히려 일종의 뇌세포같이 모든 개체가 그 정신 안에 있다. (…) 굳이 우주의 두뇌를 찾으려면, 사물들의 전체 체계가 우주의 두뇌라고 일컬을 수 있을 것이다. 여기서 사물들은 세계 정신의 내부에 있으며, 세계 정신과 직접 이어져 있다."(Hartshorne 1962, 197~198) 이런 견해에 따르면, 뇌세포들이 서로 영향을 미치는 것같이, 신이 "우리에게 행사하는 힘"은 적어도 우리 각자로부터 영향을 받아들일 수 있는 힘과 같다.(Hartshorne 1962, 275)

신의 완전함은 어떤 한정된 최고치에 도달하는 게 아니라 언제나 무한한 진보를 추구하는 데 있다. 신고전 혹은 과정 관점에서 완전함의 논리는 엄밀하게 불변하는 존재를 지향하지 않으며, 이상적 완전함의 가능성을 지향한다. 이렇게 역동적 완전함의 개념을 따를 때, 우리는 세계의 공동 창조자가 되는 것은 물론, 신의 현존은 아니지만 신의 현실태에서도 공동 창조자가 된다. 이것이 바로 자유의 의미이며, 이런 자유의 의미는 기계적 질서를 초월한다. 이때 예측할 수 없는 참신함이 우리 삶뿐 아니라 신적 삶 자체에 개입한다. 이것이 바로 신을 절대성이나 자존성 같은 추상적 속성과 동일시할 수 없는 이유다. 그런 동일시는 실수일 뿐 아니라 명백하게 우상 숭배에 가깝다.(Hartshorne 1970, xi, 277; 1967, 72, 113, 115, 127~128, 135)

실재가 본질적으로 창조의 과정이라면, 필연성은 모든 가능태의 공통된 부분일 뿐이다. 페히너는 창조성을 형이상학의 궁극성으로 암시하는 정도에 머물지 않는다. 그는 화이트헤드보다 앞서는 가장 위대한 선구자이면서 신고전 혹은 과정 유신론 역사 가운데 매우 중요한 인물로 자리매김한다. 그는 고전 유신론자들같이 신의 비극적 요소를 감추지 않는다. 신의 완전함은 비극적일 뿐 아니라 역동적이며, 이 책의 주장대로 그런 신의 완전함은 종교 자체의 본질을 구성한다. 이를테면 그리스도교의 십자가는 신성의 비극적 요소를 상징한다. 경쟁하는 관점 가운데 자연은 비극적으로 창조적이지 않고 대신 기계적이라는 관점이 있다. 페히너는 이를 "밤의 관점"night view으로 부른다.(Hartshorne 1965, 43; 1972, 13~14, 63, 72, 132, 154, 161, 167, 175, 187, 190, 192; 1984b, 186)

　　우리가 신적 삶을 풍요롭게 한다는 사실 외에도 생각해야 할 점이 있다. 유신론자들 역시 그런 풍요가 인간 존재의 궁극적 의미라고 여긴다. 만일 그것이(예수회의 모토, 또한 모든 유신론자가 지키고 바라야 할 모토 '아드 마요렘 데이 글로리암', 즉 **하느님의 더 큰 영광을 위하여**) 옳다면, 신 개념은 우리가 신적 삶에 공헌하는 바를 이해 가능한 방식으로 보여 줄 수 있어야 한다. 고전 유신론은 이런 작업을 수행하지 못한다. 기계론적 유물론 역시 우리의 공헌을 보여 주지 못한다. 페히너가 깨달았듯, 단순한 목적을 달성하기 위해 우리의 호기심과 삶의 의미를 모두 제한한다는 점에서, 유물론은 사실상 기만적이다. 물론 신고전 혹은 과정 유신론은 복잡하다. 세포들이 우리 자신을 이해하는 데 어려움을 겪듯, 우리가 신 개념을 이해하는 것은 어렵기 때문이다. 그러므로 페히너는 단극성 대신 양극성을 선택함으로써 이렇게 고된 과제를 크게 진전시킨다.(Hartshorne

1984c, 27~28; 1987, 22, 24)

양극 신론과 이중 초월 교리 둘 다를 지향한 만큼, 페히너는 아마도 신적 증가를 명백하게 생각했던 최초의 학자였을 것이다. 일단 우리의 정신은 확장되지 않는다는 오해를 극복하면(오히려 우리 정신은 중추신경계 안 전체 세포 활동에 퍼져 있다) 신적 정신 역시 확장될 수 있다는 페히너의 입장을 쉽게 받아들일 수 있을 것이다.(Hartshorne 1990, 388; 1991, 716; 2011, 68)

페히너는 그의 책 『젠트 아베스타』의 "신과 세계" 장에서 100쪽에 달하는 내용으로 그의 정합된 세계관을 보여 준다. 그의 통찰에 따르면, 우리의 경험에 빗대어 무언가를 인식하는 것이 세계의 구상성을 통해 세계를 이해하는 유일한 방식이다. 이런 범정신론 혹은 범경험주의 관점은 기계론적 유물론의 "밤의 관점"과 대조적으로 "낮의 관점"이라고 불린다. 여기서 실재는 확장 등 제1"특질들"이라는 구조적이고 비특질적 용어를 통해서만 이해할 수 있다. 낮의 관점은 색채 감각의 즐거움이나 타는 듯한 느낌 같은 고통스러운 경험 등 제2특질들을 회복시킨다. 나아가 페히너는 두 유형의 범정신론 혹은 범경험주의, 단자론과 연속주의synechism를 인정했다. 단자론은 미시 실재의 감정을 다루는 한편, 연속주의는 우리 자신과 비인간 동물 같은 큰 존재를 다룬다. 여기서 페히너는 안타깝게도 더 타당한 화이트헤드의 입장과 반대 방향으로 나아간다. 화이트헤드는 원형 지각력 혹은 단자론적 지각력이 나무의 세포에서 발견되더라도 나무 전체는 지각력이 비어 있는(혹은 거의 전적으로 비어 있는) "민주정체"democracies라고 본다. 반면 페히너는 나무에도 연속주의의 정신이 있다고 주장한다. 어쨌든 이런 모든 느낌의 중심이 신적 의식에 포함된다. 따라서 페히너의 관점은 온건한 다원주의 혹은 온건한 일원론이라고 할 수 있다. 세포와 동물은 그들 자신의 느낌을 가지며 이런 느낌은 신적 전체로 흡수되거나 말소되지 않는다는 점에서, 페히너는 허풍스러운 일원론자는 아니다. 또한 페히너는 세계 영혼을 옹호하면서 일반적 독일 사상가들이 그렇듯, 극단적 다원주의의 유혹에도 휘둘리지 않았다. 반면 오컴의 윌리엄 William of Ockham, 흄, 러셀에 이르는 영국 사상가들에게 극단적 다원주의는 전형적 특징이다.(Hartshorne 1983, 248)

페히너의 신격은 무시간적이고 온전하게 완전함을 드러내는 게 아니라 세계 포괄적이고 불후의 시간 내내 진보하는 실재의 인격적 특징을 보여 준다. 신은 새로운 피조물에 의해 거듭해서 풍요로워진다. 하지만 신적 삶에서 신은 매 순간 그 자신을 거듭해서 능가하더라도 타자들에 의해서는 능가되지 않는다. "신적 성품은 경쟁을 초월하지만, 언제나 여전히 성장에는 열려 있다."(Hartshorne 1983, 249) 생성은 실재한다. 실제로 가장 실재한다. 페히너의 신정론에서 신은 모든 사건을 전능하게 결정하지 않는다. 신적 인과성 때문에 모든 것이 발생하지만, 세부 사항까지 결정되지는 않는다(실제 그렇게 할 수도 없다). 우리는 의지를 갖는다. 우리의 의지는 신적 삶에 의지와 상관없는 요소들로 이상적으로 흡수되고 신적 삶으로 받아들여진다. 우리의 의지가 추악하거나 잔인할 때는 마지못해 흡수되기도 한다. 요컨대 세계의 악은 신이 아니라 우리 때문에 그리고 피조물 가운데 일어나는 무작위적 충돌 때문에 발생한다. 이런 모든 통찰은 (이 책의 2부에서 다루는) 플라톤이 암시하는 체계를 명시적으로 밝히기 위한 페히너의 시도였다.

17. 찰스 샌더스 퍼스
― Charles Sanders Peirce, 1839~1914년 ―

수많은 사상가 중에서 위대한 미국 철학자 찰스 샌더스 퍼스의 경우, 그의 사상에서 통일된 신 개념을 갈무리하기 쉽지 않다. 신에 관한 그의 성찰은 파편적이나 그의 사상이 지니는 활력과 신선함은 시선을 끌며 특히 양극 범재신론자들에게 영향을 미쳐 왔다. 퍼스는 신학자들과 탁상공론 격인 신학교의 철학을 신뢰하지 않았지만, 그의 비판은 대개 신학보다 고전 유신론을 향하기 때문에 그의 대안적 해석은 설득력을 띤다.(Raposa 1989 참고) 또한 퍼스는 양극 범재신론의 주요 이론적 토대를 지지한 주요 인물 중 한 명이다. 그는 잠재태를 우주의 실재적 특징으로 인식했고, 존재보다 생성의 우위를 인정했으며, 성장을 우주의 기본적 성격으로 보았고, 범정신론 혹은 범경험주의의 방식을 옹호했다.(Hartshorne 2000, 258; 또한 Kasser 2013 참고)

퍼스는 순수한 놀이 혹은 오락에서 시작하는 흥미로운 추론 방식, 이른바 "무시된 논증"을 신의 현존에 대한 존재론적 논증에 적용한다. 여기서 그의 논증을 상세하게 다루지는 않지만, 성장의 개념을 우주의 다른 모든 것뿐 아니라 신에게까지 적용하는 방식은 매우 참신하며 주목할 만하다. 하지만 때로 퍼스가 고전 유신론으로 돌아간다는 것도 인정해야 한다. 퍼스는 만일 신이 인격적이라면 그리고 인격이 향하는 미래가 적어도 부분이나마 열려 있을 수밖에 없다면, 신은 그 열린 미래에 직면해야 한다는 것을 분명하게 밝힌다. 반대로 기계는 예정된 목적에 따라 작동한다. 퍼스의 철학은 시종일관 아래로부터 위(신)로 향하기에 진정으로 진화적이다. 완전한 필연주의를 따르는 신 개념은 인격적 신 그리고 원초부터 우주에 있었던 요소인 성장의 개념과 상충한다.(Peirce 1935, vol. VI, para. 157, 457~459, 465~466)

　퍼스의 관점에 따르다 보면 신 개념이 진화 체계의 범주를 예증해야 한다는 생각까지 든다. 그는 무시된 논증을 통해 신의 현존은 확신했지만, 그의 신 개념은 고전 유신론의 (문제적) 전능과 신고전 혹은 과정 유신론의 변동성 사이에서 망설인다. 즉 영속성과 변동성은 신적 본성의 다른 면모 혹은 수준을 가리킨다는 점에서 두 속성은 조화될 수 있다는 화이트헤드의 방식 혹은 하츠혼의 방식을 인식하기까지, 퍼스는 어려움을 겪는다. 또한 전지와 관련해서도, 퍼스는 고전 유신론과 신고전 혹은 과정 유신론의 방식 사이에서 망설인다. 물론 그가 독창적으로 신고전 혹은 과정의 방향을 향하고 있다고 강조할 수 있겠지만, 매우 완고하게 고전 유신론의 주제로 돌아간다는 것 역시 사실이다. 퍼스는 전통을 옹호하면서도 그 자신의 독창성을 발휘할 수 있었으나 그렇게 하지 않는다. 달리 말해 그는 자신이 신뢰하지 않는 신학교의 철학자들에게서 고전 유신론의 언어를 빌려 와 사용한다. 그의 독창성은 그가 존재보다 생성을 강조하고 우주의 비결정론적이고 무작위적 특징("우연주의"tychism)을 강조할 때, 신고전 혹은 과정 유신론의 통찰을 보여 줄 때 드러난다. 그는 시간의 비대칭성을 염두에 둘 때, 신적 목적의 세부 사항은 선행해서 명시될 수 없으며, 이런 세부 사항은 시간의 흐름과 더불어 발전해야 한다는 것을 깨닫는다.(Hartshorne 2000, 268~269)

퍼스에게 신은 '엔스 네케사리움'*Ens necessarium*, 즉 **필연적 존재**다. 그러나 퍼스는 실용주의자이므로, 우리가 실천에서 믿을 수밖에 없는 내용, 이를테면 세계에 실재적 자유가 있다는 주장과 신에 관한 진술이 상충할 수 있는 경우에 주의를 기울여야 한다. 실천의 세계에서 우리는 이런 사실과 정면으로 마주한다. 실천의 또 다른 사실은 무규정적 미래가 매 순간 돌이킬 수 없는 과거가 된다는 것이다. 심지어 플라톤의 형상 혹은 추상적 개념도 서사를 가지며, 이것을 진화의 역사 바깥에 있는 것같이 여겨서는 안 된다.(Peirce 1935, vol. VI, para. 162, 190~194, 484, 488~490, 492, 502~503, 508~509)

암스트롱과 카페츠는 퍼스를 언급하지 않지만, 보커는 퍼스가 종교 기호의 분석에 남긴 중요한 업적을 지목한다. 종교 기호에는 세 종류가 있다. (1) **아이콘**icon은 지도나 도표의 기호같이 의미화된 사물의 특질 중 일부를 동일하게 포함하는 기호다. 종교 아이콘의 예로 성인의 동상이나 십자가를 들 수 있다. (2) **지표** index는 의미화된 사물과의 역동적 관계를 보여 주는 기호로, 수은 온도계의 수은 기둥의 높낮이가 외부 온도를 나타내거나 환자의 건강 혹은 질병 상태를 나타내는 것과 비슷하다. 종교 지표의 예는 성인의 유물이나 "실제 십자가"의 나뭇조각이 있다. (3) **상징**symbol은 빨간색이 위험을 상징하는 것같이 일반적으로 합의된 의미를 갖는 통상적 기호다. 종교 상징의 예로는 거룩함을 상징하는 광륜이 있다. 이렇게 기호들을 구분하면, 부정신학을 과도하게 따르는 진술에 섬세하게 대응할 수 있을 뿐 아니라 고전 유신론의 단극성도 극복할 수 있다. 신적 영속성(강력한 요새, 움직이지 않는 반석 등)은 물론 신적 반응의 변동성(물의 흐름, 어머니의 부드러운 보살핌, 살아 있는 몸 등)을 표현하려면 상징이 필요하다. 종교 지표의 역동적 특성은 신고전 혹은 고전 유신론에서 특히 유용하다. 이를테면 종교적 신념의 내용을 골동품으로 전락하게 두는 대신, 현대의 종교 신자들이 지나간 옛것을 계속해서 살아 있는 것으로 파악하게끔 하는 방식을 이해하도록 한다. 종교 지표는 상호 의존성을 따르므로, 고전 유신론을 근거로 종교 지표를 상상하기는 어렵다. 또한 신적 힘 못지않게 신적 전선을 적절하게 표현하려면 아이콘에 관심을 가져야 한다. 신적 힘이 강제력, 곧 전능한 힘과 동일시되는 경우에 특히 그렇다. 중요한 것은 종교 기호가 이미 확립되고 규정되었다는 가정, 고전 유신론에 유리하게 작용할 수 있는 가정과 반대되게끔 기호들을 사용하는 것이다. 신고전 혹은 과정 관점에서 볼 때, 신의 지식은 지표의 성질을 가지며 신비주의 혹은 종교적 체험의 역사가 이것을 입증한다. 이런 점을 인정하는 것 역시 중요하다.(Bowker 2002, 39; 또한 Hartshorne 1941, 296, 299; 1984a, 87)

퍼스는 개념적 긴장과 혼란이 결국에는 이해되리라는 희망 안에서 탐구와 이해의 길을 계속 가는 게 중요하다고 본다. 물론 퍼스는 우리의 관념을 정의하려면 어떻게 관념이 행위에 영향을 미치는지 헤아려야 한다고 생각했다. 그러나 관념이 반드시 행위에 영향을 미쳐야 한다는 의미는 아니다. 퍼스의 실용주의적 설명에서 지식은 그 자체로 중요한 자리를 차지한다. 이를테면 자연을 사랑하는 것은 그 자체로 종교적이며, 사색을 장려하며, 종교적 감정을 돌아보는 기회를 제공한다.(Hartshorne 1934, 9; 1937, 79, 293)

퍼스는 실재의 본질적으로 사회적인 성질을 묘사하기 위해 "아가페주의"를 사용한다. 이를테면 각각의 개체는 절대적 개체가 아니라 플라톤이 말하는 타자들과의 관계-안-개체에 가깝다. 이것을 근거로 볼 때, 고전 유신론의 방식에 따라 신을 타자들에게 아무런 영향을 받지 않는 절대 존재로 가정하는 것은 매우 납득하기 어려울 뿐 아니라 사실상 신을 반아가페적으로 바꿔 버리는 처사다. 퍼스가 생각하는 반응적 사랑은 부분이나마 열린 미래를 갖고 있으며, 그 미래는 객체적 무한정성과 "실재적 모호성"이라는 특징을 갖는다. 물론 미래는 상세하게 알려질 것이지만, 이것은 신적 정신이 미래에 대한 세부 사항을 이미 충분하게 알고 있다는 의미가 아니다. 과거와 미래의 대조는 현실적 개체와 잠재적 개체의 대조다. 또한 존재는 생성에서 추상화한 고정된 면모를, 시간의 흐름에 따른 모든 다양성 가운데 동일한 요소를 가리킨다.(Hartshorne 1948, 29, 107; 1941, 14; 1962, 248)

퍼스는 아무리 널리 받아들여진 견해일지라도 명백한 결점이 드러나는 경우, 그냥 덮고 지나가지 않는다. 이런 점은 그의 철학 작업에서 눈여겨볼 만한 부분이다. 예를 들어 퍼스는 미래 개체들이 있는 것이 아니라 미래 가능성들이 향후 개체화될 것을 기다리고 있다고 생각한다. 이런 관점은 훨씬 설득력 있다. 그가 생각할 때, 인과성은 일반적으로 기계 질서와 예측 가능성을 초월한다. 즉 우리의 무지뿐 아니라 아직 결정되지 않은 영역인 미래의 의미가 미래에 대한 예측을 한정한다. 실재는 어떻게 창조적으로 진행될 것인지 예측하기 어렵지만 기계적·자동적·습관적 진행 정도는 예측할 수 있다. 결정론은 경험 자체의 창조성과 일부 자유로운 면모를 완전하게 추상화해서 보는 관점이다. 퍼스는 과학 법칙의 통계적 특징을 옹호한다. 하지만 이런 특징이 절대화되고 실재를 영원부터 통제하는 법칙인 듯 여겨지면, 고전 유신론의 전지와 동일한 문제가 생긴다. 퍼스가 수긍하는 과정 관점에서 볼 때, 영원성에 의해 도외시되는 시간성, 심지어 불후의 시간성은 부정신학이 아니라 긍정 방식을 따라 진술되는 속성이다.(Hartshorne 1965, 18; 1967, 73, 115; 1970, 3~4, 29, 51, 59, 62)

신적 현재를 포함하는 현재는 이미 있지 않고 앞으로 생성되리라는 의미에서 발생기라고 할 수 있다. 그리고 신적 현재를 포함하는 현재는 기억을 통해 과거 경험과 본질적으로 연결된다. 사실상 빛의 속도를 감안하면 "현재" 지각조차 시간상 지연될 수밖에 없다는 점에서, 그렇기에 기억이 지각과 비슷하다기보다 지각이 기억에 가깝게 일어난다는 점에서, 경험은 기억을 인식하는 틀이라고 할 수 있다. 신은 언제나 현존한다는 주장에서와 같이 신적 삶에서 가장 추상적 특징만이 시간적 현존의 구상적 세부 사항으로부터 독립적이라고 볼 수 있다. 구상적으로 사는 삶, 심지어 신적 삶도 경험을 따른다. 실제로 하츠혼은 마치 퍼스의 관점을 받아들인 듯, 범정신론 혹은 범경험주의 견해를 드러낸다. "경험은 우리가 실재에 다다르기 위해 건너야 할지 모를 다리 정도가 아니다. 경험은 우리가 실재를 인식하는 틀이다."(Hartshorne 1972, 173; 1970, 109, 115, 120, 218)

일부 사상가들은 철학적 유신론이 폐쇄된 총체성을 부추길 가능성에 대해 조심스러워하지만, 퍼스의 관점에 따르면 실재는 매 순간 거듭해서 초월되며 새로운 순간마다 새로운 "총체적" 실재가 생긴다. 이런 점에서 사실, 사물, 사건의 최종적 총합은 없다. 퍼스는 중세 사상 전반(Boler 1963 참고)과 그중에서도 특별하게 철학적 유신론을 격찬했음에도, 이런 것들을 최종 총체성과 동일시하지는 않았다. 이전 다수의 경험들에서 새로운 통합된 경험이 매 순간 생긴다는 점에서, 경험 자체는 원칙적으로 창조적이며 인과적 필연성을 일부 넘어설 만큼 초월적이다. 달리 말해 신적 상황을 포함해 어느 상황이든, 그 상황에 대한 충분한 서술은 이전 서술보다 반드시 풍성해야 한다.(Hartshorne 1983, 46, 82, 90, 153)

퍼스가 보기에는 신의 설득력은 신을 세계의 시인같이 만든다.(Hartshorne 1984c, 10) 퍼스의 세 가지 범주 이론은 세계의 시인으로서의 신 개념으로 이어진다. 간단히 말해, "1차성"은 독립성을, "2차성"은 의존성을 가리키며, "3차성"은 (퍼스의 세 번째 카테고리에 대한 하츠혼의 해석에 따르면) 미래성 및 세 가지 범주 전부를 아우르는 시간적 구조를 가리킨다. 신을 포함해 모든 실재는 다른 것에 의존할 수밖에 없기 때문에, 신에 대한 2차성을 전적으로 부인하는 고전 유신론에는 문제가 있다. 그러나 이는 신적 1차성의 면에서 신 고전 혹은 과정 유신론에 결함이 있다는 의미는 아니다. 신의 추상 적 본질 혹은 필연적 존재는 특수한 피조물과 독립적이지만, 피조 물 일반에는 의존하기 때문이다. 1차성은 미래의 세부 사항과 독립 되는 성질을 가리킨다. "어느 한 사건을 위한 특수한 후계자들이 있 어야 하는 것은 아니지만, 사건에는 반드시 후계자들이 있어야 한 다. 후계자들의 **일반적** 특성은 미리 정해져 있다." 세계가 후계자들 을 창조적이고 조화롭게 설정하게끔 신적 매력으로 세계를 유혹한 다는 점에서, 신은 시인과 같다. 혹은 퍼스를 해석한 하츠혼의 견해 에 따르면, 배우들이 주어진 대사를 읊기만 하는 게 아니라 연극에 서 맡은 배역의 말과 행동을 실제로 책임 있게 수행할 수 있게끔 공 연을 만들어 내는 극작가와 비슷하게, 신은 각기 자율성과 힘을 가 진 다양한 피조물이 해당 역할을 훌륭하게 혹은 형편없이 수행하도 록 한다.(Hartshorne 1984a, 81, 또한 78, 80, 89)

퍼스는 중세철학을 격찬하는 동시에, 완전하게 불변하면서 어 디에도 의존하지 않는 신 개념의 난점도 세 가지 범주에 따라 지 적한다. 신과 관련해 2차성 및 3차성의 범주를 제시하고, 진화론 의 역사로부터 아무런 영향을 받지 않는 폭군 이미지의 신을 민망 해하는 퍼스의 모습은 그가 가진 양극 신론의 관점을 무엇보다 분 명하게 드러낸다. 그는 신적 의존성, 시간성, 수용성을 헤아리지 않고 독립성, 영원성, 인과성만 일방적으로 숭배하는 것을 반대한 다.(Hartshorne 1984a, 89)

신적 미래성을 포함하는 미래성은 일반성과 같은 실재의 양상이다. 결정 가능태가 현재마다 확정되면서 특수화가 발생한다. 이 것은 퍼스의 1차성, 2차성, 3차성이 신적 경험을 포함해 상상할 수 있는 모든 경험의 특성이라는 뜻이기도 하다. 고전 유신론같이 신 에게 2차성을 금지하는 것은 이미 영원부터 모든 것이 결정되었으 므로 실제로 결정 가능태는 있을 수 없다는 전제이기도 하다. 다시 말해 (신적 정신, 즉 세계 영혼을 포함하는) 정신의 창조적 차원은 순 전한 물질에 추가된 것이 아니라 물질이라는 것과 통합적으로 연 결되어 있다. 퍼스가 지적하듯, 종교적 영역을 포함해 자연 전반에 는 살아 움직이는 형상 혹은 살아 움직이는 것이 있다. 퍼스의 관점 에 따르면 "단일한 활동 행위자는 모두 각각의 활동에서 주도권 혹 은 자유를 지닌다는 점에서 살아 움직이는 것을 닮았다(단일한 비활 동 행위자란 없다. 겉보기에 비활동 행위자여도 그 구성 요소는 활동적이 다)".(Hartshorne 1987, 122, 또한 7, 16~17, 21, 120 참고)

신적 우연성이 신의 존재가 아니라 다른 면모를 가리킨다면 문 제가 될 리 없다. 퍼스가 유신론에 가장 크게 공헌한 바는 아마도 사물의 본질에서 우연성, 자유, 이에 따른 위험의 실상들을 강조한 것일 수 있다. 자유에는 위험이 따르기 때문에, 모든 신정론은 우연 성을, 인간 및 인간 하위의 편만한 우연성과 함께 신적 우연성을 설 명할 수 있어야 설득력을 갖는다. 이런 지적 역시 퍼스가 공헌한 바 다.(Hartshorne 2001, 87; 1990, 140, 236, 329)

성서의 「창세기」에 나오는 창조 기사에 따르면, 땅은 형태가 없었던 반면 신적 행위자는 깊음의 표면 위에 운행했다. 이와 비슷 하게 퍼스 역시 질서와 혼돈을 함께 다뤄야 한다는 걸 알고 있다.

질서와 혼돈을 동시에 다루는 퍼스의 사상과 그가 양극 신론자라는 사실은 무관하지 않다. 퍼스는 신은 그 본성의 다양한 면에서 필연적인 동시에 우연적이고, 독립적인 동시에 의존적이라고 생각해 왔을 것이다. 이런 관점에서 볼 때, 신격에 의해 영원토록 예상될 수 있게끔 현실태를 일습의 술어가 반복되는 것으로 축소해서는 안 된다. 만일 이런 식으로 현실태를 이해해 버리면, 신은 존재들 가운데 또 다른 존재로 전락할 것이고, 예배는 영속성에 집착하는 우상 숭배로 변질될 것이다. 퍼스의 관점은 자유로운 인간 때문에 신은 열린 미래를 맞이한다는 단순한 주장과는 다르다. 오히려 신적 행동자를 포함하는 모든 실재적 행동자는 플라톤의 방식을 따르는 힘, 구체적으로 줄 수 있는 힘과 받을 수 있는 힘 둘 다를 갖는 역동적 중심들이다. 이런 역동성은 가능태들의 원초적 연속체에서 일어나는 한정된 특질들의 진화를 수반하지만, 이런 진화 과정의 모든 단계마다 질서와 혼돈 둘 다가 있다. 이런 진화 과정에서 우리는 과거를 불완전하게 파악하는 탓에 과거를 어느 정도 상실할 수밖에 없다. 하지만 신은 고유하고 충분하게 과거를 보존하기 때문에 우리와 같은 상실을 겪지 않는다. 신의 삶과 생명의 여건은 불후의 시간 내내 보존된다.(Hartshorne 1991, 417, 593~594, 634, 662~666, 672, 681; 2011, 116)

18. 오토 플라이더러
—— Otto Pfleiderer, 1839~1908년 ——

플라이더러는 셸링 및 페히너와 비슷한 시선을 가졌고 세 사상가 모두 헤겔에게 지대한 영향을 받았으나 고전 유신론의 신 개념에 대한 독일 사상가 플라이더러의 비판은 철학적·종교적 독특성을 지닌다. 그는 신이 세계를 진정으로 돌본다면, 그런 보살핌은 신적 사랑과 신적 의식의 내용으로서 실재한다고 생각한다. 즉 그런 돌봄은 신적 삶에 관계를 만들어 주는 원료가 아니다. 신적 돌봄은 신적 삶의 바깥에서 일어나는 것이 아니라 신성의 내부에서 일어날 것이다. 그는 특히 그리스도교와 고전 유신론은 본질적으로 연결되지 않는다고 강조한다. 고전 유신론이 해석하는 신 개념은 성서적 전통의 최고 통찰과 상충할 뿐 아니라 그리스도교를 포함해 여러 종교에서 볼 수 있는 위대한 신비주의자들의 증언과도 심각하게 어긋나기 때문이다. 플라이더러는 이렇게 개념의 벌어진 틈을 통해 신고전 혹은 과정 유신론을 그 자신의 방식대로 해석한다.(Hartshorne 2000, 269~270)

　신고전 혹은 과정 유신론이 발견해 낸 가장 기본적 생각은 절대적(즉 비관계적) 신의 면모는 신적 삶을 구성하는 추상적 요소일 뿐, 신과 동일시되어서는 안 된다는 것이다. 플라이더러는 이런 발견에 참여한 사람 중 한 명이다. 성서가 제시하는 신의 추상적 불후성은 보이티우스가 생각하는 시간과 역사 바깥에 있다는 의미의 영원성이 아니다. 시간 자체로부터 자유로워지는 게 아니라 시간성의 한계(시간의 시작, 시간의 끝)에서 자유한 것이다. 용어가 다소 혼란스럽지만 플라이더러의 통찰에 따르면, 신은 시간을 완전하게 벗어났다는 의미에서 영원한 게 아니다. 신은 불후의 시간 내내 있다. 게다가 신의 의존성을 보여 주는 성서 속 기사/성서의 기사를 통해 신적 영속성을 조명해 볼 수 있다. 신의 추상적 면모를 신**으로** 보는 견해는 시간과 역사의 현실 세계에서 신을 분리하는 관점인 이신론과 같은 선상에 있다. 현존(불후성)과 목적(의존성)의 신적 불변성은 신이 변하지 않는다는 의미가 아니다. 실제 플라이더러의 신 개념에서 신은 언제나 변한다.(Hartshorne 2000, 270)

플라이더러는 세계 영혼으로서의 신을 옹호하면서 양극 신론을 적극 권장한다. 그의 견해에서, 신과 물리적 세계 전체의 관계는 인간 정신과 물리적 유기체의 관계와 비슷하다. 이런 존재는 수동적이면서도 활동적이고, 변할 수 있으면서도 신뢰할 수 있는 존재여야 할 것이다. 마찬가지로 플라이더러가 주장하는 신의(불후의) 시간성을 고려하면 고전 유신론의 전지를 비판할 수밖에 없다. 신의 전지를 신이 앞으로 일어날 모든 일을 절대 확실하고 상세하게 영원토록 안다는 의미로 이해하면, 인간의 의식과 앎 사이의 비유는 무너질 것이다. 필연적 지식은 잇따라 연속하는 의식의 상태를 따른다. "세계가 현존한다는 것은 시간적 구조를 따라 연속적으로 발전한다는 것이다. 그러므로 세계를 인식하는 신적 의식은 이런 구조를 반영해야 한다."(Pfleiderer 1888, 71~72; 또한 69~70, 88)

물론 과거와 현재의 지식을 근거로 미래에 어떤 일이 일어날지 어느 정도 예상할 수 있다(현재의 지식이 전제하는바, 인식론적으로 현존하는 것은 존재론적으로 과거에 있었던 것일 수 있다. 예를 들어 빛의 속도, 소리 등을 생각해 보면, 실제로 발생한 일이 우리에게 도달하기까지 유한한 양의 시간을 소요한다). 이런 기대는 일종의 예견이다. 하지만 이는 미래에 일어날 일을 절대 확실하고 상세하게 알고 있다는 고전 유신론의 전지와는 거리가 멀다. 신적 활동을 포함해 모든 활동은 시간 내내 일어나기 때문에, 고전 유신론이 주장하는 **무로부터** 창조는 심각한 문제를 안고 있다. 시간적 활동에는 일반적으로 시작도 없고 끝도 없다.(Hartshorne 2000, 270~271)

플라이더러의 상대적 모호함을 생각하면 암스트롱, 보커, 카페츠가 그의 신 개념을 다루지 않았다는 사실은 그리 놀랍지 않다. 그러나 그 결과 암스트롱, 보커, 카페츠는 익숙한 경로 그대로, 부분적으로 고전 유신론의 관점에서 유신론에 대한 일반적 비판으로, 특히 카를 마르크스Karl Marx와 지그문트 프로이트Sigmund Freud에 대한 비판으로 훌쩍 건너뛰고 만다. 이렇게 섬세하지 못한 추적은 결국 마르크스와 프로이트의 손을 들어 주는 것과 다를 바 없이 비친다. 불충분한 신 개념을 가정하면, 종교적 신념은 인민의 아편이나 환상에 불과하다는 주장을 비교적 쉽게 전개해 버릴 수 있다.

하지만 분명하게 짚고 넘어가야 할 점이 있다. 신고전 유신론에서 "신"neo 부분을 종교 전통을 철저하게 거절해야 한다는 의미로 해석해서는 안 된다. 아브라함 신론의 전통들 안에서 종교와 신학은 구분된다. 신학에서 고전 유신론이 군림해 온 것은 사실이지만, "신"God은 종교 용어이자 신학 용어이다. 그렇기에 종교 용어와 신학 용어가 지시하는 각각의 신 개념이 양립할 수 있는지, 아니면 종교 용어 안에서 더 잘 보존되는지 주의 깊게 살펴야 한다. "오늘날 많은 이의 생각대로 '새로운' 신학은 옛 신학보다 더 종교적이다."(Hartshorne 1941, 3, 52) 하츠혼의 이런 주장은 특히 플라이더러를 염두에 두고 있다. 다시 말해 플라이더러의 신고전 혹은 과정 유신론은 토마스주의의 자연법칙을 따르는 오래된 자연주의와 고전 유신론자 및 무신론자가 가정하는 낡은 초자연주의 둘 다와 상당히 다르다. 플라이더러와 고전 유신론자의 차이는 사랑이라는 최고의 종교적 가치와 완전함의 논리의 관계를 이해하려는 시도로 대체로 이어진다. 고전 유신론은 순수하게 자기-충족적이고 실제로 인간으로부터 일절 영향받을 수 없는 움직이지 않는 신을 선호하기 때문에, 사랑과 관련한 어떤 비유이든 전부 극단까지 밀어붙인다.(Hartshorne 1953, 22~23, 159)

플라이더러 같은 사상가들이 발견해 온 신 개념, 즉 무한하면서도 유한하고, 현존에서 부동하지만 현실태에서 현저하게 가변하는 신 개념을 통해 사랑이라는 최고의 종교적 가치와 완전함의 논리는 가까스로 만날 수 있다. 혹시 신고전 혹은 과정 유신론에서 문제가 발견된다면, 그 문제는 고전 유신론에서 비롯되는 문제와는 상당히 다를 것이다. 그렇기에 고전 유신론의 결점을 낱낱이 지적하는 종교 회의주의자라 하더라도, 일반적 유신론 자체를 반드시 불신해야 할 필요는 없다. 신고전 혹은 과정 유신론자들은 시간에서 영원으로 혹은 개체들 사이의 상호작용에서 자기-충족적 신격으로 홀쩍 건너뛰지 않는다. 그러므로 불가지론자들과 무신론자들은 그들이 목격한 고전 유신론의 문제에 섣불리 안착하기 전, 신고전 혹은 과정 유신론의 위대한 사상들을 꼭 접해 봐야 한다.(Hartshorne 1967, 127~128, 135)

플라이더러의 업적은 학계에 널리 알려지지 않았으며, 심지어 그는 그 자신보다 더 알려진 게 없는 스코틀랜드 사상가 존 어스킨 John Erskine에 기대고 있다. 하지만 하츠혼이 플라이더러 덕분에 고전 유신론의 스캔들 같은 실패가 발견될 수 있었다고 평가할 만큼, 플라이더러는 의미 있는 업적을 남겼다. 예를 들어 (신고전 혹은 고전 유신론의 역동적 불후성과 대비되는) 고전 유신론의 불변하는 영원성은 공허한 추상에 불과하다. 아리스토텔레스 때부터 깨달아 왔듯, 피조물은 시간의 흐름에 따라 가변한다는 특성을 갖기 때문에, 신이 이런 피조물을 알고 있다고 말하기 어렵다. 모두가 경배해야 하는 신은 신과 세계의 관계를 이해할 수 없게 만드는 단극 초월성이 아니라 이중 초월성을 보여 주는 신이다. 플라이더러는 신과 세계의 관계가 인간의 마음과 몸의 관계를 닮았다고 본다. 이런 그의 관점에 따르면, 신이 세계와 맺는 관계에 관해 합리적 담론으로 표현해 볼 수 있고, 적어도 부분이나마 이해해 볼 수 있다. 이와 비슷하게 플라이더러는 미래의 이상적 지식이란 특수한 지식이 아니라 우주의 본질적 특성을 지칭한다고 설명함으로써 이해 가능성의 문을 열어 놓는다.(Hartshorne 1972, 63; 1983, 251~252; 1984c, 39)

19. 니콜라이 베르댜예프

─── Nicholas Berdyaev, 1874~1948년 ───

그리스도교와 고전 유신론의 불가피한 연결을 차치하더라도, 동방
정교는 로마가톨릭교와 개신교 못지않게 수 세기에 걸쳐 고전 유신
론의 영향 아래 머물러야 했다. 일부 학자들은 두 가지 이유에서 이
런 주장을 직관적으로 반대할지 모른다. 첫째, 아브라함 종교 전반
에 나타나는 부정신학 전통의 사유 방식이 동방정교 사상에서 특
히 두드러지기 때문에, 신 개념을 가능한 한 직접 언급하지 않는 동
방정교 사상가들과 고전 유신론자들을 구분하고 싶을 수 있다. 둘째,
동방정교 사상가들 가운데 신적 에너지를 다룬 이들이 많고, 이런 역
동성에 관한 담론은 고전 유신론의 정적 신과 다르게 보일 수 있다.

하지만 동방정교 안에서 주로 작용해 온 철학적·신학적 신 개
념은 고전 유신론의 성격을 띤다. 그러므로 두 가지 의문은 모두
잘못된 우려이다. 4세기에서 15세기 그리스도교의 정교회 전통 가
운데 매우 영향력 있고 중요한 글들을 모은 선집인 『필로칼리아』
*Philokalia*에 수록된 여러 저자를 생각해 보라.

14세기 사상가 성 그레고리오스 팔라마스St. Gregory Palamas는

우리가 신의 본질을 이해할 수는 없으나 그럼에도 신적 에너지를 통해 신을 이해할 수 있다는 점을 분명히 했다. 즉 신의 창조 활동 덕분에 우리는 창조된 사물에 담긴 신성을 유비적으로 익힐 수 있다. 다시 말해 강제하는 전능한 신적 힘의 결과, **무로부터** 창조가 일어났고 이로써 신적 에너지가 우리에게 계시된다. 팔라마스가 말하는 신의 "에너지"는 "완전하게 감수성이 없고 무감각하다". 신은 누구에게도 영향을 받지 않고 홀로 활동한다. 이런 이유로 신에게 우유성은 있을 수 없다. 이런 우유성은 우연을 겪는 주체에게 영향을 미치는 방식으로 생기거나 소멸되기 때문이다. 신은 "전체적으로 변하지 않는다". 신이 타자들과 맺는 모든 관계는 타자들에게 실재할지 모르나 신에게는 실재하지 않을 수 있다. 신은 (일순간 한 번인 "지금"에, 즉 시간 바깥에 있다는 의미에서) 영원하고 변하지 않으며 단순하다. 전형적 고전 유신론과 비슷하게 신의 본성에 대해 알 수 없다는 선언이 반복되고 있으며 생성보다 존재, 가변성보다 불변성, 복잡함보다 단순함, 유한성보다 무한성, 몸보다 영혼 같은 단극의 신 개념 또한 반복해서 선호되고 있다. 팔라마스는 이런 모든 대비 쌍이 상충한다고 가정한다.(Palmer et al. 1979~1995, IV, 343, 354, 359~360, 380, 384~385, 406~407, 414, 418, 427 참고)

그보다 앞서(6~7세기) 활동한 고백자 성 막시모스St. Maximos the Confessor 또한 신은 활동적이지만 수동적이지 않기에, 변하지 않고 무한하며 모든 잠재태 너머에 있다고 여긴다. 신이 시간을 창조했으므로 신적 본성은 시간에 갇힐 수 없다. 그는 신적 완전함은 전능을 따른다는 점을 분명하게 밝힌다. 신은 존재이거나 (부정적으로) 존재 너머에 있다. 모든 아브라함 종교의 고전 유신론자들과 비슷하게 막시모스는 신은 피조물을 사랑하지만 "절대 독립적"이라고 생각한다. 만일 그렇지 않으면 신적 삶에 우연들이 무섭게 개입할 것이다. 신은 피조물을 사랑하지만, 그 의미가 무엇이든 "전적으로 (…) 관계에서 자유롭다". 다른 고전 유신론자들이 그렇듯 막시모스는 신이 탁월하게 사랑한다는 말과 신은 불변할 만큼 자기-충족적이고 피조물과 무관하다는 말 사이의 긴장을 알아차리지 못한 것 같다. 막시모스는 성서의 하느님이 고통을 느낀다는 것을 인정하면서도 신적 무감수성을 옹호한다. 여기서 아리스토텔레스의 단극 신론이 미치는 영향을 뚜렷하게 볼 수 있다. 그러나 전능한 신이 세계를 창조했다는 사유에서 막시모스는 그리스인답지 않은 모습도 보여 준다.(Palmer et al. 1979~1995, II, 70, 87, 100~101, 114~115, 124, 132, 137~138, 165, 277, 280~281, 295~296 참고)

동방정교의 역사에서 다른 주요 인물들도 팔라마스와 막시모스가 드러내는 고전 유신론을 보여 준다. 이를테면 12세기 다마스쿠스의 성 베드로 St. Peter of Damaskos의 관찰에 따르면, 신을 향한 찬미에서 찬미받는 신은 정작 얻는 게 없는 한편, 신을 찬미하는 사람들은 그 찬미를 통해 신보다 얻어 가는 게 많다. 리비아의 성 탈라시오스 St. Thalassios the Libyan는 신적 영원은 시간 전체를 관통하는 것이 아니라 시간 바깥에 현존하는 것이라고 단언한다(탈라시오스는 막시모스와 동시대인이다). 3세기에서 4세기에 활동한 성인 대 안토니우스 St. Antony the Great는 가변성을 창조한 신이 이에 종속될 리 없다고 주장한다. 이런 신 개념은 "기쁨"이나 "분노" 같은 인격적 용어

와 어우러지기 어려운, 일종의 냉담한 신의 성격을 포함한다. 이런
식으로 각기 유형은 비슷하다. 11세기 니키타스 스티타토스Nikitas
Stithatos의 사상에서도 신의 본성에 대해 알 수 없다는 주장과 신은
단순하게 변하지도, 변할 수도 없다는 주장이 반복된다.(Palmer et al.
1979/1995, I, 243, 252 참고;II, 332;III, 148,187;IV, 139~147)

　　러시아인 베르댜예프는 동방정교 전통을 수용하면서도 어느
때는 이를 비판한다. 그의 유신론은 "새로운" 동시에 "고전적"이다.
베르댜예프와 동방정교 전통의 관계가 다른 신고전 혹은 과정 유신
론자들과 그들 전통의 관계와 다른 점이 하나 있다면, 세계 포괄성
의 교리가 신적 전능과 **무로부터** 창조라는 상충할 만한 교리로 연
결될 때도 많지만, 대체로 동방정교는 이런 포괄성의 교리에 우호
적이라는 것이다. 논리적 정밀함을 중시하는 철학적 담론보다 동방
정교의 신비주의 신학에서 세계에 대한 포괄성이 더 중요한 요소로
여겨지기 때문에, 세계를 포괄하는 신과 **무로부터** 창조 사이의 긴
장은(**무로부터** 창조는 전능을 전제하고, 세계에 대한 신적 포괄성의 교
리는 전능에 대항해 작용하는 것같이 보인다) 동방정교에서 간과되는
경향이 있다.(Hartshorne 2000, 285)

　　베르댜예프가 신비주의자 야콥 뵈메Jacob Boehme와 양극 신론
자 셸링의 영향을 크게 받았다는 부분도 주목해야 할 필요가 있다.
베르댜예프는 신적 역사, 신적 생성 그리고 가장 중요한 신적 고통
이 있다는 사실을 매우 솔직하게 밝힌다. 우리는 삶에서 분명하게
고통을 겪고 비극을 경험한다. 이는 당연한 일이다. 그렇다면 신도
어떻게든 고통과 비극을 경험하지 않겠는가? 베르댜예프는 우리가

신 안에서 고통과 비극을 해석할 때만이 그 체계적이고 구조적인 의미를 찾을 수 있다고 생각한다. 신이 우리의 고통을 공유할 때만이 고통과 비극의 최후 의미가 달라질 수 있다. 하지만 이것은 고통과 비극이 발생한다는 사실을 무효화하기 위해 신이 믿기 힘든 전능과 기적을 펼친다는 의미가 아니다. 오히려 고통과 비극이 기억 안에 보존됨에도 신적 삶의 일부로 받아들여진다는 사실이 중요하다. 하츠혼은 베르댜예프의 견해를 다음과 같이 평가한다. "이런 신정론은 지금껏 본 모든 설명과 전혀 다르다. 여기에는 대개 냉혈한 같이 악을 일반적으로 정당화하려 애쓰는 입장 대신 숭고한 수준에 다다르는 무언가가 있다. 악은 무규정성에서 비롯된다. 섭리 자체는 이런 무규정성을 제고하지 못한다. (…) 이것은(우리의 열정은 아마 양해받을 수 있을 것이다) 진정한 사랑의 형이상학이다!"(Hartshorne 2000, 286)

베르댜예프는 그의 책 『역사의 의미』*The Meaning of History*에서 신적 기억이 부재할 때 어떻게 매 순간이 이전 순간을 "살해"하는지를 신랄하게 비판한다. 이런 비판은 마치 인간의 기억력을 사소하게 여기는 것같이 보일지 모르나 사실상 우리는 우리의 기억력에만 의존하다가 자주 실패한다. 여기서 요점은 다음과 같다 (1) 인간 기억의 성공 여부와 상관없이, 불후의 시간 내내 우리의 행동과 비극은 다른 데서 얻을 수 없는 신적 중요성을 지닌다. 이런 의미에서 신적 기억은 완전하다. (2) 미래의 개방성과 무규정성이 의미하는 바는 이상적 아는 자라도 폐쇄적이고 결정적인 방식을 통해 미래를 먼저 예상할 수 없다는 것이다. 이런 점에서 미래를 향한 기대와 과거에 대한 기억은 서로 다르다. 무규정성은 아직 결정되지 않았음을 가리킨다. 사실상 베르댜예프는 신이 모든 것을 알고 있다는 생각을 두렵게 여겼다.(Hartshorne 2000, 286)

화이트헤드에게 형이상학적 궁극성이 창조성이라면, 베르댜예프에게 창조성은 실재의 일부가 조금씩 새롭게 생성되는 매 순간 생겨나는 자유 혹은 즉흥적 활동과 관련 있는 개념이다. 화이트헤드와 마찬가지로 베르댜예프는 비극의 기원은 선과 악의 갈등에 있는 게 아니라 유동하는 사건들 가운데 경쟁하는 선함들과 더불어 있다고 생각한다. 매 순간 헤아리고 평가해야 할 선함이 우리에게 다양하게 제시된다. 우리는 그중 일부를 받아들이고 일부는 거부한다. 그는 신 역시 이런 선택을 할 수 있어야 한다고 생각한다. 우리가 내면의 갈등 및 타인과의 갈등으로 고통을 겪을 때, 이런 우리의 비참한 기쁨에 신이 함께한다는 사실은 우리에게 작은 위안이 된다. 실제로 하츠혼은 베르댜예프의 신관은 화이트헤드와 비슷하지만, 종교적 열정을 훨씬 강렬하게 표현하고 있다고 본다.(Hartshorne 2000, 286~287)

인간의 삶은 덕스럽고 미학적으로 가치 있는 신의 현실태에 새로운 실재들을 공헌할 때 의미를 얻을 수 있다는 말과 그런 공헌이 제대로 수용되게끔 신 개념을 발전시켜야 한다는 말은 서로 다르다. 베르댜예프는 두 가지 면모를 이해하는 데 유익하지만, 고전 유신론자들은 신 개념을 발전시키는 데는 아무런 도움을 주지 않는다. 베르댜예프에 따르면, 신적 현실화의 과정에는 시작도 없고 끝도 없다.(Hartshorne 2000, 287)

이 책의 목적은 신의 존재 자체를 밝히는 게 아니지만, 여기서 현대 무신론과 불가지론의 등장이 고전 유신론의 잘못된 신 개념에 기인한다는 베르댜예프의 생각에 주목해야 할 필요가 있다. "무신론은 악한 동기가 아니라 선한 동기에서 비롯되었을 수 있다. 사악한 이는 신을 미워한다. [신은] 그들이 악을 행하지 못하도록 막기 때문이다. 선한 이는 사악한 이가 악을 행하는 것을 막지 않는 동안 이미 [신을] 미워할 준비를 하게 된다. (…) 무신론으로 (…) 선한 이들[사람들]을 이끄는 것은 바로 전통 신학이다."(Berdyaev 1937, 31~32)

이어지는 맥락에서 보면, 고전 유신론이 말하는 신은 인간 행동이 야기하는 치명적 결과를 영원 전부터 예견했음에도 그런 결과를 막기 위해 무엇도 하지 않았다. "이런 이해에서 비롯된 심오한 윤리가 무신론을 빚었다."(Berdyaev 1937, 32) 나아가 베르댜예프는 재난에 대해 과도하게 부정신학을 따르는 방식이나 우리의 이해 바깥에 있다는 계략을 취해 신비에 호소하는 방식같이 고전 유신론의 신정론이 지적으로 솔직하지 못하다고도 지적한다.

앞서 보았듯이 베르댜예프는 예정론을 두렵게 받아들인다. 예정론은 우리가 어느 정도 자유로우며 우리 행동에 책임져야 한다는 감각을 조롱하고, 운명은 정해져 있다거나 어떤 노력에도 바꿀 수 없는 미래에 갇혔다는 불길한 감각으로 우리 삶을 채운다. 그는 고전 유신론의 전지 개념이 운명에 대해 이런 식의 감각을 유발한다고 강력하게 주장한다. 게다가 철학자들과 신학자들은 고전 유신론의 전지를 고수하느라 지나치게 과장된 부정신학을 따른다. 고전 유신론의 주장대로 신이 "미래"에 일어날 모든 일을 절대 확실하고 상세하게 알고 있다고 인식하는 순간, 전지와 인간의 자유는 양립하는 것이 거의 불가능해진다. 이런 문제와 맞닥뜨린 고전 유신론자에게 부정신학은 "감옥에서 출옥한 것같이 훨씬 자유롭게 숨 쉴" 틈을 제공한다.(Berdyaev 1937, 33)

과정 세계관에서 자유는 신이 창조해 낸 사물이 아니다. 즉흥적 활동은 언제나 이전 즉흥적 활동에 대한 반응이고, 이전 즉흥적 반응 역시 그보다 앞서 벌어진 즉흥적 경우에 대한 반응이기 때문이다. 베르댜예프는 때로 전능과 **무로부터** 창조 같은 고전 유신론의 언어를 사용하는 바람에 상황을 약간 혼란스럽게 만들기도 하지만, 그의 사상을 너그럽게 해석해 보면, 신의 힘은 저항하는 물질, 언제나 거기 있으며 어느 정도 제한된 힘을 갖고 있는 물질을 설득하는 역량으로 구성되어 있다고 할 수 있다. 즉 베르댜예프가 말하는 **무로부터** 창조는 **절대무**('우크 온'*ouk on*)로부터 창조가 아니라 상대적 비존재('메 온'*me on*)로부터 창조 혹은 이전에 존재했던 것과 다른 어떤 것으로부터 창조다.(Berdyaev 1953 참고) 달리 말해 베르댜예프가 신고전 혹은 과정 유신론에 미친 가장 큰 공헌의 중심에서 보면, 신은 (강제하는) 힘으로 나타나는 게 아니라 희생, 스스로 어느 정도 (설득하는) 힘을 가진 희생으로 나타난다. 베르댜예프는 군주 같은 신 개념 혹은 카이사르를 미화하는 신 개념을 버리라고 촉구한다. 역사 내내 그리스 철학과 성서의 특정 내용이 이런 군주적 개념에 힘을 실어 준 것은 사실이지만, 우리는 그리스 철학과 성서의 최고 통찰이 신적 독재보다 더 나은 모습을 제시한다는 사실을 지금껏 확인했다.(Berdyaev 1937, 289)

베르댜예프는 전혀 잠재적이지 않은 정적, 순수 현실태의 신 개념은 성서보다 아리스토텔레스로부터 받은 영향이라고 지적한다. 성서의 신은 극적으로 전개되는 신적 삶을 펼쳐 보일 뿐 아니라 정동의 상태들을 보여 준다. 베르댜예프는 고전 유신론자들이 신도 내면의 갈등과 비극을 겪는다는 생각에는 반대하면서, 성서에서 묘사되는 화를 내고, 질투하고, 복수심을 품은 하느님을 기꺼이 받아들이는 태도는 모순적이라고 지적한다. 당면한 통합 과제는 고대 그리스 사상, 성서의 하느님에 대한 신화시를 통한 설명, 상상할 수 있는 가장 위대함에 관한 철학적·신학적 설명 가운데 최고 통찰을 충분하게 헤아리고, 완전함의 논리를 신중하게 발전시켜 가는 것이다. 앞서 보았듯, 복수심처럼 인간이 지극히 죄로 여기는 특정 감정을 신적이라고 받아들이면서 양극 신론에 대해 주저하는 태도는 모순적이다. 물론 일부 사상가들은 움직이는 원인은 결핍이라고 생각하기에 신에게 이동성을 부여하기를 꺼린다. 하지만 이제 이런 입장도 문제 많은 단극 신론의 결과임을 분명하게 해야 한다. 안식뿐 아니라 운동도 훌륭한 특성이다.(Berdyaev 1937, 37~40)

신의 삶에서 비극적 갈등은 결핍의 신호가 아니다. 비극적 갈등이 신의 현존 자체가 아니라 신적 현실태에 머문다면 오히려 완전함을 지시한다. 특히 그리스도교의 전통에서 십자가와 희생의 사랑이 두드러진다는 점을 생각하면, 그리스도인들은 특별히 이런 신 개념을 옹호할 수 있어야 한다. 신적 삶에서 비극을 부정하는 것은 예수의 십자가가 중요하다는 사실을 부정하는 것이다. 뵈메의 영향을 받은 베르댜예프는 비극을 겪는 삶, 특히 다양한 피조물이 행사하는 자유들 사이에서 갈등을 겪는 삶을 신통기theogony[2]의 과정으로 설명한다. 선악의 구분보다 더 깊은 곳에는 어느 선이 다른 선과 부딪히는 갈등, 창조적 자유들 사이의 갈등이 있다.(Berdyaev 1937, 37~42)

　　베르댜예프의 철학이 그렇듯, 인간의 자유가 타협할 수 없는 항목이라면, 범신론(스토아주의, 스피노자 등)과 고전 유신론 둘 다 문제적이다. 고전 유신론의 경우, 인간의 자유와 고전 유신론의 전지는 서로 모순되기 때문에 특히 문제가 있다. 베르댜예프가 볼 때, 인간의 창조성을 위한 개념적 공간을 확보하는 게 무엇보다 중요하다. 인간의 창조성은 신적 창조성의 연속이고 신의 삶에 간접적이나마 참여할 수 있게 해 주는 매개다. 그러나 우리는 고통에서 벗어날 자유가 없기 때문에, 고통을 수용하고 신적 삶에서 고통의 자리를 찾아보려 하는 종교(그가 보기에 그리스도교의 최고 통찰)보다 고통을 피하려 애쓰는 종교(베르댜예프에 따르면 불교와 스토아주의)는 열등하다. 어느 한 종교를 다른 종교보다 우수하게 평가하는 베르댜예프의 견해를 반박하거나 지지하고 싶지는 않다. 다만 그의 신 개념을 명확하게 이해하는 데 다음과 같은 그의 생각은 도움이 된다. "불교는 연민을 인정하지만, 사랑은 부정한다. 연민은 현존의 고통으로부터 벗어나려 하지만, 사랑은 현존을 긍정하고, 결과적으로 현존의 아픔까지 긍정한다. 사랑은 슬픔과 고통을 증가시킨다. (…) 불교는 현존을 포기하고 비존재에서 피난처를 찾는다. 불교는 어떻

2　신들의 기원, 발생 계보 이야기.

게 고통을 수용하면서 삶을 지속할 수 있는지 알지 못한다. 불교는 십자가의 신비를 알지 못한다."(Berdyaev 1937, 151) 다시 말해 불교보다 그리스도교를 선호한 베르댜예프의 성향은 제쳐 두고라도, 완전함의 논리에 그가 미친 현저한 공헌을 인정할 수밖에 없는 중요한 지점이 있다. 상상할 수 있는 가장 위대한 존재는 단지 고통을 겪을 수 있는 정도가 아니다. 베르댜예프의 주장에 따르면, 우리가 최소화된 고통을 약화된 규모에서 겪는다면 신은 이런 우리와 반대로 우주적 범위에서 압도적으로 현저하게 고통을 겪는다.

베르댜예프에 따르면, 고전 유신론의 문제는 신을 인격적으로 여기는 데 있지 않다. 오히려 신을 일관되게 인격적으로 보지 못하는 탓에, 그 신이 충분히 인격적이지 않다는 것이 문제다. 인격의 가장 높은 자질은 사랑이다. 사랑은 악한 정념을 창조적 힘으로 전환할 수 있는 생명력 있는 에너지이다. 철학 자체는 잉태된 그대로 말하면 지혜에 대한 사랑이라고 할 수 있기에, 철학은 철학을 하는 자, 곧 사랑하는 자에게 신의 형상과 모양대로 흔적을 남긴다.(Berdyaev 1937, 178)

비록 베르댜예프가 최적의 의견 표명을 하지는 않았지만, "필연성"이나 "절대성" 같은 단극 면모는 신 개념을 설명하기에 충분하지 않을뿐더러 별로 유익한 출발점이 아니라는 견해를 만들어 가는 데 유익한 도움을 준다. 예를 들어 가능태를 가정하면서 시작하면, 필연성은 모든 가능태에서 공통으로 나타나는 추상적 정체성이라고 이해해 볼 수 있다. 달리 말해 양극 신론의 양쪽 범주는 서로 연관되며 서로를 강화한다. 궁극적으로 어느 한 극은 다른 극 없이

이해될 수 없다.(Hartshorne 2000, 293)

　또한 문제가 많은 특징을 지니는 고전 유신론의 이론을 부정의 방식대로 실천한 결과를 지적할 때 역시 베르댜예프의 통찰은 유용하다. 예를 들어 고전 유신론에서 인간 사후 벌어지는 신적 보상과 형벌의 체계는 반드시 필요한 특징이 아님에도 유대교 바깥의 수많은 고전 유신론자는 죄인에 대한 영원한 형벌의 교리를 옹호해 왔다. 베르댜예프는 이것을 일종의 가학증sadism 증세로 본다. 실제로 그는 이런 교리를 가장 역겨운 도덕이라고 생각한다. 이런 가학증은 타자들을 움직이게 할 수 있지만 타자들에 의해서는 움직이지 않는 신, 영원토록 활동만 할 뿐 타자에게 반응하거나 어떤 영향도 받지 않는 신 개념과 무관하지 않다.(Hartshorne 1937, 77; 1991, 653)

　베르댜예프가 보기에 신을 섬기는 것은 올바르게 행동하기 위해 규칙을 준수하는 행위 정도가 아니다. 오래된 가치와 더불어 새로운 창조적 가치를 생성함으로써 신적 완전함에 할 수 있는 한 가까이 접근하는 일이다. 또한 고통 앞에서의 부동성은 충만함을 가리키는 게 아니라 삶의 빈곤을 의미하는 불완전함을 지시한다. 적어도 신은 우리가 고통받기 때문에 고통받는다. 신은 우리가 비극을 겪기 때문에 비극을 겪고, 신은 우리가 이해할 수 있는 인간의 사랑에 빗대어 생각할 수 있을 만큼 현저하게 우리를 사랑한다. 무신론자들이 올바르게 주장하듯, 이와 반대되는 고전 유신론의 관점은 받아들일 만하거나 존중할 만한 아무런 통찰도 제공하지 않는다. 고전 유신론에서 신은 인간에게 아무런 영향을 받지 않기 때문에, 많은 고전 유신론자가 하늘에서 받는 영원한 보상을 최대한 늘려 가는 데 인간 삶의 중심을 맞추곤 한다. 하지만 베르댜예프가 보기에, 자기-이익의 초월화는 사랑을 근거로 삼는 윤리와 상충하는 끔찍한 생각일 뿐이다.(Hartshorne 1941, 229~230, 294; 1948, 43, 132; 1953, 105)

고전 유신론자들이 그렇듯, 일단 신의 절대 면모(신의 현존 자체는 계속 현존하기 위해 개별 타자를 필요로 하지 않는다는 의미에서 비관계적이라는 관념)와 신을 혼동하기 시작하면, 차례로 여러 모순과 맞닥뜨리게 된다. 고전 유신론자들은 완전함의 논리에 대해 신중하게 고민하면서 이런 모순을 비켜 가는 대신, 너무 당연하게 받아들인다. 하지만 공감을 절대주의적으로 축소한 다음, 이런 면모가 신적 속성이라고 선언해서도 안 된다.(Hartshorne 1953, 23, 189)

간혹 어린이들이 "그렇다면 신은 누가 만들었나요?"라는 흔하지 않은 철학적 질문을 던진다. 이런 질문은 쉽게 답할 수 없다는 점에서 앞을 내다보는 질문이라고 할 수 있다. 만일 신이 불후하다면, 누군가 신을 만든 것이 아니다. 또한 신이 자유롭게 선택할 수 있다면, 신은 스스로를 만든다. 또한 신의 현실태가 피조물에 의해 풍요로워진다면, 우리는 신을 만드는 데 보탬이 된다. 만일 창조성이 어떤 식으로든 궁극적이라면, 신 혹은 우리 자신의 결정이 영원토록 현존하는 한정된 형상들에 미치는 영향은 작지 않다. 오히려 신이든 피조물이든 자유로운 존재들은 우주에 진정으로 새로운 것을 도입한다. 베르댜예프가 생각하기에, 진정한 창조성이 있으며, 그저 플라톤의 선재하는 형상이 현실화되는 게 아니다. 여기서 창조성의 모델은 대화다. 대화는 누군가 다른 이에게 영향을 미치는 기회 그리고 영향을 받은 이가 참신한 방식을 통해 그 영향에 반응할 수 있는 기회를 제공한다. 이런 모든 과정에 시간이 소요된다. 신의 경우, 신적 불후성은 초-시간을 가리킬 수 있지만, 이것은 신을 시간 바깥에 두는 고전 유신론의 주장과 거리가 멀다.(Hartshorne 1967, 113, 123; 1970, 1, 65, 277, 291; 1991, 646)

베르댜예프는 화이트헤드와 하츠혼 못지않게 매우 신랄하게 고전 유신론을 비판한다. 베르댜예프는 지옥에서 가차 없는 형벌을 받는다는 견해는 가학적이며, 고전 유신론의 신은 폭군이나 독재자에 가깝다고 생각한다. 또한 그리스도교 경전의 마지막 책[3]은 그리스도교의 최고 통찰인 아가페와 철저하게 반대되는 야만을 고스란히 보여 준다고 생각한다. 우리가 접하는 신 개념은 우리를 더 나은 사람이나 더 악한 사람으로 만들 만한 잠재력을 갖고 있다. 그러나 종교가 증오의 보고여야 할 필요는 없다. 만일 이런 언어가 너무 거칠게 느껴진다면 독재자를 정의하는 표현들을 떠올려 보라. 자신은 남에게 영향력을 행사하려 하지만, 남에게 아무런 영향을 받지 않으려 하는 사람, 원인이 되고 싶을 뿐 결과는 되기 싫은 사람, 무엇보다 오롯이 독립적이길 바라는 사람을 대체로 독재자라고 부른다. 여기서 위대한 고전 유신론자들이 주장하는 신적 속성이 떠오른다. 이와 반대되는 신고전 혹은 과정 관점에서 볼 때, 세계에서 악은 전능한 신적 엄명 혹은 신적 방임의 결과가 아니며, 신적 전능을 강조함으로써 악을 설명하려 하는 고전 유신론의 주요 대안과 다르다. 신고전 혹은 과정 유신론에서 세계의 악은 오용된 자유 혹은 여러

---

3 「요한의 묵시록」.

자유 사이의 갈등 때문이다. 그러나 자유의 오용이 없더라도, 이권의 다원주의가 편만하고 힘의 중심이 여럿인 조건에서 자유의 선한 사용 사이에도 충돌은 일어날 수 있다.(Hartshorne 1972, 183~185)

힘의 중심이 여럿이라는 사실을 염두에 두면, 다양한 개체 사이의 행위들은 완전하게 조율되기 어려울 것이다. 그럼에도 보편적인 신적 열망과 영향은 가능하며, 자연법칙의 일반적 조화와 지각력 있는 과정의 번영을 생각할 때, 그 가능성은 높다. 하지만 우연은 실재하기 때문에 고통도 실재한다. 사실 존재**가 힘이라**는 플라톤의 주장이 타당하다면, 형이상학상 고통과 비극은 완전하게 제거되기 어렵다. 즉 이것은 단순히 실천적이거나 논리적인 쟁점이 아니다. 안타깝게도 베르댜예프는 때로 그가 확신하는 신 개념이 합리적이지 않음에도 불구하고 충분히 옹호할 만하다고 생각하는데, 그가 보기에 이런 언어는 개념상 합리성이 충분하지 않다기보다 신 개념에 관한 고전 유신론의 역사적 헤게모니와 더 깊은 관련이 있다. 인과성, 존재, 통일성을 신적 본성의 추상적 면모로 헤아리고 옹호할 수 있지만 권위주의적 "에티올러트리"etiolatry(인과성의 숭배), "온톨러트리"(존재의 숭배), "모놀러트리"monolatry(통일성의 숭배)를 단순하게 수용해야 할 필요는 없다.(Hartshorne 1972, 186~188)

하츠혼은 베르댜예프에게서 발견해 낸 세계관을 다음과 같이 설명한다. "결론은 과정, 상대성 혹은 자유다. 이것들은 그 자체로 영속성, 절대성 혹은 필연성의 면모를 포함할 수 있기 때문이다(실제로 논리적으로 포함해야 한다). 반면 그저 영속적인 것 안에서는 어떤 것도 변할 수 없다."(Hartshorne 1972, 189) 달리 말해 최종적인 구상적 실재들은 영속하는 개체들 혹은 실체들이 아니라 경험에 의한 계기들이다.

무엇보다 우리는 타자를 사랑함으로써 신적 삶을 풍성하게 할 수 있으므로, 신이 "고통받는다"는 것은 결코 비극이 아니다. 따라서 두 가지 이유에서 베르댜예프가 말하는 고통받는 하느님은 성부 수난설, 즉 아버지(즉 성부 하느님)가 고통받는다는 이단적 주장으로 이어지지 않는다. 첫째, 신의 현존은 고통을 겪지 않으며, 우리나 다른 어떤 것으로부터도 위협당하지 않는다. 둘째, 신의 현실태는 피조물의 삶으로부터 영향을 받으며, 피조물의 활동 가운데 일부만 신적 고통으로 이어진다. 베르댜예프가 보기에 피조물의 다른 활동(특히 사랑하는 활동)은 실제로 신적 풍요로움으로 이어진다. 이런 풍요로움 덕분에, 존재의 노예가 된 고전 유신론과 그 결과 타자로부터 아무런 영향을 받지 않는 신 개념이 놓친 중요한 부분이 선명하게 드러난다. 물론 그런 풍요로움이 감당해야 할 대가는 비극의 가능성이다. 사랑받는 이에게 발생하는 일이 사랑하는 이의 현실태에 영향을 미친다는 점에서, 사랑 자체는 위험한 일이기 때문이다.(Hartshorne 1983, 88, 191, 218, 231)

베르댜예프가 말하는(그의 책 『인간의 운명』*The Destiny of Man*의 3장과 4장에서 설명하는) 범주적 명령은 "창조성을 발휘하고 타자의 창조성을 불러일으키는" 식으로 일어난다. 이런 명령은 다음과 같은 질문에 대한 대답이다. 인간의 자기-창조적 본성과 타자-창조적 본성에 가장 잘 부합되는 윤리적 이상은 무엇일까? 이것을 사랑이라고 가정한다면, 그 창조성은 신적 삶에 기억에 남을 만큼 공헌한다. 예술가뿐 아니라 정치가, 교사, 남편과 아내도 창조하는 경험에 참여하며, 타자의 경험을 돕는다. 모두가 새로운 한정성을 창조하는 데 참여한다. 사실상 베르댜예프의 "창조성"은 신과 피조물 둘다에 적용된다는 점에서, 중세의 초월 개념과 유사하다. 계승의 각기 인격적인 계보가 매 순간 결정을 요구하는 미래로 밀고 들어간다. 결정을 통해, 결정 가능태 가운데 일부는 선택됨으로써 확정되고 다른 일부는 차단된다. 창조성, 심지어 신적 창조성은 아직 결정되지 않은 미래를 요구한다.(Hartshorne 1984a, 99, 248, 268, 279; 1991, 585, 680; 2011, 130, 153)

현존하는 모든 것은 (스토아주의나 스피노자에게서처럼) 필연적이거나 아니면 우연성이 있다. 만일 우연성이 있다면, 있을 수 있는 것에서 있는 것으로의 전환은 창조성(자유, 즉흥성, 자기-운동 같은 면모) 혹은 우연의 결과다. 그러나 우연한 것이 순수한 우연의 결과라면, 그런 우연성은 아무런 긍정적 빛을 비추지 못한다. 그냥 무작위의 우연일 뿐이다. 창조성과 우연, 그리고 이 둘의 상호작용의 결과로 우연한 것이 현존한다고 말하는 게 가장 안전한 방책일 것이다. 나아가 창조성과 우연은 편재한다고 말할 수 있다. 이런 방책은 신을 전능한 폭군이 아니라 자녀를 보살피는 어머니로 생각해 보게끔 한다. 어머니는 자녀를 위해 지혜로운 선택을 하며, 인간이 통제하기 어려운 힘이 자녀에게 미칠지 모를 돌발적 영향에 대응한다. 자녀를 위하는 어머니의 사랑은 인간의 사랑을 본질적으로 보여 주기에, 이런 사랑을 근거로 신을 떠올리면 베르댜예프의 요점을 진지하게 이해할 수 있다. 만일 신이 전선하는 사랑이라면, 신은 그냥 고통을 겪는 게 아니라 현저하게 고통을 받는다. 다시 말해 그리스 도교의 십자가는 이런 통찰을 가리키는 숭고한 상징이다.(Hartshorne 1984c, 23, 58, 120~121; 1991, 38)

베르댜예프의 신고전 혹은 과정 유신론과 고전 유신론의 가장 중요한 차이는 역사에 등장한 구체적 사건들에 관한 진실이 시간적인지, 아니면 비시간적인지에 관한 입장 차이다. 베르댜예프는 신고전 혹은 과정 유신론의 견해를 채택함으로써, 신 역시 변화를 겪으며 세계로부터 새로운 진리와 가치를 끝없이 획득한다는 입장을 취한다. 우리가 이전에 현실적이지 않았던 것을 이제 현실태들로 신에게 공헌한다는 점에서, 우리의 결정들은 어느 정도 신을 위한 결정이기도 하다. 이것이 바로 신적 시간 혹은 신적 역사가 있다는 말의 의미다. 특수한 사건들을 제 때에 안다는 것은 존중의 의미에서 유한하고 한정적인 것이다. 반면 다소 존중이 떨어지는 의미에서 무한하고 무규정적인 것과는 대조된다.(Hartshorne 1984b, 67, 75, 100; 2011, 95, 117)

20. 무함마드 이크발

─ Mohammed Iqbal, 1877~1938년 ─

현재 파키스탄 지역 출신인 이 무슬림 사상가는 화이트헤드의 사상 그리고 특별히 베르그송의 사상으로부터 영향을 크게 받았으며, 그 덕분에 신고전 혹은 과정 유신론으로 이끌려 갔다. 그러나 무슬림 자료를 참고한 그의 수많은 유려한 글 역시 주목할 가치가 있다. 앞서 보았듯 고전 유신론자들이 어떻게 생각하든, 주요 세계 종교들 가운데 고전 유신론이 독점해 온 종교는 없다. 신 개념과 종교적 체험의 취약한 관계를 헤아릴 때, 고전 유신론이 아브라함 종교에 미친 영향의 정도는 사실상 놀라지 않을 수 없다. 즉 신고전 혹은 과정 유신론을 따르는 무슬림이 있다는 것보다 이슬람이 고전 유신론을 따른다는 것이 훨씬 역설적이다.(Hartshorne 2000, 294)

이크발이 보기에, 다수의 "순간"instant이 신적 삶에 있다. 실제로 이런 순간들은 무한하게 있다. 이런 순간들을 전체적으로 혹은 종합해서 볼 때, 우리는 신의 삶을 궁극적 실재 혹은 지속으로 부를 수 있다. 또한 인간 삶은 자기와 비-자기를 구분해야 하지만, 신적 삶은 (전선과 전지를 적절하게 이해한 결과로서) 모두를 포함한다.

이크발은 모든 것을 신적 성품으로 포용하는 알라의 역량과 관련해 코란에 담긴 의미를 다음과 같이 설명한다. "우리가 자연 혹은 자기-아님not-self이라고 부르는 것은 신의 삶에서 찰나의 순간에 불과하다. [신의] '나는-있음'(I-amness)은 독립적이고, 원초적이고, 절대적이다." 여기서 이크발은 신의 현존 자체에 관해 말하지만 이런 신적 현존은 모습을, 현실적인 신적 삶에서 사건의 구조를 가져야 한다. 이런 구조는 살아 있으며 끊임없이 성장하는 유기체인 자연으로서 인간에게 계시된다. 이런 의미에서 자연을 알아 가는 것은 신을 알아 가는 것이다.(Iqbal 1934, 53~54)

베르그송과 마찬가지로 이크발은 일련의 시간에서 매 순간을 사진이 재빠르게 넘어갈 때 생기는 운동감과 비슷하다고 본다. 이런 사진들은 사진이라기보다 움직이는 장면같이 보인다. 하지만 이크발의 주장대로 시간의 비대칭성 때문에 실재적인 미래 사건은 없으며, 단지 미래 사건의 가능태 혹은 개연성만 있다. 그렇기에 이런 일련의 사진에서 미래 사건이라고 상정할 만한 것은 없다. 물론 우리는 어떤 종류의 미래 사건이 일어나리라고 가정할 수 있지만, 정확하게 어떤 사건이 일어날지 상세하게 알 수 없고 강하게 확신할 수 없다. 이런 생각에는 신 개념, 특히 신적 전지와 관련해 분명한 의미가 담겨 있다. 변화를 불완전함으로 가정하면 고전 유신론으로 쉽게 이끌려 간다. 그러나 이크발은 이런 가정의 필요성 자체에 의문을 제기한다. 물론 신적 삶에서 표면으로 드러나는 일련의 사건들 배후에는 어떤 의미에서 지속성이 있으며, 그 배후에서는 변화가 발생하지 않는다. 이렇게 신격의 불변하는 추상적 면모는 신적

삶에 실제로 끊임없는 창조가 있다는 관념과 양립할 수 있다.(Iqbal 1934, 54~61)

이크발의 신 개념에서 신적 지식은 언제나 시간적이다. 즉 그는 완전하게 시간 바깥에서 역사 전체를, 과거, 현재, 미래를 한눈에 포착하는 신적 지식을 따르는 신 개념을 비판한다. 그는 이런(보이티우스 같은) 관점을 무슬림 고전 유신론자 잘랄루딘 다와니Jalaluddin Dawani 탓으로 돌린다. 이런 관점은 간혹 심리적으로 흥미를 끌기도 하는데, 미래를 불안해하는 사람은 역사의 과정과 개인 삶의 과정을 제어하는 감독관이 있다는 사실에서 위안을 얻기도 하기 때문이다. 그런데 이런 영원한 지금에 일어나는 신적 전지는 이크발이 말하는 "닫힌 우주, 고정된 미래성, 예정된 변경 불가능한 구체적 사건들의 질서"를 전제한다.(Iqbal 1934, 74, 또한 68~76) 이런 전망은 사실상 너무 공포스러우며 고전 유신론의 전지에서 얻을 법한 어느 위안이든 압도한다. 물론 미래는 어떤 의미에서 현존하지만, 그 미래는 결과가 예정된 사건들의 고정된 질서가 아니라 일련의 가능성으로 현존한다. 특히 무슬림 운명론에서 두드러지는 고전 유신론의 예정 교리는 인간 경험의 편만한 사실인 삶의 명백한 즉흥성을 의도적으로 회피한다.

이크발의 통찰은 신고전 혹은 과정 관점에서 전능을 비판할 때 특히 두드러진다(물론 그는 **무로부터** 창조에 흥미를 보이기도 한다).(Ruzgar 2008 참고) 고전 유신론자들은 전능하지 않은 신을 전혀 상상할 줄 모르기에 이런 비판을 괴로워한다. 이크발은 "우리는 단어 '제약'을 두려워해야 할 필요는 없다"고 분명하게 밝힌다.(Iqbal

1934, 75~76) 사실상 그는 코란(그리고 유대교와 그리스도교의 경전)은 추상적 보편성을 다루지 않는 경향이 있다고 생각한다. 오히려 코란은 신의 구체적 활동을 묘사하고 있으며, 이런 모든 활동은 일종의 제약이다. 신은 이전이나 이후가 아니라 바로 그 순간에, 다른 어떤 일이 아니라 바로 그 일을 행한다.

이크발을 범정신론자 혹은 범경험주의자로 분류하는 것은 무리일 수 있으나 그의 입장은 대체로 그리로 향하고 있다. "몸"과 "영혼"(혹은 "정신")은 사건의 체계이며, 인간 본성의 이런 두 특성에서 공통된 사건 특성은 몸과 영혼을 하나로 묶는다. 특징상 영혼과 정신은 즉흥성을 보이고 몸은 반복성을 보이지만, 영혼(혹은 정신)은 습관을 만들고 몸은 놀랍게도 갑작스러운 변화를 드러내기도 한다는 점에서, 이런 구분이 엄격하지는 않다. 이 때문에 이크발은 물질 자체가 자기-운동의 작은 중심들 혹은 미미하게 즉흥적 생성의 단위들로 구성될 수 있다고 추측한다.(Iqbal 1934, 100)

이크발은 베르댜예프같이 신이 전선하고 피조물의 모든 고통을 알고 있기에 고통을 겪는다는 생각을 받아들이지 않는다. 이에 대해 하츠혼은 지적한다. "그러나 이런 관점[신의 전선]으로 이 문제[고통]를 바라보는 이들 중에 (철학자 가운데) 비그리스도인은 거의 없으며, 그리스도인도 극히 소수다. 그리스도교에 고유한 가치가 있다면 그 가치가 그리스도교의 중심이라고 할 수 있다."(Hartshorne 2000, 297) 또한 이크발은 인간이 신적 삶에 공헌한다는 생각을 강조하지 않지만, 사실상 그가 표면으로 드러내는 신 개념은 이런 생각과 매우 비슷하다. 그럼에도 그는 분명 양극 신론자이며, 하츠혼은 다음과 같이 말한다. "단극성 숭배, 존재 숭배 혹은 인과성 숭배의 오래된 통치가 끝없이 지속되어야 할 필요는 없다."(Hartshorne 2000, 297; 또한 1984b, 67, 111) 이크발의 연구 결과, 무슬림 사상가들은 코란의 첫 마디가 증언하는 신, 자비롭고 자애로운 신(알라)을 마침내 이해할 수 있는 신 개념의 모델을 갖게 되었다.

21. 마르틴 부버
── Martin Buber, 1878~1965년 ──

부버는 형이상학자는 아니었지만, 현상학자로서 종교적 삶에 관심을 깊이 가졌으며, 이런 점에서 그를 신고전 혹은 과정 유신론자로도 볼 수 있다. 즉 의도치 않게 그는 신고전 혹은 과정 유신론에 주목할 만한 공헌을 남겼다. 종교적 삶을 영위하는 사람들은 그들 경험의 틀림없는 여건으로서 관계의 감각을 갖는다. 실제로 가장 기본적이고 주요한 실재는 관계의 실재다. 부버는 신 안에 세계가 현존하기에 신이 모든 것과 관계되어 있다고 본다. 오스트리아 태생의 유대인 부버는 고전 유신론에 매우 익숙했을 테지만, 오히려 그의 신론은 범재신론이라고 할 수 있다. 말하자면 신적 지식과 돌봄을 통해 신 안에 모든 게 있다는 믿음이다. 또한 신이 신에게 알려지고 사랑받는 피조물로부터 가치를 끌어낸다는 점에서, 신에게 실재적 생성이 있다. 따라서 이런 역동적 완전함은 궤도에서 벗어난 개념이라기보다는 아브라함 종교에 나타나는 고대 지혜의 최고 통찰을 현대로 다시 가지고 온, 현대적 혹은 포스트모던적 개념이라고 할 수 있다.(Hartshorne 2000, 302)

부버의 견해에 따르면, 신 개념을 진지하게 받아들이는 사람은 결코 고립감을 느껴서는 안 된다. 우리는 신을 만날 때 신에게 공헌하는 세계와도 만난다. 다시 말해 세계를 떠나서 신을 만나는 게 아니라, "나"와 관계를 맺는 "너"Thou 혹은 적어도 신적 "너"에게 공헌하는 세계를 향해 거룩한 태도를 취함으로써 신을 만난다. 부버는 우리만 종교적 관계에 의존한다는 견해가 모든 감성은 취약하다는 가정 그리고 우월한 이가 열등한 이에게 행사하는 모든 강제하는 힘은 선하다는 가정에서 비롯되기 때문에, 이런 견해를 비판한다. 게다가 두 번째 신념은 자유민주주의에서 소중하게 다루는 가치와도 상충한다. 자유민주주의에서는 통치받는 이가 통치자에게 영향을 미칠 수 있기 때문이다. 이런 비유의 요점은 통치자(신)가 오류를 범할 수 있고 모든 대답은 충분하지 않다는 지적을 하려는 게 아니다. 오히려 요점은 "자기-결정하는 존재들은 그들의 삶에서 무엇을 할 것인가?"라는 질문에 대해 누구도 "모든 대답을 갖고 있지 않다"는 답에 있다. 자기-결정하는 존재들은 이런 질문에 각기 다른 대답을 내놓는다. 이런 비유에서 가장 강한 존재는 피조물에게 탁월한 관심과 돌봄을 베풀고 피조물의 고통과 의지가 적절한 결과에 이르기를 함께 기다리는 가장 섬세한 존재이기도 하다. 이런 존재는 인간 통치자들과 대조된다. 일부 인간 통치자들은 강제하는 힘을 부적절하게 휘두를뿐더러 매우 제한적이고 편향된 예민함으로 힘을 행사한다.(Hartshorne 2000, 302)

부버가 보기에 인간은 자기-결정의 능력 덕분에 신과 함께 창조의 과정에 참여할 뿐 아니라 신적 삶 자체(하츠혼의 용어를 빌리면

신적 현실태)에 공헌할 수 있다. 만일 사물에 대한 신의 인정apprecia-
tion이 실재 자체의 척도라면, 어떤 것을 결정하는 것은 신의 의식에
무언가를 기록하는 것이다. 우리가 생명의 책[4]에 기록하는 게 무엇
이든 신적 삶 자체에 기록된다. 아무것도 기록하지 않는다면 이것은
겸손한 게 아니라 어리석은 모습이다. 달리 말해 우리가 기록한 무엇
이든 신에 의해 기록되지 않는다면, 신은 만물의 척도라고 할 수 없
다. 부버는 인간과 신의 관계를 "나"와 "그것"이라는 고전 유신론의
용어 대신 "나"와 "너"라는 용어를 통해 이해하며, 이런 해석은 고전
유신론의 신 개념과 반대되는 덕분에 고전 유신론에 숨겨진 함정을
비켜 가는 데 유익하다.(Hartshorne 2000, 303; 또한Davenport 2013 참고)

부버의 유명한 주장에 따르면 "나"와 "너"는 사물이 아니라 관
계를 가리키며, 이런 관계는 상호적이다. 부버는 또한 "나"가 비신
적 "너"와 맺는 관계를 통해 신적 "너"의 삶을 들여다볼 수 있다고
생각한다. 종교의 역사 내내 신을 논한 담론에서 신적 삶을 "그것"
으로 축소해 버린 사례가 셀 수 없이 많기 때문에, 이런 함정에 빠
질 위험을 언제나 경계해야 한다고 부버는 경고한다. 그러므로 "신"
혹은 "신"과 비슷한 다른 단어들을 사용할 때마다 신적 "너"가 "그
것"의 상태로 대상화되지 않게끔 신중해야 하고 조심해야 한다. 그
는 신적 "너"를 "그것"의 지위로 축소하는 것은 세계를 공격하는 것
이라고까지 말한다.(Buber 1937, 8, 75~80)

이 책은 고전 유신론의 신 개념이 은연중에 "너" 대신 "그것"을

---

4 「요한의 묵시록」 3:5.

함의한다는 것 그리고 그런 신은 피조물과 상호 관계를 맺지 못한다는 논지에 크게 의존한다. 하지만 이와 대조되는 부버의 견해에 따르면, 신은 창조 세계 전체와 관계를 맺기 때문에 신과 "나-너"의 관계 안으로 들어가는 것은 고립되는 게 아니라 신적 관계 안에 모여든 만물에 관심을 쏟게 되는 것이다. "관계 안으로 한 걸음씩 들어가는 것은 모든 것을 무시하는 게 아니라 모든 것을 너 안에서 보는 것이며, 세계를 포기하는 것이 아니라 참된 기초 위에 세우는 것이다."(Buber 1937, 78~80) 초자연적 세계를 "저기"로 구분하는 반면 자연적 세계를 "여기"로 구분할 때 신은 "그것"으로 축소된다. 비록 고전 유신론, 특히 파급력이 큰 데카르트 이원론의 영향 때문에, 이런 구분 아래 종교의 주제를 살피는 것이 대중적으로(그리고 안타깝게도 학문적으로) 기본 방식이라는 사실에도 불구하고 말이다.

부버는 우리가 처한 모순된 상황을 이해하는 데 도움을 준다. "세계 안에"(도구적 이성에 지배받는 문화, 강박적으로 소비를 부추기는 문화의 손아귀에 머물러 있다는 의미에서) 남겨지는 한, 신 개념을 이해하는 건 쉽지 않다. 하지만 자연 세계에서 도망치기 위해 초자연 세계로 건너뛰려는 시도(고전 유신론은 정확하게 이렇게 하려는 경향이 있지만) 역시 어려운 일이다. 오히려 자연 세계의 인간을 포함해 자연 세계 자체를 다르게, 성사적sacramental으로 바라봄으로써, 자연 세계를 신적 "너"에 참여할 수 있게 해 주는 "너희들"이 가득한 곳으로 바라봄으로써, 신 개념을 이해해 볼 수 있다. 부버가 지적하듯 "삶을 신성하게 살아가면 살아 있는 신을 만난다".(Buber 1937, 78~80) 신적 편재라는 개념을 감안하면, 신이 위치하지 않는 장소나 상황은 없으므로, 이런 관점에서 볼 때 신을 "구한다"는 말은 다소 오해의 소지가 있다. 이런 점에서 부버는 플라톤의 세계 영혼 교리를 명시적으로 지지하지 않았으나 플라톤의 세계 영혼과 충분하게 양립할 수 있다.

부버의 생각이 하츠혼과 동일했는지는 분명하지 않지만, 그는 "나-너" 관계를 양극적이고 상호적 관계라고 일컫는다. 그는 또한 신을 이해하기 위해 '코인티덴치아 오포지토룸'*coincidentia opposito-rum*, 즉 **반대의 일치**에 호소해야 한다고 제안한다. 여기서 그의 주장은 피조물이 신에게 의존할 뿐 아니라 신도 피조물에게(신적 현존에서가 아니라 신적 현실태에서) 의존한다고 말하는 하츠혼의 양극 신론에 매우 가까워 보인다. 부버의 놀라운 주장을 살펴보라. "우리는 마음 깊은 곳에서부터 신이 되어 가고 있다는 것을 확고하게 알고 있다."(Buber 1937, 82~83)

모든 추상 개념은 "그것"이기 때문에, 부버는 존재와 생성 같은 추상 개념을 가능한 한 적게 사용하면서 신 개념을 표현하고자 했다. 그러나 앞서 나온 부버의 주장은 존재보다 생성이 더 널리 받아들여질 만한 개념임을 분명하게 밝힌다. 즉 부버에게 신은 인격이며, 달리 말해 신이 "너"의 최고 본보기라는 의미다.(Buber 1937, 84) 데카르트가 그의 책 『성찰』에서 신의 현존을 존재론적으로 논증하기 위해 자기의 현존을 전제해야 했던 것과 대조적으로 하츠혼은 "너"가 없다면 "나"도 없으리라 생각하는 경향을 띤다. 여기서 하츠혼의 견해는 부버가 그의 책 『나와 너』*Ich und Du*에서 드러내는 고찰과 일치하지만, 인간이 신에게 기대는 이런 의존성은 신적 현실태에서 신 또한 인간에게 의존한다는 주장과 상충하지 않는다.(Hartshorne 1953, 15; 1962, 133~134)

우리의 우연성은 어떻게든 신의 우연성이 된다. 부버의 견해에 따르면, 우연성은 어떻게 해도 신적 본질과 존재의 필연성을 위협하지 않는다. 물론 신에 관한 사유는 도식적이며 기껏해야 개략적 윤곽을 제시할 뿐이다. 종교와 같은 일종의 인격적 만남만이 신에 대한 구체적 통찰을 제공한다. 그러나 모든 대륙이 세세하게 나오는 세계 지도와 서반구가 완전하게 생략된 초기 세계 지도가 서로 다른 것같이, 어떤 윤곽은 다른 것보다 훨씬 뛰어나다. 하츠혼이 부버의 뒤를 이어 강조하듯 "원칙적으로 현존의 가장 높은 형식인 대화에 충실하게 참여하려면 (…) 다른 사람으로부터 오는 영향을 받아들여야 하고, 자기의 경험에서 지각되는 내용 중 일부를 다른 사람이 결정하게끔 허락해야 한다."(Hartshorne 1967, 123, 131; 1970, 232, 277)

20세기의 위대한 유대인 학자 아브라함 헤셸Abraham Heschel은 아리스토텔레스, 마이모니데스와 반대로, 신은 아리스토텔레스가 말하는 부동의 동자가 아니라 **가장** 동적인 동자라고 보았다. 실제 이런 관점은 히브리 예언서들에 대한 그의 권위 있는 연구에서 주요 주제이기도 하다. 마찬가지로 부버는 아브라함 종교가 고전 유신론의 지배력에서 다소 벗어날 수 있다는 희망을 제시한다. 실제 신고전 혹은 고전 유신론에서 자명한 진리는 신은 가장 **그리고 최고의** 동적인 동자라는 것이다.(Heschel 1962 참고; Hartshorne 1991, 41; Artson 2013)

22. 피에르 테야르 드 샤르댕

― Pierre Teilhard de Chardin, 1881~1955년 ―

프랑스 출신의 가톨릭 신학자이자 고생물학자 테야르는 신고전 혹은 과정 유신론을 옹호하는 데 특별한 열정을 쏟는다. 예를 들어 그가 세례를 중요하게 생각하는 이유는 세례가 정화cleansing를 상징하기 때문이 아니라 불순물을 없애는purifying 영적 투쟁의 불 속으로 들어간다는 상징이기 때문이다. 그러나 인간만 분투하는 것이 아니다. 테야르가 보기에 우주적 그리스도로 상징되는 신적 편재는 생성되고 성장하므로, (신적 현실태 의미에서) 신조차 투쟁에 참여한다. 테야르에 따르면, 신은 진화 세계의 공동 창조자다. 이것은 창조가 한 번에 성취된 고립된 행위가 아니라 과정이라는 의미이기도 하다.(Teilhard 1971, 85; 1968b, 59)

무엇보다 테야르가 보기에 신은 인격적이지만, 개체가 신의 인격적 삶에 흡수된다고 하여 그 고유성을 잃는 게 아니다. 사실상 테야르는 우리가 신의 인격적 삶에 흡수되면 될수록, 우리의 개체성이 보다 고유해질 수 있다고 생각한다(즉 전지하고 전선한 신은 우리 자신의 특이성을 탁월하게 알고 사랑할 것이기 때문이다). 세계의 요소들은 신적 삶에 유기적으로 포함되면 될수록, 자기 자신으로 생성되어 간다. 테야르는 그가 다루는 "새로운 신"에 관해 확언하지 않는다. 그는 신이 비신적 존재와 신적이고 인격적인 **상호**작용을 겪으면서 진화한다고 분명하게 밝힐 때도 있지만, 때로는 인간 입장에서 신적 삶을 점진적으로 인식해 나가는 게 새로움이라고 하는 것 같기도 하다. 그러나 두 진술은 상충하지 않는다. 테야르가 말하는 "위에 있는 신" 혹은 초월적 신은 끊임없이 변하는 신의 현실태, 때로 테야르가 일컫는 "진화하는 신"이라기보다 하츠혼이 신의 본질 혹은 현존이라고 부르는 신이다. 따라서 테야르가 설명하는 인격들은 신적이든 비신적이든 고전 유신론에서 볼 수 있는 정적 실체의 인격들이 아니다. 그가 말하는 인격의 의미는 그가 중심되기 혹은 중심의 인격**화** 과정에 대해 논할 때 훨씬 명료해진다.(Teilhard 1971, 241~242; 1970, 262; 1969, 91; 1975, 117)

　　테야르가 전개하는 신고전 혹은 과정 유신론에서 눈여겨볼 특징이 있다. 그는 진화하는 역사를 통틀어 점진적 내면화interiorization, 이른바 외부 폭발의 반대, 내부 폭발implosion을 강조한다. 여기에는 내부 삶 혹은 "중심화"를 발전시키는 과정이 포함되며, 특히 그 과정에서 인간은 일상의 자연에 대한 관심을 사랑으로 승화해 가면서 영적 삶에 보다 가까이 근접해 간다. 하지만 질료-형상을 구분하는 이형적 시각에서 영적 삶은 언제나 물질에 뿌리를 두고 있다. 물질은 일종의 영적 힘을 잠재적으로 갖고 있으며 영적 상승 과정이 출발하는 곳이고, 영적 상승의 목적은 신의 역동적 삶에 흡수되는 것이다. 테야르가 사용하는 용어인 "신-그리스도교"는 새로운 종교가 아니라 진화론적으로 자연의 실재를 온전히 받아들일 수 있게 된, 갱신된 종교를 일컫는다.(Teilhard 1978, 80, 92)

테야르가 강조하는 내면화, 내부 폭발, 중심화의 과정이 인간은 섬이 아니라는 진부한 구호에 대항하는 작업이 아니라는 사실 역시 중요하다. 오히려 테야르는 화이트헤드와 마찬가지로 종교는 주로 자신의 고독을 어떻게 극복하느냐의 문제를 다룬다고 생각하며, 이런 작업을 통해 우리 모두가 지혜, 사랑, 정의로 향하는 깊은 사회적·진화적 목적의식을 함양하기를 소망한다.(Dombrowski 2015 참고) 그는 강한 영적(중심된) 삶이 없으면 사회의 가장 피상적 힘에 자신도 모르게 휩쓸려 갈 수 있으며, 인간 이전의 본성에서 발견되는 원시-내면화로 돌아갈 수 있다고 우려한다. 베르그송이 지적하듯 무인도에 표류해 갇힌 로빈슨 크루소조차 난파선에서 주워 온 인공물 덕분에 타자와 접촉한다. 테야르는 우리가 내면 혹은 중심된 삶으로 물러날 때조차 사회와의 상호작용을 취한다는 것을 잘 알고 있다.(Whitehead [1926] 1996, 16~17 참고; 또한Bergson 1977, 16 참고)

물론 겉보기에 테야르가 간혹 고전 유신론의 신 개념으로 돌아가는 것같이 보일 수 있다. 그러나 신의 자애로움을 강조하는 그의 해석은 완전하게 반대 방향을 가리킨다. 고전 유신론같이 보일지 모르는 그의 신관은 적어도 네 가지 방식에서 실제로 신고전 혹은 과정 유신론의 흥미로운 특징을 드러낸다.

첫째, 그는 역사에서 '오메가'*Omega*[5] 혹은 '오메가 포인

---

5   고대 그리스어 알파벳의 마지막 문자로 대개 마지막, 끝을 가리킬 때 사용되기도 한다. 테

트'*Omega Point*를 말한다. 이는 역사의 유동이 시간 바깥 혹은 시간 너머에서 일종의 정적인 신적 상태로 들어가거나 마무리될 것이라는 의미로 해석할 수 있다. 테야르는 종종 이런 고전 유신론의 해석을 선호한다. 단어 "오메가"를 동사 형태로 바꾸어 무언가 "오메가화"되거나 점진적으로 변형되면서 점차 중심이 되거나 내면화되어 가는 과정이라고 생각하면 테야르의 의미를 더 잘 이해할 수 있다. 자연 세계가 성숙해진다는 의미에서 테야르가 사용한 '플레로마'*pleroma*[6]라는 용어 역시 비슷하게 이해할 수 있다. 이것은 세계의 마지막 날에 도달하게 되는 정적 텔로스를 가리킬 수도 있지만, 우주의 역동적 '플레로마화'를 가리킬 수도 있다(실제로 그럴 가능성이 높다). 혹은 '파루시아'*Parousia*[7]의 관점에서 다뤄지는 그리스도의 다시 오심은 모든 종교 전통에서 시간이 지남에 따라 인간이 그리스도에 가까워지는 것(더 내면화되고 중심이 되는 것)을 의미할 수도 있다(실제로 그럴 가능성이 높다).(Teilhard 1970, 55~56, 84, 122; 1971, 177)

테야르가 고전 유신론의 신 개념으로 후퇴한 것같이 해석되는 두 번째 주제는 신을 설명하기 위해 "초자연적"이라는 용어를 사용했다는 것이다. 앞서 고전 유신론이 이런 용어를 사용한 방식, 특히 데카르트의 이원론에서 과학 법칙의 지배를 받는 자연 세계와 이런 법칙 너머의 기적을 통해 자연 세계에 개입하는 초자연적 세계

야르는 우주가 빅뱅부터 오메가 포인트로 진화한다고 주장한다.

6   고대 그리스어로 충만함, 완전함을 가리킨다. 신약성서에서 신의 은총으로 충만한 상태, 구원받은 상태를 의미하기도 한다.

7   고대 그리스어로 도착, 함께 있음을 의미한다. 신약성서에서 그리스도의 다시 오심을 가리키며 파루시아의 날은 세계의 마지막 날이 된다.

로 나누어 우주를 두 계층으로 해석하는 방식을 확인했다. 하지만 테야르는 고전 유신론자들 사이에서 흔히 사용되는 용어 대신 전혀 다른 용어로 초자연성을 말한다. 다시 말해 그는 초자연적과 외부 자연적이라는 용어를 다르게 사용하며, 고전 유신론에서 통용되는 의미를 외부 자연적이라는 용어에 담는다. 테야르가 말하는 "초자연적"은 자연적이지만 최고에 달한 무언가를 일컫는 용어다. 초자연적인 것의 역할은 자연에서 벗어나는 것이 아니라 자연적인 것을 강화하거나 변형시키는 것이다. 테야르의 관점에서 영적 정결은 물질에서 벗어나는 데 있지 않고 물질에 대한 더 깊은 이해로 들어가는 데 있다. 물질은 적어도 그 자체에 깊이, 내면성, 돌봄의 능력을 지니기에 사랑을 잠재적으로 갖고 있다. 우리 자신이야말로 이런 특징을 다소 복잡하게 드러내는 물질 존재의 본보기다. 초자연성은 영화spiritualization가 이미 어느 정도 현실화된 자연의 면모다. 신 개념에 관한 이런 관점에서 볼 때, 신적 안전성은 영화 과정이 꾸준하게 거듭되는 데 있다.(Teilhard 1971, 241~242; 1961, 64~65, 95; 1960, 136)

고전 유신론자로 해석될 여지가 있는 테야르가 역설적이게도 신고전 혹은 과정 유신론의 매우 통찰력 있는 관점을 드러내는 세 번째 주제는 신을 묘사하기 위해 사용한 전능의 개념 혹은 신을 지칭하기 위해 사용한 "만물의 지배자"Pantocrator다. 하지만 이런 용어를 사용하면서 테야르는 고전 유신론의 전능 개념과는 다소 다른 의미를 염두에 둔다. 여기서 신정론이 중요하다. 테야르는 고대 그리스 비극 전통에서 악은 자연스러운 사실임을 깨닫는다. 적어도 부분이나마 자유로운 존재들이 복수로 현존한다는 것은 사실상 그들이 충돌하거나 서로의 경로를 방해해서 결국 비극을 발생시킨다는 뜻이다. 진화하는 세계의 구조는 불확정성과 우연, 이에 따른 위험을 수반한다. 이런 맥락에서 문제가 되는 자유로운 존재들을 완전하게 파괴하지 않는 한 신의 현존을 포함하는 모든 현존은 고통과 상실의 부재를 보장할 수 없다. 악은 우리가 살고 있는 진화하는 우주의 부차적 결과로서, 우리는 악을 피해 갈 수 없다. 즉 악의 가능성을 완전히 제거하면 진화하는 세계 자체가 사라진다. 악은 복수의 비기계적 존재들의 표현이고 자유, 복수성, 모험, 예측 불가능성, 위험 자체는 선한 사물임을 주의해야 한다. 파노라마처럼 펼쳐지는 진화의 역사는 테야르가 계속해서 사용하는 용어, 신적 "전능"을 재인식하게끔 한다. 이보다 적합한 표현으로 "이상적 힘", "설득적 힘" 혹은 "역동적 완전함과 양립할 수 있는 힘" 같은 하츠혼의 용어들도 있다.(Teilhard 1960, 60; 1971, 82~85)

넷째, 테야르는 범신론에 자주 관여하기 때문에 처음 보기에 신고전 혹은 과정 유신론자가 아닌 것같이 보일 수 있다. 그는 "범신론"이라는 용어의 의미를 적어도 열세 가지(!)로 구분해 놓았고, 그 바람에 용어의 문제가 매우 복잡해졌다. 하지만 그의 사상을 아우르는 전반적 목표는 우주를 두 계층으로 나누어 해석하는 고전 유신론의 시각에서 완전하게 벗어나는 데 있다. 그렇다면 (스토아주의 혹은 스피노자 방식의) 범신론이 결정론과 주로 동일시되거나 혹은 신과 비신적인 것의 사이에서 외부성을 완전하게 결여한 상태와 자주 동일시된다고 가정할 때, 테야르는 범신론보다 신적 "세계-포괄성"을 전달하려 했을 수 있다. 이런 점에서 숀 코웰Siôn Cowell은 기민하게도 테야르를 범신론자 대신 (신고전, 과정) 범재신론자로 본다. 실제로 비교적 초기의 테야르는 플라톤의 세계 영혼을 긍정적으로 파악했다. 플라톤의 세계 영혼은 (충분하게 이해할 만한) 신적 전지와 신적 전선을 통해 신 안에 자연 세계가 있다는 범재신론의 입장과 양립할 수 있다. 신은 모든 것을 알고 돌본다. 그러나 일부 범신론과 같이 자연 세계와 신이 동일시되어서는 안 된다.(Cowell 2001, 141~145 참고; 또한 Teilhard 1968b, 187 참고)

　　테야르의 다양한 "범신론" 중에는 전체의 통일이 다양한 요소들의 융합을 포함하기 때문에, 각각의 요소의 고유성이 사라지고 마는 범신론 유형이 있다. 테야르는 이런 견해를 옹호하지 않는다. "범재신론"이라고 불리는 게 더 알맞은 또 다른 유형의 "범신론"에서 신적 전체는 요소들이 그 안에서 융합되거나 소멸되지 않고 더 깊고 넓은 중심 혹은 초중심으로 들어가서 **성취된다**. 여기서 요소들은 혼동되지 않으며, 전지하며 전선한 존재에 의해 느껴지고 알려지기 때문에 훨씬 온전하게 분화된다. 이런 신 개념에서 신은 중심들 중의 중심이다. 테야르는 우주에서 모든 원소가 유기적으로 유동하는 상태를 강하게 깨우친 후 이런 관점을 갖게 되었으며, 이런 신관과 성 바울로가 말하는 '쿠오 옴니아 콘스탄트'*quo omnia constant*(그 안에 만물이 유지되고 있다, 「골로사이인들에게 보낸 편지」 1:17)는 매우 호환적이라고 보았다.

　　이런 이해를 헤아리면, 테야르는 신을 말하기 위해 존재와 생성 둘 다는 물론 활동성과 수동성 둘 다를 인식하는 양극신론자였다고 보는 게 마땅하다. 이런 해석에 따를 때, 신의 존재는 상상할 수 있는 가장 위대한 것으로서 신의 본질인 자립성, 자기-충족성 혹은 신의 필연적 존재를 가리키는 것일 뿐, 시시각각 진화하는 신적 현실태의 유동을 가리키지는 않는다. 테야르의 용어를 빌리자면 신 발생theogenesis이 있다.(Teilhard 1960, 52; 1968a, 174; 1971, 177; 1975, 194)

테야르의 수많은 말 가운데 신은 영속적 존재라는 말과 신은 불후의 시간 내내 형성의 과정에 있다는 말은 상충하지 않는다. 대비되는(모순적인 게 아니라) 담론 양상은 신 본성의 다양한 면모를 지시하기 때문이다. 신은 관념적 지식, 힘, 사랑을 보여 주므로 현존에서 자기-충족적이다. 반면 우주는 신적 현실태에 "필수적으로 필연적인" 무언가를 공헌한다. 안타깝게도 테야르는 때로 그런 "모순"을 변론하는 데 거리낌을 드러내지만, 만일 그가 화이트헤드와 하츠혼, 특히 그에게 설득적이었을 하츠혼의 일관된 신적 현존-현실태의 구분을 충분하게 인식했다면 달랐을 것이다. 양극 대비에서 한쪽만 고집하는 고전 유신론의 형이상학보다 "더 높은 형이상학"을 추구하려 했던 테야르의 시도는 바람직하다. 달리 말해 신은 현존에서 자기-충족적일 수 있지만 신적 "전omni-충족성"을 주장한다면 이것은 실수일 테다. 그는 종교 전통과 체험이 보일 수 있는 가장 진정성 있는 모습은 "양방향의 상호 보완적" 관계가 신과 세계 사이에 현존함을 인정하는 것이며, 이런 모습은 전통적 형이상학에서 제대로 보존되기 어렵다고 생각한다. 그가 생각할 때, 세계와 신 사이에 상호성이 현존한다는 개념은 플레로마화(충만화)의 과정에 필요하고, 특히 그리스도교에 새로운 생명을 부여한다.(Teilhard 1978,

54; 1971, 177~179, 226~227)

테야르는 종교적 체험의 현상학에서 신은 우리에게 모든 완전함으로 현존하지 않는다고 주장한다. 오히려 신을 발견하고 신이 성장하는 과정에서 우리는 신을 경험한다. 종교적 체험의 역동성은 실제로 부정신학을 따르는 신 개념의 차원을 손상한다기보다 강화한다. 우리가 신적 현실태를 이해하면 할수록, 신적 경험에 거듭해서 무언가 추가된다는 것과 그 결과 신적 경험은 우리의 손아귀에서 빠져나간다는 것을 깨닫게 되기 때문이다. 하지만 "사물의 내면"에 관해서는 이것을 이해하면 할수록, 우리의 이해력은 향상된다. 여기서 테야르는 자연의 모든 면모를 신격화하고 인격화하는 다신교적이며 정령 숭배적인 종교 전통과, 가장 공경해야 하는 모든 것을 비인격화하고 그 매력을 벗겨 버리는 모더니즘의 경향을 중재하고자 시도한다. 예를 들어 동시대 신학자이자 대작을 저술한 작가 데이비드 레이 그리핀David Ray Griffin은 테야르와 함께 그의 책에서 매력이 사라져 황폐해진 세계에 "매력을 다시 입히기" 위해 노력한다. 자연 속에서 위대한 현존을 경험하는 신비주의자들도 있지만, 그저 기계적 관계 대신 사물의 본질 안에 깊이 스며든 초인적 에너지를 경험하는 사람들도 있다. 이런 위대한 현존이 모든 인간 가운데 편재하는 게 아니며, 이런 현존을 부르는 명칭도 다양하지만, 수많은 이들이 이런 위대한 현존을 경험해 왔다.(Teilhard 1960, 119; 1999, 22, 183, 189, 209; 또한 D. Griffin 2001 참고)

테야르는 인간이 서로 사랑할 때 신적인 것(현실태)이 탄생한다는 생각과 사랑은 진화하는 역사에서 척도가 된다는 생각을 진지하게 받아들인다. 테야르가 베르댜예프같이 우리의 증오 때문에 신이 고통을 겪는다고 생각하는지는 알 수 없다. 하지만 그가 생각하기에 우리의 사랑은 신을 드높인다.(Teilhard 1964, 5~76, 79, 120)

물론 신의 본질적 본성과 현존은 우리의 부지런한 활동을 요구하지 않는다. 하지만 테야르가 신적 편재(그리고 신은 우리에게 돌아서서 유형의 영역 너머로 물러가지 않는다는 관념)를 강조하는 것은 하츠혼이 일컫는 신적 현실태와 관련해 그런 의존성이 보장되어야 하기 때문이다. 명목상 수동성보다 활동성이 더 가치 있게 여겨질지 모르나 자기-존중이 강한 사람일수록 누구에게도 휘둘리고 싶어 하지 않는 것을 감안하면 선한 삶에서 수동적 힘은 활동적 힘만큼이나 분명하게 중요한 요소다. 이런 테야르의 통찰은 신고전 유신론에서 신의 경우에 탁월하게 적용된다. 사실상 삶의 역동성은 활동성과 수동성 둘 다를 똑같이 요구한다. 특히 육체적 삶에는 음식과 공기를 흡수하는 수동적 힘이 필요한 한편 정신적 삶에는 정보를 흡수하고 다른 이의 말을 경청하는 등 활동적 힘이 필요하다. 테야르는 이런 구분이 "거룩한 물질" 및 우리 몸을 포함하는 물질세계의 장소로 향하는 집중을 흩어 버릴 수 있기 때문에 영적 삶에서 정신과 물질을 쉽게 분기하는 것을 반대한다. 신은 우주적 환경의 모든 곳에서 계시된다. 세계의 만물들은 실제로 새로운 특징을 거듭해서 획득하는 거대한 세계의 부분들로 있다. 활동성과 수동성, 정신 혹은 영혼과 물질의 대조는 다양한 요소들이 실재에서 함께 유발되나 쉽게 융합되지 않는다는 생각을 따른다. 우리의 수동적 힘에서 가장 중요한 힘은 사건의 물질적 유동 가운데 신적 영향력을 수용하는 역량이다.(Teilhard 1960, 15, 22, 33, 46, 67, 69~70, 73~74, 81, 91, 97, 99, 101, 103, 108, 110~111)

테야르는 세계가 명백하게 생동한다고 본다. 범정신론 혹은 범경험주의에서 세계의 생동감은 우주에 있는 만물의 내면성에 기인한다(정도의 차이는 있다). 우리는 사물을 외부에서 보는 데 익숙하고 그런 시선이 그 자체로 충분하게 합리적이기 때문에, 우주 내부에 우리 외에도 이전 사건의 자극에 반응하고 진보의 충동을 갖는 존재가 있다는 것을 헤아리지 못할 때가 많다. 종교 전통 역시 외부에서 들여다볼 수 있지만, 테야르는 그런 시선에만 의존하다가는 중요한 것을 놓칠 수 있다고 생각한다. 종교 신자가 된다는 것은 해당 종교 전통의 내면성에 사로잡히는 것이다. 테야르 사상의 특징 중 하나는 그가 내부/외부 구분과 수동성/활동성 구분을 함께 엮어내는 방식이며, 이런 구분들 덕분에 양쪽의 의미가 모두 풍성해진다. 이런 해석을 따르는 신 개념은 이런 네 범주의 개념을 가장 제대로 표현한다. "기본적으로 신비주의적 직관력은 광활한 세계 전체에 널리 퍼져 있는 초현실적 통일성을 끝내 발견해 낸다."(Teilhard 1961, 91) 달리 말해 "세계는 한 건물이다. 이것은 무엇보다 우선해서 철저하게 이해해야 할 기본 진리다. 이런 생각의 방식을 습관화해서 우리 사고의 자연스러운 발판으로 만들어야 한다. (…) 우주에는 과정이 작동 중이며, 여기에는 중요한 쟁점이 걸려 있다."(Teilhard 1961, 92~93) 그 중요한 쟁점은 우리같이 살아 움직이는 것뿐 아니라 원자 차원까지 포함한다. 진화는 거룩하다. 신조차(특히 신이!) 완성되지 않았다.(Teilhard 1961, 43, 83~84, 87, 91~93, 133)

테야르는 중세의 저명한 고전 유신론자들의 사유에서 창조적 변형과 관련 있는 개념을 거의 찾아볼 수 없다는 사실을 유감스럽게 여긴다. 그러므로 더 늦기 전에 창조적 변형 개념을 확립해야 한다. 또한 중세 스콜라 사상가들은 자신을 만들어 가는 자유로운 존재자들이라는 의미에서 신을 창조자로 강조하는 대신, 조물주로서의 신을 지나치게 강조했다. 테야르는 신이 고립되었으나 그럼에도 타자에게 의존하는 참여적 존재자를 창조한다는 상상은 모순이라고까지 말한다. 어떤 존재자가 현존한다는 것은 상호 관계를 맺는, 생성의 세계 전체가 반드시 현존한다는 것이다. 사물의 본질적 관계성은 세계-포괄성이 신 개념에 포함된다는 것을 의미한다. 테야르는 고전 유신론을 따르는 그리스도교의 신 개념, 시간 바깥에 있고 자연 현상의 결과가 아무런 영향을 미치지 않는 불변의 신 개념 때문에, 종교 자체에 흥미를 갖는 많은 사람이 그리스도교에서 돌아선다는 사실을 안타깝게 여긴다. 반면 테야르는 우주적 그리스도의 편재하는, 신비주의적 몸에 대한 바울로의 견해를 매우 진지하게 받아들인다. 신에 대한 우리의 이해는 분명하게 변하기 때문에 이런 점진적 발전은 신적 역사 자체에 뿌리를 두고 있을지 모른다. 안타깝게도 고전 유신론자들은 이런 가능성을 일절 헤아리지 않았다.(Teilhard 1971, 24, 28, 31~33, 59, 64, 82)

고전 유신론이 로마 법학의 영향을 받아서인지, 간혹 신 개념에 관한 담론은 상호성을 강조하고나 적어도 치열하게 주고받는 논쟁을 강조하는 대신, 신과 피조물 사이 혹은 피조물들 가운데 벌어지는 법적 재판같이 전개되었다. 적어도 우리에게는 평화적이든 논쟁적이든, 역동적 유신론이 필요하다. 공간적으로 말하면, 우리 **위에** 있는 고전 유신론의 신이 아니라 우리 **앞에** 있는 신고전 혹은 과정 유신론의 신이 필요하다. 반드시 전진해서 다가가야 하는 지향점, 경직된 텔로스가 아니라 화이트헤드의 말대로 더 나은 세계를 지향하게끔 하는 유혹으로서 우리 **앞에** 있는 신을 상상해야 한다.(Teilhard 1971, 89, 133, 212, 239)

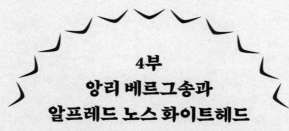

4부
앙리 베르그송과
알프레드 노스 화이트헤드
Henri Bergson and Alfred North Whitehead

20세기 중반까지 활동한 신고전 혹은 과정 유신론자 가운데 지금껏 소개한 철학적 유신론의 사상가들과 어깨를 견줄 만한 인물은 앙리 베르그송, 알프레드 노스 화이트헤드, 찰스 하츠혼, 이렇게 세 사람이다. 찰스 하츠혼의 경우, 이 책 전반에서 역사적 논증을 형성하는 데 그의 관점이 깊이 작용했으므로, 그의 사상을 별도로 다루지 않는다. 따라서 이 책의 마지막인 4부는 베르그송과 화이트헤드가 신 개념의 역사에서 중요한 이유를 설명한다.

20세기 후반과 21세기 초반 활동한 사상가들이 발전시킨 신 개념으로 미루어 볼 때, 지금껏 살펴본 신 개념에는 적어도 두 가지 결함이 있다. 이런 결함은 심지어 신고전 혹은 과정 유신론자들의 저술에서도 나타난다.

첫째, 신 개념에 영향을 미치는 섹스와 젠더의 개념이 역사 내내 충분히 다뤄지지 못했다. 신 개념이 역사 내내 남성 중심적이었다는 사실을 감안하면 당연한 결과일 수 있다. 반면 종교적 체험의 역사는 남성 중심을 벗어난 신 개념을 보여 준다. 히브리 경전에 실린 드보라의 노래, 로마가톨릭의 성 아빌라의 테레사St. Teresa of Avila와 성 리지외의 테레사St. Thérèse of Lisieux 같은 여성 성인들이 남긴 기록, 개신교 전통의 메리 베이커 에디Mary Baker Eddy가 남긴 기록과 그녀에 관한 저술, 신비주의 문학의 유서 깊은 고전들이 남성 중심 바깥의 신 개념을 입증한다. 목표는 이런 인물들이 보여 주는 통찰을 신 개념에 반영하여 신에 관한 철학적·신학적 담론을 형성하는 것이다. 고전 유신론은 이런 목표에 알맞게 기능하지 못했다. 고전 유신론의 신격이 드러내는 신은 타자의 고통에 동요되지 않고 타자의 애원에 아랑곳하지 않은 채, 타자에게 영향력만 행사하는 전형적 남성 중심의 신이기 때문이다. 고전 유신론자들은 신이 이미 영원부터 그런 고통을 "인식"(대응하는 게 아니라)했다고 생각하며, 그 정도면 충분하다고 믿는다.

둘째, 환경 쟁점에 영향을 미치는 신 개념의 함의들을 제대로 알아차리지 못했기 때문에, 그 의미들 사이의 관계 역시 역사 내내 적절하게 다뤄지지 못했다. 다시 말해 고전 유신론자들은 신의 자연적 실재는 우수하거나 탁월하다고 이해하는 테야르의 유신론적 자연주의를 도외시한다. 대신 신성과 자연이 너무 강하게 연결되면 신이 오손되거나 축소될 위험이 있다는 가정 아래, 시간과 자연 바깥에 혹은 위에 있다는 의미에서 초자연적 신관을 고수한다. 이 때문에 고전 유신론은 환경 문제에서도 제대로 기능하지 못했다.

베르그송과 화이트헤드 역시 앞서의 두 쟁점을 충분하게 다루지 못한 것은 사실이다. 그럼에도 나는 베르그송과 화이트헤드가 두 쟁점과 관련해 올바른 방향을 제시했으며, 고전 유신론자들보다 우수한 태도를 보여 줬다고 생각한다. 그러므로 4부에서는 20세기 후반에서 21세기 초반, 신고전 혹은 과정 유신론자들이 페미니즘과 환경에 관한 관심을 신 개념을 통해 드러낼 수 있게끔, 베르그송과 화이트헤드가 어떻게 앞서 길을 마련했는지 살펴본다. 이를 위해 주로 하츠혼의 후기 저술을 살펴볼 테지만, 마저리 수하키 Marjorie Suchocki, 캐서린 켈러 Catherine Keller, 캐롤 크라이스트 Carol Christ, 로즈메리 레드퍼드 류터 Rosemary Radford Reuther, 애나 케이스윈터스 Anna Case-Winters, 쉴라 그리브 더바니 Sheila Greeve Davaney 같은 학자들의 책에서 볼 수 있는 신고전 혹은 과정 유신론의(혹은 적어도 이런 입장과 양립할 수 있는) 페미니즘 시선과 존 캅, 브라이언 헤닝 Brian Henning, 도널드 바이니, 조지 쉴즈 George Shields 같은 신고전 혹은 과정 유신론의(적어도 이런 입장과 양립할 수 있는) 환경적 시선도 헤아린다. 샐리 맥페이그 Sallie McFague 같은 학자는 페미니즘과 환경 둘 다에 관심을 기울이며 신 개념을 연구한다. 그러나 이런 쟁점들과 저자들에 대한 면밀한 탐구는 이 책의 역사적 범위를 넘어서기 때문에 이 정도 소개에서 멈추기로 한다.

23. 앙리 베르그송

── Henri Bergson, 1859~1941년 ──

베르그송은 신 개념이 사회적 삶이라는 더 넓은 맥락에 깊이 내재한다고 생각한다. 사회적 삶은 두 가지 유형으로 나뉘며, 각각의 유형은 특수한 신관과 연결된다. 베르그송의 용어로 말하면 "닫힌 사회"에서 신 개념은 모세가 시나이산에서 초월적으로 얻은 돌판[1]이 그렇듯, 영원부터 각인된 명령형 성격을 드러내기 쉽다. 이런 사회적 질서를 위반하는 행위는 반(反)사회적으로 비친다. 즉 닫힌 사회는 자연 질서, 사회 질서, 종교 명령의 세 가지 요소가 긴밀하게 연결되고 유지되는 곳이다. 살아 있는 유기체를 구성하는 세포들같이 자연, 사회, 종교는 서로 어우러져 살아 있다. 베르그송이 1932년 발표한 위대한 책 『도덕과 종교의 두 원천』*The Two Sources of Morality and Religion*에 나오는 은유를 빌리자면(베르그송은 노벨문학상 수상자다), 수면 위로 잎만 내놓은 수생식물이 수면 아래 보이지 않는

---

[1] 모세가 하느님에게 받은 십계명을 가리킨다. 히브리인의 종교, 윤리, 시민 생활에 관한 법률은 모두 십계명을 중심으로 한다.(「출애굽기」 20:1~24 참고)

곳까지 깊이 뿌리를 내리고 있는 것같이, 눈에 보이는 자연과 사회 질서, 종교의 징후도 그 근저에는 신 개념이 자리하고 있다.(Bergson 1977, 1~26)

베르그송이 볼 때, 두 종류의 사회와 관련한 신 개념은 두 종류의 동물 진화와도 연결된다. 곤충의 본능이 절지동물의 진화를 전형적으로 보여 주며, 인간을 포함한 척추동물의 진화는 지능에서 정점을 찍는다. 본능과 지능이라는 두 영역은 서로 얽혀 있지만(곤충에게는 발생기 지능이 있고, 인간의 행동은 여전히 본능의 영향을 많이 받는다), 인간 지능은 그 창조적 면모 덕분에 곤충 몸이 가진 구상적 특징을 일부 초월할 수 있다. 인간 공동체는 곤충의 경직된 공동체 생활에 비해 형태가 훨씬 다양하고 진보에 열려 있다. 인간 사회에 자연스럽게 내재하는 많은 부분은 후천적으로 획득되었다. 인간 사회 역시 통념, 습관, 본능이 지배한다는 의미에서 폐쇄적일 수 있지만, 적어도 지능을 따르는 선택과 진보, 개방은 언제든 가능하다. 정확히 말해, 인간 사회는 본능 없이 생존할 수 없으므로 본능이 필요함을 인정하면서도, 닫힌 사회와 열린 사회의 차이를 중요하게 헤아려 볼 수 있다.(Bergson 1977, 27~32)

인간은 자신의 출신 부족, 민족적 배경, 젠더 그리고 인간종 바깥까지 점차 넓히며 서로를 존중할 수 있는 수준에 이르렀다. 특수한 사회가 신 개념에 영향을 받은 결과가 이런 발전에 도움(방해)을 주기도 한다. 그렇기에 신 개념이 사랑의 신을 주목할 때까지 사회는 자신을 점진적으로 개방할 수 있다. 위대한 도덕적 인격들이 훨씬 역동적이고 타당한 신 개념을 우리에게 열어 주었고, 이런 바탕에는 페미니즘과 환경적 관심, 신 개념의 관계를 견실하게 이어 온 베르그송의 공헌이 있다. 베르그송은 모든 인간뿐 아니라 지각력 있는 모든 생명, 나아가 모든 식물과 자연의 과정을 포함할 때까지 관심의 범위를 끊임없이 확장해야 한다고 권장하면서, 사랑의 신과 통합적으로 연결되는 사랑의 윤리를 제안한다.(Bergson 1977, 33~41)

　　사회가 먼저 있었고 이어 사회에서 신 개념이 파생되었는지, 아니면 먼저 있었던 신 개념에서 사회가 파생되었는지는 당연히 복잡한 쟁점이다. 그러나 베르그송은 사회 조직이, 특히 물질 혹은 경제적 면에서 신 개념을 함부로 다뤄도 된다는 생각을 쉽게 용납하지 말라고 경고한다. 이를테면 낭만적 사랑은 신비주의를 표절했다는 주장이 그 반대의 주장보다 훨씬 타당하다. 그러므로 신비주의자들이 두 연인의 황홀감을 차용했다는 가정과 신을 묘사하면서 정열에 찬 사랑의 용어를 사용했다는 비판은 잘못된 지적이다. 오히려 신비주의자들은 탁월한 사랑이 본래 지녔던 신비한 사랑을 되찾고 있는 중일 수 있다. 역사가 확실하게 알려 주듯, 낭만적 사랑은 중세 시대 히브리 정경의 「아가서」에서 영감을 받아 시작되었다. 이런 점에서 베르그송이 가톨릭주의로 전향한 유대인이었다는 사실은 중요하다. 베르그송은 유대교와 가톨릭주의 두 전통의 폐쇄성과 개방성 전부를 다양하게 알고 있었기 때문에, 4대 종교의 전문가라고 불리기에 충분하다.(Bergson 1977, 42; 또한 Levi 1959, 3장 참고)

　　베르그송이 보기에 정서emotion는 어떤 걸림돌에도 불구하고 지성을 주도한다. 정서는 지능(지성)을 소생시키거나 활성화한다. 그러므로 그의 사상은 일종의 역동성을 강조한다. 이를테면 닫힌 종교에서 초기에는 본능이 상황을 주도하다가, 인간의 지성의 능력이 향상되면서 차례로 신 개념이 도덕 담론과 인간의 사회생활에 영향을 미친다. 하지만 신 개념의 효력에도 불구하고, 신 개념이나 종교의 여러 지적 면모 대신 종교 집단의 도덕성이 "영혼을 사로잡는다". 이 책은 고전 유신론의 개념과 상충하는 개념을 종교적 담론의 맥락에서 역사적으로 소개했으나 신자의 삶에서 본능/직관이 차지하는 중요성 혹은 신앙 여부와 상관없이 삶을 구상적으로 형성하는 데 도덕 신념 및 구조가 차지하는 중요성은 문제 삼지 않았다. 익숙한 예를 들어 보자. 고전 유신론에 의해 조성되는 형이상학적 믿음은 그리스도교가 말하는 사랑의 중요성을 (뒷받침하더라도) 충분하게 뒷받침하지 못한다. 또한 이런 결핍은 매우 실천적(사실상 부정적) 결과를 낳는다.(Bergson 1977, 43~50)

달힌 도덕/종교이든 열린 도덕/종교이든 그 순수한 상태를 찾아볼 수 없지만, 경우에 따라 완전하게 닫힌 도덕/종교에 거의 근접할 수는 있다. 진보가 가능하다는 열망 혹은 희망의 태도는 열린 종교가 번영하기 위한 전제 조건 중 하나다. 아브라함 종교(와 다른 종교들)의 위대한 신비주의자들은 사실상 신을 사랑함으로써 신적 이미지대로 만들어진 모두를 사랑할 수 있다는 말로(하지만 이슬람에서는 신적 이미지를 이미지화할 수 없다) 의도치 않게 열린 종교의 명분을 세운다. 이런 신비주의자들은 자신으로부터 신에게로, 다시 자신을 통해 나머지 인류와 자연으로 전달되는 사랑의 기류를 이해하고 있다. 베르그송은 이런 기류(혹은 기류의 부재)가 미치는 영향을 설명한다. "첫 번째 도덕과 두 번째 도덕 사이는 안식repose

과 움직임 사이의 총거리만큼 떨어져 있다. 첫 번째 도덕은 변하지 않는다고 가정된다. 만일 변한다면 변했다는 사실을 즉시 망각한다."(Bergson 1977, 58) 이런 점에서 두 번째 도덕/종교는 망각이 없기 때문에 첫 번째보다 복잡하다. 두 번째는 "새로운"과 "고전" 둘 다를 포함한다. 베르그송의 주장에 따르면, 소크라테스의 이성과 성서의 복음서에 나오는 도덕률은 베르그송의 용어인 "개방성"을 가리킨다. 소크라테스와 예수 둘 다 신적 영향력, 달리 말해 신비한 '다이몬'*daemon*, 즉 **악령** 아니면 세계에서 작용 중인 양육하는, 돌보는 힘을 향해 열려 있기 때문이다.(Bergson 1977, 51~64)

엄밀하게 주지주의intellectualism적 도덕/종교 체계가 실패하는 이유는 개방성이 발전하는 데 합리성이 얼마나 중요한지 주목해 보면 알 수 있다. '로고스'*logos*가 가리키는 예수와 소크라테스의 **악령** 같이 이성 자체는 신적 성격을 갖는다. 위대한 정치 개혁이 처음에는 현실을 벗어난 것같이 보이듯, 신 개념의 개혁 같은 위대한 지적 개혁도 마찬가지다. 그러나 사랑이 합리성과 함께 넘쳐흐르면 아무도 그 흐름을 거부할 수 없을 것이다. 도덕/종교에는 언제나 폐쇄적이거나 본능을 따르는 요소, 지속적이고 변화에 저항하려는 공식 혹은 구조가 있다. 이런 점에서 순수한 열망은 제한된 개념 혹은 이상이다.(Bergson 1977, 65~89)

그러나 종교적 "신비주의"의 가능성도 있다. 베르그송은 세계에 다가오는 신적 영향력의 물결을 개방적으로 맞아들이는 상태가 신비주의라고 말한다. 열린 도덕/종교의 최전선에 있는 신비주의자들은 기이한 시야와 목소리를 가진 이들과는 다르다(그런 사람들이 없는 것은 아니다). 신적 영향력에 열려 있고 차례로 신성에 영향을 미치는 이들은 세계에서 효력을 행사하는 행동자일 때가 많기 때문이다. 이를테면 근대 초기, 스페인에 주요한 종교 개혁의 바람이 불기 전, 성 아빌라의 테레사는 사실상 스페인 가톨릭교회에서 혁신의 원동력이 되었다. 베르그송은 신비주의자가 아닌 이들도 신비주의자들이 말하는 체험의 반향을 삶에서 찾을 수 있다고 통찰력 있게 지적한다. 즉 종교적 체험을 일으키는 높고 섬세한 수준의 역량이 우리 각자에게 잠재되어 있다.(Bergson 1977, 90~101)

신고전 혹은 과정 유신론자들은 신 개념이 처음부터 틀을 갖추고 확립되었으리라 생각하지 않는다. 1세기의 필론과 13세기의 성 토마스 아퀴나스 시대에는 반쪽짜리 신 개념(즉 신의 변동성과 신의 수동성을 제외한 신의 영속성과 신의 활동성)이 매우 신중하게 검토되고 조명되었다. 절반의 확률은 높은 비율이기 때문에 놀라운 성과로도 볼 수 있다. 그러나 나머지 절반을 면밀하게 검토하고 성찰하지 않은 탓에 고전 유신론자들은 수많은 이론적·실천적 문제를 불러왔다. 베르그송이 지적하듯 "과거의 종교들이 특정한 종교들로 이어져 내려와 여전히 똑같은 경관을 이루고 있다. 사실상 이런 모습은 인간 지성에 굴욕을 안긴다. 오류와 어리석음의 극치다!"(Bergson, 1977, 102) 예를 들어 종교의 편견과 박해가 빚은 암울한 역사와 활동적일 뿐 수동적이지 않은 고전 신 개념이 무관하지 않다는 추론은 상당히 합리적이다. 하지만 이런 문제에 적절하게 대응하려면 (정치 지도자가 심각한 실수를 저질러도 우리가 정치를 포기해서는 안 되듯, 재능 있는 사람이 지나치게 상업화되거나 착취적인 창작

프로그램에 자신을 내맡겨도 우리가 예술을 포기해서는 안 되듯) 종교를 포기할 게 아니라 보다 옹호할 만한 추상적 기반을 쌓고 그 위에서 종교를 개선해야 한다. 즉 포괄적이면서 일관성 있는 신 개념을 설명하기 위해 애써야 한다.

역사 내내 특수한 신 개념과 종교 전반에서 벌어지는 모든 문제에도 불구하고, 신 개념 혹은 종교 자체가 사라지지 않았다는 사실에 베르그송은 적잖이 놀란다(비슷하게 정치적 부패와 경멸에도 불구하고, 또한 예술적 "허용"의 긴 역사에도 불구하고, 정치와 예술 또한 사라지지 않았다). 베르그송이 지적하듯, 신 개념과 종교가 개선되려면 "전진하는 움직임, 충동의 여운, 중요한 자극"이 필요하다.(Bergson 1977, 111) 개선으로 이끄는 충동의 근저에 깔린 생각은 신 개념 혹은 종교를 통해 미래에 발생하는 일을 상세하게 예측할 수는 없다는 것이다. 그러나 앞서 보았듯, 고전 유신론의 전지는 안타깝게도 다르게 주장한다.(Bergson 1977, 115, 204~205)

베르그송은 인간을 포함하는 살아 움직이는 개체는 미생물인 세포들로 구성된 사회라는 과정 사상의 기본 상식을 옹호한다. 그는 신이 세계 영혼이고 우리가 세포같이 신적 사회를 구성한다고 명시하지 않지만, 자연에서 사회가 우선시된다고 강조하는 그의 관점은 이런 입장을 드러내는 것같이 보인다. 실제로 그는 종교 신자가 된다는 것은 자연 전체에 스며 있는 신성한 힘을 인식할 수 있게 되는 것이라고 생각한다. 그러나 이렇게 확산된 신성한 힘을 전능으로 가정해야 할 필요는 없다. 생물학 관점을 도입한 베르그송의 철학 개념에 따르면, 자연과 인간 문화에 발생하는 일에서 우연은 매우 실제적 역할을 해 왔다고 생각할 수밖에 없다.(Bergson 1977, 117~119, 134, 147~148, 158)

전능을 비판하는 신고전 혹은 과정 유신론의 입장은 진화생물학에서 상세하게 다루는 자연의 우연 요소를 이해하는 데 유익한 것과 똑같이, 종교 신념과 마술을 섬세하게 구분해야 할 때 역시 도움이 된다. 마술은 어느 정도의 이기심, 자신의 소망을 위해 자연법칙을 바꾸려는 욕망을 품고 있다. 자연법칙을 마음대로 바꿀 수 있고 자연을 초자연적으로 거스를 수 있는 전능한 신에게 지나치게 몰두하고 탄원하는 기도는 미화된 형태의 마술이다. 반대로 신고전 혹은 과정 유신론은 우리 자신을 우주의 중심이 아니라 강력한(그러나 전능하지 않은) 전체의 중요한 부분으로 보기를 권장한다. 이런 관점에서, 영적 삶의 목표는 우리와 신 둘 다의 비극을 포함하는 더 큰 전체 안에서 자신의 가치를 이해하고 그 진가를 제대로 인식하는 것이다. 즉 플라톤 유신론의 최고 통찰과 그리스 비극 작가들의 통찰로 돌아가야 한다.(Bergson 1977, 175, 201; 또한 Arnison 2012 참고)

열린 종교가 역동성을 표현하고 확산하는 데 때로 닫힌 종교의 정적이고 구조화된 특성이 도움이 되기도 하지만, 그렇다고 닫힌 종교 자체가 일관성 있고 이해할 만한 체계라는 의미는 아니다. 베르그송이 볼 때 닫힌 종교의 주요 문제는 신 개념을 인격적 면에서 헤아릴 줄 모른다는 것이다. 물론 신고전 혹은 과정 유신론은 "새로운"과 "고전" 둘 다를 포함하며, "고전"이 지시하는 바는 신적 영속성의 헤게모니가 아니라 그 중요성이기에, 정적 종교는 열린 종교 안에 계속해서 생동한다. 즉 신을 불변성과 **단적으로**simpliciter 동일시하면 심각한 문제가 벌어진다. 고대 그리스의 다신교도들은 이런 점을 예상했다. 그래서 제우스와 디오니소스를 다루는 이야기에서 신들은 부동하지 않으며 의미 있는 변화를 여러 차례 겪는다. 베르그송은 로마 신화에는 그리스 신화에 비해 이런 특징이 상대적으로 잘 보이지 않는다고 지적한다. 로마의 신들은 특수한 역할과 쉽게 동일시되고, 맡은 역할에서 거의 움직이지 않는 경향을 보인다. 반면 그리스의 신들은 로마의 신들보다 역동적 특징과 역사를 갖는다. 간혹 역동성을 드러내는 로마의 신들은 대부분 그리스 신화에서 파생된 신들이다.(Bergson 1977, 178~179, 187~188, 194)

또한 고대 다신론은 현존과 현실태를 구분한 하츠혼의 관점을 상당 부분 예견한다. 베르그송이 고대 종교를 분석해 본 바, 어떤 특수한 신이든 우연적이거나 변동될 수 있으나 신들은 전체로서 현존해야 했다. 이런 신관은 베르그송의 견해, 즉 고대 다신론이 닫힌 신론과 열린 신론 사이에서 중요한 연결 고리 역할을 하리라는 생각과 양립할 수 있을 뿐 아니라 신의 현실적 경험은 시시각각 우연적이고 변동하는 반면, 신의 불후하는 현존은 필연적이라는 하츠혼의 생각에도 닿는다.(Bergson 1977, 200)

과정 세계관에서 생각할 때, 세계에는 창조적 에너지의 기류가 흐르고 있고 미래를 향한 전진이 매 순간 쉼 없이 일어난다. 여기에는 신 개념의 의미가 숨겨져 있다. 가령 신적 예지력에서 "예지력"은 오직 가능태 혹은 기껏해야 개연성에 불과하다. 탁월한 아는 자의 경우도 예외는 없다. 베르그송에 따르면, 미래에 관한 불안도는 언제나 있을 것이기에 닫힌 종교가 조장하는 확신은 변형되어야 한다. 베르그송의 현재인 1932년과 우리의 현재인 21세기 초, 두 현재에서 사람들은 문제가 생기면 도움을 찾아 닫힌 종교 혹은 정적 종교로 쉽게 눈을 돌리지만, 그 결과는 엇갈린다. 베르그송은 이것을 의례에 참여한 이들이 실제로 그 의미를 깨닫지 못한 채 동작만 따라 하는 모습으로 은유한다. 그러나 상황이 꼭 절망적이지만은 않다. 아무런 열의 없이 기계적으로 가르치는 과학 교사도 간혹 제자가 연구에 매진하도록 일깨울 수 있다. 마찬가지로 닫힌, 정적 종교에도 종교 전통의 진의에 사로잡혀 사랑이라는 신 개념을 표현하기 위해 애쓰는 사람이 드물지 않게 있다. 이렇게 노력하는 이들은 고전 유신론에 실망한다. 이상하게도 닫힌, 정적 종교와 열린, 역동적 종교는 서로 적대적임에도 추구하는 목표가 같다. 그 이유는 신고전 유신론이 고전 유신론의 최고 통찰을 포함하고 있기 때문이다.(Bergson 1977, 209~217)

베르그송은 신 개념의 대부분에 고전 유신론의 결과물이 눈에 띄게 퇴적되어 있음을 정확하게 강조한다. 그러나 그는 또한 쉽게 보이지 않는 엄청난 힘이 이런 퇴적에 작용했음을 예리하게 지목한다. 가장 중요한 것은 2부에서 살펴본 것같이 신 개념에 관한 플라톤, 아리스토텔레스, 플로티노스 사이의 변증법이다. 플로티노스의 철학은 신비주의를 중요하게 생각하기에 그의 사상은 열린 종교로의 가능성을 보여 주지만, 플라톤과 아리스토텔레스의 신 개념은 개방의 경향을 상쇄해 버린다. 신비주의의 궁극 목적은 신과의 접촉이다. 다양한 전통의 역사에서 여러 거장이 종교적 체험에 관해 말하듯, 신과의 접촉은 플라톤이 말하는 '호모이오시스 테오이'*homoiosis theoi*(가능한 한 신[들]같이 되어 가는 것becoming), 곧 신비주의자와 신이 서로 영향을 주고받는 것이다. 이런 접촉은 "당신은 내 말을 듣고 있지 않군요!"라고 말하는 사람에게 주의를 기울이기 위해 애쓰는 것같이 신적 영향을 수동적으로 받아들이는 행동이다. 일단 신과 접촉하고 나면, 댐으로 둘러싸인 호수에 물이 가득 차오르듯 신비주의자 안에 에너지의 샘이 솟아난다. 마침내 댐이 터지면, 에너지는 다시 생명의 기류를 타고 흘러 피조물의 역동성과 신적 역동성 모두를 충만하게 이해하기 위한 열린 가능성을 창조해 낸다.(Bergson 1977, 219~220, 226~227)

베르그송은 "정적인 것에서 역동적인 것으로, 닫힘에서 열림으로, 일상에서 신비한 삶으로 넘어갈 때, 영혼은 크게 충격을 받는다"라는 말을 당연하게 건넨다.(Bergson 1977, 229) 그러나 앞서 말했듯, 우리 모두는 신비를 경험할 수 있는 잠재력을 갖고 있고, 이것을 깨달은 사람은 이런 충격을 자연스럽게 받아들일 수 있다. 출발을 준비하는 증기 기관차가 동력을 충분하게 공급받아야 하듯, 신비주의의 안식은 창조적 변화를 위한 일종의 동요, 불안을 제공한다. 십자가의 성 요한이 널리 퍼뜨린 말대로 영혼의 신비롭도록 어두운 밤의 저편에서 빛 가운데로 들어가는 활기찬 움직임을 볼 수 있다. 신과 접촉하고 **상호**작용한 결과, 신비주의자는 관상의 안식에서 벗어나 거대한 계획 가운데 자신을 던질 준비를 마친다. 플로티노스 덕분에 유명해진 말로 신비주의 문학에서 관상의 안식을 지칭하는 흔한 표현인 "홀로 계신 이에게 홀로"는 흔히 잘못 해석되곤 한다. 그런 (외로움이 아니라) 고독은 신비주의자와 신고전 혹은 과정 유신론자 모두 격찬하는 영적 삶의 수축/확장 운동에서 순간에 불과하다. 물론 종교적 체험의 역사에서 많은 위대한 인물이 그들 자신은 정통(혹은 고전) 유신론자라고 **주장**하지만, 신비주의자들은 고전 유신론으로 불리는 신 개념이 그들의 종교적 체험을 적절하게 설명해 주지 못한다는 사실을 언제나 가장 먼저 알아차린다.(Bergson 1977, 229~232) 그들은 사실상 일부 철학자만이 그들의 경험과 불화하는 신 개념을 옹호한다는 것을 알지 못한 채, "철학자들의 신"에 대해 불만을 토로한다.

신과 더불어 인간은 진화하는 우주의 공동 창조자이다. 열린 종교의 신비주의가 어느 특수한 닫힌 종교의 경계 안에서 분출할 때 공동 창조는 특히 극적으로 일어난다. 그럴 때 해당 닫힌 종교의 모든 파편은 재고되어야 한다. 개인이 겪는 강력한 종교적 체험은 인간 존재를 뜨겁게 만든다. 하지만 추상적 메타학문metadiscipline에 매진하는 철학자들과 신학자들은 이런 체험을 구상적으로 이해하겠다는 명목 아래 합리적 분석을 시도하다가 그 열기를 식혀 버린다. 종교 제도 역시 이런 냉철한 분석 과정의 결과이지만 추상적 수준에 있지 않다. 오히려 종교 제도는 모세, 예수, 무함마드 같은 위대한 신비주의자들의 통찰과 경험을 대중화시키는 역할을 한다. 아브라함 종교에 영향을 미친 아리스토텔레스의(플라톤의 훨씬 복잡한 신 개념 가운데 일부에만 기대는) 신이 수 세기에 걸쳐 철학자들과 신학자들의 냉철하고 합리적인 분석에까지 왜곡된 영향을 미쳐 왔다는 것이 이 책의 논지다. 신적 전지는 미래 우연성을 지나치게 공격하느라 인간 자유에 대한 믿음과 충돌할 만큼 왜곡되었고, 신적 전능 역시 지나치게 공격적으로 발전된 탓에 신정론 문제와 충돌할 만큼 왜곡되었다.(Bergson 1977, 234~241)

베르그송은 왜 아리스토텔레스가 움직이지 않는 동자와 자신만 사유한다는 생각을 제일원리로 선택했는지 궁금해한다. 베르그송의 의문은 타당하다. 다양한 전통에서 종교적 체험의 현상학이 지시하는 신은 인간과 소통할 수 있는 존재라는 사실을 헤아릴 때, 그는 왜 아리스토텔레스가 제일원리와 신을 동일시했는지도 질문한다. 즉 아리스토텔레스의 불변하는 신격(혹은 신격들)은 고대 그리스 신들이나 아브라함 종교의 신을 거의 닮지 않았다. 아리스토텔레스와 반대로 베르그송은 실재적인 것은 움직인다고, 오히려 움직임 그 자체라고 설명한다. 영화가 서서히 느려지다가 한 장면에서 멈추면, 그 정적 장면은 영화가 아니라 한 장의 사진으로 보일 것이다. 베르그송은 어느 한 특수한 프레임을 전체로 혼동한 탓에 신적 삶을 포함하는 삶의 움직임을 그 프레임에 맞춰 서서히 늦추는 짓은 실수라고 말한다. 아리스토텔레스의 신관을 따르다 보면 이런 실수를 저지르고 만다. 우리는 아리스토텔레스같이 불변성을 가변성보다 우수하게 생각해야 할 필요가 없으며, 가변성 자체를 결함으로 가정해서도 안 된다. 오히려 시간을 영원의 박탈로 볼 게 아니라 일련의 시간이 매 순간 끝없이 이어지는 가운데 불후성이 파생되는 것으로 이해해야 한다. 이것이야말로 제일원리이다.(Bergson 1977, 241~244)

삶 자체의 움직임, 활동, 자유는 늘 있는 일이기 때문에 역동적 창조성을 어렵지 않게 이해할 수 있다. 신을 생각할 때 움직임이 완전하게 부재하는 것이 아니라 탁월하게 움직이는 것을 떠올려야 한다. 우리는 무심코 습관대로 현실 세계를 산다. 철학자들은 사상가들이 현실 세계를 왜곡할 때 개입해야 한다. 고전 유신론은 신을 부동하고 영속적이고 불변하는 존재로 보는 아리스토텔레스의 신관을 그대로 답습하지만, 이런 경향은 상세하게 검토되어야 하는 습관 중 하나다.(Bergson 1911, 196, 248, 322~325, 349, 351~352)

베르그송(과 윌리엄 제임스)이 관찰한바, 신비의 경험을 어리석고 속이는 짓으로 일축하는 사람은 신비를 체험한 이에게 분개하며 항의하지만, 종교적 체험을 전혀 한 적 없음에도 체험자의 설명에 공감하는 사람도 있다. 이와 같이 종교적 체험은 명목상 종교적이지 않은 사람의 마음에도 울려 퍼진다. 달리 말해 우리 각자가 강력한(그러나 전능하지 않은) 힘, 의미로 가득한 선한 전체의 부분이라는 느낌은 보편적이지 않더라도 널리 퍼져 있다. 신은 편만한 사랑이라는 증언이 신비주의의 주된 공헌이라고 베르그송은 주장한다. 사실상 사랑이 신의 본질적 특성이라는 이해는 이런 신비주의 전통이 남긴 유산이다(고전 유신론의 단극 면모는 담아낼 수 없는 이해이다). 이런 주장은 간혹 신비주의 전통이 다소 지적이지 않다는 결론으로 이어진다. 달리 말해 신비적 통찰/경험을 상실한 종교 체계 및 다른 지적 체계들은 종교적 체험자들을 금세 질리게 만든다. "신비주의자들은 하나같이 우리에게 신이 필요하듯 신에게도 우리가 필요하다고 증언한다. 우리를 사랑하려는 게 아니라면 왜 [신에게는] 우리가 필요할까? 신비주의의 경험을 견지하는 철학자가 내려야 할 결론은 이렇다. 창조는 [그 철학자에게] 창조자들을 창조하는 신으로 보일 것이다. [신적] 사랑에 합당한 존재들을 (…) [신은] 가질 수 있다."(Bergson 1977, 246, 251~254, 311) 여기서 무엇보다 신적 현존과 신적 현실태를 구분한 하츠혼의 관점이 필요하다. 신적 현존은 필연적이며 특수한 타자를 요구하지 않는다는 (타당한) 주장은 아무런 타자가 있을 수 없다는 주장과는 다르다. 탁월한 사랑은 사랑하기 위해 타자를 요구하기 때문이다. 신적 사랑이 인간의 사랑을 조금이라도 닮았다면, **어떻게** 신이 존재하는지는 적어도 부분이나마 우리에게 달려 있다. 아마도 달갑지 않겠지만, 고전 유신론자들도 인정할 것이다.

　베르그송은 고전 유신론이 신적 전능에 지나치게 의존하는 탓에 신적 전선이 위협당하고 신정론 문제가 벌어진다고 평가한다. 신이 전능하고 악을 제거할 수 있다면 왜 세계에 이렇게 많은 악이 현존하는가, 아니 악 자체가 왜 현존하는가? 이에 대한 한 가지 정형화된 대답은 인간이 자유를 잘못 사용한 결과가 악이라는 것이다. 그러나 이런 대답은 자유의지가 없는 비인간 동물이 겪는 극심한 고통에 대해 아무런 설명을 하지 못한다. 비인간 동물은 기계이므로 고통을 느낄 수 없다고 보는 데카르트주의자가 아니라면, 동물권 옹호자가 아니더라도 비인간 동물이 겪는 고통에 대해 반드시 설명할 수 있어야 한다. 베르그송이 생각하기에, 고전 유신론은 가능한 모든 세계 가운데 최상의 세계 아니면 최상의 세계에 도달하는 최선의 방식이라고 대답하는 라이프니츠의 신정론으로 자연스레 귀결된다. 하지만 이런 관점을 옹호하는 사람이 극심한 고통을 겪다가 숨을 거둔 아이의 부모에게 무슨 말을 건넬 수 있을까?

베르그송이 생각할 때, 악을 선이 부족한 것으로만 볼 수는 없기 때문에, 라이프니츠의 관점은 보장할 수 없는 낙관주의를 불러일으킨다. 그 보장성이 다소 정당화될 만한 낙관주의도 있을 수 있겠지만, 라이프니츠식의 과장된 낙관주의는 전혀 그렇지 않다. 이런 낙관주의는 고전 유신론의 신 개념, 특히 지나치게 강경한 전능과 미래 우연성에 관한 전지가 낳은 결과일 뿐이다.(Bergson 1977, 260~261; 또한 Dombrowski 2000 참고)

베르그송은 일반적으로는 고전 유신론의 신정론 전반에 깔린 "선험론"과 부분적으로는 라이프니츠식의 접근을 비판하는 데 온 힘을 쏟는다. 라이프니츠가 볼 때 무조건 신은 전능해야 하며 여기서부터 세계의 특정 성격들, 이를테면 궁극적으로 악은 없다든가 악으로 보이는 것도 더 위대한 선을 불러오는 수단이라든가 하는 추론이 이어진다. 무신론과 불가지론이 이런 식의 접근보다 더 설득력이 있어 보인다. 신고전 혹은 과정 유신론은 이런 승리주의적 접근의 방향을 정반대로 돌려놓아야 한다. 세계의 고통과 악의 경험에서 시작하라. 이런 경험이 들려줄 수 있는 신 개념에 유심히 귀 기울이라. 그러다 보면 죽음까지 경험하지 않더라도 우리같이 비극적 고통을 겪는 신을 만나게 될 것이다.(Bergson 1977, 261~262)

닫힌 사회/종교의 진짜 실체는 이런 정적 본성이다. 많은 제도가 닫힌 사회/종교의 강제하는 특성을 내장하고 있다는 사실은 그 특성이 오랜 기간 편만하게 영향을 미쳐 왔다는 것을 설명한다. 그러나 여성을 하등한 남성같이 바라봤던 전통적 시선 그대로 움직임을 정적인 것의 감소로 볼 필요는 없다. 영속성과 변동성, 존재와 생성의 알맞은 균형을 찾으려는 형이상학적 쟁점은 정치철학의 주요 문제와 무관하지 않다. 닫힌 사회는 위계질서가 이동하지 않아야 정치적 권위를 확보할 수 있다는 가정에 의존한 채, 비민주적 성향을 극단적으로 드러낸다. 반면 민주주의의 덕목은 독백보다 대화하는 특징을 띠며, 말하기는 물론 듣기를 요구한다. 결과적으로 무감각한 고전 유신론의 신은 민주주의 정치 이상을 지지하는 사람에게 적합하지 않다. 민주주의를 반대했던 많은 고전 유신론자가 수세기에 걸쳐 닫힌 사회/종교의 특성을 변론해 왔다.(Bergson 1977, 270~271, 281~283)

생성과 존재, 변동성과 영속성은 신 개념에서 반드시 설명되어야 한다. 베르그송은 동일한 전체 실재의 부분들, 특히 대비되는(모순되지 않은) 두 관념을 따로 떼어 내 각기 추적하면 비참한 결과가 뒤따를 것이라는 "이중의 열광기frenzy 법칙"을 언급한다. 예를 들어 존재를 맹목적으로 숭배하면 미래의 무규정성을 간과할 수 있다. 만일 신을 찾는다면(여기서 불가지론자도 동의할 수 있으려면), 시간을 염두에 두고 찾아야 한다. 베르그송은 그의 요구가 사실상 철학적·영적 면에서 신 개념이 철저하게 개혁되어야 한다는 제안임을 분명히 알고 있다. 그러나 개혁, 재형성은 역사가 남긴 흔적을 무시하고 처음부터 다시 시작해야 한다는 의미가 아니다. 베르그송이 말하듯, 우주의 본질적 역할이 있다면, 그것은 신들을 만들어 가기 위해 노력하면서 점진적으로 개혁하는 역할이다.(Bergson 1977, 296~299, 313, 317)

보커와 카페츠는 신 개념을 다루면서 베르그송에 대해 아예 언급하지 않는다. 암스트롱은 베르그송이 플로티노스의 노력을 이어받아 신비주의의 중요성을 철학적으로 표현하기 때문에, 또한 앞서 보았듯 이크발에게 미친 영향 때문에 베르그송을 간략하게 언급한다.(Armstrong 1993, 101, 364; Hartshorne 2000, 294, 297) 베르그송이 신 개념에 미친 중요한 공헌을 헤아리면, 특히 미래가 상세화될 것이라는 관념과 신을 포함해 누군가의 정신에 미래가 이미 상세하게 알려져 있다는 관념이 같을 수 없다는 그의 깨달음을 감안하면, 그가 이렇게 상대적으로 소홀하게 대접받는 것이 안타깝다. 우리를 신에게 이끄는 것은 영원한 신적 정신에 실제로 시간은 없다는 허구가 아니라 시간(불후의 시간)이다. 현재는 미래, 특히 가까운 미래에 영향을 미칠 수 있지만 정확하게 필연적 미래를 요구할 수는 없다. 세계는 확정성과 구상성을 통해 성장하기 때문이다. 이전 순간들은 미래를 개략적으로만 포함한다는 의미에서 신적 삶에서조차 추상적이다.(Hartshorne 1941, 14, 140, 269, 286~287)

과정을 실재의 궁극적 양상으로 볼 때, 존재는 사라지는 게 아니라 오히려 생성하는 것의 추상적 면이라고 볼 수 있다. 현재는 그 자체에 미래가 뒤따르리라는 필연성을 내포하고 있지만, 베르그송이 깨달은 것같이 어떻게 현재가 대체될 것인지는 정확한 세부 사항에 의해서라기보다 오히려 변이라는 특정 한계 내부에서만 이해될 수 있다.(Hartshorne 1953, 20, 98) 베르그송과 여타의 영향 덕분에 "향후 세대에 활동하는 사상의 지도자들은 순수하게 완전하며 자기-충족적이기에 움직이지 않고, [인간]에게서 아무것도 받을 수 없고, 실재적 의미에서 [인간]에 의해 섬김받을 수 없고, 사랑이 의미하는 어떤 것도 행할 수 없는 것으로 상상되어야 했던 신을 당연한 듯 받아들이지는 않을 것이다".(Hartshorne 1953, 159)

베르그송이 주로 로타리클럽식의 낙관주의[2]를 기대하면서 열린 종교의 진보성을 주장한다고 생각하면 잘못이다. 오히려 베르그송이 생각하는 진보성은 실재는 성격상 점증적이라는 과정 사상의 합리적 교리의 원칙에 기인한다. 새로운 사건들이 생성되면서 실재는 매 순간 풍부해지지만, 이전 단계들이 현존에서 소멸되어야 할 필요는 없다. 적은 것에서 점차 많아지는 것이다. 즉 베르그송과 성 아우구스티누스가 생각하듯, 기억이 기본적으로 심리적 성격이라면, 실재는 성격상 파괴적인 게 아니라 창조적이다. 기억에는 현재 사건들이 직접 소유하고 파지grasping(把持, 화이트헤드가 말하는 "파악"prehension)하는 과거 사건들이 있기 때문이다. 전선하고 (적절하게 상상할 수 있는 정도에서) 전지한 신은 획득한 가치를 상실하지 않는다고 보장하는데, 그런 가치는 이상적 기억에 보존될 것이기 때문이다. 이런 점에서 우리는 과거가 불멸한다고 말할 수 있다. 인간의 자유는 특히 신적 현실태에 매우 실제적 영향을 미치는 일종의 창조성으로 드러난다.(Hartshorne 2000, 85, 95, 228, 469, 501, 509; 1962, 174, 185)

시간의 현존 자체가 사물의 무규정성을 지시한다. 시간이 그 무규정성**이다**.(Bergson 1946, 109~125) 덕분에 사람들은 종교적 신념이

2 개인과 사회가 봉사(선의)를 통해 변화를 일으킬 수 있다는 믿음, 가능성에 대한 긍정적 전망을 바탕으로 도덕적·윤리적으로 행동하는 것을 가리킨다. 로타리클럽은 1905년 미국에서 시작된 실업가 및 전문 직업인들의 국제적 사회봉사 단체로, "초아(超我)의 봉사", "가장 훌륭하게 봉사하는 사람이 가장 많은 것을 거두어들인다" 같은 모토를 중심으로 활동한다.

있든 없든 그들의 유한성과 무한 지향성 둘 다를 받아들일 수밖에 없다. 결국 우리가 죽을 때, 모든 시간에서 죽는 것이다. 나아가 적어도 일부 사건은 후대 사건들에서 지속되며, 만일 신이 있다면 모든 사건이 그렇게 지속된다. 그러나 사건들이 살아 있는 사람의 기억에서 지속된다는 사실과 미래가 상세하게 계획되어 있다는 관념을 혼동해서는 안 된다. 가차 없는 목적성은 개체성, 자기-활동성, 시간적 실재 자체와 상충할 수 있기 때문이다. 그러나 이런 것들은 현존하며, 그 자체는 선하다. 우리의 존엄은 우리가 자유롭게 창조하고, 불확실한 문제에 대해 결정하고, 모호하거나 정의되지 않는 것을 형성하는 데 있기 때문이다.(Hartshorne 1962, 15, 18, 206, 232)

실재가, 심지어 신적 실재가 본질적으로 창조적 과정이라면, 더불어 그 과정에 미래성 혹은 부분적 무규정성의 면모가 내재한다면, 객관적 필연성은 모든 가능태가 공통으로 지니는 면모, 그들이 "뭘 하더라도" 지니는 면모이다. 인간과 비인간 둘 다에게 경험은 필연적으로 보존적이고 창조적이다. 경험은 과거 경험에서 인과적 영향을 계승하고, 일종의 결정을 요구하는 새로운 순간들 안으로 밀려나며, 의식적이든 아니든 일부 가능태를 차단함으로써 다른 가능태를 만들어 내기 때문이다. 어떤 의미에서 있다는 것은 창조한다는 것이며, 창조한다는 것은 인과 조건과 법칙에 따라 미리 불완전하게 결정된다는 의미다. 창조적이라는 것은 실재의 한정성을 추가해 간다는 것이다. 따라서 실재는, 심지어 신적 실재는 예측할 수 있으나 그 예측은 어디까지나 습관을 따르는 것이지 창조적인 것이 아니다. 베르그송은 존재의 면에서 생성을 보는 대신 생성의 면에서 존재를 정의한다. 그렇기에 그는 생성 자체가 실재라는 주장을 자연스럽게 받아들인다. 나아가 베르그송의 관점에서, 결정론이 경험의 창조성을 추상화하기 위한 시도라면, 환원주의적 유물론은 경험 자체를 추상화하려는 시도이다.(Hartshorne 1965, 43; 1970, xv, 3~4, 13, 26, 29)

신고전 혹은 과정 유신론자들은 보통 논리학의 양상 구분은 궁극적으로 시간적 구분과 일치한다고 생각한다. 현실적인 것은 과거이고 가능한 것은 미래이다. 현재는 가능한 바가 현실적인 것으로 되어 가는 과정에 있다. 이런 시각으로 보면, 미래 우연성(혹은 고전 유신론에 따를 때 "우연성")에 대한 신적 전지를 옹호하는 고전 유신론의 주장에도 불구하고, 미래 현실태는 용어상 모순이다. 살짝 다른 각도에서 보면, 영원성은 시간성을 부정하지만 시간성은 영원성을 부정하지 않기 때문에, 시간과 (고전 유신론의) 영원 사이의 구분은 그 자체로 시간의 구분이다. 베르그송 혼자의 주장이 아니다. 다른 방식이지만, 성 아우구스티누스와 칸트 역시 시간은 우리 모두에게 익숙한 실재의 긍정적 면이라고 주장한다. 고전 유신론과 범신론의 생각과 반대로, 가능태는 확정된 것이 아니라 결정 가능태임을 알아차릴 때, 시간의 중심성은 분명해진다.(Hartshorne 1970, 61~65)

베르그송과 여타가 옹호하듯 인과적 영향, 기억 혹은 (인접한 과거의) 지각을 통한 과거의 지속은 그리 낯선 생각이 아니다.

과거 사건들은 한때 진행되었거나 현존했던 **의미 그대로** 현존하거나 현존하지 않지만, 진정한 의미에서 여전히 실재하고 여전히 현존할 수는 있다. 새로운 사건은 오래된 사건 속에 있을 수 없지만, 오래된 사건은 새로운 사건 속에 있을 수 있다. 참신한 전체는 참신하지 않은 부분을 포함할 수 있다. 오래된 것과 새것의 결합은 언제나 새롭듯, 그 결합은 오래된 것이 아니듯, 참신함은 포괄적이다. (…) 생성은 참신하지 않은 요소들로 참신한 전체를 창조하는 일이다. (…) 화이트헤드는 이를 깨달은 극히 소수 중 한 명이다. 따라서 그들의 "점증하는" 과정 이론은 곧 "창조적 합성"의 과정 이론이다.(Hartshorne 1970, 89, 또한 92)

이런 견해를 근거로 할 때, 미래에 대한 예측의 여지는 있지만, 만일 미래에 대한 세부 사항이 숨겨져 드러나지 않는다면 그런 예측은 추상적이거나 불완전할 수밖에 없다. 이렇게 숨겨지는 까닭은 우리의 결함 때문이라기보다는 시간 자체의 비대칭성 때문이다.(Hartshorne 1970, 105, 109, 118, 192, 211)

베르그송은 "시간의 공간화"라는 인상 깊은 표현을 사용해 고전 유신론의 신적 전지가 지니는 가장 큰 난점을 포착해 낸다. 고전 유신론에 따르면 신은 이미 우리의 미래 행위를 알고 있다. 이런 관점은 우리의 미래 행위가 신에게 알려지게끔 이미 현존한다고 가정하기 때문에 문제를 낳는다. 하지만 신적 전지를 옹호하는 고전 유신론자는 어느 한 관찰자가 아주 높은 곳에서 한눈에 아래를 내려다볼 수 있듯, 신이 우리의 미래 행위를 볼 수 있다고 생각한다. 이런 생각은 앞서 보았듯, 한 장면에서 멈춘 영화같이 유동하는 역사를 하나의 프레임에 맞춰 늦추려 한다. 바로 여기서 시간의 공간화가 일어난다. 매 순간 생기는 새로운 "총체성"이 모든 것을 망라하는 하나의 시점에 고정된다. 그러나 우리가 살아가는 역동적 세계에 고정된 총체성은 없다. 즉 "진리는 시간과 상관없다"라는 진부한 표현은 아무런 근거가 없는 고집에 불과하다. 우리는 끊임없이 변하는 실재의 거듭되는 특징을 통해서만 진리를 이해할 수 있다. 실재는 사진보다 영화에 가깝다.(Hartshorne 1970, 135)

경험은 그 자체로 실재의 시간적 구조를 입증한다. 빛의 속도나 소리의 파동으로 인한 시간차 때문에, 경험된 여건보다 인식론적 현존이 더 늦다. 고전 유신론자들이 이런 시간적 구조를 신의 속성으로 돌리기를 꺼리는 이유는 잇따라 연속하는 시간 내내 앞서 발생한 것이 상실되거나 소멸된다고 가정하기 때문이다. 그러나 이상적 아는 자인 신은 사건들이 현재 사건들을 지나는 중에도 사건의 직접성이 사라지게끔 두지 않을 것이다. 연속의 질서는 소멸이 아니라 회상과 전망의 뚜렷한 차이를 따른다. 이후 사건은 이전 사건을 파악하지만, 이전 사건은 이후 사건을 파악할 수 없다. 사실상 우리가 경험하는 구상적 현실태는 기차 뒤에 서서 지나온 길을 돌아보는 것같이 모두 회상적이다.(Hartshorne 1972, 5, 83~85; 1983, 342)

아마도 수학 및 논리학의 진리들과 형이상학의 가장 추상적인 주장에 담긴 진리들을 제외하면, 진리는 특정 시간에 생기지만, 이어서 불후의 시간 내내 신적 기억에 현존한다. 생성은 파괴적인 게 아니라 창조적이다. 아원자 입자/파동에서 보존-창조의 탁월한 경우인 신에 이르기까지, 보존-더하기-창조는 모든 구상적 단일자의 특징이다.(Hartshorne 1984b, 68, 76, 102) 하츠혼이 진술하듯 "베르그송이 (…) 주장하듯 (…) 신적 지혜와 신적 힘에 의한 창조는 다른 모든 의사 결정에 영감을 준다. 이와 같은 방법으로 우연들의 조화 및 강도에 따라, 악의 위험이 정당화될 것이다".(Hartshorne 1984a, 56) 실재 그 자체인 창조적 진보는 신에서 그 이상을 찾는다. 어떤 의미에서 과거는 그 필연적 조건들을 제공함으로써 현재를 창조하는 반면, 또 다른 의미에서 현재는 신의 경우에도 스스로를 만든다. 전자의 주장은 기억이 우주의 시간적 구조의 중심이라는 진술을 정당화하지만, 독특한 방식에서 "현재"의 지각조차 비인격적 기억의 한 형태라는 것을 앞서 관찰했다.(Hartshorne 1984a, 107, 149, 178, 201)

하츠혼은 몇몇 놀라운 근거를 제공해 닫힌 종교에 대한 베르그송의 긍정적 설명을 뒷받침한다. 이런 시선에서 볼 때, 충분하게 높은 수준의 지성을 가진 종도 생존하려면 닫힌 종교가 필요하다. 간혹 지성이 파괴적 행동을 주도하기도 하며, 파괴적 행동을 잠재워야 할 때 종교적 제재가 본능의 역할을 일부 대신한다. 따라서 지성의 파괴적이고 유해한 사용에 맞서는 자연스러운 방어적 반응이 종교 자체라는 점에서, 창조적 진보가 전부는 아니다. 과학과 철학 없이 존속했던 사회는 많았지만, 종교 없이 번영했던 사회는 없다. 열린 종교의 특징인 창조성은 닫힌 종교에서 볼 수 있는 긍정적 면모에서 자라난다. 현재는 과거에 의해 결정되는 대신 과거로부터 종교의 우수성을 받아들인다. 과거는 신의 경우에도, 현재를 위한 충분조건이 아니라 필요조건을 제공한다.(Hartshorne 1984c, 85, 105; Bergson 1977, 122, 131, 140, 205) 간혹 베르그송의 사상은 논리적으로 엄밀하지 못하다는 주장이 제기되곤 하지만, 닫힌 종교와 열린 종교의 관계, 닫힌 신 개념과 열린 신 개념의 관계를 섬세하게 다루는 그의 독창적 통찰만으로도 그런 주장을 보완할 수 있다.(Hartshorne 1990, 120, 393; 2011, 121)

하츠혼은 베르그송과 같이 화이트헤드의 영원한 객체eternal objects를 포함해 플라톤의 정적 형상을 비판한다. 관련 내용은 다음 장에서 살펴볼 것이다.(Hartshorne 1991, 662) 여기서 문제는 하츠혼이 실체의 관념과 생성보다 존재의 우선에 근거하는 이른바 옛날 형이상학으로 돌아가려 하지 않는다는 것이다. 베르그송의 새로운 형이상학에서는 자연의 모든 수준에 걸쳐 자기-운동, 자유, 창조성(세 용어는 언어상 비슷하다고 가정한다)이 있다.(Hartshorne 2011, 3) 자기-운동의 대표적 예는 베르그송의 분석을 통해 널리 알려진 기억이다. 하츠혼은 베르그송의 기억에 대해 다음과 같이 말한다.

> 과거에 자신이 파악하거나 느낀 것에 대한 현재의(뚜렷하지 않은) 파악, 감정이 기억이다. 사실상 신체는 기억에 관여한다. 하지만 베르그송이 훌륭하게 지적하듯, 주어져 있는 순간에 효과적으로 기억되는 일보다 효과적으로, **뚜렷하게** 기억되지 못하는 일이 언제나 비교할 수 없을 만큼 많기 때문에, 뇌는 과거 경험 가운데 별로 상관없는 것들을 대량 걸러 내는 기능을 한다. 그렇지 않으면 우리는 연상을 일으키는 수많은 물질들에 압도당할 것이고 혼란에 빠질 것이다. 만일 기억이 과거에 느낀 것들에 대한 현재의 느낌이고, 감각은 신체 구성 요소가 느낀 것들에 대한 느낌이라면, 어떤 경우에서든 파악은 감정적 이중성을 따른다. **독단적 느낌은**

없다. 주체는 자신을 인식할 뿐이다. 모든 느낌, 모든 지각은 사회적이며, 그야말로 어느 정도의 공감을 따른다.(Hartshorne 2011, 15)

하츠혼의 말을 인간의 기억뿐 아니라 신적 기억에 적용하면, 신 개념에 미묘한 의미가 덧붙는다. 하지만 걸러 내는 과정은 신에게 적용되지 않을 것이다. 앞서 보았듯, 신은 떨어지는 참새 한 마리까지 기억하기 때문이다.

베르그송의 눈덩이 비유도 비슷하다. 눈덩이를 굴릴수록 오래된 층은 유지되면서 새로운 층이 덧입혀진다. 혹은 성인은 자신의 어린 시절을 기억할 수 있으나 어느 아이도 자신이 성인이 되면 어떤 삶을 살게 될지, 어른의 기억에 필적할 만큼 인식할 수 없다. 이런 과정적·비대칭적·점증적 상황은 신적 사건을 포함하는 모든 실재를 대표한다. 이런 과정적·비대칭적·점증적 계획에서 모든 현실적 계기는 어느 정도 힘을 갖고 있다. 결과적으로 만일 신이 모든 현실적 계기를 인식하고 있다면, 각각의 사건은 신의 현존이 아니라 신의 현실태에 어느 정도 최소한의 힘을 행사한다. 하지만 고전 유신론자들은 신에게 영향을 미치는 피조물의 이런 특수한 힘을 인정하지 않는다. 그들은 신에게 전능을 없애면 힘이 **없는** 신이 된다고 생각하기 때문이다.(Hartshorne 2011, 71, 116) 하츠혼은 전능을 요구하지 않는 설계 혹은 질서에서 시작하는 논증은 신고전 혹은 과정 유신론을 전제한다고 강조한다.

세계의 실행 가능한 체계가 유지되게끔 우주 전체에서 창조적 행위의 사례들이 충분하게 상응하며 발생할 뿐이다. 그게 아니라면, 창조적으로 의사-결정하는 최고 탁월한 형상이 있어 최고 형상의 고유한 본질적 가치가 하위 형상들에 충분하게 수용되는 것이다. 이런 경우, 하위 형상들이 수용한 최고 형상의 가치 덕분에 다수의 자유로운 현실태들 혹은 자기-결정하는 현실태들의 관념에 내재하는 갈등, 좌절, 무질서의 형세에 허용 한계치가 설정된다. 질서는 수없이 다양한 존재자가 각기 서로 적응하는 사태이거나 아니면 각각의 존재자가 서로에게 적응하는 것은 물론, 모두에게 동일하고 따라서 모두를 안내할 수 있는 하나의 최고 존재자에게 적응하는 사태이다.(Hartshorne 2011, 135)

타당한 신 개념을 찾기 위한 노력에서 급선무는 신적 힘의 관념을 조정하는 것이다. 그래야 자연의 질서, 피조물의 힘, 악의 현존같이 관련 있는 모든 요소가 평형 상태에 이를 수 있다. 베르그송 자신도 "더 높은 차원의 평형"이 필요하다고 강조한다. 이와 관련한 첨예한 문제들 중 신적 전능에 의존해서 해결될 문제는 없다. 베르그송은 모든 구상적 단일자가 각기 자신의 힘을 갖고 있다면 신적 전능이 의미하는 바가 무엇일지 질문한다. 사실상 이런 질문이 필요하다. 우주에서 힘의 역동적 중심이 다수라고 할 때, 단어 "전능"을 소리 내어 말할 수 있을지 모르나 그 의미는 이해하기 어렵다. 이런 점에서 "전능"은 허위-관념이다. 게다가 신적 전능에 대한 믿음은 **무로부터** 창조라는 믿음과 역사 내내 밀접하게 연결되어 있다. 베르그송의 상세하고 통찰력 있는 분석에 따를 때, **무로부터** 창조라는 개념 역시 네모난 동그라미 못지않게 무의미한 관념이라는 결론으로 이어진다.(Bergson 1977, 229, 251, 261)

플라톤은 『소피스트』에서 상대적 비존재는 말이 되지만 절대적 비존재는 타당하지 않다는 견해를 비춘다. 베르그송은 이런 플라톤의 생각과 상당히 비슷하다. 농구공과 야구공은 같은 종류의 현존이 아니므로 "일절 같지 않다"라고 할 수 있다. 그러나 각각의 방식으로 현존한다. 달리 말해 창조적 행위가 수행되면 이전에 현존하지 않았던 무언가 생겨나는 건 맞지만, 이전의 부재들은 각기 특정한 종류의 현존에 기반하기 때문에 **절대무**로부터 창조라고 하기 어렵다. 문제의 근본은 이런저런 사물의 비현존을 상상하는 데 있다. 이런 상상은 곧 사물들의 전체 계층이 비현존한다는 상상으로 이어지고, 이런 상상의 과정은 꼬리에 꼬리를 물고 무한정 반복되다가, 끝내 모든 것의 비현존을 상상할 수 있다는 그릇된 결론에 다다른다. 그러나 "이것"(즉 모든 것)이 현존하지 않는다는 말은 달리 말해 부재에 관여한다는 뜻이다. 부재는 실제로 현존이다. 문제의 "**절대무**"는 현실적으로 무언가일 것이기 때문이다. "이것"에 관해 말하는 것은 **절대무**가 아닌 무언가에 대해 말하는 것이다. 신을 드높이려는 고전 유신론의 시도는 이해해 볼 수 있지만, 그런 시도는 논리적 모순을 초래하고 가장 심각하게는 신정론 문제를 불러온다. 이런 점에서 신에게 전능을 부과하는 방식은 무익하다. 하지만 세계의 일반적 질서를 헤아릴 때, 정반대의 극단에서 신은 전적으로 힘이 없다거나 신은 없다고 주장하는 것 역시 전반적 문제를 해결하는 데 별로 도움이 되지 않는다.(Bergson 1911, 273~298)

24. 알프레드 노스 화이트헤드
─ Alfred North Whitehead, 1861~1947년 ─

.

『과정과 실재』까지

이 장은 화이트헤드의 대작 『과정과 실재』*Process and Reality*가 출간
되기까지 그의 신 개념이 발전해 온 과정을 설명한다. 이어서 다음
장에서는 화이트헤드의 신 개념을 평가하고 『과정과 실재』 이후 어
떻게 신 개념이 전진하는지 살펴본다.

화이트헤드는 그의 나이 60~70세에 하버드에서 저명한 철학서
들을 저술하기 전, 케임브리지대학교와 런던대학교에서 활동하는
이미 세계적으로 명망 있는 수학자였다. 그러나 그는 하버드로 가
기 전부터 플라톤 철학에서 환상을 다루는 부분이 아리스토텔레스
의 피동적인 과학적 분석보다 분명 가치 있다는 것을 확실하게 알
고 있었다. 이런 판단은 완전하게 새로운 생각은 없다는 관찰과 함
께 그의 신 개념이 어디로 향할지 비교적 초기에 보여 준다. 1920년
화이트헤드는 그의 책 『자연의 개념』*The Concept of Nature*에서 형이
상학을 반박하는 시선을 드러낸다. 한편으로 그는 형이상학을 과학
철학에 도입하는 것이 합당하지 않다고 생각한다. 그러나 여기서

그가 말하는 "형이상학"은 "자연 너머"를 다뤄야 한다는 주장을 의미하는 것이기에 그렇게 부정적으로 들을 필요는 없다. 화이트헤드의 이런 진술은 고전 유신론의 초자연적 신격을 벗어나 자연주의의 세계관과 일관되어야 한다는 그의 후기 신 개념의 단초를 엿보게 해 준다. 다른 한편으로 화이트헤드는 영국 의회의 입법 활동이 형이상학적으로 섬세한 덕에 기소되지 않았을 뿐이라고, 유머러스하게 지적한다. 화이트헤드가 볼 때 형이상학은 성격상 초자연적이지 않은 한, 섬세하고 예리한 해석을 충분하게 수행하는 한, 충분히 존중받을 만하다. 고전 유신론의 문제는 너무 단순하다는 게 화이트헤드의 생각이다. 하지만 화이트헤드의 모토는 실제로 단순성을 추구하되 이를 불신하는 것이다.(Whitehead [1920] 2004, 18, 26, 28, 120, 163)

화이트헤드는 세계는 물질 혹은 실체의 파편들 대신 과정과 관계로 구성되었다고 본다. 나아가 실재(신적 실재를 포함)를 철저하게 관계로 보는 관점은 자연을 물질과 외부-물질로 분기하는 데 반대한다. 이렇게 분기된 두 영역은 서로 무관하거나 아니면 불충분하게 연결되기 때문이다. 자연의 분기는 "외부-물질" 혹은 "초자연적"이 지시하는 진리, 선, 아름다움의 사소화, 주변화 혹은 제거로 무조건 귀결되기 때문에 사실상 화이트헤드는 자연의 분기가 악의 적이라고 생각한다. 자연에 대해, 서로 무관한(혹은 불충분하게 연결되는) 부분들로 분기되는 게 아니라 서로 관계로 이어진 전체로 생각해야 한다. 게다가 자연을 특징짓는 관계는 전체적으로 부정적일 수 없다. 자연을 구성하는 사건들은 배제의 특질(즉 상대적 비존재)을 소유하지만, 이런 특질은 모순 없이는 절대화될 수 없다(즉 절대적 비존재는 불가능하다). 이런 견해는 앞서 말했듯 **무로부터** 창조와 그 근저에 있는 신적 전능의 개념을 반대하는 결과를 가져온다.(Whitehead [1920] 2004, 41, 168, 185~187, 194; 1922, 62)

신 개념에 대한 화이트헤드의 후기 방향은 그의 초기 소논문 모음집 『교육의 목적』 *The Aims of Education*에서 비교적 초반에 그 징후가 나타난다. 그는 교육의 본질은 특성상 종교적 성격을 띠어야 한다고 분명하게 밝힌다. 교육은 학생들에게 얼마나 사물이 광대한지 공간과 시간 둘 다의 범주에서 체계적이고 조직적 이해를 제공해야 하고, 따라서 학생들은 교육을 통해 경외의 태도를 갖출 수 있어야 한다. 그가 제시하는 예를 보면, 어느 한 과학 교사는 어느 한 학생에게 망원경으로 별을 관찰하라고 시키지만, 그 학생은 망원경의 작은 구멍을 통해 마침내 하늘의 영광을 보게 된다. 이런 예가 보여 주듯, 평범한 교육학적 경험이 변모된다. 나는 이런 예로 화이트헤드의 신 개념에 "크기"나 "무게"가 결여되어 있다는 반론에 미리 대응하고자 한다. 사실상 오히려 반대다. 달리 말해 도덕 영역의 예를 감안해 보면, 화이트헤드는 도덕 교육이 전염병 같은 도덕**주의**를 피해야 한다고 생각한다. 도덕과 종교의 생명력, 실제로 신 개념의 생명력은 도덕 체계와 조직화된 종교 제도의 치명적 영향에도 불구하고 살아 움직여야 한다. 베르그송의 용어로 말하면, 도덕 및 종교 교육은 폐쇄적이기보다 개방적이어야 한다.(Whitehead [1929] 1967, 14, 33, 39; 또한 Loomer 2013 참고)

화이트헤드의 신 개념은 1925년 출간된 그의 고전 『과학과 근대 세계』*Science and the Modern World*의 "신" 장에서 처음으로 명료하게 나타난다. 그의 신 개념은 아리스토텔레스의 원동자 Prime Mover와 직접적으로 대조된다. 화이트헤드는 아리스토텔레스의 신개념에 반대하지만, 아리스토텔레스가 수 세기에 걸쳐 "전적으로 감정에 좌우되지 않은" 마지막 유럽 철학자였으리라는 사실에 감탄한다. 즉 아리스토텔레스는 종교 제도의 압력이나 반작용의 결과가 아니라 생성보다 존재, 잠재태보다 현실태라는 형이상학의 결과로서 부동의 동자로 귀결한다. 후대의 유대교, 그리스도교, 이슬람교의 사상가들은 부동의 동자 개념으로 신을 설명하기 위해 훨씬 복잡하고 어려운 시간을 보낸다. 아리스토텔레스가 아브라함 종교의 사상가들에게 미친 영향이 너무 큰 나머지, 역설적으로 이들 종교는 그들 전통 가운데 종교적 체험이 남긴 여건을 성직 조직의 권위가 통제할 수 없다는 이유로 진지하게 받아들이지 않으려 했다. 앞서 보았듯, 아리스토텔레스의 신(혹은 신들)은 실제로 종교의 목적에 부합되는 신이 아니다. 그러나 적어도 아리스토텔레스는 신격은 피조물을 알지 못하고, 돌보지 못하며, 피조물의 영향을 받지 않는다는 개념을 일관성 있게 주장했다.(Whitehead [1925] 1967, 173~174)

아리스토텔레스의 원동자인 신을 대신해, 화이트헤드는 구상화의 원칙으로서 신 개념을 소개한다. 이것은 무슨 의미인가? 화이트헤드의 논증은 다음과 같다. 세계의 과정에 구조가 있거나 아니면 그런 구조는 없다. 그러나 우리가 겪어 온 경험이 세계의 과정에 구조가 없다는 논지를 반박한다. 따라서 세계의 과정에는 구조가 있다. 그러나 제한의 원칙이 무한정한 가능태에 적용될 때만 세계의 과정에 구조가 있을 수 있다. 이것이 바로 『과학과 근대 세계』에서 설명하는 "신" 혹은 "구상화의 원칙"의 내용이다.(Whitehead [1925] 1967, 174~179)

수학자 화이트헤드는 우리 앞에 놓인 무한한 가능태를 강하게 인식한다. 앞서 말한 세계의 과정의 구조가 의미하는 바는 각기 현실적 계기 혹은 경험 혹은 발생하는 사건이 무수한 가능태에 한계를 설정한다는 것이다. 저것이 아니라 이것이 발생한다. 이전이나 이후가 아니라 지금 발생한다. 그러나 현실적 계기 혹은 사건은 철저하게 사회적이고, 서로 영향을 미치면서 일종의 통일성을 이루기 때문에 고립되지 않는다. 과정에서 세계의 구조는 과거가 현재 계기에 미치는 영향을 포함하지만, 결코 과거가 현재를 완전하게 확정하지 않는다. 이것은 일종의 무규정성이 본질적으로 미래와 연결되어 있기 때문이다. 무언가 발생할 때, 현실적 계기 혹은 사건의 현재에서 미래 결정 가능태는 확정적으로 갑작스럽게 바뀐다. 나아가 과정에서 세계의 구조는 과거의 기대와 미래의 기억 둘 다를 금지한다. 이미 발생한 일을 되돌릴 수는 없다. 달리 말해 우리가 사는 비대칭적 구조의 세계에서 회상과 전망은 전혀 다른 개념이다. 앞서의 설명은 모든 현실적 계기 혹은 사건에 편재하는 형이상학적 특징이기도 하다.

화이트헤드가 생각하기에 사건의 현실적 진행을 이해하는 유일한 방법은 특정 조건들로 구성된 제한들이 선행한다고 가정하는 것이다. 가능태의 영역인 미래, 현실태의 영역인 과거, 미래 결정 가능태가 확정되는 과정의 영역인 현재, 시간의 비대칭성, 회상과 전망의 심오한 차이가 그 특정 조건들이다. 이런 조건들은 바로 화이트헤드가 말하는 제한의 원칙 혹은 구상화의 원칙이다. 이유를 부과할 수 있는 것은 제한의 원칙 덕분이라는 점에서 역설적이게도, 이런 제한의 원칙을 위해서는 어떤 이유도 제시할 수 없다. 하지만 확정의 원칙을 위한 형이상학이 필요할 수 있음에도, 결정되는 것을 위한 형이상학적 이유는 있을 수 없다. 이것은 하츠혼이 신적 현존과 신적 현실태를 구분하는 것과 비슷하다. 신적 현존은 필연적이지만 신적 현실태는 그렇지 않다. 제한의 원칙이 있어야 한다는 것을 추상적으로 알 수 있으나 신에 관해 다른 무엇이라도 익힌다면, 그것은 특수한 경험의 결과로서 익힐 수 있는 것이다. 세계의 다양한 종교는 이런 특수한 경험을 다양하게 해석해 왔다.

　　화이트헤드는 『과학과 근대 세계』에서 신은 제한의 원칙이자 사건의 과정을 위한 구조의 제공자라는 설명 외에 신에 대한 언급을 삼간다. 예를 들어 우리가 고전 유신론의 해석대로 신 역시 순수한 전능의 활동이라고 말하면 신은 세계의 모든 악에 대해서도 책임을 져야 할지 모른다. 화이트헤드의 신 개념이 아리스토텔레스의 영향을 받은 고전 유신론의 신에 비해 얼마나 인격적인지는 명확하지 않지만, 그는 고전 유신론이 형이상학을 과도하게 칭송한 결과가 낳은 역효과의 위험을 명확하게 인지하고 있다.(Whitehead [1925] 1967, 174~179 참고)

　　제한의 원칙으로서의 신은 과학과 종교가 화해하기를 바라는 화이트헤드의 열망과 관련이 있다. 실제로 서로 경합하는 국가들을 커다란 세계 지도에서 볼 때 그 긴장된 정세를 거의 느낄 수 없듯, 화이트헤드는 과학과 종교의 관계를 볼 때 역시 광각 렌즈를 통해 보는 것이 유익하다고 생각한다. 현재의 갈등과 본질적 실재를 혼동해서는 안 된다. 과학과 종교의 긴장은 언제나 있었지만, 두 학문은 언제나 지속적으로 발전해 왔다. 신자들 중 일부는 초기 그리스도인들이 일반적으로 그들 생전에 세계가 종말하리라 믿었었던 것을 이해하지 못했다. 그러나 과학의 발전 속도가 종교보다 빠른 탓에 종교는 멈춰 서 있다고 생각하는 안타까운 경향이 있다. 종교의 이런 정적 특징은 신적 본성 자체를 엄밀하게 정적으로만 보는 고전 유신론에 힘을 실어 준다. 광선은 미세입자의 흐름으로 구성된다는 뉴턴의 이론과 빛은 미세파동으로 구성된다는 하위헌스Huygens의 이론을 종합할 때, 두 연구 사이에서 벌어지는 분쟁을 공정하고 합리적으로 판단할 방법이 필요했다. 현상의 한쪽 무리는 오로지 파동 이론으로만 설명될 수 있었고, 다른 무리는 소체 이론으로만 설명된다는 점에서 두 연구는 명확하게 상충했다.(Whitehead [1925] 1967, 181~184)

화이트헤드는 신적 고정성과 신적 변동성이 충돌하는 것 같은 교리의 충돌은 재앙이 아니라 기회라고 지적한다. 사실상 모순은 패배했다는 신호이지만, 대립하는 교리들의 충돌은 지적 진보의 첫걸음이 될 수 있다. 유럽을 포함해 세계 여러 곳에서 종교의 영향력이 감소하고 있는 가운데, 종교는 더 높은 가치를 추구하고 가장 시급한 분쟁을 완화할 수 있는 길을 모색해야 할 것이다. 여기서 종교 사상가들이 과학에서 배워야 할 점이 있다. 과학은 다윈과 아인슈타인이 앞서의 과학자들에 비해 크게 이룬 진보를 패배가 아니라 지성의 성취로 해석한다는 것이다. 화이트헤드는 간결하게 설명한다. "종교는 과학과 같은 정신을 갖추고 변화에 직면하지 않는 한, 예전의 힘을 되찾지 못할 것이다."(Whitehead [1925] 1967, 189, 또한 185~188)

종교는 여성을 혐오하고 환경 파괴를 용인했던 과거의 용어로 자신을 표현할 여유가 더는 없다. 이런 문제들은 고전 유신론의 신 개념과 본질적으로 직결된다. 화이트헤드를 포함해 여러 전통을 해석하는 사상가들은 고전 유신론의 신 개념이 분노에 찬 남성 폭군 혹은 미지의 자연 뒤에서 제멋대로 힘을 행사하는 폭군을 떠올리게 한다고 지적한다. 이런 신관은 지성 있는 사람의 상상력을 더는 장악하지 못한다. 대신 우리는 과학에서 배울 수 있다. 과학은 병폐의 원인과 조건을 비판적으로 분석함으로써 심각한 문제를 해소해 간다. 이 책 역시 이런 비판적 분석을 통해, 강제하는 힘의 개념에 의존하는 고전 유신론의 신관에 대응하려 한다. 화이트헤드가 의미하는 제한의 원칙 혹은 구상화의 원칙으로서 신을 이해하려면 종교에 대한 그의 정의를 살펴봐야 한다. 그는 매우 감동적이면서 통찰력 있게 종교를 정의한다. "종교는 사물들이 즉시 소멸하는 유동 너머에, 뒤에, 내부에 자리하는 무언가의 비전, 실재하지만 실현되기를 기다리는 무언가의 비전, 가깝지 않은 가능태이지만 현존하는 사실 중 가장 위대한 무언가의 비전, 지나가는 모든 것에 의미를 부여하지만 우려를 내비치는 무언가의 비전, 소유하기를 바라는 목적선이지만 아무도 다다를 수 없는 무언가의 비전, 궁극 이상이자 희망 없는 탐구인 무언가의 비전이다. 인간 본성이 종교적 비전을 마주할 때, 즉시 직접 내뱉게 되는 반응이 예배이다."(Whitehead [1925] 1967, 192) 그는 인간이 종교적 비전과 신 개념 없이 겪는 경험은 무 경계의 형상 없는 경험, "하찮은 일시적 경험"일 뿐이라고 생각한 다.(Whitehead [1925] 1967, 192) 이런 관점에서, 신은 타자에게 영감을 준다는 점에서, 신의 힘은 정확하게 예배이다. 또한 세계의 과정에 나타나는 질서는 세계에 강제로 부과된 것이 아니라 오히려 자연이 라는 복잡한 체계를 설득하고 조화롭게 조정하는 역할을 한다.

아우구스티누스를 따르는(칼뱅주의 개신교와 얀센주의적 가톨릭 주의를 형성한) 고전 유신론의 신관은 미래에 대한 신의 방대한 전 지 앞에 인간을 무력하게 만든다. 이런 신학적 결정론은 적어도 과 학적 결정론과 양립할 수 있고, 심하면 동력을 제공하기까지 한다. 화이트헤드는 대신 훨씬 대담한 결정론을 고안한다. 그의 결정론은 자연의 지속적 안정성을 위한 조건, 자연 안에 피조물의 자유를 위 한 공간을 충분하게 확보한다는 조건을 제시한다. 여기서 요점은 물 분자들이 강둑이라는 한계 안에서 무한한 가능성을 누리듯, 신 을 제한의 원칙으로 보는 관점은 피조물의 자유가 번성할 수 있는 매우 넓은 한계를 제공한다는 것이다. 화이트헤드의 신관에서 하늘 은 신의 영광을 상실하지 않는다. 그러나 데카르트의 분기적 자연 에서는 물 분자, 동물, 심지어 인간의 몸까지 기계화되고 아우구스 티누스주의의/과학적 결정론에 종속되어 버리는 바람에, 하늘은 신 의 영광을 상실하고 만다.(Whitehead [1925] 1967, 75, 92, 195)

화이트헤드는 1926년 그의 책 『형성 중인 종교』*Religion in the Making*에서 종교를 또 다르게 정의한다. 그의 정의에 따르면 종교는 누군가 자신의 고독 가운데 행하는 무엇이다. 물론 단어 "행한다"에는 여러 가지가 포함된다. 화이트헤드는 종교의 정점은 신 개념과 관련 있음을 분명하게 밝힌다. 고독 가운데 행하는 것 중 하나는 혼자가 아님을 깨우치는 것, 빵을 나눠 먹을 수 있는 사람에 해당하는 라틴어에서 파생된 단어 "동반자"Companion가 신이라는 깨달음에 도달하는 것이다. 화이트헤드는 한 해 앞서 출간된 책(『과학과 근대 세계』)의 결과로서 의문을 품고 있었던 신 개념을, 즉 친밀한, 인격적 신을 여기서는 확실하게 염두에 두고 있다. 베르그송과 마찬가지로 화이트헤드는 종교의 역사를 추적하기 위해 지구상에 인류가 처음 출현했을 무렵까지 거슬러 간다. 그가 보기에 종교는 특정 감정과 신념을 불러일으키는 제의적 단계를 거쳐, 보다 합리적 단계로 이동한다. 합리적 단계에서 종교가 따르는 신 개념은 내부 일관성, 다른 학문들의 필수 개념들과의 양립 가능성, 시간의 비대칭성에 대한 충분한 이해, 세계 안 악의 현존과 같은 면모에서 분석해 볼 수 있는 개념이다. 이렇게 합리화된 종교가 지난 수천 년 유럽과 아시아 전역에서 번영했으며, 특히 유럽에서 지난 2,500년 동안 발전했다.(Whitehead [1926] 1996, 13~30)

화이트헤드의 합리적 종교는 베르그송의 열린 종교와 매우 닮았다. 합리적 종교의 경우, 삶의 경험뿐 아니라 존재와 생성 같은 대비 범주들을 다루는 형이상학적 사유에 부합되려면, 의례와 신념이 재조직되어야 한다. 종교 의례와 신념은 개선된 신 개념과 더불어 점진적으로 변할 수 있다. 구체적으로 고대 그리스인들이 닫힌 종교를 합리화하기 위해 시작한 치열한 투쟁의 노력은 오늘날

까지 계속된다. 화이트헤드는 베르그송을 연상시키는 용어를 사용해 종교 역사의 특징을 설명한다. "현재에 이르기까지 역사 전체는 종종 종교와 관련한 잔혹성의 음울한 연대기다. 인신 희생 제사, 특히 어린이 학살, 식인, 쾌락에 치달은 난교, 끔찍한 미신, 인종 혐오, 타락한 인습, 광란, 편견을 포함해 모든 것을 종교의 책임이라고 볼 수 있다. 종교는 인간 야만성이 정주하는 마지막 안식처다. (…) [하지만] 지금껏 그러했듯, 종교는 진보를 위한 주요 수단일 수도 있다."(Whitehead [1926] 1996, 37~38, 또한 31~36)

화이트헤드는 종교가 제의적 수준에서 합리적 상태로 (혹은 닫힌 종교에서 열린 종교로) 전환하는 모습을 통해, 어떻게 정통 실천 혹은 정통 교리에 의존하는 수준에서 완전한 존재 철학 혹은 완전한 존재 신학에 집중하는 상태로 이동하는지 보여 준다. "신의 선함을 다루는 새로운 개념이 오랫동안 강조되어 온 신의 의지를 대체한다. 공동체 종교에서는 [신이] 당신을 보존할 수 있게끔 신의 의지를 연구한다. 세계-개념의 영향 아래 합리화된, 정화된 종교에서는 [신]같이 있기 위해 [신의] 선함을 연구한다. 이는 당신이 화해해야 하는 적과 당신이 흉내 내는 동반자의 차이점이다."(Whitehead [1926] 1996, 41) 화이트헤드는 합리적 종교에서 다루는 신 개념 가운데 가장 설득력 있는 세 가지를 후보로 꼽는다.

첫째, 현존을 포함하는 모든 면모가 절대적이며 파생적이지 않은 하나의 신이라는 개념이 있다. 이것은 전적으로 초월적 신 개념으로 이른바 고전 유신론이 의존하는 신 개념의 근간이기도 하다. 그럼에도 이런 신은 고전 유신론의 신 개념과 일관되지 않게 인격적으로 간주되며, 현실적 세계라고 불리는 파생적 현존을 규정한다. 둘째, 비인격적 우주 질서라는 지극히 내재적 개념이 있다. 이런 개념은 부과된 규칙에 복종하는 세계 대신 세계의 우주적 자기-질서를 가리킨다. 셋째, 또 다른 인격적 신의 개념이다. 현실적 세계는 신적 실재 자체의 부분이라는 생각을 제외하면, 이는 첫째 개념과 많은 부분을 공유한다. 여기서 현실적 세계는 온전한 신적 실재 안의 한 단계다.(Whitehead [1926] 1996, 68~69)

화이트헤드의 용어가 문제를 다소 혼란스럽게 만들지만, 둘째 관점을 "범신론"으로, 셋째 관점을 "범재신론"으로 바꿔 부르면 그 혼란이 많이 완화된다. 둘째 관점을 통한 신에 관한 말이 곧 세계에 대한 말이고, 셋째 관점을 통한 세계에 대한 말이 곧 신에 관한 말이라는 점에서, 둘째와 셋째 관점은 서로 반전을 이룬다. 반면 첫째와 둘째 관점은 가장 상반되는 신 개념이다. 첫째는 신의 초월성을 강조하고 둘째는 신의 내재성을 강조한다. 화이트헤드가 보기에 고전 유신론의 가장 큰 문제는 형이상학적 합리화를 완전하게 벗어났다는 데 있다. 그러므로 부정신학을 지나치게 따르려는 시도를 경계해야 한다. 즉 과도한 부정 진술은 고전 유신론의 결함을 실제로 가려 버리기 때문에 부정신학에 크게 의존하지 않는 신 개념이 필요하다. 논리상 시간, 운동, 수용성, 생성 같은 현실적 세계의 특징에서 출발하는 지적 탐구는 전적으로 초월적(무시간성, 순수 존재, 일절 수동적이지 않은 순수 활동성) 신으로 귀결될 리 없다. 그런 시도는 시작부터 실패할 수밖에 없다.(Whitehead [1926] 1996, 69~71)

화이트헤드는 그리스도교(와 다른 아브라함 종교)가 이른바 고전 유신론에 얽매여 있을 필요가 없다고 강조한다. 고전 유신론은 사랑하는 부모로서의 신관 또는 그리스도교의 전반적 메시지에서 중요한 역동적 **로고스**로서의 신관을 제대로 포착하지 못한다. 게다가 그리스도교 경전에는 초월성뿐 아니라 신적 내재성까지 강하게 나타난다. 화이트헤드는 그리스도인은 물론 다른 사상가들이 앞서의 두 개념에서 벗어나 세 번째 개념을 지향할 수 있기를 바란다. 신을 대부분 상실한 현대인들이 고전 유신론을 근거로 신을 다시 찾을 수 있을 것 같지는 않다. 또 다른 문제는 사랑을 기반으로 하는 그리스도교의 전체 메시지가 고전 유신론의 영향 탓에 두려움을 자극하는 메시지로 변질되어 버렸다는 것이다. 신적 전능에 대한 믿음은 이런 두려움을 부추긴다. 화이트헤드가 보기에 고전 유신론은 신적 전능 때문에 신정론 문제라는 암석에 부딪혀 난파되고 만다.(Whitehead [1926] 1996, 72~77)

합리적 종교는 형이상학적으로 뒷받침되어야 한다. 여기서 "형이상학"이란 발생하는 모든 것에 필수 불가결하게 상관하는 일반적 관념을 발견하려 하는 학문을 일컫는다. 하지만 우주는 속속들이 서로 연결되기 때문에 형이상학만으로 충분하지 않다. 예를 들어 형이상학이 종교에 공헌하는 만큼, 종교적 체험 역시 신 개념을 철학적으로 이론화하는 데 공헌하는 바가 있다. 개체성 혹은 고독 못지않게 공동체가 필요하다. "세계는 공동체 안에 있는 고독함의 장면이다. 개체의 개체성은 공동체만큼 중요하다. 종교의 주제는 공동체 안의 개체성이다."(Whitehead [1926] 1996, 88)

화이트헤드가 생각하기에 개체 가운데 신적 개체도 있으며 공동체는 신을 포함한 모든 것을 포괄하는 우주다. 이에 따라 그는 안타깝게도『형성 중인 종교』에서 때로 신을 비시간적인 현실적 존재자로 언급하곤 한다. 하지만 그의 견해를 너그럽게(그러나 논란이 되지 않게끔) 해석하면, 신의 현존(혹은 이후『과정과 실재』의 언어를 사용하면 신의 원초적 본성)만 시간적 유동에서 벗어날 수 있다. 신이 언제나 현존한다면, 신의 현존은 영속성과 변하지 않는 일관성을 드러낸다고 볼 수 있기 때문이다. 그러나 신의 현실태(『과정과 실재』의 언어를 사용하면 신의 결과적 본성)는 두드러지게 변하며 피조물이 겪는 고통의 변덕스러움에 종속된다.(Whitehead [1926] 1996, 90~99, 112)

화이트헤드(범정신론자 혹은 범경험주의자)의 견해에 따르면, 모든 현실적 계기는 일종의 가치를 가지며 신의 목적은 이런 가치를 가능한 한 증강시키고 다양한 가치를 세계 안으로 불러와 가능한 한 최고의 조화를 이루게 하는 것이다. 그런 목적이 실현되는 정도에 따라 사실상 이상적으로 조화된 세계가 신이라고 볼 수 있다. "실체"는 현존하기 위해 아무것도 요구하지 않는다는 전통적 정의에 근거할 때, 어느 존재도 실체가 아니라는 의미에서 이런 가치화 작업은 철저하게 공동체적이다. 신은 특수한 피조물이 필요하지 않지만 전선하려면 신 외에 다른 현존하는 것이 필요하기 때문에 신조차 실체일 수 없다. 종교철학자 혹은 신학자에게 중요한 것은 신 개념에 대한 자신의 엄밀한 분석을 종교적 체험과 만나게 하는 일이다. 엄밀한 분석과 종교적 체험 둘 다 필요하다. 칸트의 말을 빌리면 종교적 체험 없는 신 개념은 공허하고 신 개념 없는 종교적 체험

은 맹목적이다.(Whitehead [1926] 1996, 100~120)

신 개념은 우리가 자신의 평범한 역량을 최대한 갈고닦아 작동할 때 발전된다. 즉 종교적 체험을 진지하게 받아들인다고 해서 이상심리학abnormal psychology의 깊숙한 속내에 전권을 넘기는 게 아니다. 물론 인간 역량의 정상적 범위를 감안하더라도, 그 범위는 넓다. 이를테면 사랑이나 우주가 영속하는 면모를 훨씬 섬세하게 지각하는 사람들이 있다. 이들은 궁극적으로 진보된 신 개념을 제시하고, 종교의 진보를 이끈다. 화이트헤드는 여기서 아슬아슬한 줄타기를 한다. 정상적 범위 안에서 역량을 갖춘 사람들이 신 개념에 관한 진보를 통해 종교의 진보를 일으킨다. 그렇지만 그들의 독창성이 언제나 일정하고 획일적인 방식을 통해 종교의 발전을 이끄는 게 아니다. 오히려 논리적 모순이 발견될 때, 가장 기이하고 생경한 순간에 통찰의 불꽃이 번뜩이거나 직관의 섬광이 비친다. 절대적 고독 같은 건 분명하게 없지만, 불꽃과 섬광은 고독한 개체들에게, 아테네의 소크라테스와 램스게이트의 화이트헤드와 펜실베이니아의 하츠혼에게 발생한다. 그러나 비밀리에 익힌 것은 공동체에서만 검증되고 향유될 수 있다.(Whitehead [1926] 1996, 123~137)

앞서 보았듯, 화이트헤드는 **무로부터** 세계를 창조하는 전능한 신(고전 유신론)과 우주의 비인격적 질서로서의 신(이른바 범신론), 이렇게 양극단에 있는 신 개념들을 피하려 한다. 적어도 신은 전선하기 위해 한정된다는 점에서 고전 유신론같이 모든 면에서 무한한 신 개념은 옳지 않다. 신이 무언가를 결정할 때 신적 본성에서 일부는 결과적으로 제약되기 마련이다. 그러나 이런 제약들이 신의 설득하는 힘을 손상시키지는 않는다. 신의 설득하는 힘 덕분에 모든 피조물은 자신의 잠재적 위대함을 깨달을 수 있고 온전한 이상을 열망할 수 있다. 이런 점에서 신은 세계가 조화를 유지하게끔 묶어 주는 요소다.(White head [1926] 1996, 150~160)

화이트헤드는 두 종류의 이성을 플라톤의 이성과 율리시스(오디세우스)의 이성으로 구분한다. 율리시스의 이성이 여우 같은 이성, 계산이 빠르고 실제로 교활할 만큼 약삭빠르게 생각하는 이성이라면, 플라톤의 이성은 신 개념을 신중하게 성찰할 줄 아는 이성이다. 화이트헤드가 은유적으로 그 요점을 짚어 내듯 "율리시스에게는 플라톤이 필요 없다. 그의 동료들의 뼈들이 암초와 섬 사이에 흩어져 있다".(Whitehead [1929] 1958, 12, 또한 10~11, 23) 요점은 신 개념을 바로잡을 때까지 정력적으로 계속해서 플라톤의 결을 지켜 내는 것이다. 이런 점에서 이성의 진짜 적은 비합리성이 아니라 피로감이다.

화이트헤드는 1929년 출간한 그의 역작 『과정과 실재: 우주론에 대한 소논문』에서 가장 발전된 역대급 신 개념을 보여 준다. 여기서 신 개념은 논리성 및 내부 정합성 같은 합리주의 요소와 실천 경험에 대한 적용 가능성 및 충분성 같은 경험론 요소 둘 다를 따르는 사변철학의 맥락에서 전개된다. 화이트헤드는 합리주의와 경험론 둘 다의 경우, 계속 전진하려면 칸트 이전의 사유 방식, 특히 플라톤의 『티마이오스』에서 볼 수 있는 신 개념으로 먼저 돌아가야 한다고 강조한다. 설득력 있는 신 개념을 재발견하는 과정에 대해 화이트헤드는 유명한 은유를 제시한다. "발견의 참된 방법론은 항

공기의 비행과 같다. 특수한 걸 관찰하면서 땅 위로 이륙한다. 이어서 창조적 일반화라는 공중을 비행한다. 그리고 합리적 해석을 통해 예리해진 시선을 갖춘 후, 다시 땅에 착륙해 새롭게 관찰하기 시작한다."(Whitehead [1929] 1978, 5, 또한 xi, xiv, 3) 즉 신 개념을 전진시키기 위해 장착해야 할 공관적 시야synoptic vision는 종교적이든 아니든 실천 경험의 구상적 "여건"과 충분하게 양립할 수 있다. 게다가 이 책이 주장하는 바대로 고전 유신론은, 특히 물질과 정신이 일절 만날 리 없는 분기된 세계라는 데카르트주의 공식은 정합적이지 않다.

화이트헤드는 철학에서 가장 흔하게 벌어지는 오류가 과장이라고 생각한다. 그러므로 신 개념과 관련해 우리는 신적 영속성이든 신적 변동성이든 어느 경우도 과장하지 않는 관점을 찾아야 한다. 종교철학 혹은 신학에 발전이 있으려면, 이런 관점을 갖추고 고전 유신론에서 당연하게 받아들이는 신 개념을 초월하는 동시에 고전 유신론의 전통에 담긴 반쪽짜리 진리를 보존할 수 있어야 한다. 신은 영속하는 원초적 본성을 가질 뿐 아니라 끊임없이 변하는 결과적 본성도 갖고 있다. 화이트헤드는 신 개념의 이런 면모를 『과정과 실재』의 매우 초반에 소개한 후, 책의 마지막 5부에 이르러서야 상세하게 다룬다.(Whitehead [1929] 1978, 7~12)

화이트헤드가 말하는 제한의 원칙으로서의 신 개념이 보다 명료해졌다. 자유의 제약이 전부 나쁜 것은 아니다. 오히려 자유가 가능해진다는 점에서 "제한"의 의미는 긍정적일 수 있다. 미래에 관한 무한한 가능태 가운데 일부가 구상적으로 선택되려면 제약의 체계가 필요하다. 자유행위자는 주어져 있는 대안들 가운데 일부를 선

택할 뿐, 가능태 자체의 체계나 이해할 만한 유형의 질서를 확립할
수 없다. 화이트헤드는 신을 원칙으로만 설명하는 데서 나아가 인
격적으로도 신을 설명하기 시작했다. 다시 말해 그가 염두에 둔 신
은 세상에서 설득하는 행위자였다. 구상적 자유가 실재적 가능태
가 되는 식으로 신은 순수 잠재태를 제한한다. "자유"와 "가능태"는
"필연성"과 "자유"같이 서로 연결된 용어이며, 이런 쌍들은 신고전
혹은 과정 유신론의 양극 논리를 명료하게 보여 준다. 사물의 질서
정연한 구조는 우리에게 조건이 될 뿐 우리를 결정하지 않는다. 제
한 혹은 긍정적 유한성(그리스어로 '페라스'*peras*)이 없다면, 형태 없
는 혼돈(그리스어로 '아페이론'*apeiron*)만 남게 될 것이다.

  화이트헤드에게 형이상학의 궁극적 원리는 괴리에서 결합으
로 진전하는 것이다. 현실적 계기에 영향을 미치는 다자가 파악되
면, 미미하더라도 창조적 추가가 이어서 일어난다. 화이트헤드가
강조하듯, 다자는 일자가 되고 그런 다음 하나씩 증가한다. 신의 결
과적 본성 때문에 이런 형이상학 원리는 신성에도 어김없이 적용된
다. 화이트헤드가 보기에 현존하는 모든 것은 어딘가에 있어야 하
며, 여기서 "어딘가"는 일종의 현실태를 가리킨다. "셋 됨"threeness,
"선함" 같은 추상적 객체(화이트헤드는 안타깝게도 "영원한 객체"라
고 부른다. "불후의 객체"로 불렸다면 과정 세계관과 보다 세밀하게 일관
될 수 있었을 것이다)와 관련해, 이런 사물들은 신의 정신에 원초적
으로 현존한다. 즉 신의 원초적 본성은 불후의 시간 내내 신이 특수
한 개별들과 벌이는 교섭을 추상화한 면모다. 경험의 모든 사례는
물리적 극과 정신적 극 둘 다를 지니므로 양극적이다. 피조물의 경

험은 물론 신적 경험 역시 양극적이다. 신의 경우, 신과 추상적 가능태의 상호작용에서 신의 원초적 본성이 정신적 극이라면, 물리적 극은 신과 구상적 실재의 상호작용에서 신의 결과적 본성을 가리킨다.(Whitehead [1929] 1978, 21, 34, 36, 46)

화이트헤드는 플라톤에게서 이런 종류의 양극성을 찾아낸다. 아마도 그가 남긴 가장 유명한 말은 이런 발견에서 비롯되었을 것이다. "유럽 철학 전통의 가장 안전하고 일반적 특징이라면, 플라톤에 대한 일련의 각주로 구성되어 있다는 것이다."(Whitehead [1929] 1978, 39) 게다가 2,500년의 역사에서 인류가 깨우친 꼭 필요한 변화까지 추가해서 플라톤의 일반적 관점을 이해한다면 그리고 추가한다면, 신고전 혹은 과정 신 개념을 포함하는 과정철학(화이트헤드가 말하는 "유기체 철학")과 매우 비슷한 관점으로 보일 것이다. A.E. 테일러는 플라톤의 우주론이 화이트헤드의 관점을 통해 지속된다고 일깨운다. 모든 인간 법칙 혹은 신적 법칙 위에 무자비한 사실의 요인 혹은 단순하게 주어져 있는 요인, 다시 말해 플라톤이 필연성('아낭케')과 동일시하는 이치에 맞지 않는 비합리적 요소가 있다. 이런 요소 때문에 화이트헤드는 신적 전능의 관념을 비판하고, 이어서 신뢰할 만한 신정론을 전개한다. 그의 신정론은 가능한 모든 세계들 가운데 최상의 세계라는 라이프니츠의 "뻔뻔하고 허튼 임시방편"과 상반된다. 그렇더라도 우주의 자기-창조적 통일성이라고 할 수 있는 신과 함께 **통일된** 우주가 있다.(Whitehead [1929] 1978, 42, 47)

전능에 대한 화이트헤드의 비판과 관련해, 그의 신은 한정적이라고 경멸 조로 말하며 그의 비판을 조롱하는 입장이 있다. 그런 시선은 무한정한 힘의 개념을 정합적인 것으로 전제하기 때문에 잘못된 반응이다. 만일 **있다**는 것이 힘을 갖는다는 뜻이면, 어느 존재도, 심지어 신적 존재도 무한정한 힘을 가질 수 없다. 게다가 다양성과 다수의 자유가 좋은 사물이라면, 다양성이 넓고 자유에 효능이 있을수록, 엄청난 선함과 더불어 극심한 불화가 일어날 수 있는 세계가 야기된다. 불화의 가능성을 전부 배제하면 사소함의 악이 생겨날 것이다.

아무리 미미하더라도 각기 저마다 자신의 힘을 행사하는 행위자가 복수로 있는 세계임에도, 화이트헤드는 세계의 연대를 분명하게 알아차린다. 화이트헤드는 신에 관해 말할 때 세계 영혼이라는 플라톤의 언어를 피하려 하지만, 그럼에도 그는 전체 현실적 세계는 자기-운동하는 경험의 계기들이 모인 공동체라는 관념을 확증한다. 우주를 아우르는 일자성이 있다. 하지만 우주는 언제나 유동하기 때문에 일자성은 언제나 새롭다. 이런 점에서 화이트헤드가 생각한 공동체는 경멸적 의미의 "총체화"와 다르다. 그럼에도 많은 인간(이른바 "신비주의자")은 개체성을 가진 자신이 사물들의 전체로 통합되는 경험을 한다. 신은 이런 공동체에서 참신함의 행위자이며, 개체가 전체의 아름다움에 공헌하는 경험에 관여한다. 이를테면 이런 경험의 빈도와 강도를 극대화하는 방법과 관련해 신은 각각의 개체에게 구체적 이상을 제공한다. 신이 **원초적**이라는 말은 형이상학 원리에서 신은 예외라는 뜻이 아니다. 오히려 신의 현존은 불후하며 비신적 경험의 어느 특수한 계기의 현존보다 선행한다는 의미이자 신은 언제나 추상적 객체들을 파악한다apprehend는 의미다. 신이 **결과적**이라는 말은 진화하는 세계에서 발견되는 경험의 비신적 계기들을 신이 제때 파지한다는 의미이다. 신이 **초월체**super-ject라는 말은 결과적 본성에 따라 신이 피조물의 영향을 받는다면, 신 자신이 이런 영향을 수용하며 평가할 수 있고, 그래서 피조물의 영향도 수용하고 평가할 수 있다는 말이다.(Whitehead [1929] 1978, 56, 65~67, 71, 75, 87~88, 228, 231~232, 251 ; [1954] 2001, 160)

　　서양 사상사를 지배해 온 두 가지 우주론, 플라톤의 『티마이오스』와 뉴턴의 『스콜리움』*Scholium* 가운데, 화이트헤드는 플라톤의 『티마이오스』에 대한 최신 해석을 따라야 한다고 주장한다. 이런 판단은 몇몇 이유에서 역설적이다. 현대 과학의 시선에서 플라톤의 작업을 세부적으로 따져 보면 어리석어 보일 수 있다. 하지만 철학적 깊이가 그런 표면적 결함을 보완한다. 즉 플라톤의 견해는 풍유allegory[3]로 읽힐 때 그 심오한 진리가 고스란히 전달된다. 반면 뉴턴의 연구는 특정 과학과 관련해 세부적으로 정확할 수 있지만, 철학적으로는 충분하지 않다. 뉴턴에게 자연은 그저 완벽하게 저기에 있을 뿐이다. 초자연적 행위자가 외부에서 자연을 설계했고, 자연은 초자연적 행위자에게 복종한다. 이런 관점은 흄이 인정하듯 도무지 비판을 면하기 어려운 고전 유신론의 세계관이다. 심지어 과학적으로도 뉴턴의 우주론은 문제가 있다. 예를 들어 뉴턴은 현대 양자 이론과 진동으로 용해되는 양자 때문에 충격을 받았

3　알레고리 혹은 우의(寓意)라고도 한다. 이야기 자체보다 그 이야기가 상징하는 바가 더 중요한 문학 양식으로 인물, 사건, 장소 등 이야기의 구성 요소마다 문자적 의미 이상의 심오하고 새로운 의미, 특히 추상적 개념이 숨겨져 있다.

을 테지만, 오히려 플라톤은 이런 일들을 예상했을 것이다. 또한 플라톤은 『티마이오스』에서 원생(原生) 무질서가 신의 설득에 따라 질서 안으로 편입된다고 말한다. 이런 설명은 현대 우주 시대가 말하는 창조를 떠올리게 한다. 플라톤이 생각하는 창조는 물질 자체가 아니라 특정 유형의 질서가 창조되는 것이다. 반대로 뉴턴의 고전 유신론은 전능한 신이 **절대무**로부터 세계를 창조했다고 주장한다.(Whitehead [1929] 1978, 93~96)

신적 삶 전체와 격리된 신의 원초적 면모는 부동하는 것같이 보일 수 있다. 신의 불후의 현존 자체는 세계의 비신적 고통들에 의해 움직이지 않는다. 오히려 신적 현실태가 그렇게 움직인다. 각각의 현실적 계기가 발생할 때마다 그 현실적 계기를 향해 신적 애정이 움직인다는 점에서, 신적 현실태는 신의 결과적 면모다. 무한정한 힘 혹은 신적 전능은 이해할 수 없는 개념이기에 세계의 절대 질서도 있을 수 없지만, 신의 이상적 힘 혹은 사랑에 근거할 때, 순수 혼돈 역시 이해할 수 없으며 가능하지도 않다. 화이트헤드가 초기 저술에서 지적하듯, 세계에서 신이 활동한 결과로서 물리 법칙이 가능하다. 인정하건대 이 책은 보다 일반적 범주의 종교적 느낌 가운데 일부 협소한 느낌, 가장 두드러지는 느낌에 초점을 둔다. 그 느낌은 각각의 현실적 계기가 명시적이든 암시적이든 이해할 수 있는 방식을 통해 유혹받는다는 느낌이다. 한정하는modifying 행위자는 자연 전반에 나타나지만, 신은 그런 정신성mentality 가운데 가장 최고 사례다.(Whitehead [1929] 1978, 105, 111, 207, 283, 325)

신고전 혹은 고전 유신론은 만물은 흐른다는 만고의 진리를 이해하려 하기 때문에, 고대 그리스의 헤라클레이토스와 히브리 경전에 잇닿은 전통의 일부라고 할 수 있다. 그러나 영속성을 강조하는 파르메니데스까지 거슬러 가며 이와 경쟁하는 개념도 있다. 화이트헤드는 개별적으로는 완전하지 않은 두 직관을 함께 충족하는 데 목표를 둔다. 플라톤은 그가 남긴 많은 글에 대한 해석 때문에 대개 생성을 폄훼하는 영속성의 철학자라고 해석된다. 하지만 앞서 나는 그런 해석은 매우 복잡한 플라톤의 이야기에서 일부일 뿐이라고 주장해 왔다. 화이트헤드는 세계의 두 가지 흐름성fluency을 눈여겨보면서 플라톤에 대한 해석을 갱신하려 한다. 하나는 개체 계기가 다가오는 것(화이트헤드가 말하는 "합생"concrescence)이고 다른 하나는 경험이 다른 경험으로 연속하는 것("전이"transition)이다. 이런 과정은 각기 미시적 과정, 거시적 과정이라 부를 수 있다. 경험들이 전이하는 내내 계승의 공통 계보를 이룬다는 것은 화이트헤드의 이야기에서 매우 중요한 부분이자, 헤라클레이토스와 파르메니데스의 논쟁에 충분히 대응할 수 있는 주장을 구성하는 데 큰 도움이 된다.(Whitehead [1929] 1978, 208~210, 214)

화이트헤드의 관점에 따르면, 실재는 일반적으로 참신함을 향한 창조적 전진이다. 이런 관점은 신만이 아니라 신을 포함한 모든 현실태가 과거의 특정한 초월과 인과적 영향에 의해 특징지어진다는 관념으로 귀결된다. 고전 유신론의 전통 아래 있는 뉴턴의 정적 형태론을 따르는 우주는 이런 과정 관점과 상충한다. 신은 각각의 경험의 계기에 주체적 목적을 지원하고, 따라서 신을 창조성의 원생이자 탁월한 경우로 만든다. 그러나 신의 힘은 강제적인 게 아니라 설득적이다. 앞서 사용한 부분적 초월의 언어가 비신적인 경우에도 적절하게 들어맞는 이유다. 하지만 이런 부분적 초월은 신과의 협력을 수반한다. 신이 이상을 제시하고 질서를 잡지 않는 한, 의미 있는 새로운 일은 일절 일어나지 않는다.(Whitehead [1929] 1978, 222, 225, 247)

　　화이트헤드는 추상적 개념 혹은 이상은 신적 정신에 있는 항목이라는 사유를 타당하게 받아들인다. 이런 사유는 흔히 알려진 대로 플라톤의 형상은 심지어 신과도 독립적이라는 관점(신 외적 관점)과 상충한다. 하지만 만일 "X는 Y와 독립적이다"라는 말이 논리적으로 예리한 의미를 갖는다면, Y가 현존하지 않더라도 X는 현존할 수 있어야 하며, 여기에는 Y는 우연적이라는 함의가 있다. 만일 X는 추상적 개념을 가리키고 Y는 신을 가리킨다면, 신의 비현존이 가능하다고 간주하는 게 된다. 그러나 이런 "가능성"은 존재론적 논증 및 신의 현존을 증명하는 다른 논증들과도 상충한다. 요컨대 추상적 진리와 신 둘 다 불후한다면, 불후하는 사물들 사이에서 독립성은 별 의미가 없다. 즉 신은 이상을 창조하지 않지만, 그 이상을 배열하고 그 이상을 향하는 적절한 방식으로 우리를 유혹한다. 화이트헤드는 가장 추상적 이상은 신적인 정신적 과정의 항목들이라는 신 내적 관점을 옹호한다.(Whitehead [1929] 1978, 257)

　　화이트헤드의 신 개념은 『과정과 실재』 5부에서 아주 정밀하게 소개된다. 화이트헤드는 단 14쪽에 걸쳐 신고전 혹은 과정 유신론의 대표적 신관을 보여 준다. 여기서 그는 철학의 가장 큰 위험이라고 할 수 있는 편협한 증거 선택의 실수를 저지르지 않기 위해 애쓴다. 특히 고전 유신론자들은 신적 영속성과 활동성을 채택하는 대신, 신적 흐름성과 수용성을 상실하는 위험에 빠진다. 그런데 영속성은 신적 현실태는 아니지만 신적 현존을 특징짓기 때문에 고전 유신론을 무조건 경멸하는 것 역시 일종의 맹목적 태도다. 즉 고전 유신론이 이룬 지적 성취는 그 자체로 엄청나다. 그러나 고전 유신론의 신 개념을 보다 넓게 확장하려 애쓴 이들이 남긴 훌륭한 업적도 있다. 철학은 호사스럽게 정체된 채, 세계의 다양성을 무시해서는 안 된다.(Whitehead [1929] 1978, 337~338)

"영속성은 오로지 유동에서 잡아챌 수 있다"는 점에서, 영속성과 유동을 분리하려 하는 고전 유신론의 그럴싸한 시도를 피해야 한다. 이와 관련해 화이트헤드는 "저와 함께 거하소서. 밤이 빠르게 내려옵니다"라는 영국 성공회의 찬송가를 인용한다. 두 번째 구절에서 유동을 피할 수 없다는 관념이 드러난다면, 앞 구절은 유동 한가운데에 영속적 무언가가 거한다는 사실을 나타낸다. 신은 거한다. 신은 완전하게 기억하면서 머무르기 때문에, 시간을 영영무궁토록 소멸하는 것으로 여길 게 아니라(혹은 적어도 영영무궁한 소멸로 귀결할 게 아니라) 움직임의 이미지가 지속하는 것으로 봐야 한다. 존재와 생성은 이상적 대비다. 달리 말해 신 개념의 진보는 변화 중에 질서가 보존되는 것, 질서를 유지하는 중에 변화를 허용하는 것 둘 다를 요구할 것이다. 영속성은 꼭 필요하지만 충분하지 않다. 참신함으로 지속적으로 들어가야 한다. 새로운 시대의 여명이 희미하게 밝아 오는 때, 그 미묘한 시작을 얼마나 상냥하게 받아들이는지 정도로 종교적 직관이 가진 선함의 척도를 가늠할 수 있다. 인정하건대 신 개념에서 상당 부분을 과거에서부터 물려받았지만, 그 신은 오로지 현재에서만 살아 있을 수 있고, 살아 있어야 한다.(Whitehead [1929] 1978, 209, 338~339)

참신함을 향한 갈망과 과거를 상실할지 모른다는 두려움 사이의 긴장을 충분하게 다루는 설득력 있는 신 개념이 필요하다. "신고전 유신론"은 이런 긴장을 놓치지 않으면서 양극을 포괄하고 있기 때문에 대중적으로 알려진 "과정 유신론"보다 알맞은 명칭일 수 있다. 화이트헤드는 시간의 세계에 현존하는 궁극적인 악은 어떤 특수한 비극이 아니라 과거가 희미해지고 선한 것이 상실될지 모른다는 일반적 문제라고 말한다. 특히 이 책은 형상의 영속성을 중요하게 다루는 플라톤의 긍정적 말들과 달리, 역동적 신 개념과 관련 있는 플라톤의 최고 통찰은 상실되거나 사소하게 축소될지 모른다는 우려에서 시작되었다.(Whitehead [1929] 1978, 340~341)

매우 무거운 질문을 마주하면서 단출한 대답을 기대할 수는 없다. 어떤 신 개념이 최고인지 묻는 질문에 일부는 간단하게 대답하기도 하지만, 이 책은 해당 주제를 보다 복잡하고 충분하게 해석하려 애썼다. 내놓을 수 있는 단순한 대답 중 하나는 아리스토텔레스의 단순화로, 그는 신을 최대이자 최고 동자가 아니라 부동의 동자로 간주했다. 신을 제국 통치자의 이미지에 맞춰 형상화한 또 다른 단순화도 있다. 화이트헤드는 "교회가 카이사르의 속성을 신에게 부여했다"고 관찰한다.(Whitehead [1929] 1978, 342) 화이트헤드가 보기에 이런 속성은 우상 숭배와 다름없다. 반대로 화이트헤드가 제공하는 신 개념은 예수라는 인물에 나타나는 그리스도교의 유대교 및 갈릴리 기원에 주로 의존한다. 이런 대안적 신 개념은 "세계의 다정한 요소들에 연연한다. 세계는 사랑에 의해 천천히 고요하게 작동된다. 이 세계가 아니라 하느님 나라의 현재 즉시성에서 목적을 찾는다. 사랑은 통치하지 않으며, 부동하지도 않는다".(Whitehead [1929] 1978, 343) 하지만 이런 신 개념을 형이상학에 반하는 작업으로 여긴다면 실수다. 오히려 "신을 불러내 형이상학 원리가 붕괴되는 것을 막아 달라고 호소할 수는 없다. 신은 모든 형이상학 원리에서 예외가 되지 않기 때문이다. [신은] 형이상학 원리의 주요 예다."(Whitehead [1929] 1978, 343) 이 책을 통틀어 형이상학 원리, 합리적 담론, 공통된 용어 사용("사랑"과 "지식")에서 고전 유신론의 신이 예외가 **되는** 다양한 방식이 상세하게 설명되었다.

화이트헤드 연구자들 사이에 논쟁을 부추기는 구절이 있다. 이 구절에서 화이트헤드는 신에 관해 경험의 현실적 계기들이 불후의 시간 내내 연속하는 것으로 말하지 않고 시간과 무관한 현실적 존재자로 언급한다. 이런 설명은 보이티우스나 토마스가 주장하는 영원한 지금을 연상시킨다. 화이트헤드의 원문을 단단하게 붙들면서 이런 난점에 대응할 수 있는 한 가지 방법은, 화이트헤드가 시간과 무관한 현실적 존재자를 말할 때 신 자체가 아니라 신의 추상적 면모, 구체적으로 신의 원초적 면모를 염두에 두었다고 보는 것이다. 이런 면모는 역사 내내 고전 유신론자들이 주의를 기울이며 섬세하게 분석해 낸 속성이다. 그러나 화이트헤드는 신의 이런 면모는 신적 삶 자체에서 동떨어진 추상적 개념임을 여러 구절에서 분명하게 밝힌다. 신의 원초적 면모는 신의 불후하는 현존을 일컫는 동시에,

가장 추상적인 개념과 진리에 관한 신의 영구한 관심을 가리킨다. 화이트헤드는 또한 원초로서의 신은 자연 세계 이전이나 외부에 있는 것이 아니라 창조 세계와 함께 있음을 분명하게 밝힌다. 신의 추상적 면모를 순간의 경험에서 또 다른 순간의 경험으로 전개되는 신적 삶의 현실태와 혼동해서는 안 된다. 세계의 특수성들은 신을 원초로서 전제하는 한편, 원초로서의 신은 어떤 특수 피조물 대신 세계의 창조적 진보라는 일반적인 형이상학적 특성을 전제한다. 신의 이런 추상적 면모는 피조물들이 진리, 아름다움, 선과 같은 불후하는(화이트헤드는 안타깝게도 "영원한"이라고 말한다) 이상적 객체들의 계보를 따라 그들 자신을 빚어 갈 수 있게끔 이끌고 유혹하는 역할을 한다.(Whitehead [1929] 1978, 343~344)

　　화이트헤드의 이야기에서 간과할 수 없는 신의 또 다른 면모가 있다. 달리 말해 화이트헤드는 원초적 본성에 나오는 신의 영속적 면모가 전체 이야기가 되게끔 의도한 게 아닐 수 있다는 의미이다. 이런 추가적 면모는 이른바 신의 결과적 본성이다. 신의 이런 면모는 매번 다른 현실적 계기와 함께 "화합하는 생성"이며, 신의 이런 면모는 현존하는 모든 것의 영향을 받는다. 세계의 창조적 전진에서 발생하는 모든 것이 신에게 영향을 미친다는 의미에서 신의 이런 면모는 파생적 혹은 결과적이다. 즉 신은 양극적이며, 다른 모든 현실적 계기들과 어느 정도 닮았다. 신적 본성의 결과적 극은 세계에서 발생하는 모든 것을 의식하고 그 모든 것에 영향을 받는다. 신의 원초적 본성이 개념적(추상적 객체를 예상하고 질서를 잡는)이라면, 결과적 본성은 신이 피조물의 영향을 계승하는 결과로서 갖는

감정을 한데 엮는다.(Whitehead [1929] 1978, 344~345)

신은 앞서 지나가 버린 모든 것을 보유하면서 끝없이 창조적으로 전진한다. 이런 의미에서 신은 불후한다. 신은 "잃어버리는 게 없게끔 세심하게 돌보는 분"이다.(Whitehead [1929] 1978, 346) 비록 비유적 표현이지만, 덕분에 화이트헤드는 신이 시시각각 신적 삶의 직접성의 일부가 되면서 "세계를 구한다"고 말할 수 있다. 이를 위해 신은 무한한 시간 인내해야 한다. 그는 신에 관해 감동스러운 말을 남긴다. "신의 역할은 생산력이 생산력과 치르는 전투, 파괴력이 파괴력과 치르는 전투가 아니다. 신의 역할은 [신적] 개념적 조화가 합리적으로 압도할 때까지 피동적으로 작동하는 것이다. [신은] 세계를 창조하는 게 아니라 [신은] 세계를 구한다. 보다 정확하게 [신은] 진리, 아름다움, 선에 대한 [신의] 비전으로 세계를 이끄는, 세심하게 인내할 줄 아는 세계의 시인이다."(Whitehead [1929] 1978, 346) 신을 전능한 폭군 대신 세계의 시인으로 보는 이런 관점(후대 페미니스트 신학에 영향을 미친 많은 가르침과 양립할 수 있다)은 신 개념이 보다 가치 있는 방식으로 발전하기 위해 갖춰야 할 조건을 가르쳐 준다.(Faber 2008 참고; Keller 2003) 반대로 고전 유신론의 관점은 유동과 영속성을 문제적으로 분리하며, 결국 신을 순수하게 정적 조건에 남겨 둔다.

화이트헤드가 "플라톤의 최후 문제"에 대해 내놓은 해결책은 플라톤 자신이 역동적 완전함의 개념을 논하는 구절에서 은연중에 내비치는 입장과 비슷하다. 화이트헤드는 (기껏해야) 세계와 상호작용하겠다고 거들먹거리면서 시간 바깥에 있는 엄밀하게 정적인 신 개념을 채택하지 않는다. 반대로 신 개념을 완전하게 포기하지도 않는다. 화이트헤드는 신 개념을 하나의 손쉬운 문제로 보는 대신 이중적이고 복잡한 문제로 여긴다. 원초로서의 신에는 결과로서의 신이 필요하다. 화이트헤드는 번갈아 비교할 만한 대비들을 나열한다. 이런 대비들을 모순과 혼동해서는 안 된다.

> 신은 영속하고 세계는 흐른다는 말은 세계가 영속하고 신이 흐른다는 말과 같이 참되다. 신은 일자이고 세계는 다자라는 말은 세계가 일자이고 신이 다자라는 말과 같이 참되다. 세계와 비교해 신은 현저하게 현실적이라는 말은 신과 비교해 세계가 현저하게 현실적이라는 말과 같이 참되다. 세계는 신에 내재한다는 말은 신이 세계에 내재한다는 말과 같이 참되다. 신은 세계를 초월한다는 말은 세계가 신을 초월한다는 말과 같이 참되다. 신은 세계를 창조했다는 말은 세계가 신을 창조했다는 말과 같이 참되다.(Whitehead [1929] 1978, 348)

이쯤 되면 화이트헤드의 말을 이해할 수 있으리라 생각한다. 여기에는 양극성, 불후성과 영속성의 구분, 세계에 대한 신적 포괄성의 우선성, **무로부터** 창조의 불가해함 같은 신고전 혹은 과정 개념들이 전제되어 있다. 그리고 무엇보다 신적 현존과 신적 현실태 사이를 구분한 하츠혼 작업에 대한 이해가 전제되어 있다.

화이트헤드의 관점에 따르면, 신과 세계 둘 다 정적 완성에 도달하지 못한다. 둘 다 실재의 시간성과 실재의 사건-성격, 참신함을 향하는 창조적 전진에 상관하는 형이상학의 궁극적 원리에 붙잡혀 있다. 그러나 신의 원초적 본성, 가장 추상적 진리들을 실현화해 놓은 신 개념을 "황량한, 영원한 가설의 가면으로만 사유한다면, 이것은 터무니없는 짓"일 것이다.(Whitehead [1929] 1978, 349) 신은 결과적 본성이 필요한 살아 있는 존재로, 진화의 역사를 통해 계속 확장되어 간다. 신을 양극으로 이해하려 애쓰는 이런 추상적 시도가 드러내는 실천적 취지는 분명하다. 고통과 슬픔이 결과적 본성을 통해 신적 삶 안으로 끌어들여질 때, 고통과 슬픔은 숭고한, 우주적 전체의 일부가 된다는 점에서 어느 정도 변형된다. 이런 이해를 바탕으로, 화이트헤드는 세계의 일반적 비극의 특징과 지각력 있는 생명의 특수한 비극의 특징을 사소하게 축소해 버리는 종교적 승리주의에 굴복하지 않으면서도, 승리의 요소를 계속 유지한다. 사실상 세계를 괴롭히는 고통을 통한 일종의 구속(救贖)이 있지만, 이런 구속은 예술 작품에서 불협의 요소들이 그 미학적 가치에 공헌하는 것 같은, 승리주의와 다른 의미를 띤다.(Whitehead [1929] 1978, 350)

화이트헤드는 "전(全)"omnis을 한 번에 모든 것을 갖거나 잃는 것으로 가정하는 고전 유신론의 관점을 반박한다. 화이트헤드의 이런 작업은 어떻게 그가 승리주의를 피하면서 비극에 대한 견고한 감각은 유지하는지 보여 준다. 화이트헤드같이 신적 전능에 대한 믿음을 지지하지 않으면서도 신적 전선을 따르고 인정할 수 있다. 신적 전능은 승리주의(특히 그리스도교의 승리주의)를 부추기고 비극을 사소하게 만드는 원인이다. 여기서 그리스도교의 십자가가 상징하는 바를 헤아릴 때, 모종의 모순을 볼 수 있다. 고전 유신론자들의 손에서 십자가는 그리스도인의 이름을 내세워 정복할 수 있다는 승리주의의 의미를 전달하는 반면, 신고전 혹은 과정 유신론자들의 손에서 십자가는 무고한 희생자가 당한 고문과 살해, 그리스도교의 비극적 기원을 상징한다. 게다가 유대 신고전 혹은 과정 유신론자들은 히브리 성서에서 고전 유신론의 전능 개념의 유래를 찾는 게 상당히 어렵다는 것을 금세 알아차릴 것이다. 산들의 신 혹은 산 신을 가리키는 히브리어 '엘 샤다이'*El Shaddai*를 "전능"의 의미를 포함하는 영어 '올마이티'almighty와 라틴어 '옴니포텐시아'*omnipotentia*로 번역하는 것은 문제가 있다.(Arnison 2012 참고; 또한 Fretheim 1984)

때로 화이트헤드는 시간과 무관한 단독의 현실적 존재자가 신이라고 말하지만, 이를 원초적 본성의 면에서 신의 안정된 정체성을 특징적으로 드러내는 표현으로 해석하는 게 타당하다. 이런 해석은 신적 경험들의 잇따른 연속이 분명하게 있다고 말하는 구절에 기인하며, 신적 영속성은 그 잇따라 연속하는 신적 경험들의 연속성과 이런 연속에서 상실되는 경험은 없다는 사실을 가리킨다. 인간 삶은 시시각각 구상적으로 이끌려 간다. 이를테면 "댄"이라는 나의 정체성은 구상적 경험들을 관통하며 계승되어 온 계보를 식별하는 다소 추상적 방식이다. 신의 삶 역시 잇따라 연속하는 경험들이지만, 화이트헤드의 구절을 빌려 말하면 짐작건대 신에게 "연속의 의미는 상실이 아니므로, 연쇄하는 요소들 가운데 보다 완성된 통일성"이 있다.(Whitehead [1929] 1978, 350)

화이트헤드는 신은 세계를 사랑하고 경험의 특수한 계기들에 섭리로 상관한다고 분명하게 생각한다. 계기들은 발생할 때마다 신적 삶 안으로 받아들여지며, 그때부터 신의 섭리적 관심이 피조물들에 의해 전유될 수 있게 되면서 그 과정이 처음부터 시작된다. 인간 경험과 신적 경험의 관계는 상호적이다. 즉 세계의 사랑은 신적 사랑의 일부가 되고, 이어서 그 사랑은 세계로 다시 흘러 들어간다. "이런 의미에서 신은 위대한 동반자, 우리를 이해하는 동료-고통자다."(Whitehead [1929] 1978, 351) 이런 상호성은 종교적 삶에 열정을 불어넣는다. 종교적 삶에서 우리의 즉시 지나가는 일시적 행위는 어떤 의미에서 소멸하지만, 또 다른 의미에서 "언제나 살아 있다".

지금껏 제시한 화이트헤드의 신 개념은 버튼 쿠퍼Burton Cooper에 대한 하츠혼의 관점과 대체로 일치한다. 쿠퍼는 변화는 언제나 신으로부터 흘러나올 뿐 결코 신성을 향하지 않는다는 고전 유신론의 신관을 비판한다. 현대의 많은 페미니스트 사상가가 강조해 왔듯, 고전 유신론에서 신은 침투될 수 없고 침투하기만 한다. 게다가 화이트헤드의 신 개념은 토마스 아퀴나스같이 신이 자기-관조를 통해 바깥 사물에 대한 신적 지식을 획득한다고 여기는 관념주의 인식론에 의존해야 할 필요도 없다. 화이트헤드는 피조물이 신에게 영향을 미친다고 말한다. 신고전 혹은 과정 유신론에서 전선의 탁월함을 헤아릴 때, 피조물이 신에게 미치는 영향은 불균형하거나 잘못된 방향을 향하지 않는다.(Cooper 1974, 2~3, 21, 68 참고)

25. 알프레드 노스 화이트헤드

— Alfred North Whitehead, 1861~1947년 —

『과정과 실재』 이후 평가 및 저술

화이트헤드는 무한을 지나치게 숭배하는 미신이 철학에 해를 끼쳐왔다고 말한다. 무한성은 특수하게 선하거나 아름다운 무언가를 찾을 수 있는 구상적 상황이 아니라 가능태라는 매우 추상적인 영역을 다룬다. 이렇게 보면 가치 자체는 유한성의 선물이다. 유한성과 무한성 둘 다 그 자체로는 가치가 없다. 무한한 가능태 가운데 일부 유한한 선이 선택될 때, 가치가 생긴다. 고전 유신론자들은 무한을 높이 평가하고 유한을 **무조건** 폄훼하는 실수를 저질렀다. 이 때문에 신은 그저 추상적 빈 공간에 갇혀 있었다. 반대로 신고전 혹은 과정 유신론의 양극 논리에서 볼 때, 신은 유한성과 무한성 둘 다의 본보기가 될 만큼, 신적 본성의 여러 면모에서 무한하고 유한하다. 화이트헤드는 그의 소논문 「수학과 선」Mathematics and the Good에서 20세기 최고 수학자로서 권위 있는 주장을 펼친다. 그의 주장에 따르면, 다른 어떤 학문보다 수학은 무엇이 있을 수 있는지에 대하여 무한한 기회라는 가능태의 유형을 연구하기 때문에 더 좋은, 더 아름다운 세계를 발전시키는 데 유익하다. 이런 유형과 관련 있는 선택이라는 점에서 무한성은 유한성으로부터 생명을 얻는다고도 할 수 있다.(Whitehead 1941, 666~681)

하지만 요점은 무한성을 폐기하자는 게 아니다. 신 개념을 이해하는 데 유익할 만한 맥락에 무한성을 배치하자는 것이다. 어느 유한한 관점이든 무한한 가능태의 배경에 맞서 발생하며, 이런 무한한 가능태 덕분에 유한한 관점을 이해할 수 있다. 신적 설득은 다층의 가능태라는 관련 있는 유혹으로 기능한다. 즉 어떤 이상을 향한 선동 작용이나 다른 이상에서 멀어지게 하는 저지 작용으로 기능한다. 이상적 실재를 향한 이런 지향 덕분에 각각의 현실적 계기는 현존하는 관계로 들어간다. 누구도 완전하게 독립적으로 현존하지 않는다. 그러므로 고전 유신론자들이 묘사한 신은 안타깝게도 우주의 나머지와 일절 엮이지 않는다. 화이트헤드는 그의 소논문 「불멸」immortality에서 고전 유신론의 엄밀하게 영속적이고 독립적인 신과 범신론의 엄밀하게 산재散在하는 신 사이에 놓인 신관을 옹호하는 입장을 분명하게 밝힌다. 즉 화이트헤드가 볼 때 신의 주요 활동은 세계를 설득하고 조정하는 것이다.(Whitehead 1941, 682~695)

화이트헤드의 신 개념에서 일관된 주제 중 하나는 세계에 질서를 부과하는 고전 유신론의 신은 독재하는 성격을 띤다는 것이다. 고전 유신론의 신은 세계와 더불어 일하는 것이 아니라 세계 위에서 일한다. 다시 말해 고전 유신론의 신은 설득하는 유혹이 아니므로 세계와 조화할 수 없으며, 따라서 피조물로부터 아무런 영향을 받지 않을 것이고, 이에 따라 변하지도 않을 것이라는 의미다. 즉 이런 오해는 신은 엄밀하게 독립적이며 신은 폭력적이고 억압하는 방식으로 세계에 명령한다는 잘못된 개념을 양산하고, 이런 두 개념은 서로를 강화한다. 고전 유신론에서 폭력은 대규모 사회적 현존을 지탱해 주는 주요 수단이다. 화이트헤드는 강제하는 힘을 갖고 전횡을 일삼는 신 개념은 신성 모독이라고 여겼다.(Whitehead 1941, 696~700)

히브리 경전에 나타나는 신의 어두운 성격까지 성서적 전통의 최고 통찰을 구현한다고 생각해야 할 필요가 없다. 성서적 전통에서 신 개념은 두 가지 성향을 띤다. 하나는 온유함과 자비를, 다른 하나는 박해와 가학스러운 잔인함을 향한다. 역사 내내 이런 성향들은 종교의 종파들에서 발생한다. 이에 대해 화이트헤드는 종교의 폭력적 경향을 비판할 뿐 아니라 이런 경향이 전반적 신 개념 혹은 종교를 무너뜨렸다고 폭로한다. 이런 폭로 작업의 결과, 현대 세계에서는 사회 개혁이나 예술적 도전이 종교적 신념을 대체하려 하기도 했다. 이런 활동들은 그 자체로 존중할 만하지만, 유한성과 무한성의 적절한 연결성, 유한한 언어로 무한성을 말하는 어려움같이 신 개념 및 종교와 관련 있는 첨예한 문제를 다루는 데는 적합하지 않다. 화이트헤드는 대부분 신학(고전 유신론)이 신적 유한성보다 신적 무한성에, 설득하는 신보다 전능한 신에 거의 배타적으로 몰두한 탓에 인류 역사에서 엄청난 재앙이 되었다고 생각한다.(Whitehead [1954] 2001, 28, 87, 100, 102, 131, 171; 1941, 14)

화이트헤드는 고전 유신론의 사나우며 전능한 신은 히틀러에 필적할 수 있다는, 매우 충격적인 말을 남긴다. 아시시의 성 프란치스코같이 St. Francis of Assisi 매우 훌륭한 고전 유신론자조차 신적 사랑과 영원한 저주를 믿는 믿음이 조화를 이룰 수 있다고 생각했다.(Whitehead [1954] 2001, 172~173) 물론 인간뿐 아니라 히브리 경전에서 신에 관한 이야기는 점진적으로 인간다워진다. 그러나 그런 담론은 그리스도교 경전의 마지막 책[4]과 성서의 미묘한 요소들을 제대로 이해하지 못하는 일반적 고전 유신론자들에 이르면 퇴보하는 경향을 띤다. 화이트헤드는 성서의 대부분에서 신에게 해학이 없다는 점을 지적하는데, 이것은 웃음이 신적 속성일 수 있다는 사실을 고려할 때 안타까운 일이다.(Whitehead [1954] 2001, 194~195, 352~353)

성 아우구스티누스조차 플라톤에 의존했으나 부정적 결과를 낳은 것같이, 화이트헤드는 신 개념과 관련해 플라톤을 전유했다고 해서 그 개념을 반드시 믿고 따를 필요가 없다는 사실을 잘 알고 있다. 그는 현대 철학이 그 목적에 부합되려면, 우주로부터 분리('코리스모스'chorismos)된 조건에서 형상계를 물상화reification하는 대신 플라톤이 주장하는 우주의 신을 수용해야 한다고 생각한다. 루터, 칼뱅, 청교도들은 아우구스티누스가 피해를 입힌 작업을 반복했다. 이런 사상가들은 가톨릭주의 전통에서 가장 좋은 점(미학적 면모)을 버리고 가장 나쁜 점(전능한 폭군 같은 고전 유신론의 방식)을 유지함으로써 종교 개혁을 망쳐 놓았다. 만일 화이트헤드가 인생의 의미를 단어 하나로 정의한다면 그것은 바로 "모험"일 것이다. 성공하는

---

4   신약성서에서「요한의 묵시록」

모험가는 과거를 알아야 할 테지만, 과거의 실수를 반복하지 않는 결단력도 보여 줘야 한다. 베르그송의 표현을 빌려 와 거칠게 말하면, "정적 종교"와 "사유의 죽음"은 화이트헤드가 보기에 같은 의미다.(Whitehead [1954] 2001, 214, 232, 250~252, 273, 282, 286, 302, 306)

고전 유신론의 영향을 강하게 받은 종교들이 모든 것을 잘못했다는 게 아니다. 그들의 문제는 단순한, 단극 신 개념에 만족해 왔다는 것, 즉 적어도 신정론 문제와 관련해 그들 종교 자체를 엉망으로 만든 단순한 사고방식에 머물러 있었다는 것이다. 화이트헤드는 그리스도교 신학, 즉 고전 유신론보다 더 그리스도답지 않은 것은 상상하기 어렵다고까지 말한다. 화이트헤드는 그의 아버지가 성공회 성직자(그리고 "구약의 사람")였기 때문에 그리스도교를 그리 손쉽고 간단하게 비판하지는 않았을 것이다. 그는 퀘이커교도Quaker[5]였고 유니테리언Unitarian[6]을 존중했지만 이단 혐의를 크게 두려워하지 않았다. 화이트헤드는 제1차 세계대전으로 아들 에릭을 잃으면서 신정론 문제와 극적으로 맞닥뜨렸기에 인간 현존의 비극을 지우고자 사후 세계를 들먹이는 승리주의에 계속해서 회의를 드러냈다.(Whitehead [1954] 2001, 1, 290, 292, 296, 303, 306, 353; 1941, 3, 9)

암스트롱, 보커, 카페츠 모두 화이트헤드의 사상을 매우 중요

5　17세기 영국의 청교도 혁명에 등장한 교파로 영국의 식민지 개척 시, 미국에서 적극적으로 포교했다. "내면의 빛"이라는 모토가 보여 주듯 내부 체험을 중요하게 여기며, 종교적·신비적 체험을 사회적 관심으로 독특하게 확장해 평화주의 활동을 주로 벌인다. 과거 노예제 반대, 전쟁 반대, 정신장애인 보호, 형무소 개선 운동 등에 앞장섰다.
6　그리스도교의 정통 교의인 삼위일체 교리에 반하여 그리스도의 신성을 부정하고 하느님의 신성만 인정하는 유일신론을 주창하는 교파.

하게 다룬다. 카페츠는 "신의 질문에 접근하는 철학의 방식과 관련해 과정신학은 가장 독창적으로 공헌한다"라고까지 말한다.(Capetz 2003; 148) 이런 주장은 매우 놀라운 평가가 아닐 수 없다. 카페츠는 화이트헤드가 공헌한 바를 적어도 세 가지로 설명한다. 첫째, 화이트헤드에 따를 때, 경험은 실재의 본성에 관한 최고 단서라는 사실이다. 그러나 여기서 말하는 경험은 감각 여건에만 국한하지 않으며 경험의 정서적·미학적·도덕적 **그리고** 종교적 차원이 포함된다. 즉 경험을 감각 여건으로 제한하는 유명한 근대 철학 경험주의자들(예를 들어 흄)의 주장은 (매우 역설적이게도) 경험을 충분하게 포함하지 못하기 때문에 결함이 있다. 화이트헤드가 보기에 경험에는 두 형태가 있다. 감각 여건(화이트헤드가 말하는 표상적 직접성 양상에서 겪는 경험) 그리고 보다 근원에서, 깊이 느끼는 경험(이른바 인과적 효능 양상에서 겪는 경험)이다. 이를테면 내부 세계 혹은 다른 정신이 현존한다는 일반적 느낌 혹은 기억이 여기에 속한다. 신은 각각의 경험의 새로운 순간에 인과적 효능 양상에서 무한한 가능태 중 관련 있는 가능태들을 질서 정연하게 표상해야 하는 책임이 있다.

둘째, 과정 사상에서 신의 독립성 혹은 자존성이 명확하게 드러난다. 불후의 시간 내내 현존하는 신은 존속하기 위해 어느 특수한 피조물에 의존해야 할 필요가 없으나 세계와 맺는 내부 관계에 의해 구성되는 결과적 본성에 따라 신은 일반적으로 피조물에 의존한다. 게다가 사랑할 대상이 없는 신은 전선할 수도 없다. 신과 세계 둘 다 참신함과 상호 영향성을 지향하는 창조적 전진에 연루되어 있다는 점에서, 둘 중 어느 것도 정적 완성에 도달하지 못한다.

셋째, 과정 사상에서 이상적 힘은 강제력이 아니라 설득력이므로, 신이 전능하다는 가정은 잘못되었다. 우리가 보았듯, 설득당하는 물자체가 저항하는 본성을 드러낼 때 할 수 있는 한 많은 질서와 아름다움과 선함을 제공한다는 점에서, 화이트헤드의 신은 세계 영혼의 정신적 기능(데미우르고스의 역할)을 포함해 플라톤의 세계 영혼을 닮았다(그러나 화이트헤드는 이렇게 부르는 걸 탐탁지 않게 여긴다). 카페츠는 이런 관점이 일반화된(그러나 보편적이지 않은) 질서에 주목하고, 통계학을 따르는(그러나 뉴턴의 대안같이 절대적이지 않은) 과학 법칙을 사용하고, 완고한 결정론을 고수하는 대신 예측 가능성에 관심을 두기 때문에, 현대 과학에 더 부합된다고 생각한다.

카페츠는 고전 유신론의 문제가 그리스 철학의 개념에 의존하기 때문에 벌어진다고 제안하는 것 같지만, 그렇지 않다. 오히려 그리스 철학을 편협하게 해석하고, 특히 영속성과 고정성의 매혹에만 붙잡혀 있기 때문에 벌어지는 문제다. 실제로 이런 차이는 플라톤을 서로 다르게 해석하기 때문에 생긴다. 다시 말해 고전 유신론자들은 플라톤의 "온톨러트리", 즉 존재의 숭배에 주목하는 반면 영혼, 특히 세계 영혼의 역동적 완전함에 대한 플라톤의 강조는 도외시한다.(Capetz 2003, 148~152, 185)

보커는 과정 유신론자들이 동일하게 주장하는 과정 사상의 장점 중 하나를 지목한다. 즉 과정 사상의 신은 기도와 예배의 목적을 충족하는 신이다. 물론 역사 내내 고전 유신론자들도 그들의 신 개념 역시 기도와 예배에 적합하다고 주장했으나 어떻게 엄밀하게 영속적이고, 불변하고, 부동하는 신이 기도와 예배에 응답할 수 있는지 확실하지 않다. 나아가 보커는 화이트헤드의 신 개념에 담긴 플라톤의 역할에, 즉 이 책의 주제에 관심을 기울인다. 신 개념의 역사는 너무 복잡하기 때문에, 신 개념이 어디서부터 잘못되었는지 이해하려면 그리고 신의 현존에 관한 질문에 대해 현대 사회와 현대 학계에서 어떻게 대화를 시작해야 할지 알아내려면, 상당한 양의 주석 작업이 필요할 것이다.

보커는 실재의 일반적인 과정적 특성대로 만일 신이 있다면, 그 신은 유동하리라는 생각에 주목한다. 보커가 지적하듯, 과정 유신론은 범재신론이며, 범신론과 달리 세계에 대한 신적 포괄성의 관점을 제공한다. 신은 예술가같이, 말하자면 배우들에게 즉흥 연기를 허용하는 연극 감독같이 활동한다. 신은 우리 모두가 직면하는 잠재하는 비극적 기회들로부터 가능한 한 많은 아름다움과 선함을 가져오려 애쓴다. 신은 우리를 이해하는 동료-고통자라는 화이트헤드의 가장 중요한 개념을 보커는 놓치지 않는다.(Bowker 2002, 154, 230, 317)

암스트롱 역시 신 개념의 역사에서 화이트헤드가 차지하는 위치에 깊은 인상을 받은 것같이 보인다. 암스트롱은 화이트헤드의 사상이 20세기 무슬림 철학자 이크발에게 미친 영향에 주목한다. 이크발은 베르그송과 화이트헤드의 관념을 이슬람에 도입했고, 과정 신 개념을 설명하기 위해 화이트헤드의 사상을 전유했다. 암스트롱은 또한 화이트헤드의 사상이 신학자 대니얼 데이 윌리엄스에게 영향을 크게 미쳤다는 사실에도 주목한다. 암스트롱이 생각하기에 신과 세계의 통일은 화이트헤드의 사상에서 가장 주목해야 할 점이다. 이런 신적 세계 포괄성은 신적 고통의 관념을 수반한다. 이런 견해에 따를 때, 세계의 고통은 신적 삶 안으로 섬세하게 받아들여지면서 사랑으로 변화되거나 변형된다. 암스트롱은 그의 책 말미에서 고전 유신론자들이 우리가 경험하는 자연 질서와 초자연 질서를 대립시키는 실수를 저질렀다고 지적하는 듯하다. 이런 점에서 암스트롱은 화이트헤드의 사상이 고전 유신론의 엄밀한 초월성과 범신론의 엄밀한 내재성 때문에 발생한 양극 불균형을 바로잡으려 한 시도였다고 보는 것 같다. 화이트헤드도 그 자신의 사상에 대해 암스트롱과 같이 생각했다.(Armstrong 1993, 364, 384~385)

화이트헤드는 형이상학에서 신과 세계, 정신과 물질을 절대적으로 분리하는 이원론을 극복하고 싶어 한다. 이원론을 극복하려는 이런 시도는 화이트헤드를 순수 과정철학자로 보는 게 다소 정확하지 않다는 것을 의미한다. 화이트헤드는 유동성과 영속성의 대비 개념을 그의 신 개념에 포함하기 때문이다. 하지만 "과정철학"에서 최종 결정이 주어질 때까지 생성 내내 존재가 지속된다고 한다면, 유동은 확실히 우위를 점한다. 생성에 관한 화이트헤드의 글을 읽는 독자들은 종교 부분에서 깊은 인상을 받는다. 끝없이 연속하는 시간과 경험이 신의 불후하는 기억의 일부가 된다는 점과 신은 시간이 지날수록 완전함을 향하는 에로스를 불러일으킨다는 점을 숙고하면서 신 개념이 의미하는 바를 깨닫기 때문이다.(Bixler 1941 참고) 우주의 이런 전진하는 추동력 덕분에 화이트헤드에 대한 잘못된 해석을 비켜 갈 수 있다. 이를테면 화이트헤드의 사상을 잘못 해석하면, 신은 제한의 원칙이므로 상상컨대 화이트헤드의 신에 결여된 면모를 어떤 다른 존재가 지닐 수 있다는 결론에 이른다. 제한의 원칙에 대한 이런 오해는 무한성은 모든 면에서 선하고(가능한 한 많은 선을 의미할 때조차 구상적·현실적 선은 없다) 유한성은 모든 면에서 악하다는(아름답거나 선하다고 확정된 사물을 의미할 때조차) 단극 편견을 전제한다.

하츠혼이 볼 때 화이트헤드의 신 개념에서 가장 두드러지는 점은 잘못 놓인 구체성의 오류에 빠지지 않는다는 것이다. 신의 추상적·영속적 면모와 신을 혼동하면, 시시각각 신의 구상적 성격을 오해하게 된다. 고전 유신론자들은 모든 가치의 시간적 성격을 추상화한 다음, 그런 추상화된 면모가 신이라고 규정하는 특징이 있다. 다시 말해 고전 유신론자들은 세계 안 모든 구상적 힘의 중심들을 추상화함으로써 신적 전능 개념에 이른 다음, 신을 전능과 동일시한다. 이런 사고는 대비되는 두 개념 중 한 극을 추상화(혹은 생략)해 버리고 잘못 놓인 구체성의 오류를 범한다.(Hartshorne 1972, 64)

하츠혼은 신의 급진적이며 완전한 독립성을 주장하거나 세계와 신이 완전하게 동일하다고 주장하는 양쪽의 극단주의자들은 무거운 책임을 갖고 그들이 주장하는 바를 입증해야 한다고 생각한다. 하지만 더 타당한 양극 관점을 옹호하는 것과 15세기 사상가 니콜라우스 쿠사누스Nicholas of Cusa같이 모순을 칭송하는 것은 다르다. 신적 속성의 두 극은 원초적 면모와 결과적 면모라는 신적 본성의 다른 면모를 가리키기 때문이다. 신은 "활동성-**과**-수동성, 통일성-**과**-복잡성, 존재-**와**-생성에서 타의 추종을 불허하는 탁월함이며, 기쁨-**과**-고통을 승낙한다". 이런 탁월함 덕분에 신은 다른 모든 것보다 드높여진다.(Hartshorne 1972, 69, 또한 65~70) 개념상 과제는 논리적 일관성을 유지하면서 신을 드높이려는 것이며, 이런 대비되는 면모들이 모순으로 변질되지 않게 하는 것이다.

화이트헤드의 신 뒷배에 더 근본적인 인과적 힘이 있으며, 화이트헤드의 우주에서 이런 인과적 힘이 실재적 신격으로 간주된다는 비판이 자주 제기된다. 그러나 이런 비판은 우주의 근본적 과정 혹은 창조성에 대한 오해에서 비롯되었을 수 있다. 이런 근본적 과정 혹은 창조성은 현실적 존재자 혹은 행위자 혹은 일을 하는 인격이 아니다. 그러므로 이를 화이트헤드의 신 뒷배에 있는 다른 신이라고 할 수 없다. 오히려 "과정" 혹은 "창조성"은 모든 현실적 계기가 공통으로 가지는 속성, 또는 아원자에서 신적 성품에 이르기까지 우주에서 일어나는 모든 행위의 총칭을 가리킨다. 우주에서 진정한 분업과 힘의 분배가 일어난다는 개념에 따를 때, 고전 유신론에 의존할 때보다 신정론 문제에 더 잘 대응할 수 있으며, 신의 힘은 전능이 아니라 다른 모든 힘보다 위대한 힘이라는 가정 아래, 조율을 추구하는 우주의 성향을 더 잘 이해할 수 있다.(Hartshorne 1972, 72~73)

고전 유신론에 나타나는 순수 현실태로서의 신관은 정말 이해하기 어려운 관점이다. 신의 수용력을 전적으로 부인하면 신의 사회적 본성, 특히 신적 사랑이라는 매우 중요한 개념을 의도치 않게 파괴할 수밖에 없다. 잠재태가 전혀 없는 순수 현실태로서의 신은 고전 유신론이든 신고전 유신론이든 신적 전지와도 충돌한다. "만물의 지식"은 현실적인 것은 현실적으로, 가능할 뿐인 것은 그저 가능으로, 과거는 과거로, 미래는 미래로, 각 사물을 그대로 아는 지식을 의미한다. 신에게조차 미래가 있다. 신이 앞으로 일어날 일에 대해 "무지"해서가 아니라 "미래 사건"이나 "미래 지식의 대상" 같은 것은 없기 때문이다. 상대적으로 확정된 가능태의 윤곽만 있을 뿐이다. 신의 지식은 언제나 오류와 무지에서 자유롭지만, 그 지식 자체는 영영무궁토록 향상되고 그 내용과 가치는 계속 풍요로워진다. 이 정도 설명이 신의 지식에 대한 가장 타당한 이해일 것이다. 따라서 어떤 의미에서 신의 인지는 향상하는 한편, 다른 의미에서 신에게는 그런 향상이 필요하지 않다. 그러나 신의 인지가 향상한다는 것은 신적 지식이 탁월하다는 의미이지, 신이 부족하다는 의미가 아니다.(Hartshorne 1972, 73~75)

화이트헤드가 생각하는 신의 원초적 본성은 모든 것 이전이거나 모든 것에서 분리된 것이 아니라 모든 과정과 더불어 있다. 그렇기 때문에 원초적이라고 부르는 것은 잘못되었다. 게다가 가능태는 현존하는 실재의 속성이거나 혹은 모든 현존과 독립적이다. 그러므로 우주를 위한 일반 가능태들이 어딘가에 있어야 한다고 가정한다면(그렇지 않으면, 실제로 **절대무**가 있을지 모른다는 이해하기 어려운 생각을 할지 모른다), 신의 원초적 면모는 현존하지 않을 수 없다. 화이트헤드는 신의 현존과 관련한 존재론적 논증을 신뢰하지 않음에도 불구하고 이런 종류의 논증을 은연중에 내비친다. 이 책의 목적은 화이트헤드의 증명을 평가하는 게 아니라 필연적으로 현존하는 존재가 다른 모든 면모에서 필연적일 필요는 없다는 단서와 그의 신 개념을 이해하는 데 이런 논증이 유용함을 지목하는 것이다. 신내적 관점에 따르면, 신은 필연적으로 현존하며, 우주를 위한 모든 가능태는 신적 정신 안에 불후의 시간 내내 현존한다. 반면 신 외적 관점에 따르면, 우주를 위한 어느 가능태도 절대 현존하지 않는다.(Hartshorne 1972, 76~80)

화이트헤드가 말하는 불후의 시간 내내 있는 신을 영원토록 시간 바깥에 있으면서 생명이 없는 물질에 자연법칙을 부과하는 고전 유신론의 신과 혼동해서는 안 된다. 어떤 의미에서 신은 아무런 과거가 없다. 그러나 그 의미는 신이 이상적 기억을 가진 이상적 아는 자라면, 과거의 어느 것도 완전하게 소멸하거나 궁극적으로 사라지지 않는다는 것이다. 신은 모든 사회를 포괄하는 사회의 인격적 질서이기에 신의 삶은 유동한다. 여기에는 우주가 신의 몸이라는 생각이 담겨 있다. 이런 관점은 화이트헤드가 남긴 말에서 쉽게 추론할 수 있다. 신은 특정 임계까지 하위 사회들에 어찌 보면 거부할 수 없는 설득력을 행사한다. 그 임계에 이르면 부분적으로 자유로운 피조물은 스스로 결정할 수 있다. 하지만 혹여 신이 피조물의 욕망을 좌절시킨다면, 신은 그런 좌절 자체를 고통 혹은 슬픔의 유형으로 느낀다. 신이 전선하다는 주장은 이런 신의 모습을 수반한다. 새로운 현재가 도달할 때마다 새로운 악을 위한 기회들이 끊임없이 튀어나온다면, 세계에서 악을 완전하게 제거할 수 없다. 이런 이유에서 특정 임계는 매우 중요하다. 그러나 선함을 가능하게 만드는 것 역시 이런 기회들이다.(Hartshorne 1972, 82~95)

물론 "제한의 법칙"의 표현이 우주의 일반적 잠재태가 어딘가에, 특히 원초적 정신 안에 위치해야 한다는 화이트헤드의 통찰을 적절하게 포착하지는 못한다. 그럼에도 그의 통찰은 여전히 살아 있다. 다수 행위자는 서로의 노력을 무효화할 것이기 때문에, 그들이 공통된 세계와 모든 곳에 적용되는 공통된 통계 법칙을 선택하리라 상상하기는 어렵다. 아무튼 화이트헤드의 신 개념은 누가 국소적 선택을 하면서 일반적 방향을 선택하는가 혹은 적어도 국소적 선택을 위한 제한 범위를 선택하는가 하는 질문을 다루려 한다. 화이트헤드는 보편적(전능하지 않은) 영향력을 가진 행위자/피동자 면에서 이런 질문에 대응한다. 이런 보편적 영향력은 인격적으로 질서 정연한 계기들이 불후의 시간 내내 선형적으로 순차하는 것이 신이라는 관념과 양립할 수 있다. 이렇게 신은 하나의 계열이며, 신에게 있어서 이미 성취된 계기들의 기억은 손실되지 않고 직접성은 소실되지 않는다. 사실상 화이트헤드는 신적 인격을 합법적으로 논할 수 있는 최초의 철학자로, 그가 말하는 신적 인격은 편만한 유동 가운데서도 습관, 목적, 경향성의 군집을 상대적으로 안정성 있게 포함한다. 그러면서도 이런 관점은 신은 한정 특성, 즉 전선하지만 미래에 발생할 일을 상세하게 결정하지 않는다는 신 개념과도 양립할 수 있다.(Hartshorne 2000, 273~274)

화이트헤드의 관점에 따르면, 주로 신은 우리의 생각에 생각으로, 느낌에 느낌으로 영향을 미친다. 그러므로 신이 우리를 우리 자신으로 있게끔 만든다는 과장된 말보다 신의 아름다움과 선함에서 영감을 받은 우리가 자신을 만들어 간다는 말이 더 알맞은 표현이다. 신은 우리에게 영향을 미치고, 우리는 신에게 영향을 미친다. 이렇게 소통이 오간다는 것은 소통하는 양쪽에 활동성과 수동성 둘 다 있다는 것을 지시한다. 이런 소통은 우리가 소통하는 상대 쪽의 동일한 신적·인격적 순차에 의존할 수 있는 반면, 특수한 신적 현실태에 필연적으로 의존하지 않는다는 것을 의미한다. 만일 신이 필연적으로 현존한다면, 신은 현존하거나 현존하지 않을 수 있는 어느 특수한 개체들과 독립적으로 현존할 것이다. 그럼에도 이런 관점은 신은 현존하기 위해 다른 개체들을 요구한다는 관점과 양립할 수 있다. 이런 관점은 아리스토텔레스와 여러 고전 유신론자가 주장하는 부동의 동자라는 신 개념과 상당히 다르다. (전체로서의 신이 아니라) 그나마 신의 원초적 면모가 엄밀하게 영속적인 신격과 부분이나마 닮았다.(Hartshorne 2000, 275~276)

화이트헤드는 우리의 슬픔과 아픔이 신적 삶 안으로 받아들여질 때 변형되거나 변모된다고 생각하며, 이런 관념을 근거로 고통을 통한 구속이라는 낯설지 않은 종교적 체험을 설명한다. 고통은 세계를 괴롭히는 현상이면서도, 아름다운 예술 작품에서 불협하거나 조화롭지 않은 구성 요소가 작품 전체의 미학적 가치를 높이는 것과 비슷한 현상이다. 이런 관점은 일부 종교 회의주의, 즉 신이 가학적으로 우리의 고통을 이용한다는 주장과 혼동될 수 있지만, 구분돼야 한다. 신은 그저 구경꾼이나 남의 사생활을 훔쳐보는 관음증자같이 바깥에서 우리의 비극을 관찰하고 있는 게 아니다. 오히려 신은 우리의 고통을 신적 본성 자체로 내면화한다. 앞서 베르댜예프에서 확인했듯, 신은 신적 삶 자체에 비극을 받아들이지만 가학적이지 않다. 또한 자유를 제거해 버리면 우리 삶을 아우르는 가치와 우리가 신적 삶에 공헌할 수 있는 바가 향상하기는커녕 감소하리라는 점에서, 자유를 제거해 악을 없애려는 시도는 무엇보다 안일한 대처다. 화이트헤드와 하츠혼 둘 다 우리보다 신이 중요하다는 것을 상당히 분명하게 밝힌다. 이를테면 비극의 한가운데서도 우리는 우리의 경험이 신적 현실태의 요소로서 계속 살아 있다는 사실을 기억해야 한다.(Hartshorne 2000, 284~285)

화이트헤드의 신 개념은 신이 인격으로 이해될 수 있도록, 종교의 신을 의미하게끔 맞춤 제작된 개념이다. 종교의 시선에서 신격을 고찰하고 그 인격적 면모를 살필 때, 억지로 화이트헤드의 신 개념에 맞출 필요는 없다. 신격은 화이트헤드의 신 개념에 자연스레 상응한다. 인격성은 계기들의 신적 사회가 지니는 한정된 특성을 가리키며, 계기들은 선형적·시간적 질서를 따른다. 신의 결과적 본성이란 세계의 내용을 파악(즉 파지)해 가는 최고로 섬세한 경험들의 순차이기 때문에, 화이트헤드의 신 개념에는 종교 신자들이 일반적으로 일컫는 "신"의 의미가 상당 부분 포함되어 있다. 화이트헤드의 우주에서 창발적 특성이 가장 약한 것은 화이트헤드가 "영원한 객체"라고 일컫는 일반적 결정 가능태다. 그리고 확정적인 것은 비대칭적 과정, 결정을 내리는 과정에서 어떤 것이 결정되어 왔다는 것을 가리킨다. 이런 점에서 영원한 객체는 추상적 개념이다. 즉 영원한 객체(셋 됨 자체 혹은 존재 자체의 개념과 비슷한)를 가능한 한 제외하면, 화이트헤드의 우주에서 구상적 계기 전부는 창발적이며, 시간의 비대칭성에 종속된다. 과거의 기억은 세부 사항에 상관하지만 미래, 특히 먼 미래의 기대는 기껏해야 일반성 정도에 머물기 때문이다.(Hartshorne 1972, 13~14, 32, 51~52)

세계는 하나의 통일된 개체로, 이것은 경험에 의거한 사실이다. "페루인의 물리학"이나 "유대인의 화학"이 아니라 "물리학" 혹은 "화학"이라는 명칭이 이런 사실을 입증한다. 신의 현존에 대한 요청postulation은 이런 사실을 설명하는 데 도움을 준다(또한 화이트헤드를 근거로 하여 필연적이다). 신의 지식이 유전학에서 진리의 기준을 제공하는 것같이, 신의 기억은 과거에 관한 기준이다. 화이트헤드의 신은 그가 전능을 비판하기 때문에 "크기"가 결여되어 있다는 혐의를 받지만, 신이 수행하는 이런 고귀한 기능 덕분에 그런 혐의를 반박할 수 있다. 화이트헤드는 가정컨대 더 강한 존재와 대조되는 수준으로 신을 "제한"하지 않는다. 대신 그는 힘이라는 관념 자체에 사회적 요소가 있다고 지적한다. 창조성은 일반적으로 어느 한 힘이 아니다. 창조성 자체가 힘**이다**. 신고전 혹은 과정 신은 적어도 부분이나마 상상할 수 있는 가장 위대한 것으로, (신적 세계 포괄성의 결과로서) 이런 존재에서만 이타주의와 자기-이익이 일치한다. 이런 고찰은 종교적 신념이 우리를 탈개체화한다는 주장에 대응할 수 있게 도와준다. 다시 말해 신이 세계를 포괄하기에 나의 행복은 신적 행복에 공헌하는 게 되지만, 그것은 당신의 행복이 아니라 곧 나의 행복에 공헌하는 것이다. 사실상 우리가 각기 따로 구별되면 될수록, 우리가 우주 전체의 아름다움에 공헌하는 미학적 가치는 점차 커진다.(Hartshorne 1972, 60~61, 100, 103, 106~107)

고전 유신론자들은 신을 절대성 중의 최고 절대성으로 해석하는 데 성공했지만(즉 어떤 의미에서 신은 신적 불후성 때문에 누구보다도 상대성이 약하다), 화이트헤드같이 신은 상대성 중의 최고 상대성이라는 주장을 진지하게 헤아리지 않았다(즉 신은 누구보다 타자와 관련이 있다). 신적 절대성이 신은 언제나 변한다는 추상 개념을 가리킨다는 것과 함께, 고전 유신론자들은 신의 결과적 본성이 실제로 신일 수 있다는 생각조차 하지 않는다. 변화의 편재성에서 보면, 화이트헤드가 신적 견고함을 가리키기 위해 사용하는 단어 "원초적"은 다소 오해를 일으킬 수 있다. 이와 마찬가지로, 계기의 자체 경험은 소멸함에도 신적 생명으로 받아들여져 영원히 보존되기에 신적 기억은 견고하다는 점에서, 시시각각 현실적 계기가 영영 무궁토록 소멸한다는 화이트헤드의 언어 역시 오해의 소지가 다소 있다. 예를 들어 일련의 현실적 계기가 아니라 단독의 현실적 존재자로서 신을 다루는 화이트헤드의 언어 또한 일부 학계에 혼란을 일으킨다. 다시 말해 신의 영속성은 신의 결과적 본성에서 모든 계기의 공통된 부분을 가리킨다. 이런 영속성(원초적 본성)은 신의 면모일 뿐, 신과 혼동되어서는 안 된다. 성육신과 삼위일체 같은 그리스도교 교리는 신의 결과적 본성을 가리키는 것같이 보이지만, 안타깝게도 고전 유신론자들이 부동하고, 무감각하며, 엄밀하게 영속하는 것으로 신 개념을 전개하는 탓에 이런 교리의 신학적 입장은 철학적으로도 합리적으로도 충분하게 설명되지 못했다.(Hartshorne 1972, 116, 145, 165, 168, 177, 179)

과정 세계관에서 현존하는 모든 것은 타자와 (최소만큼이라도) 영향을 주고받는 힘을 행사한다. 곧 실재는 철저하게 사회적이다. 우리 자신의 현존은 느끼는 느낌에 있으며, 이런 느낌에 서로 맞물린 경험들의 사회가 있다. 다시 말해 서로 맞물리는 경험들로 이루어진 사회들의 사회가 있다. 신은 우주 혹은 사물의 공동체이며, 우주를 구성하는 개체들이 설명할 수 없는 사사성privacy에 갇히지 않고 더 넓은 맥락에서 다른 모든 것과 상관하게끔 한다. 신은 우주적 개체이고, 사회들 중에 가장 포괄적 사회다. 이런 시선에서 보면, 신격은 사회적 원리의 예외가 아니며 오히려 가장 대표하는 예다. 이런 신 개념과 고전 유신론의 신 개념의 간극은 좁혀질 수 있지만, 이는 고전 유신론자들이 실제로 신이라고 의미하는 바가 신의 전체가 아니라 한 면모에 불과할 뿐임을 인정할 때만 가능하다. 만일 이렇게 인정하지 않는다면, 신고전 유신론과 고전 유신론의 간극은 상당히 벌어질 것이다. 고전 유신론의 관점은 피조물의 자유를 존중하는 방법을 통해 세계를 설득하는 신관 대신 세계가 있게끔 강제하는 폭군의 신관으로 이어진다. 우리는 무자비한 힘을 숭배해야 할 필요가 없다.(Hartshorne 1941, 50~51, 239; 1948, 29, 44, 142, 155)

화이트헤드는 고전 유신론과 범신론 둘 다를 뛰어넘어 더 높은 경지에서 신 개념을 종합한다. 그의 사상은 스콜라주의나 칼뱅주의를 벗어나지만 히브리 예언자들, 예수 혹은 무함마드에서 볼 수 있는 가장 뛰어난 통찰은 내버리지 않는다. 사실상 화이트헤드의 신 개념은 고전 유신론의 신 개념보다 인격적 신 개념에 가깝다. 게다가 신의 선함을 가리키는 특수 표현이 바뀔지 몰라도 신적 전선은 지속된다는 점에서, 발달을 겪는 신관을 두려워할 이유가 없다. 화이트헤드는 절대적 신 혹은 세계와 독립된 신이 세계와 관계를 맺는 신보다 우월하다는 가정에 도전한다. 신고전 혹은 과정 관점에서, 신은 지식과 사랑을 통해 세계와 관계 맺기 때문에 격하될 리 없다. 창조는 신격의 지나친 생색이 아니라 신적 생명 자체의 부분이다. 신비주의자들이 다양한 종교 전통에서 수 세기에 걸쳐 지목해 왔듯, 우리는 각자 우주에 중요한 공헌을 하고 있다.(Hartshorne 1953, 18, 31, 196~212; 1962, 144)

몇몇 불교 사상가와 비슷하게 화이트헤드는 사건 혹은 순간의 상태를 구상적 실재의 궁극 단위로 삼기 때문에, 지속하는 개체는 사건의 다소 추상적 순차로 생각해야 한다. 다만 불교 사상가들과 달리 화이트헤드는 이것을 신적 개체에까지 동일하게 적용한다. 즉 부분적으로 새로운 개체가 매 순간 발생한다는 점에서, 개체의 삶은 오로지 소급(遡及)적으로만 결정될 수 있다. 정확히 말해 어느 한 개체의 정체성은 개체의 성원들에 위치하는 게 아니라 어느 한 사건 순차의 한정 특성에, 성원들 가운데 공유되는 특질에 위치한다. 공유되는 특질의 일부는 창조성이며, 창조성은 신에게만 적용되는 범주가 아니라 보편적 범주이기에 과정철학에서 창조성은 초월적이다. 좀 부족한 창조성의 형태와 대조되는 이상적 창조성이라는 면에서, 신은 피조물과 구별되어야 한다. 각각의 수준에서 특정 잠재태가 한계 안에서 현실화한다. 말하자면 특정 가치는 다른 가치와 양립할 수 없으므로 상호 배타적으로 하나만 선택된다는 사실 때문이다.(Hartshorne 1965, 51, 217~218, 291; 1967, 22~23, 26, 74; 1970, 73, 188, 198, 200, 204)

화이트헤드의 관점에서 있다는 말은 창조한다는 뜻이다. 그러나 정신 혹은 경험은 필연적으로 확장되지 않는다는 가정 때문에 신고전 혹은 과정 신 개념의 진가를 알아내기 어렵다. 이런 가정을 극복하려면, 고전 유신론에서 나타나는 엄밀하게 비물질적이고, 시간과 상관없고, 궁극적으로 비창조적인 신 개념을 비켜 가는 것이 중요하다. 사건들 가운데 인과적 계승이 일어나는 유형을 공간으로 본다면, 정신 혹은 경험은 인과적 상호작용의 세계 전체를 가로질러 확장된다. 실재적 창조성에 수반되는 경험은 영원토록 언제나 현존해 왔던 것의 반복이 아니다. 새로운 경험은 발생할 수 있고, 발생한다. 어떤 의미에서 경험은 분명하게 발생하지만, 또 다른 의미에서 지성인을 포함하는 공민은 역동적 완전함을 따르는 신 개념의 진가를 알아내기에는 역부족으로 보인다. 바라건대 공민 스스로 이런 개념에 이르게끔 성장해야 한다.(Hartshorne 1970, 1, 8, 65, 87~88)

실재는 영영무궁토록 소멸한다. 현재의 생명력 있는 현실태가 생명을 잃는다는 의미에서가 아니라 현재의 생명력 있는 현실태는 다른 주체, 특히 신적 주체를 위한 객체라는 의미에서 그렇다. 기억, 특히 신적 기억은 경험의 전형적 경우이며, 영영무궁의 소멸이 결말이 아닌 이유를 이해할 수 있는 최고 방안을 제공한다. 신은 그저 구경꾼이 아니라 이상적 기억을 지니고 세계의 과정에 개입하는 참여자다. 우리가 신에게 반응하면, 신은 우리의 이런 반응에 대한 응답으로 신적 본성 자체를 변화함으로써 우리를 변화시킨다. 따라서 이런 자기-능가하는 신격은 고정된 과거와 적어도 부분이나마 열린 미래를 따르는 신적 시간을 보여 준다. 앎의 주체에 의해 파악될 수 있는 고정된 과거의 실재는 생성의 세계에서 변화 말고도 설명할 거리가 있다는 것을 지시한다. 즉 생성은 실재적인 것을 감소시키는 게 아니라 추가시킨다.(Hartshorne 1970, 118, 218, 263, 277, 291; 1981, 7)

화이트헤드의 신 개념은 극단적 관점들 사이에서 온건한 입장을 제시한다. 이런 극단적 관점들은 20세기 중반의 특정한 현존주의 관점, 특히 장 폴 사르트르Jean-Paul Sartre의 사유에 동력을 제공했다. 고전 유신론의 관점에 대한 사르트르와 여러 사상가들의 (아마도 합당한) 해석, 즉 전능한 신적 힘은 모든 것을 고정하며 따라서 인간 자유는 실제로 없다는 해석과 신은 없으며 그러므로 우리는 절대적 자유를 갖는다는 사르트르의 관점 사이에는 잘못된 이분법이 있다. (고전 유신론의 헤게모니를 생각하면) 신 개념에 대해 잘못된 이분법으로 이어진 사르트르의 오해는 이해할 만하다. 즉 고전 유신론자들은 여러 면에서 유신론 자체에 가장 큰 걸림돌이 된다. 따라서 고전 유신론의 신이 현존하지 않는다고 하여 슬퍼할 필요는 없다. 아름다움이 현존하려면 대비가 반드시 필요하다는 점에서, 아름다운 세계는 신적 차원과 비신적 차원 둘 다에서 어느 정도의 자유 혹은 창조성을 요구할 것이다.(Hartshorne 1981, 15~18, 23)

어느 유신론이든 옹호할 만한 신 개념을 주장하려면 화이트헤드가 신의 원초적 본성이라고 일컫는 면모를 어떻게든 반영해야 하겠지만, 신의 이런 추상적 면모와 구상적인 신적 현실태를 동일시해서는 안 된다. 이런 추상적 면모는 지금 이곳에서 우리를 아는 신이 아니다. 하지만 신의 결과적 본성은 탁월하게 파악하는 힘을 지니고 있다. 여기서 "파악"은 지각과 기억 혹은 타자의 경험과 자신의 이전 경험을 파지하는 능력 둘 다를 일컫는다. 어떻게 보면 기억은 지각보다 기본적이다. 기억은 자신의 이전 경험을 명시적으로 파지하는 것이지만, 지각은 암시적으로 파지하는 것이기 때문이다. 그러나 조금만 생각해 보면, 지각 정보가 주어지는 시간과 우리가 지각 정보를 경험하는 시간 사이에 아무리 짧더라도 시간차가 항상 있다는 것을 알 수 있다. 또한 세포가 지각 정보를 수신하는 것(예를 들어 눈의 신경 세포)과 지각력 있는 개체로서 우리가 경험하는 것 사이에도 아무리 짧아도 시간차는 항상 있다. 기억과 지각의 시간적 구조에서 신 역시 예외가 아니다. 현재 경험의 부분이 다른 경험들에 참여하지 않는다면, 어느 합리적 개체 혹은 지각력 있는 개체의 말이든 의미가 없을 것이다.(Hartshorne 1983, 77, 164, 180, 287, 291, 300)

　　종교적 느낌은 구상적 우주의 전체를 인식하는 데 있다. 하지만 신의 결과적 본성은 거듭해서 풍요로워지기에 매 순간 우주 전체가 부분적으로 새로워진다는 점에서, 이런 우주 전체는 경멸적·정적 의미의 "총체화"가 아니다. 모든 면에서 신고전 혹은 과정 유신론의 양극성이 고전 유신론의 단극성을 상쇄한다. 고전 유신론자들은 원인이 결과와 다르고, 통일성이 복수성과 다르고, 무한성이 유한성과 다르고, 부동성이 이동성과 다르고, 불변성이 가변성과 다르기 때문에, 신은 다른 모든 것과 구분된다고 주장한다. 고전 유신론의 이런 일방적 관점은 신 개념뿐 아니라 비신적 존재의 개념까지 왜곡한다. 그들은 비신적 존재가 대비 쌍에서 후자의 면모만 소유한다고 보기 때문이다. 하츠혼은 화이트헤드에게 나타나는 양극 신론을 이중 초월로도 볼 수 있다고 합당하게 지목한다. "원인이 결과를 능가하거나 통일성이 복수성을 능가하거나 존재가 생성을 능가하는 것과 달리, 신은 다른 실재들보다 드높여진다. 탁월한 원인이 평범한 원인을 능가하기 때문이다. 마찬가지로 탁월한 존재**와** 생성이 평범한 존재와 생성을 능가하고, 탁월한 통일성**과** 복수성이 평범한 통일성과 복수성을 능가한다."(Hartshorne 1983, 314~315, 또한 308, 316) 게다가 신의 원초적 본성과 데미우르고스 사이 그리고 신의 결과적 본성과 세계 영혼 사이가 강한 유비로 연결된다는 점을 생각할 때, 화이트헤드의 이중 초월을 플라톤의 관점과 연결해 이해해 볼 수 있다.

만일 신이 알려질 만한 모든 것을 오류 없이 안다면, 신은 전부를 파악한다고 말할 수 있다. 그러나 신이 보편적으로 파악하는 실재라는 주장에 더해, 신은 보편적으로 파악된다고도 주장할 수 있다. 각각의 구상적 계기는 전체의 부분으로 있다는 다소 모호한 느낌을 지니기 때문이다. 즉 신은 보편적으로 알려지지 않은 채, 보편적으로 파악될 수 있다. 모든 주체가 불완전하게 신을 느끼기 시작했다고 해서 반드시 모두가 신을 생각하거나 신을 안다고 할 수는 없다.(Hartshorne 1984a, 112) 아마도 누군가는 신적 파악에 대해 신이 육체적 느낌을 지니는 것같이 보일 수 있다고 반론할 것이다. 이런 반론에 적절하게 대응하려면, 반론 자체는 인정하되, 그다지 중요한 지적이 아님을 밝히면 된다. 일단 육체적 감정과 정신적 감정이 구분된다면, 신은 둘 다를 탁월하게 갖고 있다고 말할 수 있다. "정신성은 미래에 대한 감각, 가능태에 대한 감각이라면, 육체적 느낌은 과거에 대한 감각, 구상적 현실태에 대한 감각이다."(Hartshorne 1984b, 39; 1984c, 27~28, 93) 화이트헤드는 신적 느낌의 두 면모를 강조하기 위해 원초적 본성과 결과적 본성을 각각 고안했으며, 이런 면모들은 인과적으로 과거로부터 계승되어 오고, 모호하게나마 미래를 기대하는 모든 단일자에 의해 나타난다. 신은 그저 육체적·정신적 감정을 지니는 게 아니라 이상적으로 혹은 탁월하게 육체적·정신적 감정을 지닌다는 점에서 우리와 다르다.

화이트헤드는 고전 유신론의(특히 라이프니츠의) 충족이유율을 따르는 교리, 전능의 속성을 중심으로 빚어진 신 개념에 의존하는 교리에서 자유롭기 때문에, 신정론 문제에서 최악의 형태를 피할 수 있다. 특수한 불행은 수많은 자유가, 인간과 인간 이하의 여러 자유가 우연찮게 부분적으로 교차한 결과이기에, 왜 특수한 불행이 발생하는지, 그 정확한 이유를 찾을 필요가 없다. 신학적으로 말해 악을 설명해야 할 필요는 오로지 그런 위험 때문이며, 위험과 기회는 분리되지 않기에 위험의 설명은 곧 기회의 형태까지 다룬다.(Hartshorne 1990, 385)

신고전 혹은 과정 유신론자들의 내부 논쟁 가운데 두 논쟁이 눈여겨볼 만하다. 첫째, 현실적 계기들은 신적 파악을 통해 한데 연결되며, 신적 파악이 일어나는 동안 과거에 있었던 이전의 신적인 현실적 계기들이 파지되고 신의 현재에 포함된다. 그러므로 불후의 시간 내내 이어지는 일련의 현실적 계기가 신이라고 할 수 있다. 그러나 때로 화이트헤드는 마치 단독의 현실적 존재자가 신인 것같이 말한다. 하츠혼의 관점에서 신을 단독의 현실적 존재자라고 말하는 방식은 고전 유신론이 신을 말하는 문제적·정적 방식에 너무 가깝다. 이런 난점을 피하기 위해, 신적 영속성에 대한 화이트헤드의 관점을 전체로서의 신이 아니라 신의 원초적 본성이라는 면에 국한해 해석해 볼 수 있다. 이런 해석은 신은 오로지 창조자이며 (신적 현존이 아니라면 신적 현실태에서) 피조물에 의해 창조되는 부분이 전혀 없다는 관념과 일반적으로 거리를 둔다. 신의 결과적 본성에 관한 화이트헤드 자신의 관점이 이런 해석을 가장 잘 보여 준다. 둘째, 화이트헤드는 추상적 객체를 영원한 것으로 강조하는 경향이 있다. 만일 수학 혹은 형이상학에서 가장 추상적인 객체를 지칭하는 경우라면, 화이트헤드의 이런 경향은 문제가 되지 않는다. 창발적이며 우주의 일반적 과정에 스스로 종속되는 추상적 객체도 있기 때문이다. 하지만 예를 들어 추상적 객체가 "셰익스피어 이후 가장 위대한 시인"의 반대로서 "셋 됨"이라면 차이가 크다. 아무튼 추상적 객체 혹은 플라톤의 형상은 자유로이 표류하므로 "신비"에 대한 경멸적 의미에서 상당히 신비스럽다고 여기는 신 외적(초-플라톤적) 관점과 달리, 화이트헤드와 하츠혼 둘 다 전지하는 신적 정신에 추상적 개체가 내재한다는 신 내적 관점을 옹호한다. 이런 점에서 화이트헤드의 영원한 객체에 대한 과정 사상가들 사이의 의견 차이를 과장할 필요는 없다.(Hartshorne 1991, 642, 645 참고)

화이트헤드는 『과정과 실재』 이후 신 개념을 계속해서 발전시킨다. 그는 『관념의 모험』([1933] 1967)에서 만연하게 우상 숭배되는 신들을 고발하고 비난하는 데서 종교의 진보를 정의할 수 있다고 주장한다. 이런 점에서 고전 유신론의 신은 실제로 우상이다. 우상을 고발해 온 역사는 그 유래가 깊다. 이를테면 플라톤은 『국가』에서 시인들의 신들(과 유감스럽게도 시인 자신들)을 추방한다. 플라톤 자신의 종교는 그가 생각하기에 신이라고 할 수 있는 면모를 근거로 한다. 화이트헤드는 그리스도교에서 개혁주의자들이 신 개념을 실제로 개혁하지 않고 대신 고전 유신론에서 우상으로 숭배되는 신을 그대로 받아들였기 때문에 불행이 초래되었다고 생각한다. 플라톤의 위대한 혁신은 『티마이오스』에서 물리력을 설득해 낸 승리의 상징이 세계의 창조(문명 질서의 세계를 포함)라는 설명에 드러난다. 종교의 진보가 계속되려면 철학이 제공하는 지적 일반성과 엄격함은 물론, 종교 신자들 스스로 제공하는 도덕적 에너지가 필요하다. 불후의 시간 내내 사건들의 경로에서 육화되는 위대함을 대중의 용어로 명확하게 표현할 수 있는 종교가 현대 세계에서 성공할 것이다.(Whitehead [1933] 1967, 11~12, 18, 25~26, 33)

화이트헤드에 따르면 역사는 세계성과 내세성 사이를 오가는 일련의 진동이라고 할 수 있다. 고전 유신론이 주장해 온 과장된 영원주의와 내세성에 대한 반작용으로, 현재는 내세성 자체를 격렬하게 반대한다. 여기에는 고전 유신론의 신, 특히 전능성에 대한 반작용도 있다. 고전 유신론의 신은 신정론 문제에서 책임을 피할 수 없기 때문이다. 고대의 독재와 폭정의 모습이 역사 내내 그리스도교에 영향을 미친 결과, 그리스도교는 살이 아물기까지 시간이 오래 걸리는 상처를 입었다. 물론 인간 사회가 합동하려면 어느 정도의 지배는 필요할 테지만, 이런 지배는 과도해서는 안 되고 폭압의 통치를 신성화해서도 안 된다. 전통 자체는 일종의 강박일 수 있으며, 종교 전통은 일반적으로 그 힘을 분명히 상실하고 있다. 이런 배경에서 신고전 유신론에 발언 기회가 공정하게 주어질 가능성이 높아졌으나 이런 발언 역시 세계를 경외하고 흠모하는 시선이 존속되고 번성할 때만 가능하다.(Whitehead [1933] 1967, 43, 85, 99)

화이트헤드가 옹호하는 신 개념은 고전 유신론의 신, 외부에서 자연 세계 및 인간에게 법칙을 부과하는 신에 대처할 수 있는 방안이다. 또한 이는 신을 엄밀하게 내재하는 존재로 여기는 범신론의 신관에도 대처할 수 있다. 범신론의 신관은 왜 우주가 무법의 혼돈 상태로 점차 돌아가서는 안 되는지 설명하지 못한다는 문제가 있다. 화이트헤드는 부과성과 내재성을 대체할 수 있는 세 번째 대안으로 플라톤의 신적 설득을 제안한다. 첫 번째 극단적 관점, 부과성은 신의 본질로서 초월성과 우연적 내재성을 전제하는 한편, 범신론은 초월성 없이 신적 내재성을 본질로 전제한다. 이런 두 대안이 가능한 신 개념의 전부라고 오해해서는 안 된다. 화이트헤드의 플라톤적 대안은 부과성 교리와 내재성 교리의 융합이지만, 플라톤-화이트헤드의 신은 내주하는 영혼들이 지각력과 지성을 따라 활동하게끔 설득하거나 회유해야 한다는 사실을 생각하면, "부과성"은 너무 강한 단어다. 중요한 것은 제1원인 혹은 부동의 동자 같이 냉담한 명칭의 신성을 피하는 것이다. 앞서 보았듯, 존재**가** 힘**이면**, 신적 힘은 성격상 관계적이어야 할 것이며 비신적 존재의 다양한 힘을 비추어 조정할 수 있어야 한다. 화이트헤드의 관점은 세계의 외부에서 질서가 부과된다는 고전 유신론의 관점과 상당히 상충한다. 적어도 그리스도교에서는 고전 유신론의 이런 부과성이 자신의 유일한 아들을 의도적으로 세계에 보내 고문과 끔찍한 죽음을 겪게 하는 전능한 신에 관한 신화와 결합되어 있다. 화이트헤드는 고전 유신론의 관점이 그저 터무니없는 관점일 뿐이라고 일축한다.(Whitehead [1933] 1967, 115, 121~123, 129; [1954] 2001, 366)

　　신적 부과성이라는 고전 유신론의 교리가 극단으로 치우치면

라이프니츠의 예정 조화preestablished harmony가 된다. 이런 관점은 플라톤의 신적 장인(匠人)과 전혀 다르다. 신적 장인은 반드시 다뤄야 하는 물질이 저항적일 때, 무질서로부터 가능한 만큼 질서를 끌어낸다. 하지만 우주를 **유니**버스라고 부를 만큼 세계에는 충분한 질서가 있다. 심지어 화이트헤드는 대체로 "자연"으로 번역되는 고대 그리스어 '피지스'*physis*를 "자연의 성장 과정" 혹은 보다 간단하게 "과정"으로 번역하는 것이 정확할 수 있다고 보는데, 세계의 끊임없이 진전하는 역사는 운동하는 우주적 공동체를 구성하기 때문이다. 신적 설득의 개념은 세계의 일반적 질서와 이런 질서는 절대적이지 않다는 사실 둘 다를 이해하는 데 유용하다는 주요 장점이 있다. 세계에서 작용하는 맹목적 힘은 측량과 조화로움을 지향하는 모든 시도에 저항한다. 적어도 인간 수준에서 우리는 신적 유혹에 긍정적으로 호응할 수도 있고 신적 설득이 지향하는 이상에 저항할 수도 있다. 인간의 이런 두 반응 모두 설명되어야 한다.(Whitehead [1933] 1967, 133, 147~148, 150, 160, 168, 190; [1954] 2001, 159)

"새로운 개혁"은 과정에 있다. 신 개념 자체가 과정에 있으며 재-개혁 중이다. 이것이야말로 희망이다. 단어 "신-고전"에서 볼 수 있듯 "재-개혁"의 두 부분 모두 필요하다. 화이트헤드가 생각하기에 설득적 신 개념을 남긴 퀘이커교의 공헌을 제외하면, 첫 번째 종교 개혁은 다른 영역에서는 성공했을지 모르지만, 신 개념과 관련해 완전히 실패했다. 플라톤이 강제적인 신적 행위자보다 설득적인 신적 행위자가 우월하다는 사실을 알아낸 위대한 발견가라면, 퀘이커교의 공헌은 플라톤이 놓은 기반을 한층 더 높이 쌓는다. 고전 유신론의 신이 전적으로 파생된 세계를 전능하게 처분하는 반면, 화이트헤드의 신은 세계가 더 나은 곳, 더 아름다운 곳으로 움직이게끔 온화한 관심을 기울이려 애쓰면서 세계와 영향을 주고받는다. 그리스도교의 고전 유신론자들을 포함해 고전 유신론자들은 겉보기와 달리 예수의 설득하는 사랑과 평화의 메시지를 우호적으로 수용하지 않는다. 고전 유신론의 절대 독재자로서의 신의 개념은 신 개념의 진보와 예수가 강조한 유연한 삶을 이해하는 데 걸림돌 역할을 해 왔다. 하지만 화이트헤드가 지적하듯 절망해야 할 이유는 없다. "심오한 사상이 사람들의 관심을 사로잡기까지, 수많은 세대를 거쳐야 하는 역사가 바로 종교의 역사다."(Whitehead [1933] 1967, 171, 또한 161, 166~170)

화이트헤드의 기본적 두 개념, 시간적 신과 비시간적 신을 인식하는 것이 중요하다. 비시간적 신은 신의 원초적 본성을 가리키며, 불후의 시간 내내 신의 정체성이 지속되는 것을 의미한다. 고전 유신론자들은 신의 영속적 면모를 훌륭하게 다루었으며, 우리는 그들의 이런 노력에 빚지고 있다. 그러나 충분한 신 개념에 더 가까이 접근하려면, 그들의 업적에서 한 걸음 더 나아가야 한다. 원초적 본성의 영속성에도 불구하고, 신의 이런 면모는 앞서 살펴본 진리, 아름다움, 선의 이상을 지향하게끔 하는 유혹으로서 기능한다. 이런 점에서 화이트헤드가 일반적으로 신, 부분적으로는 신의 원초적 면모를 지칭할 때 의미하는 바는 우리가 자신의 최고 모습을 지향하게끔 우리를 자극하는 이, 행복의 갈망을 충족하게끔 우리를 도와주는 이, 즉 우주의 에로스이다. 신이든 우리든 우리 자신을 완전하게 하는 데 한계가 있기 때문에, 완전함을 정적으로 유지하는 것은 불가능하다. 그러므로 "에로스"는 창조적으로 전진하고 싶은, 설명하기 어려운 욕망을 가리킨다. 에로스가 없다면 우리는 정체될 것이다. 바로 이런 이유에서 정적 완전함에 대한 아리스토텔레스의 미화 그리고 이런 개념이 고전 유신론의 역사에 과도하고 편만하게 미쳐 온 영향은 위험한 교리가 된다. 정적 완전함은 불가능함에도 불구하고, 바로 지금 세계에서 모든 것이 완전할 수 있고 허용될 수 있다는 식으로 우리를 오도하는 경향이 있기 때문이다.(Whitehead [1933] 1967, 235, 253, 274~276)

살아 있는 존재들은 양립할 수 없는 가능태들과 거듭해서 맞닥뜨리기 때문에 반드시 전진해야 한다. 간단히 예를 들어 아침에 토스트를 먹어야 할까, 베이글을 먹어야 할까? 둘 다 먹을 만큼 배가 고픈 게 아니라면, 하나를 결정해야 한다. 신적 삶에서조차 일부 가능태들의 현실화는 계속되지만 다른 가능태들은 그렇지 않으며, 결정 과정 전체에서 손을 뗄 수도 없다. 즉 평화에 대해 결정해야 할 거리가 없다거나 고단한 삶을 회피하는 태도로 이해해서는 안 된다. 오히려 화이트헤드는 비극을 이해할 때 안식이 부분적으로 온다고 생각한다.(Whitehead [1933] 1967, 277, 286) 다음은 화이트헤드가 이런 문제를 다루면서 남긴 가장 인상적 구절이다. "사물의 본질의 중심에는 언제나 청춘의 꿈과 비극의 결실이 서려 있다. 우주의 모험은 그 꿈에서 출발해, 비극적 아름다움을 거두어들인다. 이것은 열정과 평화가 어우러지는 비결이다. 고통은 조화들의 조화에서 그 종국에 이른다. 청춘과 비극이 어우러지는 최종 사실을 직접 경험하는 것이 평화의 감각이다. 이런 방식으로 세계는 다양한 개체의 계기들에서 가능한 한 완전함을 지향하게끔 설득된다."(Whitehead [1933] 1967, 296) 여기서 언급하는 비극은 부분적으로 유한성의 결과이지만, 유한성 덕분에 미학적이든 도덕적이든 확정적 성취가 가능하다는 것을 기억해야 한다.

화이트헤드의 신 개념은 그의 마지막 저서 『사고의 양태』([1938] 1968)에 이르기까지 계속 발전한다. 그는 『사고의 양태』에서 위대한 철학자들(과 문학가들)의 역할 중 하나는 말 너머를 생생하게 느끼게 하는 것임을 분명하게 밝힌다. 이것이 그저 신이 말 너머에 있다고 지적하는 과도한 부정신학과는 다소 다르다는 것은 말할 필요도 없다. 물론 신 개념의 가장 명료한 설명에조차 모호한 "너머"의 특징이 언제나 있다. 그럼에도 신 개념을 설명하려면, 가능한 언어와 너머의 느낌을 생생하게 불러일으키는 언어 둘 다 중요하다. 경험의 가장 미미한 현실적 계기들의 내면의 삶과 우주의 통일성(신적 현실태)의 내면의 삶 둘 다 이 "너머"를 구성한다. 이런 연결성은 신적 현실태를 이해하는 열쇠이며, 연결성을 벗어난 추상화에는 언제나 일종의 생략이 따른다.(Whitehead [1938] 1968, 5~9)

사람들은 종교의 파란만장한 역사 때문에 종교를 제쳐 두려 한다. 하지만 화이트헤드는 부패의 역사 탓에 정치를 도외시하거나 라디오에서 들리는 음악 대부분이 중복되고 무미건조하고 우리를 황폐하게 하므로 음악 자체를 도외시하는 것보다 종교의 무시를 더 이해할 수 없다고 생각한다. 고전 유신론자들이 유한성까지는 아니지만 무한성을 문제적으로 신격화했다고 해서, 유한성과 무한성의 적절한 관계와 관련한 질문이 멈추지는 않을 것이다. 혹여 고전 유신론자들이 그 관계를 완전하게 이해했다면, 양극의 신적 삶에서 무한성과 유한성 둘 다의 면모를 완전하게 파지했을 것이다. 사실상 완성된, 정적 틀의 정신을 따르는 이해는 있을 수 없다. 대신 이해는 언제나 미완성 과정에 있는 파지 혹은 파악이라는 성격을 지닌다. 이와 관련해 주목해야 할 두 가지가 있다. 하나는 무한한 가능태의 배경에서 유한성이 나타나므로, 유한성의 이해는 무한한 가능태에 대한 이해까지 포함한다는 것이다. 이런 이해는 종교 회의주의와 반대된다. 다른 하나는 무한성의 이해는 유한성에 대한 이해까지 포함한다는 것으로, 이런 이해는 고전 유신론과 반대된다.(Whitehead [1938] 1968, 19, 42~44)

신고전 혹은 과정 유신론은 새로운(혹은 다시 살아난 플라톤 방식의) 신적 완전함의 관점을 따른다. 이런 관점에서 신과 세계의 관계 유형은 고전 유신론에서 볼 수 있는 관계 유형과 상당히 다르다. 완전함은 인간의 상상력을 사로잡는 개념이다. 그러므로 앞서 완전함이 엄밀한 영속성, 불변성, 세계에 의한 부동성으로 잘못 특징지어졌다고 해서 완전함의 개념을 쉽게 내버려서는 안 된다. 화이트헤드가 보기에 생명과 운동 자체는 완전할 수 있다. 유한성과 적용 가능성의 긍정적 가치와 달리, 고전 유신론자들이 균형을 잃고 무한성과 영속성을 강조해 온 결과, 그들이 제시해 온 완전함의 관점에서 신은 다람쥐보다 낮은 가치를 지닌다. 적어도 어미 다람쥐는 새끼 다람쥐들을 돌보고 그들이 처한 곤경에 대응할 수 있다. 유한한 선함을 행할 수 있는 존재만이 새끼 다람쥐들에게 관심을 줄 수 있으며, 새끼 다람쥐들은 지금 이곳에서 그 관심을 받을 자격을 지닌다. 신고전 혹은 과정 관점에서 볼 때, 무한하게 배열된 가능태 가운데 일부 특수 가치들이 다른 것 대신 선택된다는 점에서 신의 중요성이 뚜렷하게 드러난다.(Whitehead [1938] 1968, 77~80, 또한 57, 69)

철학자들은 오랫동안 다양한 양상 혹은 실재의 방식("있을지 모르는 것", "있어야 하는 것", "있어서는 안 되는 것" 같은 표현들)을 구분해 왔음에도, 이런 양상들이 시간적 구분을 따른다는 주장을 피하려 한다. 아리스토텔레스와 퍼스는 이런 점에서 예외다. 현실적인 것은 과거와 일치하고, 가능한 것은 미래와, 필연적인 것은 실재와 언제나 일치하며, 불가능한 것은 실재와 언제나 일치하지 않는다. 게다가 물리적인 것과 정신적인 것의 구분 역시 시간적 구분을 따른다. 물리적인 것이 구체화된 많은 감정을 과거에서 수용하는 것이라면, 정신적인 것은 이런 수용에 대한 반응에서 그리고 미래의 기대에서 실현되고 있다는 느낌이다.(Gilroy 2005 참고)

인간 현존이 일시적이라는 의미에서 고전 유신론자들이 무시간적 영원성의 관점에 매료되어 왔다는 사실은 상당히 이해할 만하다. 그러나 아직 완전함의 논리를 충분하게 고찰하지 않은 만큼, 우리를 매료시키는 다른 방식들도 있다. 궁극적 실재는 전적으로 불변하는 고전 유신론의 세계로부터 변동성의 현재 세계를 얼마나 정확하게 파생할 수 있을까? 수학적·형상적 실재의 불변하는, 추상적 세계를 강조한 철학자(플라톤)가 삶과 운동이라는 신적 성격 역시 강조한 사실을 깨우치면, 고전 유신론에서 신고전 유신론으로 전환하기는 훨씬 쉬워진다. 다른 위대한 철학자들(예를 들어 데카르트)은 직관에 어긋나는 정적 신 개념을 주장했으며, 이런 신 개념 때문에 존재론적 논증은 그 시작부터 불행한 운명을 향했다. 데카르트는 수학에 지나치게 몰두한 탓에 옹호할 수 없는 신 개념의 성채를 짓고 말았다. 목적의식, 희망, 에너지는 모두 역동적 완전함의 신관을 요구한다.(Whitehead [1938] 1968, 81~83, 86~87, 97, 100~101)

신은 우리가 제공하는 가치에 더해 세계를 위한 가치를 제공하지만, 신적 가치는 이상적이다. 이를테면 우리 본성의 착한 천사에 의해 우리가 움직일 때, 신적 가치는 우리를 이끄는 동력으로 작용한다. 화이트헤드의 관점에서, 각기 단일자의 경험에 (1) 내재하는 가치 혹은 자기를 위한 가치, (2) 타자를 위한 가치, (3) 전체를 위한 가치라는 세 가지 가치가 부여된다. 즉 경험의 각각의 계기는 경험 자체와 신을 포함하는 타자 둘 다를 위해 중요성을 띤다. 이런 가치의 발생에 수반되는 역동성이 지시하는 바는 궁극적 실재를 정적 사실로 보는 개념은 타당하지 않다는 사실이다. 매 순간 우리는 현존한 적 없는 미래로 흘러 들어가기 때문에, 시간의 고립된 순간이라는 관념은 누군가 현실적으로 경험해 온 어떤 것이 아니라 추상 개념일 뿐이다.(Whitehead [1938] 1968, 102, 110, 119, 152)

화이트헤드는 『사고의 양태』([1938] 1968, 171~174)의 에필로그에서 이 책의 주제와도 통합적으로 연결되는 철학의 목표를 다룬다. 만일 "철학"이 지혜에 대한(역동적 탐구의 의미에서) 사랑을 의미한다면, 신에게 전지(신고전 혹은 과정 유신론에서 이해하는 전지)를 허용하지 않는 것이 철학의 소명이다. 이미 존재하는 지혜에 만족하는 인간은 철학자가 될 수 없다. 이런 점에서 철학의 목표는

"신비주의"의 목표와 무관하지 않다. 화이트헤드는 신비주의를 깊은 곳에서 직접 조우하나 아직 말해지지 않은 통찰로 정의한다. 신비주의와 철학 둘 다의 방향과 크기 덕분에(점차 근접하게 알아 가려는 노력에서, 둘 다 부분적으로 알려진 것을 지향하는 움직임을 수반한다) 우리는 철학이 신비주의를 합리화하고, 위대한 신비주의자들의 통찰을 지적으로 조정하며, 신적 현실태의 신비적 파악을 더 잘 설명하기 위해 참신한 언어로 특징을 표현하거나(예를 들어 범재신론) 참신한 개념적 틀을 만들려(예를 들어 양극 신론) 시도한다고 주장할 수 있다. 이런 시선에서 보면, 철학**은** 신비주의적**이다.**

옮긴이 후기

이 책은 시애틀대학교 Seattle University의 철학과 명예교수이자 현재 미국에서 활동하는 철학자 대니얼 A. 돔브로스키의 *A History of the Concept of God: A Process Approach* (Albany: State University of New York Press, 2016)를 우리말로 옮긴 것이다. 돔브로스키는 20권이 넘는 책과 200편이 넘는 논문을 남길 만큼 활발히 활동해 온 철학자로, 미국 형이상학회 회장을 역임했고(2018~2019년), 존 B. 캅 주니어와 데이비드 레이 그리핀이 1973년 설립한 과정사상연구소에서 임원을 맡고 있으며, 2009년부터는 『과정 사상 연구』의 편집자로 활동하고 있다. 돔브로스키는 긴 시간 과정철학자 알프레드 노스 화이트헤드와 찰스 하츠혼, 정치철학자 존 롤스, 고대 그리스의 신론에 천착해 왔고, 여러 관점과 쟁점이 교차하는 지점을 섬세하게 연구해 왔다. 그럼에도, 과정철학적 이해를 기반으로 생태 쟁점을 다루는 존 B. 캅 주니어와 여성주의 시각을 더해 생태여성주의를 제안한 샐리 맥페이그, 정치·젠더 차별·인종 차별·기후 위기 문제에까지 과정 사상을 확장해 적용하고 해석하는 캐서린 켈러의 연구 업적이 종종 한국에 소개되어 온 것과 달리 그의 생각은 적절히 소개된 적 없다. 그렇기에 지금이라도 우리가 돔브로스키의 생각을 공유할 수 있게 된 것은 다행스러운 일이다.

이 책은 신 개념의 역사라는 독특한 장르에 속한다. 사실상 신을 표현하는 여러 용어는 신 자체를 가리킨다기보다 시대마다 특정 집단이 그들의 열망에 따라 효과적으로 형성해 온 개념이다. 신의 모습은 고정된 절대적 이미지로 지속되는 게 아니라 세계와의 관계 안에서 빚어지고 발전한다. 즉 인간 삶의 양상과 사회의 작동 방식이 바뀌듯, 신의 이미지 역시 변화를 겪는다. 이런 장르가 중요한 이유는 신의 이미지를 통해 그 안에 반영된 인간과 세계에 대한 이해를 확인할 수 있어서다. 현재까지 전달된 신의 이미지를 고찰하면서 우리가 처한 현황을 파악하고 과거를 반성할 수 있으며, 미래를 맞이하기 위한 자세를 갖춰 갈 수 있다. 그런 의미에서 신 개념은 인간의 자유와 창조성 그리고 세계의 역동성에 따라 형성된다고도 할 수 있다. 이렇게 인간의 자유와 창조성, 신과 세계의 관계를 재고함으로써 우리는 수많은 고난과 고통, 참사에 대해 신의 이름으로 우리가 져야 할 책임을 촉구할 수 있다.

이 책의 또 다른 독특한 점은 돔브로스키가 과정철학자 찰스 하츠혼에게 기대어 과정 유신론 혹은 신고전 유신론의 관점에서 신 개념의 역사를 구성하고, 이 장르의 외연을 넓히려 한다는 것이다. 기존 형이상학에 따를 때, 존재 범주는 생성 범주보다 우위에 있고, 영원성이 시간보다 우위에 있으며, 영속성이 변동보다 우위에 있다. 신에게는 언제나 우위 범주를 적용해야 하므로, 이런 경우 신 개념은 단극 성향을 보인다. 게다가 존재이면서 시간 바깥에 영원히 있고 부동하는 신은 곧 소통 없는 무감각한 신, 그저 타계에 존재하는 초월적 신으로 이어질 뿐이다. 심각하게는 세계에 힘만 행사할 뿐 인간의 고통에는 일절 반응하지 않는 독재적인 신, 폭력적인 신으로 귀결된다. 이에 대해 찰스 하츠혼은 양극 신론을 제안한다. 즉 범주를 선택적으로 신에게 적용하는 게 아니라 각 범주에서 최고 탁월한 면모를 신에게 부여하는 것이다. 예를 들어 신은 최고 탁월한 존재인 동시에 최고 탁월한 생성이고, 최고 탁월한 변동성을 거듭해서 지니기에 최고 탁월한 영속성을 갖는다. 이런 양극 신론에서는 대비되는 범주 사이에서 우열을 가릴 필요가 없다. 찰스 하츠혼은 기존 존재론의 범주를 인정하면서도, 범주가 가리키는 의미를 더 풍성하고 깊게 사유할 수 있는 길을 열어 주었다. 고전 유신론에서는 신과 연결할 수 없던 속성들, 연민이나 공감 같은 수동성, 타자와의 관계에 의한 변동성 같은 면모도 신에게 부여할 수 있게 되었다. 덕분에 가장 탁월하게 연민하고 공감하는 신, 가장 탁월하게 타자에 반응하는 신, 즉 사랑과 자비의 신 개념을 온전히 되살릴 수 있다.

이 책의 이런 특징은 신고전 유신론에 따라 신 개념을 다시 빚어 간다면 신에 관한 사유가 더욱 풍성해질 수 있을 뿐 아니라 고난받는 사람, 소수자, 약자를 보는 시선이 바뀔 것이고, 타자를 대하는 태도도 혐오나 배제가 아닌 연대와 환대로 바뀔 수 있으리라는 기대감을 갖게 한다.

이 책이 우리말로 나오기까지 많은 이의 관심과 도움을 받았다. 그중에서도 이 책의 중요성을 이해하고 출간의 기회로 이어 준

서강대학교 생명문화연구소의 김동규 선생님, 새로운 작가와 이야기를 소개하게끔 기꺼이 자리를 마련해 준 그린비출판사에 감사의 마음을 전한다. 특히 작업의 전 과정에서 언제나 상냥하고 친절하게 소통하며 역자의 사정을 헤아려 준 이진희 편집장과 편집부에 진심으로 감사의 마음을 전한다. 애정을 갖고 작업한 만큼 이 책이 독자에게 깊은 감동을 주고, 연구를 평생의 업으로 삼은 이들에게 꼭 보탬이 되었으면 좋겠다. 그리고 무엇보다 신을 사유하는 우리의 정신이 더욱 자유롭고 기쁠 수 있기를 바란다. 한량없이 자비한 신에게 의지해, 우리 역시 두려움에 맞서 타자를 맞아들이고 연대할 수 있기를 바란다. 여러 힘이 서로 줄다리기할 때마다 가장자리로 밀려나야 하는 힘 약한 이가 신의 이름 덕분에 숨 쉴 틈을 얻는 신비한 일이 자주 목격되기를 기대한다.

2024년 12월
이민희

참고 문헌

Adams, R. M. 1994. *Leibniz*. New York: Oxford University Press.

Al-Ghazzali. 1912. *Die Dogmatik al-Ghazzali's Nach dem II Buch seines Hauptwerkes*. Edited by Hans Bauer. Halle, Germany: Buchdruckerei des Waisenhauses.

Allen, E. L. 1951. *Freedom in God: A Guide to the Thought of Nicholas Berdyaev*. New York: Philosophical Library.

An-Na'im, Abdullahi Ahmed. 1990. *Toward an Islamic Reformation*. Syracuse, NY: Syracuse University Press.

Anselm, St. 1962. *Basic Writings*. Translated by S. N. Deane. LaSalle, IL: Open Court.

Aristotle. 1984. *The Complete Works of Aristotle*. 2 vols. Edited by Jonathan Barnes. Princeton, NJ: Princeton University Press.

Armstrong, Karen. 1993. *A History of God: The 4,000 Year Quest of Judaism, Christianity, and Islam*. New York: Ballantine Books.

_____ . 2006. *The Great Transformation: The Beginning of Our Religious Traditions*. New York: Knopf.

_____ . 2009. *The Case for God*. New York: Knopf.

Arnison, Nancy. 2012. "A Tragic Vision for Christianity: Aeschylus and Whitehead." Ph. D. dissertation. University of Chicago.

Artson, Bradley. 2013. *God of Becoming and Relationship*. Woodstock, VT: Jewish Lights Publishing.

Augustine, St. 1998. *Confessions*. Translated by Henry Chadwick. New York: Oxford University Press.

_____ . 2010. *On the Free Choice of the Will*. Translated by Peter King. New York: Cambridge University Press.

Barbour, Ian. 1990. *Religion in an Age of Science*. San Francisco: Harper and Row.

Barnes, Jonathan, ed. 1995. *The Cambridge Companion to Aristotle*. New York: Cambridge University Press.

_____ . 2000. *Aristotle*. New York: Oxford University Press.

Barthelemy-Madaule, Madeleine. 1963. *Bergson et Teilhard de Chardin*. Paris: Editions du Seuil.

Berdyaev, Nicholas. 1936. *The Meaning of History*. Translated by George Reavey. London: Centenary Press.

_____ . 1937. *The Destiny of Man*. Translated by Natalie Duddington. New York: Scribner's.

_____ . 1953. *Truth and Revelation*. Translated by R. M. French. London: Geoffrey Bles.

Bergson, Henri. 1911. *Creative Evolution*. Translated by Arthur Mitchell. New York: Henry Holt.

_____ . 1932. *Les Deux Sources de la Morale et de la Religion*. Paris: Presses Universitaires de France.

_____ . 1946. *The Creative Mind*. Translated by Mabelle Andison. New York: Philosophical Library.

_____ . 1977. *The Two Sources of Morality and Religion*. Translated by R. Ashley Audra and Cloudesley Brereton. Notre Dame, IN: University of Notre Dame Press.

Bixler, Julius. 1941. "Whitehead's Philosophy of Religion." In *The Philosophy of Alfred North Whitehead*. Edited by Paul Schilpp. LaSalle, IL: Open Court.

Boler, John. 1963. *Charles Peirce and Scholastic Realism*. Seattle: University of Washington Press.

Bowker, John. 2002. *God: A Brief History*. London: DK Publishing.

Bracken, Joseph. 2000. *Christianity and Process Thought*. Philadelphia, PA: Templeton Foundation Press.

Brown, Peter. 1967. *Augustine of Hippo*. Berkeley: University of California Press.

Buber, Martin. 1937. *I and Thou*. Translated by R. G. Smith. Edinburgh, UK: T. and T. Clark.

Burrell, David. 1986. *Knowing the Unknowable God: Ibn Sina, Maimonides, Aquinas*. Notre Dame, IN: University of Notre Dame Press.

Byrne, Peter. 2007. *Kant on God*. Burlington, VT: Ashgate.

Capetz, Paul. 2003. *God: A Brief History*. Minneapolis, MN: Fortress Press.

Case-Winters, Anna. 1990. *God's Power*. Louisville: Westminster John Knox Press.

Christ, Carol. 2003. *She Who Changes: Re-Imagining the Divine in the World*. New York: Palgrave Macmillan.

Clarke, Norris. 2009. *The Creative Retrieval of St. Thomas Aquinas*. New York: Fordham University Press.

Cobb, John. 1991. "Hartshorne's Importance for Theology." In *The Philosophy of Charles Hartshorne*. Edited by Lewis Hahn. LaSalle, IL: Open Court.

_____ . 1999. *Transforming Christianity and the World*. Maryknoll, NY: Orbis.

_____ . 2007. *A Christian Natural Theology: Based on the Thought of Alfred North Whitehead*. 2nd ed. Louisville, KY: Westminster John Knox Press.

Cobb, John, and Charles Birch. 1981. *The Liberation of Life*. New York: Cambridge University Press.

Cobb, John, and Herman Daly. 1994. *For the Common Good*. Boston: Beacon Press.

Cooper, Burton. 1974. *The Idea of God: A Whiteheadian Critique of St. Thomas Aquinas' Concept of God*. The Hague, Netherlands: Martinus Nijhoff.

Cory, David. 1932. *Faustus Socinus*. Boston: Beacon Press.

Cottingham, John. 1986. *Descartes*. New York: Blackwell.

Cottingham, John, ed. 1992. *The Cambridge Companion to Descartes*. New York: Cambridge University Press.

Cowell, Siôn. 2001. *The Teilhard Lexicon*. Brighton, UK: Sussex Academic Press.

Cunning, David. 2013. "Descartes on God and the Products of His Will." In *Models of God and Alternative Ultimate Realities*, edited by Jeanine Diller and Asa Kasher. New York: Springer.

Davaney, Sheila Greeve, ed. 1990. *Feminism and Process Thought*. New York: Edwin Mellen.

Davenport, John. 2013. "A New Existential Model of God: A Synthesis of Themes in Kierkegaard, Buber, Levinas, and Open Theism." In *Models of God and Alternative Ultimate Realities*, edited by Jeanine Diller and Asa Kasher. New York: Springer.

Davidson, Herbert. 2005. *Moses Maimonides*. New York: Oxford University Press.

Davies, Brian. 2011. *Thomas Aquinas on God and Evil*. New York: Oxford University Press.

Davies, Brian, and Brian Leftow, eds. 2004. *The Cambridge Companion to Anselm*. New York: Cambridge University Press.

Davies, Daniel. 2011. *Method and Metaphysics in Maimonides' Guide for the Perplexed*. New York: Oxford University Press.

Descartes, Rene. 1988. *Selected Philosophical Writings*. Translated by John Cottingham et al. New York: Cambridge University Press.

Despland, Michel. 1973. *Kant on History and Religion*. Montreal: McGill-Queen's University Press.

DiCenso, James. 2011. *Kant, Religion, and Politics*. New York: Cambridge University Press.

Diller, Jeanine, and Asa Kasher, eds. 2013. *Models of God and Alternative Ultimate Realities*. New York: Springer.

Dombrowski, Daniel. 1992. *St. John of the Cross*. Albany: State University of New York Press.

_____ . 1996. *Analytic Theism, Hartshorne, and the Concept of God*. Albany: State University of New York Press.

_____ . 2000. *Not Even a Sparrow Falls: The Philosophy of Stephen R. L. Clark*. East Lansing: Michigan State University Press.

_____ . 2004. *Divine Beauty: The Aesthetics of Charles Hartshorne*. Nashville, TN: Vanderbilt University Press.

_____ . 2005. *A Platonic Philosophy of Religion: A Process Perspective*. Albany: State University of New York Press.

_____ . 2006. *Rethinking the Ontological Argument: A Neoclassical Theistic Response*. New York: Cambridge University Press.

_____ . 2009. *Contemporary Athletics and Ancient Greek Ideals*. Chicago: University of Chicago Press.

_____ . 2011. *Rawlsian Explorations in Religion and Applied Philosophy*. University Park: Pennsylvania State University Press.

_____ . 2015. "Religion, Solitariness, and the Bloodlands." *American Journal of Theology & Philosophy* 36: 226~239.

_____ . Forthcoming. *From Mechanism to Organism: From Force to Persuasion.*

Dorff, Elliot. 2013. "Jewish Images of God." In *Models of God and Alternative Ultimate Realities*, edited by Jeanine Diller and Asa Kasher. New York: Springer.

Eisen, Robert. 1995. *Gersonides on Providence, Covenant, and the Chosen People.* Albany: State University of New York Press.

Emery, Gilles. 2010. *The Trinitarian Theology of St. Thomas Aquinas.* New York: Oxford University Press.

Enxing, Julia, and Klaus Muller, eds. 2012. *Perfect Changes: Die Religionsphilosophie Charles Hartshorne.* Regensburg, Germany: Verlag Friedrich Pustet.

Eslick, Leonard. 1953. "The Dyadic Character of Being in Plato." *Modern Schoolman* 31: 11~18.

Faber, Roland. 2008. *God as Poet of the World: Exploring Process Theologies.* Louisville, KY: Westminster John Knox Press.

Fechner, Gustav. 1922. *Zend Avesta.* Leipzig, Germany: Leopold Voss.

Field, Claud. 1909. *The Confessions of Al-Ghazzali.* London: J. Murray.

Fock, Otto. 1847. *Der Socinianismus.* Kiel, Germany: Carl Schroder.

Ford, Lewis, ed. 1973. *Two Process Philosophers: Hartshorne's Encounter with Whitehead.* Tallahassee, FL: American Academy of Religion.

Fretheim, Terrence. 1984. *The Suffering of God: An Old Testament Perspective.* Philadelphia, PA: Fortress Press.

Friedlander, Paul. 1958. *Plato.* Translated by Hans Meyerhoff. New York: Pantheon.

Gamwell, Franklin. 1990. *The Divine Good.* San Francisco, CA: Harper Collins.

Gelpi, Donald. 2001. *Peirce and Theology.* Lanham, MD: University Press of America.

Gerson, Lloyd, ed. 1996. *The Cambridge Companion to Plotinus.* New York: Cambridge University Press.

Gilroy, John. 2005. "Neuro Wine in Old Vessels: A Critique of D'Aquili and Newberg." *Process Studies Supplements* 8: 1~42.

Godlove, Terry. 2014. *Kant and the Meaning of Religion.* New York: Columbia University Press.

Grene, Marjorie. 1985. *Descartes.* Minneapolis: University of Minnesota Press.

_____. 1991. *Descartes among the Scholastics*. Milwaukee, WI: Marquette University Press.

Griffel, Frank. 2009. *Al-Ghazzali's Philosophical Theology*. New York: Oxford University Press.

Griffin, David Ray. 1976. *God, Power, and Evil: A Process Theodicy*. *Philadelphia*, PA: Westminster Press.

_____. 1991. *Evil Revisited*. Albany: State University of New York Press.

_____. 2001. *Reenchantment without Supernaturalism: A Process Philosophy of Religion*. Ithaca, NY: Cornell University Press.

Griffin, Michael. 2012. *Leibniz, God, and Necessity*. New York: Cambridge University Press.

Guyer, Paul, ed. 1992. *The Cambridge Companion to Kant*. New York: Cambridge University Press.

Hadas-Lebel, Mireille. 2012. *Philo of Alexandria*. Leiden, The Netherlands: Brill.

Hartshorne, Charles. 1934. *The Philosophy and Psychology of Sensation*. Chicago: University of Chicago Press.

_____. 1937. *Beyond Humanism*. Chicago: Willet, Clark.

_____. 1941. *Man's Vision of God*. New York: Harper.

_____. 1948. *The Divine Relativity*. New Haven, CT: Yale University Press.

_____. 1953. *Reality as Social Process*. Boston: Beacon Press.

_____. 1962. *The Logic of Perfection*. LaSalle, IL: Open Court.

_____. 1965. *Anselm's Discovery*. LaSalle, IL: Open Court.

_____. 1967. *A Natural Theology for Our Time*. LaSalle, IL: Open Court.

_____. 1970. *Creative Synthesis and Philosophic Method*. LaSalle, IL: Open Court.

_____. 1972. *Whitehead's Philosophy*. Lincoln: University of Nebraska Press.

_____. 1976. *Aquinas to Whitehead*. Milwaukee, WI: Marquette University Press.

_____. 1981. *Whitehead's View of Reality*. New York: Pilgrim Press.

_____. 1983. *Insights and Oversights of Great Thinkers*. Albany: State University of New York Press.

_____. 1984a. *Creativity in American Philosophy*. Albany: State University of New York Press.

_____. 1984b. *Existence and Actuality*. Edited by John Cobb and Franklin Gamwell. Chicago:

University of Chicago Press.

_____ . 1984c. *Omnipotence and Other Theological Mistakes*. Albany: State University of New York Press.

_____ . 1987. *Wisdom as Moderation*. Albany: State University of New York Press.

_____ . 1990. *The Darkness and the Light*. Albany: State University of New York Press.

_____ . 1991. *The Philosophy of Charles Hartshorne*. Edited by Lewis Hahn. LaSalle, IL: Open Court.

_____ . 2000. *Philosophers Speak of God*. Edited by William Reese. Amherst, NY: Humanity Books.

_____ . 2001. *Hartshorne and Brightman on God, Process, and Persons: The Correspondence, 1922~1945*. Edited by Randall Auxier and Mark Davies. Nashville, TN: Vanderbilt University Press.

_____ . 2011. *Creative Experiencing*. Edited by Donald Viney and Jincheol O. Albany: State University of New York Press.

Hasan, Ali. 2013. "Al-Ghazali and Ibn Rushd (Averroes) on Creation and the Divine Attributes." In *Models of God and Alternative Ultimate Realities,* edited by Jeanine Diller and Asa Kasher. New York: Springer.

Haught, John. 2000. *God after Darwin: A Theology of Evolution*. Boulder, CO: Westview Press.

Heidelberger, Michael. 2004. *Nature from Within: Georg Theodor Fechner and His Psychophysical Worldview*. Pittsburgh, PA: University of Pittsburgh Press.

Henning, Brian. 2005. *The Ethics of Creativity*. Pittsburgh, PA: University of Pittsburgh Press.

Heschel, Abraham. 1962. *The Prophets*. New York: Harper and Row.

Hume, David. 1980. *Dialogues Concerning Natural Religion*. Indianapolis, IN: Hackett.

Iqbal, Mohammed. 1934. *The Reconstruction of Religious Thought in Islam*. London: Oxford University Press.

_____ . 2013. *The Reconstruction of Religious Thought in Islam*. Translated by M. Saeed Sheikh. Stanford, CA: Stanford University Press.

Jalabert, Jacques. 1960. *Le Dieu de Leibniz*. Paris: Presses Universitaires de France.

John of the Cross, St. 1973. *The Collected Works of St. John of the Cross*. Translated by Kieran
Kavanaugh and Otilio Rodriguez. Washington, DC : Institute of Carmelite Studies.

Jolley, Nicholas, ed. 1995. *The Cambridge Companion to Leibniz*. New York: Cambridge
University Press.

Kant, Immanuel. 1921. *Zur Logik und Metaphysik*. Band 46. Leipzig, Germany: Verlag von Felix
Meiner.

_____. 1930. *Kritik der Reinen Vernunft nach der ersten und zweiten Original-Ausgabe*. Band
37a. Leipzig, Germany: Verlag von Felix Meiner.

_____. 1933. *Prolegomena to Any Future Metaphysics*. Translated by Paul Carus. Chicago: Open
Court.

_____. 1960. *Religion within the Limits of Reason Alone*. Translated by Theodore Greene and
Hoyt Hudson. New York: Harper.

_____. 1978. *Lectures on Philosophical Theology*. Translated by Allen Wood and Gertrude
Clark. Ithaca, NY: Cornell University Press.

_____. 1996. *Kant's Critique of Practical Reason*. Translated by T. K. Abbott. Amherst, NY:
Prometheus Books.

Kasser, Jeffrey. 2013. "Peirce on God, Reality, and Personality." In *Models of God and Alternative
Ultimate Realities*, edited by Jeanine Diller and Asa Kasher. New York: Springer.

Keller, Catherine. 2003. *Face of the Deep: A Theology of Becoming*. New York: Routledge.

Kennedy, Robert. 2013. "Thomas Aquinas: Model of God." In *Models of God and Alternative
Ultimate Realities*, edited by Jeanine Diller and Asa Kasher. New York: Springer.

Kenney, John. 2013a. "Augustine and Classical Theism." In *Models of God and Alternative
Ultimate Realities*, edited by Jeanine Diller and Asa Kasher. New York: Springer.

_____. 2013b. "The Platonic Monotheism of Plotinus." In *Models of God and Alternative
Ultimate Realities*, edited by Jeanine Diller and Asa Kasher. New York: Springer.

Kerr, Fergus. 2009. *Thomas Aquinas*. New York: Oxford University Press.

Kolakowski, Leszek. 1985. *Bergson*. New York: Oxford University Press.

Kraut, Richard, ed. 1992. *The Cambridge Companion to Plato*. New York: Cambridge University

Press.

Kretzmann, Norman, and Eleonore Stump, eds. 1993. *The Cambridge Companion to Aquinas*. New York: Cambridge University Press.

Lacey, A. R. 1989. *Bergson*. New York: Routledge.

Leibniz, Gottfried. 1931. *Discourse on Metaphysics, Correspondence with Arnauld, and Monadology*. Translated by George Montgomery. Chicago: Open Court.

_____. 1949. *New Essays Concerning Human Understanding*. Translated by A. G. Langley. LaSalle, IL: Open Court.

_____. 1952. *Theodicy*. Translated by E. M. Huggard. New Haven, CT: Yale University Press.

Levenson, Jon. 1988. *Creation and the Persistence of Evil: The Jewish Drama of Divine Omnipotence*. San Francisco, CA: Harper and Row.

Levi, Albert William. 1959. *Philosophy and the Modern World*. Bloomington: Indiana University Press.

Loomer, Bernard. 1976. "Two Conceptions of Power." *Process Studies* 6: 5~32.

_____. 2013. "The Size of the Everlasting God." *Process Studies Supplements* 18: 1~45.

Lucas, George, ed. 1986. *Hegel and Whitehead*. Albany: State University of New York Press.

Maimonides. 1885. *The Guide of the Perplexed*. Translated by M. Friedlander. London: Ludgate Hill.

Malik, Hafeez. 1971. *Iqbal*. New York: Columbia University Press.

Malone-France, Derek. 2007. *Deep Empiricism: Kant, Whitehead, and the Necessity of Philosophical Theism*. Lanham, MD: Lexington.

Marion, Jean-Luc. 2007. *On the Ego and God: Further Cartesian Questions*. New York: Fordham University Press.

Maritain, Jacques. 1955. *Bergsonian Philosophy and Thomism*. Translated by Mabelle Andison. New York: Philosophical Library.

Mavrodes, George. 1970. *The Rationality of Belief in God*. Englewood Cliffs, NJ: Prentice-Hall.

May, Gerhard. 1994. *Creatio ex nihilo: The Doctrine of "Creation out of Nothing" in Early Christian Thought*. Translated by A. S. Worrall. Edinburgh, UK: Clark.

McFague, Sallie. 2008. *A New Climate for Theology*. Minneapolis, MN: Fortress Press.

Misak, C. J., ed. 2004. *The Cambridge Companion to Peirce*. New York: Cambridge University Press.

Mohr, Richard. 1985. *The Platonic Cosmology*. Leiden, The Netherlands: Brill.

_____ . 2005. *Gods and Forms in Plato*. Las Vegas, NV: Parmenides.

Moltmann, Jürgen. 1985. *God in Creation*. San Francisco, CA: Harper and Row.

More, P. E. 1921. *The Religion of Plato*. Princeton, NJ: Princeton University Press.

Mortley, Raoul. 2013. *Plotinus, Self, and World*. New York: Cambridge University Press.

Mullarkey, John. 2000. *Bergson and Philosophy*. Notre Dame, IN: Notre Dame University Press.

Neville, Robert. 1993. *Eternity and Time's Flow*. Albany: State University of New York Press.

Nuland, Sherwin. 2005. *Maimonides*. New York: Schocken.

Ochs, Peter. 1998. *Peirce, Pragmatism, and the Logic of Scripture*. New York: Cambridge University Press.

O'Connell, Robert. 1986. *Imagination and Metaphysics in St. Augustine*. Milwaukee, WI: Marquette University Press.

Olson, R. Michael. 2013. "Aristotle on God: Divine *Nous* as Unmoved." In *Models of God and Alternative Ultimate Realities*, edited by Jeanine Diller and Asa Kasher. New York: Springer.

Orange, Donna. 1984. Peirce's Concept of God. Lubbock, TX: Institute for Studies in Pragmatism.

Origen. 1929. *Origen: Selections from the Commentaries and Homilies*. Translated by R. B. Tollinton. New York: Macmillan.

Ottmann, Klaus. 2013. "Schelling's Fragile God." In *Models of God and Alternative Ultimate Realities*, edited by Jeanine Diller and Asa Kasher. New York: Springer.

Palmer, G. E. H., et al., eds. 1979~1995. *Philokalia*. 4 vols. London: Faber and Faber.

Palmquist, Stephen. 2013. "Kant's Moral Panentheism." In *Models of God and Alternative Ultimate Realities*, edited by Jeanine Diller and Asa Kasher. New York: Springer.

Peirce, Charles Sanders. 1935. *The Collected Papers of Charles Sanders Peirce*. 6 vols. Edited by Charles Hartshorne and Paul Weiss. Cambridge, MA: Harvard University Press.

Pfleiderer, Otto. 1886. *The Philosophy of Religion on the Basis of Its History*. 2 vols. Translated by A. Menzies. London: Williams and Norgate.

_____. 1888. *Grundriss der Christlichen Glaubens und Sittenlehre*. Berlin: Druck and Verlag von Georg Reimer.

_____. 1909. *The Development of Theology in Germany since Kant and Its Progress in Great Britain since 1825*. 3rd ed. Translated by J. Frederick Smith. London: Swan Sonnenschein.

Philo. 1929~1962. *Philo*. 10 vols. Translated by F. H. Colson, G. H. Whitaker, et al. Cambridge, MA: Harvard University Press.

Plantinga, Alvin. 1965. *The Ontological Argument from St. Anselm to Contemporary Philosophers*. Garden City, NY: Anchor Books.

Plato. 1901~1976. *Platonis Opera*. 5 vols. Edited by John Burnet. Oxford, UK: Clarendon Press.

_____. 1989. *The Collected Dialogues of Plato*. Edited by Edith Hamilton and Huntington Cairns. Princeton, NJ: Princeton University Press.

Plotinus. 1966~1988. *The Enneads*. 6 vols. Translated by A. H. Armstrong. Cambridge, MA: Harvard University Press.

Plutarch. 1870. *Plutarch's Morals*. Translated by William Goodwin. Boston: Little, Brown.

Popper, Karl. 1972. *Objective Knowledge: An Evolutionary Approach*. Oxford, UK: Clarendon Press.

Pundt, Hermann. 1989. "A Prefatory Essay." In K. F. Schinkel. *Collection of Architectural Designs*. New York: Princeton Architectural Press.

Raposa, Michael. 1989. *Peirce's Philosophy of Religion*. Bloomington: Indiana University Press.

Raschid, M. S. 1981. *Iqbal's Concept of God*. Boston: Kegan Paul.

Rescher, Nicholas. 1979. *Leibniz*. Totowa, NJ: Rowman and Littlefield.

Reuther, Rosemary Radford. 1983. *Sexism and God-talk*. Boston: Beacon Press.

Rogers, Katherin. 2000. *Perfect Being Theology*. Edinburgh, UK: Edinburgh University Press.

_____. 2013. "Anselm's Perfect God." In *Models of God and Alternative Ultimate Realities*, edited by Jeanine Diller and Asa Kasher. New York: Springer.

Royce, Josiah. 1908. *The Philosophy of Loyalty*. New York: Macmillan.

Russell, Bertrand. 1945. *A History of Western Philosophy*. New York: Simon and Schuster.

Ruzgar, Mustafa. 2008. "Islam and Process Theology." In *Handbook of Whiteheadian Process Thought*, edited by Michel Weber and Will Desmond, vol. 1. Frankfurt, Germany: Ontos Verlag.

Sandmel, Samuel. 1979. *Philo of Alexandria*. New York: Oxford University Press.

Schelling, Friedrich von. 1942. *The Ages of the World*. Translated by F. de Wolfe Bolman. New York: Columbia University Press.

_____. 1978. *System of Transcendental Idealism*. Translated by Peter Heath. Charlottesville: University of Virginia Press.

_____. 2000. *The Ages of the World*. Translated by Jason Wirth. Albany: State University of New York Press.

_____. 2010. *Philosophy and Religion*. Translated by Klaus Ottmann. Putnam, CT: Spring Books.

Schenck, Kenneth. 2005. *A Brief Guide to Philo*. Louisville, KY: Westminster John Knox Press.

Schilpp, P. A., ed. 1967. *The Philosophy of Martin Buber*. LaSalle, IL: Open Court.

Schimmel, Annemarie. 1963. *Gabriel's Way: A Study into the Religious Ideas of Sir Mohammed Iqbal*. Leiden, The Netherlands: Brill.

Seeskin, Kenneth, ed. 2005. *The Cambridge Companion to Maimonides*. New York: Cambridge University Press.

_____. 2013. "Strolling with Maimonides on the *Via Negativa*." In *Models of God and Alternative Ultimate Realities*, edited by Jeanine Diller and Asa Kasher. New York: Springer.

Sevilla, Pedro. 1970. *God as Person in the Writings of Martin Buber*. Manila, Philippines: Ateneo de Manila University.

Shields, George, ed. 2003. *Process and Analysis: Whitehead, Hartshorne, and the Analytic Tradition*. Albany: State University of New York Press.

Sia, Santiago, ed. 1990. *Charles Hartshorne's Concept of God*. Boston: Kluwer Academic.

Silverman, Eric. 2013. "Impassibility and Divine Love." In *Models of God and Alternative Ultimate Realities*, edited by Jeanine Diller and Asa Kasher. New York: Springer.

Singh, Iqbal. 1997. *The Ardent Pilgrim: An Introduction to the Life and Work of Mohammed Iqbal*. New York: Oxford University Press.

Solmsen, Friedrich. 1942. *Plato's Theology*. Ithaca, NY: Cornell University Press.

_____. 1961. "Greek Philosophy and the Discovery of Nerves." *Museum Helveticum* 18: 150~167, 169~197.

Stern, Josef. 2013. *The Matter and Form of Maimonides' Guide*. Cambridge, MA: Harvard University Press.

Stump, Eleonore. 2005. *Aquinas*. New York: Routledge.

Stump, Eleonore, and Norman Kretzmann, eds. 2001. *The Cambridge Companion to Augustine*. New York: Cambridge University Press.

Suchocki, Marjorie. 2003. *Divinity and Diversity*. Nashville, TN: Abington Press.

Taylor, A. E. 1928. *A Commentary on Plato's Timaeus*. Oxford, UK: Clarendon Press.

Teilhard de Chardin, Pierre. 1960. *The Divine Milieu*. Translated by Bernard Wall. New York: Harper and Row.

_____. 1961. *Hymn of the Universe*. Translated by Simon Bartholomew. New York: Harper and Row.

_____. 1964. *The Future of Man*. Translated by Norman Denny. New York: Harper and Row.

_____. 1968a. *Science and Christ*. Translated by Rene Hague. New York: Harper and Row.

_____. 1968b. *Writings in Time of War*. Translated by Rene Hague. New York: Harper and Row.

_____. 1969. *Human Energy*. Translated by J. M. Cohen. New York: Harcourt, Brace, and Jovanovich.

_____. 1970. *Activation of Energy*. Translated by Rene Hague. New York: Harcourt, Brace, and Jovanovich.

_____. 1971. *Christianity and Evolution*. Translated by Rene Hague. New York: Harcourt, Brace, and Jovanovich.

_____. 1975. *Toward the Future*. Translated by Rene Hague. New York: Harcourt, Brace, and Jovanovich.

_____. 1978. *The Heart of Matter*. Translated by Rene Hague. New York: Harcourt, Brace, and Jovanovich.

_____. 1999. *The Human Phenomenon*. Translated by Sarah Appleton-Weber. Brighton, UK: Sussex Academic Press.

_____. 2004. *The Divine Milieu*. Translated by Siôn Cowell. Brighton, UK: Sussex Academic Press.

Teresa of Avila, St. 1976. *The Collected Works of St. Teresa of Avila*. Translated by Kieran Kavanaugh and Otilio Rodriguez. Washington, DC: Institute for Carmelite Studies.

Thomas Aquinas, St. 1972. *Summa Theologiae*. Blackfriars ed. New York: McGraw-Hill.

Timpe, Kevin. 2013. "Introduction to Neo-Classical Theism." In *Models of God and Alternative Ultimate Realities*, edited by Jeanine Diller and Asa Kasher. New York: Springer.

Topping, Ryan. 2010. *St. Augustine*. New York: Continuum.

Torchia, N. J. 1999. *Creation ex nihilo and the Theology of St. Augustine*. New York: Lang.

Van Nieuwenhove, Rik. 2012. *An Introduction to Medieval Theology*. New York: Cambridge University Press.

Van Riel, Gerd. 2013. *Plato's Gods*. Burlington, VT: Ashgate.

Viney, Donald. 1985. *Charles Hartshorne and the Existence of God*. Albany: State University of New York Press.

_____. 2013a. "Hartshorne's Dipolar Theism and the Mystery of God." In Models of God and Alternative Ultimate Realities, edited by Jeanine Diller and Asa Kasher. New York: Springer.

_____. 2013b. "Relativizing the Classical Tradition: Hartshorne's History of God." In *Models of God and Alternative Ultimate Realities*, edited by Jeanine Diller and Asa Kasher. New York: Springer.

Whitehead, Alfred North. [1920] 2004. *The Concept of Nature*. Mineola, NY: Dover.

_____. 1922. *The Principle of Relativity*. Cambridge, U.K.: Cambridge University Press.

_____. [1925] 1967. *Science and the Modern World*. New York: Free Press.

_____. [1926] 1996. *Religion in the Making*. New York: Fordham University Press.

_____. [1929] 1958. *The Function of Reason*. Boston: Beacon Press.

_____ . [1929] 1967. *The Aims of Education*. New York: Free Press.

_____ . [1929] 1978. *Process and Reality*. Corrected ed. Edited by David Ray Griffin and Donald Sherburne. New York: Free Press.

_____ . [1933] 1967. *Adventures of Ideas*. New York: Free Press.

_____ . [1938] 1968. *Modes of Thought*. New York: Free Press.

_____ . 1941. *The Philosophy of Alfred North Whitehead*. Edited by P. A. Schilpp. LaSalle, IL: Open Court.

_____ . [1954] 2001. *Dialogues of Alfred North Whitehead*. Edited by Lucien Price. Jaffrey, NH: Nonpareil Books.

Whittemore, Robert. 1966. "Panentheism in Neo-Platonism." *Tulane Studies in Philosophy* 15: 47~70.

Wildman, Wesley. 2013. "Introduction to Negative Theology." In *Models of God and Alternative Ultimate Realities*, edited by Jeanine Diller and Asa Kasher. New York: Springer.

Williams, Daniel Day. 1968. *The Spirit and the Forms of Love*. New York: Harper and Row.

Williamson, Ronald. 1989. *Jews in the Hellenistic World*. New York: Cambridge University Press.

Wilson, Walter. 2010. *Philo of Alexandria*. Leiden, The Netherlands: Brill.

Wirth, Jason, ed. 2005. *Schelling Now*. Bloomington: Indiana University Press.

Wirth, Jason, and Patrick Burke, eds. 2013. *The Barbarian Principle: Merleau-Ponty, Schelling, and the Question of Nature*. Albany: State University of New York Press.

Wolfson, Harry. 1948. *Philo: Foundations of Religious Philosophy in Judaism, Christianity, and Islam*. Cambridge, MA: Harvard University Press.

Wood, Allen. 1978. *Kant's Rational Theology*. Ithaca, NY: Cornell University Press.

Wood, Robert. 1969. *Martin Buber's Ontology*. Evanston, IL: Northwestern University Press.

Wright, Robert. 2009. *The Evolution of God*. New York: Little, Brown.

찾아보기

A HISTORY OF THE CONCEPT OF GOD

The Korean translation of this book is made possible by permission of the State University of New York Press © 2016, and may be sold only in Korea.

철학의 정원 71

신 개념의 역사 ─과정적 접근 방법

초판 1쇄 펴냄 2024년 12월 13일

지은이 대니얼 A. 돔브로스키
옮긴이 이민희
감수 김동규
펴낸이 유재건
펴낸곳 (주)그린비출판사
주소 서울시 마포구 와우산로 180, 4층
대표전화 02-702-2717 | **팩스** 02-703-0272
홈페이지 www.greenbee.co.kr
원고투고 및 문의 editor@greenbee.co.kr

편집 이진희, 구세주, 민승환, 성채현, 박선미 | **디자인** 이은솔, 박예은
독자사업 류경희 | **경영관리** 이선희

ISBN 978-89-7682-892-7 93200

독자의 학문사변행學問思辨行을 돕는 든든한 가이드 _(주)그린비출판사